彰往考来

《日本史记》之编纂与史学

龚 卉 ◎ 著

清华大学出版社
北京

内 容 简 介

本书从"东亚"的区域史视角,对始编于江户时期的《日本史记》一书进行详细考察,主要讨论了为何在江户初期出现了《日本史记》这样一部史书、《日本史记》编纂各个阶段的具体过程、该阶段所完成的文本背后包含的史学思想与观念,以及其中包含的中日史学思想元素、编纂的意义和影响等。结合历史语境,本书对《日本史记》的编撰过程和史学思想进行了系统梳理,比较了中日传统史学方面的异同,并从史学角度探索东亚文化圈的文化互鉴途径。

本书适合对中日交流、史学史有兴趣的学者和爱好者阅读。

版权所有,侵权必究。举报: 010-62782989, beiqinquan@tup.tsinghua.edu.cn。

图书在版编目(CIP)数据

彰往考来:《日本史记》之编纂与史学 / 龚卉著.
北京: 清华大学出版社, 2024.12. -- ISBN 978-7-302-67727-7

Ⅰ. K313

中国国家版本馆CIP数据核字第2024F9E196号

责任编辑: 梁 斐
封面设计: 何凤霞
责任校对: 王淑云
责任印制: 杨 艳

出版发行: 清华大学出版社
网　　址: https://www.tup.com.cn, https://www.wqxuetang.com
地　　址: 北京清华大学学研大厦A座　　邮　编: 100084
社 总 机: 010-83470000　　邮　购: 010-62786544
投稿与读者服务: 010-62776969, c-service@tup.tsinghua.edu.cn
质量反馈: 010-62772015, zhiliang@tup.tsinghua.edu.cn

印 装 者: 北京瑞禾彩色印刷有限公司
经　　销: 全国新华书店
开　　本: 170mm×240mm　　印　张: 16.5　　字　数: 283千字
版　　次: 2024年12月第1版　　印　次: 2024年12月第1次印刷
定　　价: 78.00元

产品编号: 101678-01

序

　　研究中国古代史学对日本的影响，有两本最有代表性的历史著作最值得重视，即《日本书纪》和《日本史记》。这两本书一部成书于奈良时代，一部成书于江户时代。这直观地提示我们一个最基本的事实，这就是中国古代史学对日本的影响几乎可以说和整个日本古代史相始终。

　　《日本史记》是中国史学对海外影响研究最重要的文本之一。在古代，史学在中国文化中具有特殊的终极意义。因为古代中国史学不仅记录事实，而且是以一整套价值观念和评价体系进行历史判断，所以在整个文化体系中地位崇高。《日本书纪》是日本第一部国史。编纂这部完全使用汉文写就的著作，既标志着日本本土史学意识的自觉，同时也展示自己文明成熟的程度。日本史学起始之时，就是使用这种方式进入以中国为中心的东亚文化体系之中的。从这个意义上看，在日本古代史结束期的江户时代成书的《日本史记》，毫无疑问是非常具有象征意义的重要史学文本，值得我们深入研究。

　　和一般国史修撰不同，《日本史记》编撰的特殊性在于它既非由日本天皇家主持的，也不是由对整个日本实际进行支配的江户幕府将军组织的，而是最初由御三家之一的水户藩主德川光圀组织并召集学者开始编纂的史学著作，并且是一个漫长持续的修史活动。《日本史记》这部纪传体史书由本纪、列传、志和表四部分组成，内容上"正闰皇统，是非人臣，污隆淑慝之迹，纪传既备矣。综核政体，经济世道，治乱盛衰之故，志表宜详焉"，形制典范，规模宏大，加目录共计402卷，最终完成已到明治初期，前后编纂历程持续250年。整个《日本史记》的编撰过程作为一种文化现象，已经足称研究典型，而在思想上，这部著作不可能像中国新朝修前朝史那样以一家一姓王朝兴废为线索展开叙事，而要照顾到天皇的立场，要照顾到将军立场，还要照顾到水户藩自己的立场，期间还包含《日本史记》写作者自己的立场，时代与知识体系的转换等多重因素，潜含在文本后面如此复杂纷繁、或明或暗、或幽或显的影响因素，在文本中建构出复杂奇妙的力学关系。这一切通过本书作者的认真分析均得到了非常清晰的展现。不仅如此，本书还从中国史学传统在海外的接受和变迁这一视野、从近世东亚的日本由夷而华的华夷变态思想背景上对《日本史记》进行了深入研究。自周一良先生的研究之后，如此规模和深度的《日本史记》研究，展示了中国年轻一代学者所具有的学术冲击力。从日本史学史和中国史学史这两层意义上，这本著作都是非常有价值的。

  本书作者龚卉博士从本科就上我的课，后来又在我这里读了硕士和博士。古语云教学相长。我对江户史、对日本思想史、对《日本史记》都所知有限。回顾她整个博士论文的写作过程中，非常汗颜的是我没能给出什么有价值的学术指导，反而是我从她那里学到了很多重要知识，特别是她紧密结合江户时代思想和政治的变迁对后期修史过程的钩沉与梳理，给我启发最多。以《日本史记》为中心，龚卉博士努力上进，克服了种种困难，对日本思想史、对江户时代很多重要问题都做了非常深入的讨论。今值此书出版，作为导师我谨在此表示祝贺，并希望龚卉博士今后能够再接再厉，在学术领域不断为我们提供新的研究成果。

  是为序。

刘晓峰

2024 年 7 月 8 日

目 录

第一章 引言 　1
　第一节　东亚地区的修史传统 　3
　第二节　日本第一部纪传体史书——《日本史记》 　6
　第三节　《日本史记》的研究变迁 　11
　　一、战前的《日本史记》研究 　12
　　二、战后的《日本史记》研究 　16
　第四节　再读《日本史记》 　23

第二章 《日本史记》之编纂背景与基础 　27
　第一节　水户藩与《日本史记》 　27
　　一、水户藩的沿革和文教传统 　27
　　二、水户藩的"御三家"之家格 　33
　第二节　德川光圀与《日本史记》 　37
　　一、德川光圀之生平 　38
　　二、德川光圀之历史思想 　43
　第三节　彰考馆与《日本史记》 　51
　　一、彰考馆的设立与建制 　51
　　二、彰考馆之馆员 　54
　第四节　朱舜水与《日本史记》 　58
　　一、朱舜水入水户 　59

二、朱舜水与《日本史记》　　　　　　　　　　　　63
　小结　　　　　　　　　　　　　　　　　　　　　　67

第三章　前期修史实践（1657—1785）　　　　　　　69

　第一节　《日本史记论赞》的编纂与特点　　　　　　73
　　一、论赞的编纂　　　　　　　　　　　　　　　　74
　　二、论赞的特点　　　　　　　　　　　　　　　　78
　第二节　南北朝正统论　　　　　　　　　　　　　　84
　　一、南北朝正闰说　　　　　　　　　　　　　　　87
　　二、南北朝正闰说与续修之议　　　　　　　　　　92
　　三、南北朝问题与德川幕府统治　　　　　　　　　95
　第三节　神功皇后论　　　　　　　　　　　　　　　98
　　一、《日本史记》神功皇后文本变化　　　　　　　98
　　二、神功皇后记事的思想考察　　　　　　　　　104
　第四节　大友皇子入本纪与百王思想　　　　　　　109
　　一、《大友本纪》的编纂特点　　　　　　　　　111
　　二、日本历史中的百王思想　　　　　　　　　　115
　小结　　　　　　　　　　　　　　　　　　　　　121

第四章　后期修史实践（1786—1906）　　　　　　124

　第一节　后期修史的"三大议论"　　　　　　　　126
　　一、志表存废之讨论　　　　　　　　　　　　　129
　　二、论赞存废之讨论　　　　　　　　　　　　　134
　　三、书名修订议　　　　　　　　　　　　　　　138
　第二节　水户学风的转折　　　　　　　　　　　　142
　　一、重启修史工作的立原翠轩（1744—1823）　143
　　二、藤田幽谷（1774—1826）带来的转折　　　146
　第三节　水户后期国体论的形成　　　　　　　　　152
　　一、宽政年之后的内外压力　　　　　　　　　　154

二、从尊王思想到国体论　　158
　第四节　国体论与修史实践　　165
　　一、《神武本纪》的修订　　166
　　二、进献朝廷之目标的完成　　171
　　三、《神祇志》的编纂　　175
　小结　　179

第五章　《日本史记》之史学思想　　183

　第一节　中世历史观念的影响　　186
　第二节　泰伯说：对日本历史起点的讨论　　193
　　一、近世前期的泰伯说　　194
　　二、水户对泰伯说的批判　　197
　第三节　正统辨：朝幕之争　　200
　　一、近世的尊王思想　　202
　　二、《日本史记》的尊王思想　　205
　第四节　神代史重构与国学　　208
　　一、近世后期的国学　　209
　　二、神代史重构　　212
　第五节　尊王与攘夷　　215
　小结　　219

第六章　"东亚"视野下的《日本史记》　　222

　第一节　江户初期为何编纂《日本史记》　　222
　第二节　《日本史记》编纂的特点　　225
　　一、《日本史记》编纂过程的特点　　225
　　二、《日本史记》的史学思想特点　　227
　第三节　《日本史记》的影响　　230
　　一、对日本的影响　　231

二、在日本之外的影响　　　　　　　　　　　236
　　第四节　回顾与展望　　　　　　　　　　　　241

参考文献　　　　　　　　　　　　　　　　　　244
　　一、中文文献　　　　　　　　　　　　　　　244
　　二、外文文献　　　　　　　　　　　　　　　247

后记　　　　　　　　　　　　　　　　　　　　253

第一章 引言

  "史"对于东亚文化圈①来说具有特别的意义和价值。作为历史事实的"东亚",是"具有共同文化基础的文明区域",②"史"成为东亚区别于世界其他文明地区的标识之一。卡尔·雅斯贝斯在讨论"轴心期"时将世界各民族划分为"轴心民族"和"无突破的民族",指出轴心期实际是一种在文化上的"突破",他说:"各轴心民族,那是完成了飞跃的民族,这种飞跃是他们自己过去的直接继续。通过它,他们奠定了人类精神存在的基础,以及所谓的真正的人类历史。"③各大轴心民族完成轴心突破的方式和途径不同。④"中国古代文明研究的一大特色是文明发展的连续性",⑤中国从《春秋》开始未曾中断过的历史编纂可以视为这一连续性的重要表现。民俗学者陈连山

---

① "二战"后,西岛定生、堀敏一、李成市等学者都讨论过"东亚"的定义,其中西岛定生指出汉字、佛教、儒学和律令制度是以中国为中心的东亚册封体制下的四大要素。中国学者韩昇在此基础上提出,还应当增加教育和技术两个要素,他在文中指出,儒家的教育制度作为中国的官方教育体系传入百济、新罗、日本等国家,通过教育制度的扩散,汉字及其释义得以传播并促进了中国伦理道德观和儒学的渗透,对东亚的形成有根本性的影响。古代中国的技术与发明在东亚处于领先地位,成为"诸国的技术源头"。关于"东亚"的定义,还有许多学者分别从"朝贡贸易"、儒学、佛学的等角度和地区政治、近现代西方殖民等不同视角对"东亚"的具体范围和特点进行概括,总体上来说汉字、儒学、佛学和律令制等还是较为公认的要素。近来葛兆光等学者倾向于用"亚洲东部海域"这一概念,强调将东南亚即环东海、南海区域纳入叙述体系之中。在实际所指上,"东亚文化圈"与"亚洲东部海域"有较大的重合,只是前者强调从文化特性上定义,后者主要基于地理空间进行定义。参考葛兆光:《蒙古时代之后——东部亚洲海域的一个历史关键时期(1368—1420)》,《清华大学学报》(哲学社会科学版)2021年第4期(第36卷);[日]堀敏一:《隋唐帝国与东亚》,韩昇、刘建英译,兰州:兰州大学出版社,2010年;韩昇:《东亚世界形成史论》,上海:复旦大学出版社,2009年;汪晖:《现代中国思想的兴起》下卷·第二部,北京:生活·读书·新知三联书店,2004年。
② 韩昇:《东亚世界形成史论》,上海:复旦大学出版社,2009年,第53—54页。
③ [德]卡尔·雅斯贝斯:《历史的起源与目标》,魏楚雄、俞新天译,北京:华夏出版社,1989年,第62页。
④ 帕森斯将"轴心期"发展为"哲学的突破",但每一突破的过程并不相同。此外柯林伍德曾指出从古希腊时代开始,西方的历史编纂学出现了三次转折,这也是史观的变化。参考[英]柯林伍德:《历史的观念》,何兆武、张文杰译,北京:中国社会科学出版社,1986年。
⑤ 陈来:《古代宗教与伦理:儒家思想的根源》,北京:生活·读书·新知三联书店,2009年,第4页。

在《论神圣叙事的概念》中指出,"神圣叙事,是指一种社会文化赖以存在的基础叙事形式","西方社会选择了神的故事作为其主要神圣叙事形式,而中国古代选择了古史作为自己的主要神圣叙事形式",[①]历史对于中国文化的重要意义可见一斑。中国发达的史学传统还辐射到周边国家和地区,尤其是包括日本、韩国、越南等国在内的东亚区域。换言之,以欧美为代表的西方文明可以上推到古希腊罗马文明的哲学与宗教,东方有以印度为代表的另一种追求超越的宗教文明,而以中国为代表的东亚地区则以修史来实现了类似的超越目标。

从东亚具体的区域政治关系来观察,特别是近代历史发展过程中,中国和日本无疑是对这一地区的整体局势产生决定性作用的两大势力。从中国史籍记载的倭女王开始,中日之间使臣往来、物品交流等记载屡见不鲜,甚至出现将秦朝东渡的徐福视为倭人之祖的传说,如今日本各地建有不少的徐福墓,可见其影响久远。近代以来黄遵宪的《日本国志》所主张的中日"同文同种"说,一方面进一步拉近了中日两国之间的关系,另一方面却也容易造成中日关系认识中的一些误区。新中国成立之后尤其是中日建交之后,为了推动中日之间的进一步交往,并不断吸收国际日本研究的优秀成果,国内学者的日本研究成果不断推陈出新。有借鉴海洋文明以及陆地文明差异角度来研究中日之间文化差异的,[②]也有从家庭等社会基本组成单元的角度来考察中日之间的根本差异,[③]还有从神道等日本传统观念或中国儒家思想等角度研究中日文化差别的成果。此外,从文学的发生论层面上研究日本文化的独特根源,也可视为这一研究领域的重要组成部分。但是,从"史"或者说历史本体的角度去考察中日之间关系的研究相对较少,这里的"史"并不单纯指单个或多个历史事件、历史著作,而是两国在史学观念以及史学实践过程中的相互作用与关系。"历史"本身对于东亚地区有着直击本质的特殊意义。作为东亚文化的中心之一,"中国于各种学问中,惟史学为最发达;史学在世界各国中,惟中国为最发达"。[④]中国发达的史学传统影响了整个东亚文化圈的国家和地区。梳理东亚地区的这一史学传统的传播、

[①] 陈连山:《论神圣叙事的概念》,《华中学术》2014 年第 4 期。
[②] 海洋文明与陆地文明的讨论又常常伴随着西方中心主义的论调,在明治维新前后以福泽谕吉为代表的文明开化论者为了区别中日,同时建立起日本与欧洲之间的联系也借用了这一论调。20 世纪 80 年代随着日本经济的飞速发展,强调日本独特性和成功经验的研究者再次借用陆地、海洋文明的视点。
[③] 代表性的研究著作有李卓的《中日家族制度比较研究》和《"儒教国家"日本的实像》等。从中日之间家庭组成方式的不同,来讨论中日之间存在的根本不同。
[④] 梁启超:《中国历史研究法》,北京:中华书局,2015 年。

变迁和落地，可以丰富今天对东亚文化圈的内部交流方式、性质等问题的研究。

第一节　东亚地区的修史传统

概览东亚①诸国历史进程，整个东亚圈，包括古琉球王国、古代越南等在内有一个类似于"轴心时代"的历史意识觉醒期。从8世纪到13世纪在中国的周边地区，中国的修史传统在时间和空间上呈现一种近似波浪的形式向外扩展，而被影响到的国家又纷纷形成新的波心，将波动导向周边地区。最早在日本，接着是朝鲜半岛、越南以及琉球，上述地区分别于8世纪、12世纪、13世纪和18世纪仿照中国正史的编纂方式，用汉文的编年体或纪传体编写本国历史，通过对本国历史的追溯塑造一种文化主体性。②在这一过程中，各国不断探索各自的个性和独特性，历史意识逐渐内化并呈现出不同于中国的特点。

比如被认为是越南最早的官修史书《大越史记》（已散佚）于1272年编成，③第一次将南越国列为越南的开国朝代，并把交趾郡划入南越国版图，其内容未包括越南建国传说的"鸿庞氏"④时代。成于14世纪的《越史略》（原名为《大越史略》）⑤作为越南早期历史文献，用汉文编年体记载越南上古到李朝的历史。⑥后来的《大越史

---

① 费正清在《中国：传统与变迁》一书中提出"东亚"的三重意义，即分别指地理上以包括中国、日本等在内的亚洲东部地区，人种学上的和文化上的定义等三大方面。这里主要指文化定义上的"东亚"。
② 杨念群曾指出"东亚"的形成可以被理解为两个交错相关的过程，其中一个是周边地区在形成自身的民族国家轮廓时所进行的"去中国化"过程。东亚地区的修史工程中，对自身文化的独立性的强调一定程度上体现了上述过程。参考杨念群：《何谓"东亚"？——近代以来中日韩对"亚洲"想象的差异及其后果》，《清华大学学报》（哲学社会科学版）2012年第1期（第27卷）。
③ 根据《安南志略》等书的记载，陈（周）普所编的《越志》是越南有史可考的首部史书，今已不存。黎文休所编《大越史记》的内容被融入吴士连的《大越史记全书》之中，其中以"黎文休曰"形式存在的评论有30条。参考彭崇超：《越南古代史学的发生与发展——以〈大越史记全书〉为中心的考察》，中国社会科学院历史理论研究所中国史学理论与史学史研究室编《理论与史学》第8辑，北京：中国社会科学出版社，2022年。
④ 传说中的越南古国，其年代大约上推至公元前3000年，君主称为"雄王"，与中国古籍中提到的"骆越"有所关联，与商、周皆有往来，曾与殷商大战，向西周进贡。
⑤ 明代多种书目志收录该书名为《大越史略》，《四库全书总目》记载"大越史略"一名有僭越之嫌，改为《越史略》，后为通名。《越史略》在越南长期失传，明初传入中国后被收入《四库全书》，于近代传回越南。参考叶少飞：《越南陈朝〈大越史略〉的编撰与内容》，《广西师范大学学报》（哲学社会科学版）2019年第1期（第55卷）。
⑥ 与《越史略》大致处于同一时代的还有黎崱的《安南志略》，但是该书作者被元朝俘虏，后来定居元朝，主要站在中原王朝的立场撰写历史，是其中较为特殊的一部，应当与越南本土其他史书区别开来。

彰往考来：《日本史记》之编纂与史学

记全书》①在形式上虽仍然遵循编年体裁，但是在内容以及主体思想上已经有了明显的变化，不断在内容中修改或删减中国王朝与越南的臣属关系，指出越南与中原王朝"各帝一方"，强化越南建国的神圣正当性和国家独立性。

再如朝鲜地区的修史事业也是一个由模仿到独立的过程。1145年金富轼编成《三国史记》，书中追述高丽的远祖为朱蒙，其内容与《魏书·高句丽传》的记载大体一致。从《三国史记》的书名和内容体例中，都可以看到明显的模仿中国史书编纂的倾向。但到了13世纪由僧一然编撰的《三国遗事》则将朝鲜的历史起源进一步向前推，直至天神后裔檀君王俭。王俭是熊女与帝释之子结合后所生，"立都阿斯达，开国号朝鲜"。《三国史记》和《三国遗事》等朝鲜史书与《史记》中"封箕子于朝鲜"的记载已经有了明显的差异，从中可以看到朝鲜民族起源的历史在不断延长，始祖的神性及其所代表的文化独立性也在不断增强。

从日本的修史发展中，我们可以更加清楚地看到两股波纹的运行方式。日本在8世纪初先后编成了《古事记》和《日本书纪》，两者都试图吸收古代中国关于世界和国家的理论来安排现实世界，前者以传说故事形式编成，还不能算是严格意义上的史书。公元720年，日本第一部正史——《日本书纪》成书，主要模仿《春秋》的体例，记载了从天地初创到天武天皇的天皇世系传承。该书署名为天武天皇之子舍人亲王，主要的编纂目的之一是解决天武天皇得位不正的问题，即以历史编纂的方式来确立政治统治的正当性。《日本书纪》所开创的日本正史编修方法也成为后来日本官方国史编纂的范本。《日本书纪》大量借鉴参考了中国的修史经验，甚至化用汉籍原文用于描述日本的历史人物和事件，从当时的东亚地区形势来看，《日本书纪》选用东亚文化圈通用的汉字作为书写载体，也不乏将日本作为文化国度推向"国际"的意图。②其后日本朝廷陆续编纂了《续日本纪》《日本后纪》等汉文国史，统称"六

---

① 1479年后黎朝吴士连在《大越史记》的基础上编成《大越史记全书》15卷。1665年范公著在吴书基础上增补《大越史记全书》至23卷。1697年黎僖再增补1卷，形成24卷本《大越史记全书》，该书标志着中兴黎朝官方史学体系的确立。参考叶少飞：《〈大越史记全书〉的评论与改编：从〈越史标案〉到〈大越史记前编〉》，《南亚东南亚研究》2021年第2期；同氏：《越南后黎朝史臣吴士连史学思想探析》，《南亚东南亚研究》2020年第4期。

② 《古事记》比《日本书纪》成书略早，是另一部记载日本历史起源的典籍。《古事记》和《日本书纪》两书常被并称为"记纪"。《古事记》也使用了汉字，但是包含大量日式语法和用汉字表日音。两书都以天地初始为开端，被收于日本文学大系之中。《古事记》相较于《日本书纪》，所记载的故事、使用的语言较为粗犷、朴实，《日本书纪》常常借用中国史籍的词语、篇章润饰内容。《日本书纪》成书之后，日本国内能够读懂的人并不多，反而是以汉字为通行交流工具的情况下更能获得认同，因此一些日本学者指出与《古事记》相比，《日本书纪》具有明显的国际宣传意图。

国史"。①

到了 12 世纪，日本进入中世时期，日本特色变得极为突出。从《日本书纪》开始的汉文修史传统在此时一度中断。这一时期朝廷主持修史的传统一度断绝，但是幕府及私修史书逐渐盛行。同时，史学著作所体现的史观和文体更加多样，如用日式汉文编写的《吾妻镜》②宣扬武家主从精神以及神佛主导历史发展的观点，还有宣扬历史流变的《愚管抄》，以及用日语假名编成的物语风史书"四镜"，③此时宣扬武士道以及武士精神的史书屡见不鲜，用日语假名和讲故事的方式来编纂历史的做法也逐渐兴盛起来。有意思的是，此后的 17 世纪到德川幕府④建立之后，《日本书纪》所开创的汉文修史传统又兴盛起来。

继承中世时期各种史学实践和思潮论证的成果，江户时代的修史思想和实践走向新的高潮。出现了以《本朝通鉴》《日本史记》⑤和《中朝事实》等为代表的汉文史籍，开始强调日本的主体性，将日本与中国区别开来编纂本国之史，尤其是在对历史起源的追溯上特别重视寻找一个可为"华夏"的先祖。到此自然出现一个问题：为何在经历了中世的和文修史大盛之后，日本的修史会回归到汉文传统上来，且特别强调日本文化的主体性呢？从日本国内来看，江户幕府建立的稳定环境和提倡文教的政策为修史创造了良好条件，但为何一定要用汉文修史而不是沿用中世盛行的和文呢？将考察视线推到江户时代之前，此时发生了一件对东亚地区局势有重大影响的历史事件，即 1592—1598 年丰臣秀吉两次派兵朝鲜和中国明朝的"抗日援朝"。日本军队被朝鲜和明朝军队打败，退出朝鲜半岛，打破了日本 13 世纪两次击退元朝征伐所确立起来的对"日本乃神国"的自信，不久丰臣秀吉逝世，德川家康乘势而起建立了德川幕府。德川家康非常重视从织田信长和丰臣秀吉的统治经验中进行学

---

① 六国史，指的是 8 世纪大化改新之后以《日本书纪》为首的几部早期日本正史。其多以纯正汉文撰写，包含《日本书纪》《日本后纪》等六部史书，史称"六国史"。
② 《吾妻镜》所使用的汉文并非是纯粹的汉文，而是借用平安时期常用语日记中的日式汉文，在部分语序及用词上有所区别。
③ 四镜指的是《大镜》《今镜》《水镜》和《增镜》等四部用物语形式编成的史书，主要借用中国史学中"以史为镜"的传统而得名，《大镜》作为其中最早编成的史书，其名一直到镰仓时期才确定为《大镜》。
④ 德川幕府统治时期也被称为江户时代，时间段约为 1603 年到 1867 年。德川幕府始建于 1603 年，因德川家康受天皇敕封征夷大将军一职，在江户（今天的东京地区）开设幕府而得名，终于 1867 年末代将军德川庆喜还政于天皇。另由于德川家康统一日本的关键点是 1600 年的关原之战，所以也有观点将江户时代的起点定于 1600 年。
⑤ 《日本史记》，江户时代水户藩编纂的文言文纪传体日本史，成书过程中书名几经变动，有《大日本史》《史稿》等。本书引用文献时遵原文，不另作统一，特此说明。

习，继承前两者的宗教控制等政策，强调从武治到文治的转换。此时，日本为了维持其在东亚秩序中的位置，不得不寻找更加符合东亚共通习惯的做法，因此用通行的汉字和汉文编纂国史的风潮再度兴盛起来。

日本的近代化过程也受到前述东亚文化辐射的影响。"明治维新"以"王政复古"为口号，拉开了日本近代化的序幕，这是一场兼有复古与革新的运动。其中革新的一面，以学习西方的科学技术、政治制度和思想文化等为主要特征，也是19世纪末到20世纪初东亚许多前近代国家学习西方经验的宝贵案例，吸引了大量的关注。但从明治维新的历史来看，"复古"作为运动的口号和主张，吸引并团结了广大社会力量，对维新的进程、内容和结果都起到了不可忽视的作用。明治天皇也正是在尊王攘夷的大潮流之中，完成了推翻幕府的任务，成为国家政权的实际掌控者——既是国家主权的代表，又是三军统帅，[①] 可以说实现了天皇朝廷一大夙愿，即从12世纪武家势力兴起之后，天皇未曾完全放弃从幕府手中获取实权的努力。江户时期是日本历史上难得的长达三百年的和平稳定时期，日本的思想文化在经过近千年的模仿、学习和发展中逐渐走向成熟，诞生了许多重要的思想流派，其中各家由不同途径倡导的"尊王"之说更是明治天皇推行王政复古的理论基础。江户时代的修史作为表达不同主张的最重要途径之一，[②] 值得深入探索，对于了解日本近代化源头的明治维新必有重要作用，更为了解今天的日本民族文化特性提供了极好的切入点。

第二节　日本第一部纪传体史书——《日本史记》

《日本史记》是日本江户时代汉文修史复兴过程中的代表成果之一，正如韦伯（Herschel Webb）在《〈日本史记〉是什么？》一文中指出的那样，"《日本史记》是日本传统历史编纂学的一大高峰（towering mountain），是一部罕见的巨著"。[③]

《日本史记》的编撰始于明历[④]三年（1657），到明治三十九年（1906）最终完成

[①] 1889年日本颁布的《大日本帝国宪法》第一条规定"大日本帝国，由万世一系之天皇统治之"，第三、第四条规定"天皇神圣不可侵犯""天皇为国家元首，总揽统治权，依宪法规定实行之。"由此日本近代天皇从明治开始成为日本国家权力的代表。

[②] 盛邦和在《日本的中国史学》一文中指出，研究日本经学、史学概可从史学下手。盛文收于《华东师范大学学报》（哲学社会科学版），1996年第5期。

[③] [美] Herschel Webb," What is the Dai Nihon Shi?", The Journal of Asian Studies, Vol.19, No.2 (February 1960) pp.135.

[④] 明历，后西天皇年号，1655—1658。

全书的编纂出版。最初是由德川幕府"御三家"之一的水户藩主德川光圀（1628—1701）①，组织并召集人见卜幽、辻了的等儒生在江户史馆商议和落实修史事宜。《日本史记》是日本最早开始编纂的纪传体史书，②由本纪、列传、志和表四部分组成，本纪记录了从第一代神武天皇到第一百代后小松天皇的天皇本纪 73 卷；列传包含后妃、皇子皇女、将军、将军家臣、歌人和外国（后改为诸夷）等 170 卷；志则有神祇、礼乐、刑法等十篇共 126 卷；表有臣连二造、公卿等五篇 28 卷；四大部分内容再加上 5 卷目录，共计 402 卷。《日本史记》编纂花费了 250 年，时间跨度大，整个修史过程中在编纂中心任务、操作方针、指导思想等具体方面都有明显的变化。根据现有史料，一般将立原翠轩③出任彰考馆总裁作为标志性事件，以 1786 年为分界线，将修史过程分成前后两个阶段。④《日本史记》志部的总序开篇可视为前后期修史划分的高度概括，清楚交代了两个时期的主要工作和目标，前一时期主要是"正闰皇统，是非人臣，污隆淑慝之迹，纪传既备矣"，后一阶段为"综核政体，经济世道，治乱盛衰之故，志表宜详焉"。⑤

修史前期主要指的是 1657—1785 年的一百余年，这一阶段的主要工作是广泛收集史料、确定修史凡例、完成本纪和列传两大主体部分的编纂，即"纪传既备矣"。在德川光圀的领导之下，以佐佐宗淳、安积澹泊、栗山潜锋和三宅观澜等人为代表的儒生、藩士，特别注意吸收中国史学思想的正统论来构建日本天皇的世系传承，明确并贯彻了"正闰皇统、是非人臣"的修史总目标。

---

① 如野口武彦的《德川光圀》等论著将德川光圀的卒年误作 1700 年，是由于日本旧历转换成公历时出现错误。史料记载德川光圀卒于元禄十三年十二月六日，元禄十三年大体相当于公历 1700 年，但光圀的卒日换算成公历应当是 1701 年 1 月，因此容易将光圀的卒年误认为 1700 年。根据安积澹泊等撰《义公行实》的记载，光圀的"圀"最初为"国"，后改为武则天时期所造之"圀"字。
② 周斌在《日本汉文纪传体史书综论》一文中指出，《日本史记》是日本最早开始编纂的纪传体史书，但最先完成的纪传体史书是 1697 年完成的《吉水实录》。但《吉水实录》是以高僧为中心记载的史书，而不是王朝史，在篇幅体量、影响范围等各方面都不及《日本史记》。周文载《史学史研究》，2009 年第 3 期。
③ 立原翠轩，1744—1823，名为万，号翠轩。其详细生平可见于第二章第三节"彰考馆之馆员"的相关内容。
④ 近来学者徐兴庆强调从连续性来重新考察 250 年的修史过程，以立原翠轩前后的一段时期为承前启后的过渡期。但是无论是分成前后两个阶段还是三个阶段，差别主要在于更重视修史过程的连续性还是变化性。结合《日本史记》的体裁和修史的实际过程，分为前后两个时期能够更清楚地看到修史过程的发展变化，掌握其特点，因此本书仍然沿用前后两阶段的分期方法。参考徐兴庆：《〈大日本史〉史观与日本"水户学"重建》，见刘岳兵编：《日本儒学与思想史研究：王家骅先生纪专辑》，天津：天津人民出版社，2016 年，第 150—172 页。
⑤ 《日本史记》第九册，东京：大日本史雄辩会，1929 年，第 1 页。

彰往考来:《日本史记》之编纂与史学

根据《日本史记序》的记载,1645年18岁的德川光圀读到了《史记·伯夷叔齐列传》而有修史之志。①1657年江户大火,导致林罗山应幕府之命编修的《本朝编年录》被烧毁,同年德川光圀在江户神田别庄开设史局,欲使过去"文献可徵"。史局初创时,以人见卜幽和辻了的等林罗山的门人弟子为主要力量,他们对于光圀的修史之举虽然赞成但存在不小的疑虑,认为"修史之举,诚为当代盛事。然自六史('六国史')而下,载籍不备,无资考据,今之学者又乏史笔之才,恐难保其成功也。"②为此光圀专门派遣鹈饲真昌、板垣宗憺赴京都,吉弘元常、佐佐宗淳赴奈良等地访书、广泛搜集民间史料;光圀还时常拜访主持幕府国史馆的林鹅峰咨询修史之经验;再有,1665年光圀派遣小宅生顺等聘请明儒朱舜水,自此之后《日本史记》的编纂进度有了明显起色。③1672年史局搬迁到江户小石川,改名为"彰考馆",其任务除编修国史之外还兼讲习经书、开设讲演等,成为修史的主要阵地。为了更好地保障修史工作的进行,史馆于1683年设置总裁一职管理馆内各项事务。1683—1687年以正统问题为中心,光圀与打越直正④、安积澹泊等史馆人员确定了本纪、列传的编修原则,将神功皇后退入列传、改置北朝五王于后小松天皇本纪开篇、另立大友天皇本纪,《日本史记》体裁上的"三大特笔"至此已经完成。1697年从神武到后小松的"百王本纪"完成。正德五年(1715)即光圀去世十余年后,纪传全部完成,为了后续的刻印进献等事宜,史馆拟定了"大日本史"和"皇朝新史"两个书名,最后由纲条确定名为《大日本史》。十一月由时任总裁的大井广贞⑤为纲条草拟《大日本史叙》作进献幕府之准备,此时安积澹泊也在当时水户藩主的许可之下准备撰写本纪之论赞。史馆在完成纪传之后,围绕后续工作有修志和续修两大选择,纲条在任时下令两项并行,为后期修史过程中的史馆争端埋下隐患,至此前期修史工作的重心,从纪传的编纂逐渐向纪传修订和将之进献天皇朝廷转移。

---

① 对于这一记载,有学者进行了质疑,认为《史记·伯夷叔齐列传》与光圀立志修史之间并不是直接的关联。在第二章第二节中有详细讨论,在此仅作提示暂不赘述。
② [日] 藤田幽谷:《修史始末》上,日本史籍协会编《藤田幽谷关系史料》一,东京:东京大学出版会,1935年,第65页。
③ 参考[美] 吕玉新:《水户〈大日本史〉编纂方针之确立与朱舜水》,载《国际汉学研究通讯》第3期2011年。
④ 打越直正,1686—1740,讳直正,字子中,号朴斋。十四入馆,义公使之从宅缉明学,享保丁未为总裁食150石,癸丑进为200石。
⑤ 大井广贞,1675—1733,字彦辅,号松邻。元禄九年(1696)由大川元善介绍入仕水户,1703年为史馆总裁,年轻时曾受业于排宋儒倡古学的伊藤源佐。著有《绍述文集》等作品。

第一章 引言

享保五年（1720）在安积澹泊的主导之下，史馆对菅原道真传、藤原时平传和三善清行传、叛臣传等列传进行改订，① 将已完成的本纪73卷、列传170卷并序、修史例和引用书目各1卷共计250卷进献于幕府，这一版本被称为享保本。此后，幕府方面也支持将《日本史记》删改之后公行天下，朝廷方面却忌讳《日本史记》以南朝② 为正统，与当时在位的北朝系天皇相冲突，不许将其刻印。1734年幕府先行允许水户藩刻印《日本史记》，但到1749年史馆才完成校订和净本抄写工作。从这一年开始，《日本史记》的编纂工作基本陷入停滞，史馆总裁更迭频繁、无心或无力于推动修史工作进展。

后期修史起止点是1786年到1906年。随着工作重心的转移，史臣关注重点也变为对日本典章制度和社会风俗等本土文化要素的发现和整理，完成了志表两大最困难的部分，即"综核政体，经济世道，治乱盛衰之故，志表宜详焉"。在修史过程中，立原翠轩、藤田幽谷和会泽正志斋等史馆总裁将徂徕学引入修史事业之中，为志表编纂提供一定的理论支持，③ 另外还将本居宣长等人的国学思想元素与修史事业相结合，逐渐确立了"国体论"思想。

志表主体及其刊刻是在修史后期完成的，但志表编纂的任务在德川光圀时期已经确定下来，因此在前期修史过程中就有对志表篇目的讨论，只是实际编纂工作推进较少。1709年确定志目为十篇，此后具体志目有所变化但数量基本不变。1741年在纪传修订基本完成之时，确定了志目和分属史臣，其中《天文志》归于小池友贤④ 等人、《神祇志》归名越克敏⑤ 等人、《舆服志》归增子淑时⑥、《艺文志》归河合正

---

① 菅原道真890年被宇多天皇重用，对抗当时擅权的藤原氏。900年三善清行规劝菅原道真当于极盛时隐退，道真不从。901年藤原时平状告菅原道真帮助皇子篡位，使得道真被贬并死于九州。1719年安积澹泊建议，藤原菅根和藤原时平都为谄臣当同传，菅原道真和三善清行各列一传。
② 南朝：日本历史上的南北朝，大约相当于公元1336—1392年，日本从镰仓幕府过渡到室町幕府中间的一段混乱时期。当时在日本京都和奈良各有一位天皇及相应传承，分别为武士支持的北朝和部分公卿贵族支持的南朝。
③ 关于《日本史记》志表的编纂可参考吉田一德《大日本史纪传志表撰者考》和吉田俊纯的《宽政期水户学的研究》等研究成果，两书都认为徂徕学对志表的强调与《日本史记》编纂的现状都刺激了立原、幽谷等后期修史者的修志热情。
④ 小池友贤，1668—1739，称源左卫门，字伯纯，号桃洞。母为室鸠巢妹，教以读书。元禄十三年（1700）入彰考馆，享保四年和十五年两为总裁，食200石。尤精历算，水户历学传始于小池。
⑤ 名越克敏，1699—1777，字子总，号南溪，称十藏。享保十九年（1734）入仕水户为总裁，食250石。少受业林家之门，为昌平学都讲。
⑥ 增子淑时，1702—1758，讳淑时，字子中，号沧州，称幸八，姓纪增子氏。元文五年（1740）为小纳户，总裁馆事，禄150石，后增为200石。

修①、《佛事志》归德田锦江②等。此时已完成的草稿仅职官、食货、音乐、氏族和兵马五志，且体例芜杂，后来的史馆总裁青山延于指出其体例上的一些问题，如应当按照《新唐书》之例，将历代天皇陵墓放入《地理志》，而不是《职官志》的"诸陵寮"之中。1760年因馆员变化，调整了部分志目的负责人，在20年间仅完成了《神祇志》草稿，但其体例并不完备。1783年再次调整各志目的负责人，其中由青山延彝重编《神祇志》，富田理介③编《灾祥志》，立原翠轩编《佛事志》。1786年立原翠轩担任史馆总裁之后，一方面由于史料、凡例等不足使志表编纂无从下手，另一方面还在于当时藩政困难，无力支撑史书编纂等大规模的财务支出，立原翠轩不得不主动建议停止志表的编纂，这也引发了后期修史过程中他与弟子藤田幽谷的分裂。1799年以德川光圀百年忌辰为契机，志表的编纂真正提上日程。现在通行的《日本史记》之志表主要是明治之后，由栗田宽继承其师丰田天功④之意志和部分志表草稿加以修订刊刻而成。各志表的完成时间为：1871年《刑法志》2卷、1873年《兵志》6卷、1883年《佛事志》6卷和《职官志》5卷、1885年《氏族志》13卷、1886年《礼乐志》16卷、1889年《食货志》16卷、1893年《神祇志》23卷、1895年《阴阳志》5卷、1898年改八表为五表完成《公卿表》7卷、1905年《国郡志》33卷，最后到1906年完成了全部志表的刊刻。⑤

后期在志、表编纂的同时出现了史馆内部的争论和分裂。1797年前后藤田幽谷与其师立原翠轩出现分歧，藤田幽谷提出了修史上的三大问题：第一是所修史书的命名问题，"大日本史"之名似有不妥；第二是论赞删留问题；第三是志表编纂存废的问题。到1803年前后，立原翠轩因修史工作不力和理政上的问题被撤销了史馆总裁之职务，与其冲突的高桥广备和藤田幽谷一派掌握史馆诸事务，藤田所提出的三大问题被确定并落实。《日本史记》书名一度改为"史稿"，论赞之中的部分赞被保留

---

① 河合正修，1699—1755，字诚甫，号菊泉，称传次。享保元年（1716）补史馆书记，后至总裁，食200石。著有《史馆旧话》。
② 德田锦江，1710—1772，讳庸，号锦江，称五左卫门。为总裁食200石，幼从增子淑时学。喜武，明和三年再为总裁食250石，班鸟铳队长，倡导舜水祠堂轮讲。
③ 富田理介，1718—1794，讳敏贞，自复圭，长洲其别号也。
④ 丰田天功，1805—1864，称彦次郎，号松冈，年十九作《御房对》，撰《佛事志》《氏族志》，作《兵志》时因烈公致仕激愤抗议被禁锢于家。撰《食货志》《兵志》《靖海全书》，《明夷》《鸡鸣》二录，《论语时习录》。
⑤ 栗田宽主持完成的志表刊刻年份具体可参考吉田一德所作「大日本史志表上梓の始末について」一节，[日]吉田一德：《大日本史纪传志表撰者考》第二章，东京：风间书房，1965年，第542—559页。

而论被全部删除，志表则于1799年之后进入编纂正轨。在上述讨论过程中，藤田幽谷、高桥广备等人认为缺乏神代历史的本纪无法体现日本之国体，因此重新修订纪传，在神武本纪开篇加入天照大神将神器和神敕传给天孙的故事，同时这一神代叙事还经会泽正志斋、栗田宽等人之手放在《神祇志》的开篇。后期修史在贯彻德川光圀提出的"尊王论"基础上，发展出了一套综合儒家正统论、神道祭祀和强调日本特殊性的"国体论"。

前期修史工作以德川光圀为中心形成了修史的整体方针，在当时主要通过各种传抄本在士人、儒生当中产生一定影响，尤其是纪传中主张的南朝正统之说使其与当时现实的天皇统治有所冲突，却暗合了尊王之潮流。如赖山阳的父亲赖春水专门收藏了一套《日本史记》纪传内容，后来赖山阳在写《日本外史》时也以南朝为正统，从一定程度上来说应当受到了《日本史记》的影响。需要注意的是，德川光圀夹在幕府和皇室之间，从相对弱势的天皇角度来看建立了正统之传承、强调尊王主张，这一尊王主张在后期修史过程中随着幕府权威的下降，影响力也大大提升。

综合来看，《日本史记》是从史学角度观察中日文化交流和互动的极好切入点。首先，《日本史记》依中国传统之史法来写日本之国史，是日本首次以纪传体编撰的史书，还参考了《新唐书》《资治通鉴》的用例，完成了反映天皇世系更替及其辅佐重臣的本纪、列传和日本典章制度沿革、风俗变迁的志表，填补了日本史学史之空白；其次，全书包含并反映了时代变迁元素，其编修过程跨越了日本从近世走向近代的过程，见证并参与了"尊王敬幕"向"尊王倒幕""尊王攘夷"的社会变迁，吸收了同时代的丰富思想元素，包括以林罗山父子为代表的幕府官学、明儒朱舜水的实学主张、徂徕古学和国学思想等；最后，编者的特殊身份使全书编纂带有日本独特的国家结构烙印，主持编纂的水户藩主是德川幕府"御三家"之一，其在贯彻"正闰皇统、是非人臣"的修史目时必须要平衡天皇与将军之间的关系。

第三节 《日本史记》的研究变迁

对《日本史记》进行介绍和研究的工作开始较早，其研究历史较为漫长。最早对《日本史记》进行介绍的作品在《日本史记》全书尚未完成时已出现，不仅有日本国内文人学者的介绍,还有中国士人学者的谈论或介绍。① 从时间线索来看,对《日本史记》的系统性研究主要以明治时期为开端,到20世纪40年代进入第一个研究高潮,在"二战"后陷入低潮,一直到1960年前后相关研究才又逐渐增多,进入21世纪后又有了新的发展,整体来看,以中日两国研究者为主。从研究话题来看,对《日本史记》的研究主要有以下三大方面:一是"水户学"② 相关研究,即将《日本史记》视为"水户学"的一个组成部分,是广义水户学的重点工作之一,这类研究主要从日本儒学、国体思想、尊王攘夷或相关人物研究等具体话题进行讨论;二是日本史学史研究,将《日本史记》放到日本史学发展过程中去讨论其特点和影响,具体问题有从日本近世史学成果角度来讨论其编纂过程和其中包含的历史、史学思想等;三是中日文化交流研究,从人物、史学和儒学等方面讨论《日本史记》中包含的中日交流过程和特点等。由于各方研究者的研究目的不同,在研究视角以及问题意识方面既有联系又存在较大的区别。接下来将主要按照时间线索来梳理《日本史记》相关研究,分为"二战"前和"二战"后两大阶段,具体考察相关研究的发展状况和特点。

一、战前的《日本史记》研究

战前的《日本史记》研究包含大量的史料整理工作,为具体研究的开展提供了坚实基础。但是此时的研究又具有明确的政治意图,即为了将明治天皇塑造成为日本国家和民族的最高象征,而特别强调《日本史记》的"尊皇"精神,出现许多以"水户学"为中心的研究成果。

对《日本史记》的编纂过程的研究勃兴于20世纪初。相关研究所使用的基础材料包括以下几种。其一是藤田幽谷在18世纪末完成的《修史本末》,记载正保二年(1645)到宽政九年(1797)史馆修史的主要事件,并加入了自己的评论。其二是藤田幽谷弟子冈崎正忠续写的《修史复古纪略》,记载1797年到1805年的修史进展。其三是川口长孺晚年根据自己在史馆任职期间的笔记、家事簿等编成的《史馆

---

① 1877年在李鸿章回复时任日本驻华使者的森有礼的信件中提到自己曾经得到过《日本史记》,"散处昔得《大日本史》,每以卷帙浩繁,未易卒读为憾"。另薛福成为《日本国志》撰写的序言中提到,黄遵宪在撰写《日本国志》时"采书至两百余种",其中就包括提到《日本史记》。

② 水户学一般指的是宽政(1789—1800)到幕末期间,在内忧外患中的水户学人为振兴国家而形成的一系列思想成果。广义来说还可以指从初代藩主德川赖房开始的水户藩整体学风。

事记》一书，该书补上了1806年到1811年的修史工作史事，只是现存的《史馆事记》版本存在大量错讹且有大量与修史无关的记录。1909年栗田宽之子栗田勤所著《水户修史事略》一书，在前三书的基础上填补了明治之后的部分，按照年份依次记载了到1906年纪传志表全部完成的编修过程，以进献明治天皇为全书结尾。上述四部书的作者都是《日本史记》编纂的直接参与者或密切关系者，且藤田幽谷和川口长孺都曾任史馆总裁，因此几人所著之书是研究《日本史记》编纂过程的重要基础。在上述史料基础之上，出现了对《日本史记》的修史过程进行总结论述的作品，如1916年井川巴水的《〈大日本史〉改造论》，在简要回顾修史过程之后提出追加神代纪和恢复论赞两大"改造"方法。① 稍后以三浦周行为代表，将汇总史馆的相关书信而成的《往复书案》等新史料引入对《日本史记》编纂过程的研究之中，有1922—1930年辑录的《日本史之研究》第2辑所收文章《大日本史的史料采访》《德川光圀及其修史事业》《大日本史的旧稿本附笺笔者及其准敕撰说》和《大日本史稿本的起草者》等数篇，三浦指出《日本史记》的两大特点是道德性批判和科学性批判，其中道德性批判有清晰的史观理论，故在江户初期具有开创性的积极意义，但随着时代发展逐渐不合时宜；科学性批判虽稍显稚嫩，却颇合近代史学之主张。三浦的工作重实证，内容和论证都较为充实，成为后来许多研究者沿袭或批判的基础。② 继三浦周行之后，另一位大量利用《往复书案》史料的是德川庆光，他在1938年出版的《论大日本史编纂事业》一书，以纪传为中心讨论了编纂过程。这一时期对编纂过程的讨论，发掘补充了新史料，解决了许多基本问题，形成了一些共时性的观点，为之后的各项问题研究奠定基础。

以"水户学"为中心的研究是战前研究的重心，多是从肯定明治维新的角度逆推水户学的价值，具体来说有人物研究、尊皇和国体论研究等。1921年雨谷毅《尊王民本主义：水户学的神髓》和1941年关山延《水户学精髓》都将"尊王"③ 视为水户学最重要的思想。1928年栗田勤著《弘道馆记及其述义详解》，为《弘道馆记》和《弘道馆记述义》两篇文章加上了详细的解释。栗田论述的目的如序言所载，是将两文视为《日本史记》的"缩写图"，是"水户学"的精髓所在，也是明治维新原动力。④

---

① [日]井川巴水：《〈大日本史〉改造论》，东京：远藤春吉发行，1916年。
② [日]三浦周行：《日本史之研究》第二辑，东京：岩波书店，1930年，第515—577页。
③ 本章中的尊王与尊皇的对象都是天皇，无意义差异。[日]雨谷毅：《尊王民本主义：水户学的神髓》，水户：二鹤堂小仓出版部，1921年。[日]关山延：《水户学精髓》，东京：诚文堂新光社，1941年。
④ [日]盐泽昌贞：《弘道馆记及述义详解序》，[日]栗田勤《弘道馆记及述义详解》，东京：大冈山书店，1928年。

彰往考来：《日本史记》之编纂与史学

1936年高须芳次郎著《水户学派尊皇之经纬》，将宋学视为《日本史记》的思想背景，并指出尊皇的特点是斥霸（道）。①另市川其三郎在《论〈大日本史〉之特色》中明确指出，德川光圀修《日本史记》并非源于中国儒教的崇拜，而是"在日本主义的立场上采用儒教"，②市川更进一步说明治维新能够实现大政奉还的根源在于德川光圀和《日本史记》所确立的尊王之志。1940年濑谷义彦的《水户学的历史性考察》一书强调用历史发展的眼光来考察水户学，将其划分为前、中、后三个时期，其中前、中两期围绕光圀精神的提出和断续展开，后期又可细分为光圀精神的复兴和国体论完成两个阶段。濑谷认为"国体论"正是水户学的核心，水户的国史研究正是在国体论基础上对现实进行批判。③1943年北条猛次郎作《〈大日本史〉大观》，通过纪、传、志、表四部分举例和注释的方式，指出《日本史记》不是"一家之言"，作为水户学的组成部分是"把握文化发达之机、维持世道人心"的大作，④还提出了《日本史记》"直笔主义"正是其不同于中国史学道德褒贬所在。关于水户学的形成、特点和影响等问题全面且有影响力的研究成果，则必须提到松本纯郎的《水户学之源流》和菊池谦二郎以强调"尊王"为目的所作的《水户学论薮》两书。松本纯郎通过对德川光圀、人见卜幽、朱舜水、安积澹泊、山鹿素行等人的研究，说明了水户学源流的多元性。⑤菊池说"义公（德川光圀）的日本史向国民宣传了尊皇思想，义公作为尊皇之先驱是符合事实的"，⑥他还将《弘道馆记》所提倡的教育"五纲领"定义为水户学的"五纲领"，即神儒一致、忠孝不二、文武不歧、学问事业一致和治教一致。此外，菊池还就史料考证与三浦周行、三上参次进行论辩，讨论德川光圀修史方针是否有"秉笔直书"和"臧否删改"之矛盾，以及《日本史记》是私撰还是敕撰的问题。三浦认为水户一直有获得天皇敕许的愿望，而菊池则否定这一观点，还指出水户很多史臣都将其定义为私修史书。双方在私修、敕修的具体定义上不同因而结论也有不同，但对《日本史记》的尊皇精神、爱国精神都表示肯定。

日本学者从中日史学比较角度对《日本史记》的研究，有两大主要的观点倾向，其中比较有代表性的是黑板胜美著《朱舜水和凑川碑》和加藤繁所作《大日本史与

---

① ［日］高须芳次郎：《水户学派尊皇之经纬》，东京：雄山阁，1936年。
② ［日］市川其三郎：《论〈大日本史〉之特色》，《本邦史学史论丛》，东京：富山房，1939年，第913页。
③ ［日］濑谷义彦：《水户学的历史性考察》，东京：中文馆书店，1940年。
④ ［日］北条猛次郎：《〈大日本史〉大观》，水户：茨城出版社，1943年，第63—64页。
⑤ ［日］松本纯郎：《水户学之源流》，东京：国书刊行会1997年根据1945年原版复刻版。
⑥ ［日］菊池谦二郎：《水户学论薮》，东京：国书刊行会1997年根据1943年原版复刻版，第390页。

中国史学》、高须芳次郎的朱舜水相关文章等。黑板在文中指出朱舜水与德川光圀之间存在着密切关系，因此朱舜水及其实学主张在水户派的修史事业上发挥了重要力量。① 加藤则在文中通过本纪、列传、志、表、论赞等体裁对比，讨论"三大特笔"的内涵和自注编纂法，指出《日本史记》在形式上模仿了中国正史编纂，但在正统论等内在逻辑上却是日本独有的。② 高须在对朱舜水与水户学关系的论述中指出，朱舜水虽然对光圀的学问产生了一定作用，但即使没有朱舜水也不影响水户学的出现。③ 中国国内最早主要围绕朱舜水不忘故国的高尚气节进行讨论，在民国成立前后出现研究热潮，代表人物是梁启超。他编纂了《朱舜水先生年谱》，④ 还认为"朱舜水与日本近代文化极有关系，当时即已造就人才不少"，⑤ 并在《中国近三百年学术史》中将其称为清初五大思想家之一。1935年周一良所著《〈大日本史〉之史学》⑥ 一文可谓是中国对《日本史记》最早的专门性研究成果，这篇论文提出了非常多富有启发的创见。周一良用中国传统修史的方法讨论了《日本史记》的编纂和史学，包括史观、体裁、义例和考订等问题，将水户学之精神总结为"混合朱学与日本固有之神道而成，以尊王之政为骨干，而寄托其一切政治学术之精神与见解于《大日本史》"。⑦ 对于前人关注较少的志表部分，周一良指出，《日本史记》将《神祇志》作为志的开篇，实际上展现了"光圀等人崇儒排佛，极力鼓吹神道之信仰，以发扬日本固有之精神"，⑧ 文中对于"日本固有之精神"未展开论述，从前后文逻辑来看，似将儒学与神道都作为日本固有精神之部分。论文的最后提出水户学之价值在于"明治天皇所以得遂维新之业，十九由于水户学也"，但过度强调国民尊天皇、敬皇室之目的，使得20世纪30年代的研究空谈大义名分，却脱离了《日本史记》"考证精确之客观史文"。⑨ 周一良的研究，从编者、史料、史观和影响等内容入手，完成了用中国传统史论研究《日本史记》的框架建设，对《日本史记》进行宏观层面的总结，为后来的中国

---

① ［日］黑板胜美：《朱舜水和凑川碑》，《日本和日本人》1912年4月刊。
② ［日］加藤繁：《〈大日本史〉与中国史学》，《本邦史学史论丛》，东京：富山房，1939年，第865—908页。
③ ［日］高须芳次郎：《水户学派尊皇之经纬》，东京：雄山阁，1936。
④ 参考梁启超：《明末朱舜水先生之瑜年谱》，台北：台湾商务印书馆，1981年。
⑤ 梁启超：《中国历史研究法补编》，转引自朱谦之编《朱舜水集》附录一，第729页。
⑥ 周一良：《〈大日本史〉之史学》，《史学年报》第二期第二卷，1935年。
⑦ 同上文，第205页。
⑧ 同上文，第186页。
⑨ 同上文，第205页。

学者提供了良好基础。

除上述讨论之外，此时还有许多对水户学和《日本史记》相关原始史料的整理刊刻或注释，如高须芳次郎主编的《水户学大系》、菊池谦二郎编修的《幽谷全集》、千叶新治编修的《义公丛书》和稻叶岩吉编的《朱舜水全集》等书，还有谷口流莺的《大日本史列传训解》《大日本史音训便蒙》和《大日本史辑解》等。19世纪末20世纪初，克莱门特·威尔森（Clement Ernest Wilson）撰写了许多对日本历史文化进行介绍的作品，如《17世纪水户藩的中国遗民》①和《水户藩主德川光圀简介》②，向西方学界翻译介绍当时存于日本的朱舜水遗迹以及德川光圀生平，借此说明水户学所受到的中国影响。这一时期的西方翻译以及介绍作品，一般以水户学相关的文学类作品和人物介绍为主，如德川光圀主持编修的《扶桑拾叶集》等，对史学成果的关注相对较少。

从上述梳理中可以看到，"二战"之前的研究成果为后来的研究者做好了材料、基本方法和讨论框架等工作。在记录编纂过程、整理史料合集之外，特别关注日本从前近代到近代的转变过程，将明治维新的正面意义作为关键点而突出了《日本史记》的尊王精神。由于时代和各国文化背景的不同，研究成果的侧重点亦有所不同。西方学者多具有长期的旅日经验，以向西方世界介绍日本为主要目的，成果以译介为主。战前的日本学者，多试图从《日本史记》及其前后的各种史学著作中寻找到日本民族优越性的根源所在，为明治政府的近代化之路寻找传统依据。以当时的日本儒学者为代表的研究者主要关心的是《日本史记》中所确定的"正闰皇统"目标，并将其整理阐发为较为明确系统的"尊王"思想，成为明治初期部分藩政改革乃至明治维新的指导资源。中国学者则是反思清末民初的"明治维新史"研究热，讨论因借日本为学习西洋之中介而产生的对日认识不足问题，由此推进对明治维新之思想脉络的探讨，为中国的民族和民主主义革命提供借鉴，实现"救亡图存"之意图。

二、战后的《日本史记》研究

经历过第二次世界大战，《日本史记》被视为日本近代天皇制、国体论和军国主义的渊薮，研究限制较多，作品较少，到20世纪60年代前后，相关介绍和研究成果才逐渐丰富起来。在反战和现代思潮影响之下，与近代化讨论相关的"国体论"

---

① *Chinese Refugees of the Seventeenth century in Mito*, TASJ24, 1896.
② *Instructions of a Mito Prince to His Retainers*, TASJ26, 1898.

和"天皇制"包含了更多批判性视角,对《日本史记》的研究逐渐细化到具体人物以及修史过程考订上。进入 21 世纪之后,对《日本史记》的正统性及尊王思想的讨论不断淡化,研究成果更加多元。

  1957 年日本学协会编纂的《大日本史研究》一书,可以说拉开了战后《日本史记》研究的序幕,再次将《日本史记》引入公众视野。书中收录了相关领域最具代表性的研究者及其成果,成为战后日本国内外研究者的重要参考作品。其中既包括战前皇国史观的代表人物平泉澄的研究论文,也有久保田收等人综合讨论《日本史记》的编纂过程、德川光圀的修史方针、《日本史记》与国学等更为学术性的文章。其中名越时正的论文还专门提出了《日本史记》与林家《本朝通鉴》之间的异同关系。久保田收的论文还被收入其于 1968 年出版的《史学史论考》一书中,吉田一德的文章则成为其 1965 年出版的大部头专著《大日本史纪传志表撰者考》之一节。1958 年坂本太郎所著《日本的修史与史学》一书中,依次介绍了从《古事记》到明治时期福泽谕吉编写的《日本开化小史》等日本主要史籍。该书的研究重点是以记纪为代表的"六国史",虽未花太多篇幅介绍《日本史记》,但对《日本史记》体裁特性的判断对后来者有极大启发。坂本指出《日本史记》的体裁,既非纪传体也非编年体,而是水户编史者结合日本实际对中国的修史方法进行改造后独有的一种体裁。① 1964 年由大日本史普及会编写的《译注大日本史》一书,召集了当时的日本史研究者,将本用汉文编写的《日本史记》转成日文,并添加了丰富的注释。"二战"后因日本汉字政策的改革,日文版的《译注大日本史》一书可以说为战后成长起来的研究者提供了重要的研究基础。20 世纪 50—80 年代,日本儒学者名越时正以德川光圀和藤田幽谷作为中心,研究水户学"王政复古"和神道思想等,肯定《日本史记》的编纂方针受到朱子学之影响。在这一逻辑线上,1976 年平田俊春的《〈神皇正统记〉与〈大日本史〉》一文,将《日本史记》的正统观来源从《神皇正统记》上推到《春秋》这一共同源头。② 确定这一时期及其后《日本史记》研究主流范式和方法的,是尾藤正英的相关研究,他明确提出了前期和后期修史存在不同的编纂思想和思考逻辑,强调无论是前期还是后期的修史过程,其思维逻辑和编纂方针都与中国史学传统"形

---

① [日]坂本太郎:《日本的修史与史学》,东京:至文堂,1958 年。
② [日]平田俊春:《〈神皇正统记〉与〈大日本史〉》,《军事史学》1976 年第 12 卷第 1 号(通卷第 45 号)

似而神不同",都是日本所特有的。① 同一时期中国学者的研究有1958年朱谦之的《日本朱子学》,该书以水户学单成一节,认为水户学是日本儒学中极为特殊的一派,该书在2000年再版发行,对中国的日本儒学研究影响较大。朱谦之还指出水户学前期是以德川光圀所建彰考馆为中心的史学,后期是以德川齐昭所建弘道馆为中心的政教学,内部非常复杂,是朱子学派的变种。②

　　史学史角度的相关研究在一这时期也兴盛起来。1958年安川实撰《〈本朝通鉴〉与〈大日本史〉——以编年书法为中心》,从史书编纂体裁入手,认为《大日本史》和《本朝通鉴》都是近世史学史中的儒家史学双璧,都是从武家立场编纂的通史。但林罗山父子屈服于现实政治压力不得不曲笔,实际效仿的是温公通鉴的历史主义立场,……水户义公则完成了林氏父子未完成的正闰皇统、是非人民的通鉴纲目之书法"。③ 在此基础上安川实在1980年出版的《〈本朝通鉴〉研究》一书中进一步指出,"对《大日本史》本质的理解需要立足于对《本朝通鉴》的正确评价"。④ 1965年吉田一德著《大日本史纪传志表撰者考》,该书可谓是对《日本史记》的编纂过程讨论最集中的专著,在战前三浦周行、菊池谦二郎和松本纯郎等人的研究成果基础上,增加了茨城县立历史博物馆、图书馆和自己多方收集保存的相关手稿等新史料,形成了《日本史记》编纂过程的基础性著作,全书分成序论、本论和余论三大部分,每一部分都以专题的形式讨论纪传、志表等形成过程和相关人员的活动。吉田的著作优点在于详细和丰富,却失于细琐零碎,整体来说缺少史论的部分,对《日本史记》的宏观把握不足。

　　西方代表性的作品先有韦伯(Herschel Webb)发表于1960年的《〈日本史记〉是什么?》一文,全文从写作动机、编纂体裁、"三大特笔"等方面进行介绍,指出《日本史记》作为二手史料存在缺漏错误但不失其史料价值,其"尊王"传统是对日本历史文化的最大贡献,同时产生了一个"悖论",即与幕府关系密切的《日本史记》"所促生的意识形态传统,推动了19世纪的倒幕运动"。⑤ 1991年出版的《剑桥日

---

① [日]尾藤正英:《水户学的特质》,尾藤正英、今井宇三郎等编:《日本思想大系53·水户学》解题,东京:岩波书店,1976年,第56—58页。
② 朱谦之:《日本的朱子学》,北京:人民出版社,2000年。
③ [日]安川实:《〈本朝通鉴〉与〈大日本史〉——以编年体为中心》,历史教育研究会编《历史教育》1958年第6卷第11号。注"正闰皇统、是非人民"疑为"正闰皇统、是非人臣"之讹误。
④ [日]安川实:《〈本朝通鉴〉研究》,安川实遗著刊行会编,东京:言丛社,1980年,第196页。
⑤ Herschel Webb, "What Is the Dai Nihon Shi?", *The Journal of Asian Studies* Vol.19, No.2(February 1960).

史》第 4 卷，由尾藤正英执笔介绍了《日本史记》编纂的前后变化、全书的编纂体裁、尊王思想和"三大特笔"。①1999 年约翰·布朗利（John S. Brownlee）的《日本的历史学家和国家神话（1600—1945）：神代与神武天皇时代》出版，该书讨论了"尊王思想""三大特笔"和水户学等内容。②上述著作的基本观点是将《日本史记》视为日本学习司马迁"纪传体"的模式编成的前近代史学作品，其最重要的价值在于主张"大义名分"和"尊王（皇）"，作为史料，一方面因内容丰富而具有价值，另一方面其"因义失信"违背客观性修史规则被诟病。以上讨论的重心集中在纪传部分、三大特笔的由来以及论赞去存问题所反映出来的尊王和皇国观念，对志表部分未进行深入讨论和评价。

到 2000 年前后，随着研究的深入和细化，日本学者、中国学者的相关成果更加丰富。日本方面的研究大致有如下成果。1999 年田崎哲郎在《〈大日本史〉的波纹》一文中，以德川齐昭将《日本史记》供奉给热田神宫为契机，讨论幕末时期不同地域的知识群体如何在知识和思想上达成一致，进而形成明治的日本国家。③2000 年岩仓则幸所作《〈大日本史〉的内容与先行史书》一文，将《日本史记》的内容与中世时期的一些史书内容进行对照试图找其源头。同年安见隆雄从德川光圀对朝廷和幕府的认识出发，整理了光圀为"复兴朝廷"在恢复古礼、编纂书籍等方面的努力，还对比了《日本史记》与中国正史之体裁，提出《日本史记》创造了日本自己的正史体裁。④同年吉田俊纯再以"水户学源流"为名，对已形成共识的"南朝正统论"提出质疑，认为从德川光圀的学问和编纂事业整体来看，他实际上应当是一名"北朝正统论"的支持者。⑤到了 2011 年吉田俊纯又出版《宽政期水户学的研究》一书，指出尽管水户学代表者自己否认，但《日本史记》编纂与荻生徂徕古学和本居宣长国学之间存在着吸收和继承关系。⑥2007 年玉悬博之在《近世日本的历史思想》中，对《日本史记》前期的代表人物栗山潜锋和安积澹泊的史学思想进行了深入分析，

---

① Bito Masahide, "thoughts and religions,1550—1700", trans. by Kate Wildman Nakai, John Whitney Hall(eds.), *The Cambridge history of Japan, vol 4 early modern Japan*, Cambridge: Cambridge university Press, 1991, pp.409—411.
② John S. Brownlee, *Japanese Historians and the National Myths,1600—1945: the age of the GODS and Emperor Jinmu*, Vancouver: University of British Columbia Press, 1999.
③ [日]田崎哲郎：《〈大日本史〉之波纹》，日本历史协会编《日本历史》1999 年 6 月号，第 28 页。
④ [日]安见隆雄：《水户光圀与京都》，东京：锦正社，2000 年。
⑤ [日]吉田俊纯：《水户光圀的时代：水户学的源流》，东京：校仓书房，2000 年。
⑥ [日]吉田俊纯：《宽政期水户学研究：从翠轩到幽谷》，东京：吉川弘文馆，2011 年。

他强调同为前期的水户史学内部也存在不同的主张,其中栗山潜锋是坚定的儒学历史观念支持者,而安积澹泊则可视为折衷者。①2009年堀井纯二对《日本史记》本纪的编纂过程进行讨论,还从史料考订等角度做了案例性的基础研究。②在茨城县还有"水户史学会",以挖掘当地文化资源为主要任务,联合锦正社出版了一系列水户学研究丛书。其中的代表学者有铃木暎一,其围绕后期水户学的《日本史记》续修问题进行了讨论。③此外同属于该学会的成员梶山孝夫,围绕《日本史记》编纂做了较为详细的讨论,于2013年出版了《〈大日本史〉的史眼》一书。梶山之书不仅对《日本史记》的形式与内容进行了讨论,而且在前人的研究基础上对编史的过程以及体例等方面进行了分析。梶山先就本纪各卷篇幅进行比较,重点讨论分卷或和卷编纂的几位天皇本纪,并单列章节讨论其中的纪元和年号问题,综合列述前人研究成果,从中发掘出当时编者的正统观、"客观性"等修史观点。而梶山对列传的讨论则通过对一些争议人物的安排,和《将军传》《义列传》等日本特有列传条目的设置等,发掘修史者在史书中所表现出来的尊王观念,如对镰仓幕府继承者北条义时和北条泰时的讨论④等。同时梶山进入《日本史记》的核心人物对同一事件或人物的评论中,通过对比相互之间的同异,为我们还原出尽可能准确的历史细节,提供了很好的研究方法和问题启示。但是该书对《日本史记》的志表部分几乎没有讨论,志表作为后期修史以及后期水户学的成果所包含的时代特点,未能得到很好的分析。2013年井坂清信《江户后期的水户藩儒:对其活动的点描》一书通过对书信、日录等一手史料的考证辨析,力图还原藤田幽谷、小宫山枫轩和川口绿野等后期水户藩儒的修史主张、交友范围等活动轨迹。⑤需要注意的是,与吉田一德的研究话题和倾向一致,梶山和井坂的研究重点在于对历史细节的讨论,而缺乏对于整体历史阶段和《日本史

---

① [日]玉悬博之:《近世日本的历史思想》,东京:ぺりかん社,2007年。
② 参考堀井纯二发表在《柏树论丛》的数篇文章如:《〈大日本史〉持统天皇本纪之基础研究》,《柏树论丛》第13期,2015年12月;《〈大日本史〉天武天皇本纪之基础研究》,《柏树论丛》第12期,2014年12月;《〈大日本史〉天智天皇本纪之基础研究》,《柏树论丛》第11期,2013年12月;《〈大日本史〉仲哀·应神天皇本纪之基础研究》,《柏树论丛》第7期,2009年12月。
③ 铃木暎一的文章可参考《论〈大日本史〉之续修计划》及2007年刊出的《〈大日本史〉之续修计划和〈倭史后编〉》等文,上述观点有饭田瑞穗的回应和追问,具体可参考饭田的《评铃木暎一氏论〈大日本史〉续修计划》和《再评》两篇文章。
④ 论赞指出,虽然北条泰时对当时的天皇发动了战争并将其击败,但修史者认为北条泰时只是无奈继承其父意志且当时天皇无道,因此虽与天皇征战的举动虽然是不对的,但并非出于泰时本义,因此仍可将其列入将军传中得有为忠义之称号。
⑤ [日]井坂清信:《江户后期的水户藩儒:对其活动的点描》,东京:汲古书院,2013年。

记》性质、价值以及思想等综合性论述。

中国学界对于《日本史记》的研究，仍然重视从明治维新等日本近代化角度来切入，其中从"水户学"方面进行的研究在方法和结论上可以说是日本相关研究的延伸，在中日比较研究、中日交流等方面则相对更有优势和特点。较早从儒家史观传播的角度进行研究的有王家骅关于前后期水户学的讨论，其中特别强调儒家修史观中的鉴戒史观与正统论对日本古代修史的影响，非常具有启发性。①2009年周斌对日本用汉文编纂的纪传体史书进行了综合对比，指出中日朝等国情、文化不同，故在纪传体史书编纂上也有不同，如用日本以本纪录本朝天皇之事，反映了日本将自己视为独立于中国的思想等。②从中日比较或中日交流层面对《日本史记》进行的研究中，与朱舜水有关研究占据了较大比重，这实际上延续了清末民初梁启超等人掀起的朱舜水研究热潮。③2008年韩东育的《朱舜水在日活动新考》一文指出朱舜水与江户"变夷为夏"之舆论，和《日本史记》编纂理念之间的密切联系，从"实务主义"和"民族主义"两大思想脉络论证朱舜水对《日本史记》编纂的重要影响。④2010年台湾大学举行"朱舜水与东亚文明发展国际学术研讨会"，与会学者发起了"水户德川家旧藏儒学相关史料调查"的三年计划，陆续出版了朱舜水和德川光圀文献释解等资料，这对于了解江户时期中日之间的思想文化交往，尤其是厘清水户学与浙东学问之间的关系提供了很多基础史料和研究启发。另有吕玉新的《水户〈大日本史〉编纂方针之确立与朱舜水》《尊皇敬幕：朱舜水、德川光圀之水户学》等数文阐释朱舜水与《日本史记》编纂之间的密切关系。⑤邢永凤《〈大日本史〉中的中国元素》⑥一文，将

---

① 王家骅：《儒家的修史观与日本古代的史学》，见《中日儒学：传统与现代》，北京：人民出版社，2014年。原文载于《日本研究》1998年第3期。
② 周斌：《日本汉文纪传体史书综论》，《史学史研究》2009年第3期。
③ 17世纪日本人开始辑录朱舜水的著作，20世纪初也是日本首先开始了对朱舜水的研究，1976年国内由台湾学者提出了"舜水学"的概念，90年代大陆学者李甦平进一步强调了这一概念，1996年在上海和浙江两地召开了第一届"中日舜水学学术研讨会"，会议论文集结成《中日文化交流的伟大使者——朱舜水研究》，收录论文27篇。
④ 韩东育：《朱舜水在日活动新考》，《历史研究》2008年第3期。
⑤ [美]吕玉新：《水户〈大日本史〉编纂方针之确立与朱舜水》，载《国际汉学研究通讯》2011年第3期；《尊皇敬幕：朱舜水、德川光圀之水户学》，《政治思想史》2011年第2期。
⑥ 邢永凤：《〈大日本史〉中的中国要素》，《日语教育与日本学研究——大学日语教育研究国际研讨会论文集（2011）》2012年00期。另外有1997年田旭东从体例和批判精神两方面强调了《日本史记》与《史记》的联系，该文是一篇见闻式的总结文章，虽然篇幅较短，但属于国内较早从中日史学比较角度讨论《日本史记》的文章。田旭东：《从〈史记〉到〈大日本史〉——日本茨城参观所感》，《西北大学学报》（哲学社会科学版），1997年第4期（总第97期）。

《日本史记》与《史记》进行对比，说明《日本史记》的编纂由来，认为其文本内容中包含丰富的中国元素。孙卫国、谢贵安等从东亚史学传播角度来讨论中国之史学传统对日本、越南等周边国家产生的不可忽视的影响。①2012年瞿亮的博士论文《日本近世的修史与史学》，特设一章专论水户藩的修史事业，用"合理"精神来分析这一时期修史的发展和特点。

总体来看，《日本史记》的研究以中日两国学者为主，少量西方成果以译介日本研究为主。战前的《日本史记》研究具有较为浓厚的政治意图，日本学界以建立明治维新之国家体系和近代天皇之权威为中心，往往以"主义"代史实，特别重视"国体"论、尊皇观等问题的讨论，甚至将南朝正统论之观念发展为议会政治运动，在一定程度上加剧了明治维新之后的对外扩张取向。为此有了战后的一系列反思或重审倾向，弱化研究的政治性，强化学术性和专门性。但是无论战前还是战后，以"近代化"讨论为中心议题的"水户学"研究长期处于主流地位。进入21世纪之后围绕史学史和中日交流的研究虽然在不断增加，但日本学者多是在日本自身的发展脉络中寻找《日本史记》的思想资源，将《日本史记》的编纂过程分成截然不同的两个或三个阶段来进行具体的个案讨论，强调各个阶段之间的差异和变化。中国学者相对来说多从中日交流或比较的角度，将《日本史记》作为一个具体案例进行讨论。只将《日本史记》视为水户学前期代表，强调后期水户学"尊王""国体"等思想对日本近代化的作用，这一观点在国内学者中影响较大，因此专门讨论《日本史记》的文章并不多。20世纪30年代周一良的《大日本史之史学》是系统讨论《日本史记》的杰出代表，此后几乎未见系统的讨论文章。《大日本史之史学》一文是在特殊时代完成的作品，具有鲜明的时代烙印，当下随着学术交流的扩大、研究材料的丰富和各种研究视角、方法的更新，重新对《日本史记》之编纂过程和史学进行梳理不仅成为可能，也极为必要。本书正希望在以周一良为代表的前辈学者的研究基础上，结合中日学者最新的研究成果，系统整理《日本史记》编纂的整个过程，进一步探讨其中所展现出来的史学观念和思想，并回答以下问题：为何在江户初期会出现《日本史记》这样一部纪传体史书？这部书的编纂过程有怎样的特点？中国的修史实践和史学思想如何影响了《日本史记》的编纂及其观念？这样一部庞大的史书在日本社会中发挥了怎样的作用？

---

① 孙卫国：《中国史学对东亚史学的影响与交流》，《历史教学问题》2012年第4期；谢贵安：《东亚文化圈的史学共振——中越实录修纂比较》，《史学理论研究》2018年第4期。

第四节　再读《日本史记》

"我们和我们寄存的现存（present）处在历史之中。我们的这个现存如果在现今的狭窄视界内丧失自身，退化为一个纯粹的现在，那么它就变成一片空无。"① 卡尔·雅斯贝斯用一句简洁而精练的话道出了历史的意义。

《日本史记》从1657年开始编纂，一共花费了250年时间才全部完成，篇幅庞大且参与编修的人员众多。② 对《日本史记》的编纂过程和特点进行研究，有助于了解江户日本如何以及在哪些方面吸收了中国文化元素，由此丰富对"东亚"作为文化共同体的认识，同时中日之间的这一史学交流可为当今东亚地区的交流提供有益的借鉴。处于世界变化剧烈的当下，重新思考编纂于从前近代向近代转变之际的《日本史记》，能够汲取一些有助于理解和应对当前时代的经验。具体来说，至少包含以下三方面的意义。

第一，《日本史记》是江户时期汉文修史传统复兴时期产生的作品，本身编纂时间长、参与人员众多，还被视为明治维新时期日本史学对抗西洋史学的象征之一。对其史法和史意③进行研究，可以弄清楚近世的日本汉文修史传统的特点，有助于了解日本近代化过程中的史学和史学观念的变迁。

第二，《日本史记》在编纂过程中有意识地扬弃了中国正史编纂中的理论和做法，通过对这一过程的具体剖析，不仅可深化对日本史学的认识，还可作为中国史学研究之"他者"，让观察更加深入和多元，有助于理解"什么是中国传统史学"这一中国史学的核心问题。

第三，《日本史记》作为"由域外人士用汉文撰写的典籍"，既是日本史学史上的重要作品，也明显受到中国传统史学的影响，可视为"中国文化激发域外文化创新的部分"。④19世纪中后期以后，《日本史记》得到了中国、朝鲜学者的重视，其在东亚区域内的影响也不应忽视。它是日本人在学习中国文化的过程中进行发挥创造的成果，是"东亚"的传统文化交融在史学交流上的一大实例。

面对这样一部卷帙浩繁的史书，当下应如何来重读？20世纪下半期以来的历史

---

① [德] 卡尔·雅斯贝斯：《历史起源与目标》序，魏楚雄、俞新天译，北京：华夏出版社，1989年。
② 雨谷毅的《彰考馆总裁略传》记载了30多位总裁；林俊宏提出有130多位儒者被招募参与编修。参考林俊宏：《朱舜水在日本的活动及其贡献研究》，台北：秀威资讯科技，2004年，第218—219页。
③ 史法主要指史书编纂，史意主要指史学思想与见解，参考章学诚《文史通义》中的相关说法。
④ 王勇：《从"汉籍"到"域外汉籍"》，《浙江大学学报》（人文社会科学版），2011年第6期。

学科发展，为我们提供了很好的启发和参考。

布罗代尔在《菲利普二世时代的地中海和地中海时代》中提出了长时段理论，即用不同的时间维度来度量不同的历史：短时段适用于个体的、个别的人或事，对应于传统的编年史或政治史；中时段是经济社会史，适用于研究历史之势，具有周期性，包括具有较长有效性的经济结构和社会结构等；长时段也是地理时间，是处于基层的地理、生物等几乎看不到变化的结构历史。其中"结构"在长时段理论中居于首要地位，布罗代尔认为"结构是指社会上现实和群众之间形成的一种有机的、严密的和相当固定的关系。对我们历史学家来说，结构无疑是建筑构件，但更是十分耐久的实在"。① 布罗代尔用长时段理论来研究地中海这一包含诸多元素的区域之中，打破了单质的、线性的时间观念，将时间区分成多种不同形态，并强调彼此之间是辩证联系、相互解说的，为年鉴学派的"总体史"提供了实现的途径。纵观《日本史记》编纂的 250 年，其间日本社会基本的政治生态、社会结构和经济模式总体上较为稳定，未发生根本性的变化，幕藩体制、公武双重结构、接受与利用外来文化② 都是这一时期的结构特征，这也决定了《日本史记》要讨论的公武关系、正统谱系、历史动力等问题贯穿始终。当然这并不是要否认，与《日本史记》编纂相关的具体人或事会随着时间出现变化，且整个修史阶段可以划分为不同的阶段。但是《日本史记》作为日本江户复兴的汉文修史潮流之一部分，仍然有其贯穿 250 年的结构特征，因此布罗代尔的长时段理论是本研究的基本方法。

在对《日本史记》编纂过程中具体的代表人物及其思想、代表事件进行讨论时，尽可能地回到具体的历史语境中进行整体考察。历史语境主义的研究方法主要由昆廷·斯金纳等人在 20 世纪 70 年代前后提出，他说，"我们自己常常接受的那些'永恒'真理实际上只不过是我们自己的历史和社会结构的随机性结果。从思想史中我们可以发现，事实上并不存在这样的一成不变的概念，有的只是与不同社会相伴随的形形色色的概念"，③ 认为人类的一切思想都是对历史问题的回应，因此要了解一个具体的思想或人物，需要到历史语境中寻找答案。斯金纳本人的研究特别重视政治语境

---

① [法]布罗代尔：《历史和社会科学：长时段》，《史学理论》，1987 年第 3 期，第 107 页。
② 参考[日]丸山真男：《丸山真男讲义录》第 7 册，东京：东京大学出版会，1998 年。丸山将日本思想史看作对外来思想接受、修正的"摄取"的过程。
③ Quentin Skinner, *Visions of Politics*, vol. I, *Regarding Method*, Cambridge: Cambridge university press, 2002, 任军锋译。原文题为 "Meaning and Understanding in the History of Ideas"，发表于《历史与理论》（*History and Theory*, 1969）杂志。

第一章 引言

和思想语境，相对来说对社会语境关注较少，但并非完全没有。他将文本视为作者的行动，即将文本视为对当时具体的政治或思想语境的介入。①《日本史记》编纂漫长、涉及人物众多、工作内容也极为丰富，要把握修史和史学思想的情况的实际过程，需要进入具体人物所处的历史语境之中，去观察其思想变化的动态过程。《日本史记》在不同时期的文本变化，包括"旧纪传"的废弃、论赞的编纂与被整体删除、纪传的修订、志表的编修等，这些文本变化正是其相关编纂者对具体时代问题或思潮的反馈行动，通过对前述问题的讨论可以把握当时"特有的语言"进行言说，②更好地理解《日本史记》各个时期的具体问题。

此外，在考察《日本史记》编纂过程和史学思想时，还需注意应从"东亚"的区域史视角和跨文化比较的具体方法，来考察同处于具有内在紧密联系的"东亚"文化圈的中日两国传统史学的相互影响，尽可能勾画出一幅以《日本史记》编纂为中心的中日史学交流的立体图式。

本书在借鉴上述理论方法的基础上，将通过以下四大部分对《日本史记》的编纂过程和史学思想进行具体讨论。

第一部分主要包括第二章，讨论为何在江户初期出现了《日本史记》这样一部史书，主要从可能性和必要性两大层面进行分析，具体内容包括水户藩的地理位置、自然环境和文教传统的发展，水户藩"御三家"之家格的获得及其特点、史馆的建制沿革、代表史臣介绍，和朱舜水等明遗民为代表的中国因素的影响等内容。通过以上要素讨论，《日本史记》使用东亚文化圈通行的汉文和中国正史常用的纪传体进行编纂，可以看到这一做法背后所包含的东亚秩序意识，这也是该史书编纂所处之"有机的、严密的和相当固定的关系"。③

第二部分包括第三章和第四章，具体讨论《日本史记》编纂各个阶段的具体过程，以及该阶段所完成的文本背后包含的史学思想与观念，为第五章综合讨论各个阶段的史学思想是否存在一致性做好基础工作。国内以往的相关研究，常以"水户学""日本儒学"或"中日交流"为主题，对《日本史记》的编纂过程多是概括叙述，甚至还出现讹误或不准确的描述。有必要对其编纂过程进行专门整理，在此基础上才能

---

① 参考 [英] 玛丽亚·露西娅·帕拉蕾丝-伯克：《新史学：自白与对话》，彭刚译，北京：北京大学出版社，2006年。
② [英] 玛丽亚·露西娅·帕拉蕾丝-伯克：《新史学：自白与对话》，彭刚译，北京：北京大学出版社，2006年，第266页。
③ [法] 布罗代尔：《历史和社会科学：长时段》，《史学理论》1987年第3期，第107页。

彰往考来:《日本史记》之编纂与史学

更准确地了解日本近世早期为何会出现这样一部史书,这部史书为何要用汉文撰写,其采用纪传体在日本史学史上具有怎样的意义等问题。因此在这一部分中,将根据修史的前后两大阶段,通过对各阶段的关键事件和人物的讨论,梳理《日本史记》编纂的具体过程,考察呈现于文本中的内容是在怎样的外部条件或讨论沟通之后最终确定下来的,并进一步考察其史学思想的特点。其中第三章为前期修史实践(1657—1786),从论赞的编纂、特点和"三大特笔"的确定过程等四个小节,来发现中国史学传统中最重要的正统论如何与日本历史编纂调整一致,在这一过程中那些被主动或被动删改、增添的部分正是中日史学传统相互影响的过程。第四章讨论后期修史部分,主要从当时的社会变化、水户发展成熟的国体论和对神代历史的处理等四个小节,来说明为了适应新的社会形势水户藩的史臣们在既有的史学框架之内,吸收其他思想元素所产生的修史新成果。

第三部分为第五章,综合讨论《日本史记》编纂与日本近世史学思想的关系。《日本史记》应当是贯穿水户学前后期的重要作品,而不仅是前期水户学的代表成果。从中世到近世出现了巨大变革,确立了新的经济制度、社会结构和思想文化,本书正是着眼于这样的大背景之下,梳理中世和近世的关键概念或思想争论,讨论《日本史记》编纂与时代思想之间的联动性。通过以下几个重点问题——历史起点问题与华夷观念、公武双重体制与政权合法性争论、神代史重构、尊王与攘夷,来考察贯穿于《日本史记》编纂整个过程的思想特点和表现。在上一部分对整个编修过程的讨论基础上,《日本史记》对日本特性强调的部分在不断增强。综合第三、第四、第五章的内容,完成对《日本史记》的编纂和史学思想的考察,发现"天祖"概念的阐释对《日本史记》神代部分的重新确立和水户国体论的重要意义,可以发现日本特性论如何在近世后期发展为强调日本优于世界其他民族的日本优越论。

第四部分是第六章,主要是在回顾《日本史记》编纂过程和史学思想特点的基础上,讨论《日本史记》在日本内外所产生的影响。在这一部分中,本书还尝试用比较的方法通过两个具体案例来讨论东亚世界中的《日本史记》处于怎样的位置,中日之间的史学交流如何发生等问题,最后展望东亚区域之间互动与交流的新领域和新方法。

最后本书希望以《日本史记》不同编纂时期的文本为基础,讨论其史学思想中的中国传统史学的元素;通过文本或篇目对比,来呈现《日本史记》具有代表性的文本变化;通过对《日本史记》这一处于日本向现代转化过程中完成的史籍的检讨,具体呈现中国传统文化在海外的影响力和影响模式。

第二章 《日本史记》之编纂背景与基础

第一节 水户藩与《日本史记》

《日本史记》的发起者和组织者是江户时代水户藩的第二任藩主德川光圀，具体编纂者主要是水户藩的藩士，其中既有世代服务于水户藩主的儒生、学者，也有从京都、奈良、大阪等地特别招募来的学者。德川光圀之后的历代水户藩主继承该项事业，直至明治三十九年（1906）终于完成全书的编纂和出版，可以说《日本史记》是水户藩代代相承、集全藩之力完成的一项重大成果。

江户初期，德川幕府的建立使社会进入一个相对稳定的发展时期，德川家康及其继任者多提倡文治、重视文教事业。在这一背景下，各种修史事业也逐渐兴盛起来。相较于幕府或其他各藩所主持的修史工作，水户藩的《日本史记》不仅编修时间长，且投入的人力、物力和财力都是极为巨大的。明治时期曾试图仿照《日本史记》之体例和规模续修日本国史，却最终未能完成，由此可见《日本史记》全书的完成是一件极为难得的事情。在人、物、财等任何方面出现问题，这一事业都可能中途夭折，因此要考察《日本史记》之编纂，首先可从主导这一事业的水户藩的历史沿革入手，从中寻找支撑这项事业的社会、经济和思想资源。

一、水户藩的沿革和文教传统

从地理位置上来看，水户藩原属常陆国，位于日本本州岛的东北部，今属茨城县，紧邻东京都。一般将水户藩的历史起点定于庆长十四年（1609）德川家康第十一子德川赖房从下妻转封水户之时,但常陆地区复杂的历史沿革对水户的藩政也产生了极为深远的影响。因此先对该地的历史沿革做一个大致梳理。

《常陆国风土记》是对常陆国的地理位置、物产和风俗习惯等进行记载的最古老的史料之一,日本学者推测该书成于 722 年或 723 年。其开篇对常陆国的概况介绍如下:

> 古者自相模国足柄岳坂以东诸县总称我姬国,是当时不言常陆,唯称新治、筑波、茨城、那贺、久慈、多珂国,各遣造,别令检校。其后至难波长柄丰前大宫临轩天皇之世,遣高向臣、中臣,幡织田连等,总领自坂以东之国。于时我姬之道分为八国,常陆国居其一矣。所以然号者,往来道路不隔江海之津济,郡乡境界相续山河之峰谷,取近之义以为名称焉。①

从《常陆国风土记》的记载可知,在 7 世纪大化改新之前不太常用"常陆"的说法,而多将足柄岳坂②以东的新治、筑波、茨城、那贺、久慈、多珂诸国统称为吾妻国。到孝德天皇时期吾妻国被分为八国,即相模、武藏、上总、下总、上野、下野、常陆和陆奥。大化二年(646)设常陆国,下辖新治、筑波、茨城、鹿岛、久慈等 11 郡。常陆国土地肥沃,非常适合农业生产,从奈良时代开始逐渐成为日本的产粮基地,同时靠海的地理条件也使其拥有丰富的海产。早在《古事记》和《日本书纪》中已经出现常陆国的记载,两书提到日本武尊东征时"经过新治、筑波,休息几夜"。

在律令时期,常陆国与大和族对虾夷的军事征服行动关系密切。当时随着统一政权的确立,在日本各地设立国司进行管理,对虾夷的征服提上日程,常陆国作为征服虾夷的前沿阵地尤为重要。到弘仁二年(811)大规模的虾夷征服行动暂告一段落,从和铜二年(709)算起,常陆国作为兵丁征集和武备基地参与该事业长达百年。8 世纪日本武尊的信仰达到高峰,吉田神社以日本武尊为主祭对象,被列入官社之列,常陆国的鹿岛神社祭祀的也主要是武神。天长三年(826)官符规定:常陆国的国司制度改为亲王任国制,常陆、上总、上野三国守由亲王担任,三国守也叫作太守。但是亲王任太守都是遥任,并不承担当地的实际事务。承和(834—847)、昌泰(898—900)年间,在大战间歇期出现连续天灾。贞观(859—876)末元庆(877—884)初,

---

① 《常陆国风土记》,[日]松冈静雄:《常陆风土记物语》,附录,东京:刀江书院,1928 年,第 175 页。
② 足柄岳坂,也被叫作"足柄之坂""足柄御坂",是古代及中世时期连接畿内和坂东的交通要道。在《古事记》中曾记载倭建命越过足柄之坂后怀念亡妻"阿豆麻波夜"(あづまはや),东国因此而得名。律令时代足柄坂东为相模国,西为骏河国。

虾夷再起战乱，常陆和下总地区的形势变得更加紧张。9—10世纪，虾夷征伐结束，以常陆国等为代表的坂东诸国从战争的重压之下解脱，但其战略地位也随之下降，律令时代的统治秩序逐渐崩坏，反律令的武士阶层在这一基础之上诞生。10世纪日本进入地方政治混乱的时代，几次重要的政治变动有醍醐和村上天皇为求亲政与藤原氏专权之间长期斗争，另在平将门之乱（承平·天庆之乱）中，常陆国作为武士阶层集中地之一成为叛乱发生的主要舞台。到11世纪，由于年官国司制度[①]的实施，当地的混乱局势仍在持续，常陆国成为罪犯流放地之一，现在仍留下不少国司除目和流配等关系史料。

战国末期，常陆地区仍然存在不少旧豪族，其中先祖为新罗三郎义光的佐竹氏率先与丰臣秀吉合作，开始对周边进行征服。18世纪初德川光圀隐居的西山庄位于太田城，17世纪该城北有奥羽的伊达政宗、南有小田原的北条氏政，两方势力彼此争斗不休。佐竹氏则联合丰臣势力先攻下了北条氏势力，逐渐形成了其近世势力的基础，并在关原之战前成为天下六大名之一。根据《宽政重修诸家谱》记载，天正十八年（1590），丰臣秀吉赐常陆佐竹21万余贯文的封领。到佐竹义宣时逐渐统一了常陆国各势力，将水户城定为领内的据点，文禄三年（1594）时对藩内进行检地，强化对领地的整体控制。到文禄四年（1595）时，义宣废除了贯高制，从丰臣秀吉处获得54万8000石封领的许可，并将知行制在全领内推行，使旗下武士、属民和土地有效地组织起来。但是由于义宣在关原之战后未坚定地站在家康一边，在江户幕府成立之后被没收了常陆领地，改封到出羽国秋田领20万5810石，原本跟随佐竹氏的很多家臣留在当地并对家康的处理极度不满，在水户藩成立之初发起了多次反抗活动，成为藩政面临的首要问题，并一定程度上推动了水户藩宽永检地[②]的出现。

古代[③]日本的文化和统治中心位于西部的京都、奈良一带，而东部的东京周边处于相对较为落后的位置，常陆国的主要角色为文化辐射的被动区域。和铜六年（713）元明天皇下令全国各地根据当地的风土、民情等撰写风土记，现存仅《常陆国风土记》《播磨国风土记》《出云国风土记》《丰后国风土记》和《肥前国风土记》，其中

---

① 年官国司制度：朝廷给地方豪族的特权，允许其每年推选一定数量的国司。
② 宽永检地：1624—1643年水户藩对所属领地进行的土地测量行动，借此加强所属领地的控制，同时将此作为征税的依据。检地，是室町末期到江户末期封建领主对土地进行的测量调查。江户时期之前比较重要的几次检地行动有1582—1598年丰臣秀吉主导的庆长太阁检地，确立了近世封建制的基础。德川幕府建立之后有宽永、延宝、元禄和享保年间的几次检地。
③ 按照日本学界的划分，古代指的是1192年镰仓幕府建立之前的时期。

完整保存的仅有《出云国风土记》一种。《常陆风土记》记载新治、白壁、筑波、河内、信太、茨城、行方、香岛和那贺等9郡的出产、传说等，保留了大量东国的史料，属于常陆国较早的地方志。该书作者不明，学者们推定为时任常陆国守，且担任过遣唐副使的藤原宇合。9世纪，日本的文化活动在接受了归国遣唐使带来的文化刺激后发展起来，其中朝廷重史风气再起的标志是808年设置纪传博士[①]一名与文章博士并列。仁明天皇（833—850在位）时期，经常让常陆、相模、上总、下总、上野、下野以及武藏、陆奥等边境地区的国司抄写经、律论疏章、纪传集抄、三史（《史记》《汉书》《后汉书》）[②]等。在此风气影响之下，贵族和官人之间兴起了纪传道的学问，即史学流行起来。到了江户时代随着政治中心的东移，常陆地区的文教之风也进入大发展时期，并对后世产生深远影响。

庆长五年（1600），家康领导的东军取得了关键一役——关原之战的胜利，基本掌握了全国武士团的控制权，到庆长八年（1603）经天皇敕封，家康正式建立德川幕府（因其统治中心位于江户，即现在的东京地区，也被称为江户幕府，其统治时期也被称为江户时期），拉开了近三百年的相对安定时期的序幕。江户时期，属于常陆国的水户地区具有了特殊的政治地位。家康建立幕府之后，鉴于战国时期"下克上"等混乱局面的成因，将全国的武士团体根据亲疏远近分成不同等级，调整了上层武士们的封地，让各地武士团彼此牵制。除此之外，为了保证幕府将军谱系的顺利传承，设置了"御三家"，即水户藩、纪州藩和尾张藩，首任藩主分别是家康的九子义直、十子赖宣和十一子赖房。设置御三家是为了在江户的德川将军本家中出现血脉不继的情况时，能够从御三家中选出一人继承将军本家以及作为同气连枝的家族辅助将军。御三家的领地分布形成了拱卫幕府统治中心——江户城的布局。尾张和纪伊封地相当于今天的名古屋与和歌山地区，位于江户的西南方向，周围主要是外样大名[③]领地。水户藩紧邻江户，背靠大海，从地理位置上来看可谓是江户幕府本家的大后方。除地理位置上的特殊安排之外，水户作为江户幕府幕藩体制之中"御三家"之一还

[①] 纪传博士，平安时期大学寮设置的官职之一，需要注意的是在仁明天皇时期废除，而文章博士增为2人，此后纪传博士并入文章博士。

[②] 该三史是日本平安时代大学寮教授的四道之一"纪传道"的重要内容。在这个平安时期，纪传道的学问几乎都掌握在菅原、大江、藤原氏的南家、式家和北家等五家贵族手中。

[③] 江户幕府的幕府体制结构，按照亲疏关系将大名主要分为三个大的类别，即亲藩、谱代大名和外样大名。其中外样大名多是关原之战以后归附德川家的臣属大名，亲藩是德川家的亲族大名，谱代大名则主要指的是关原之战以前归附德川家的臣属大名。

第二章 《日本史记》之编纂背景与基础

具有特殊的政治位置,其第二代家主德川光圀甚至有"副将军"的传说,虽然该说法已经被许多学者证伪,但一定程度上体现了水户藩的特殊地位。

赖房受封水户藩之初,领25万石,后增至28万石,另外还有水户35万石的说法。根据伊东多三郎在《水户藩的形成》一文中提到宽永十八年(1641)水户藩完成藩内检地,丈量了全藩的土地面积及产出后,确定全藩的实际产出为36万石余,后在元禄十四年(1701)幕府确认水户藩的俸禄额为35万石。无论是28万石还是35万石,作为与幕府将军家关系密切的亲藩之一,相对于尾张藩的62万9500石、纪伊的55万5000石和骏河的50万石,[①]水户藩受封的数额都处于较低水平,财政实力并不突出。而藩主所领石高则相当于一藩的年产出,主要用于维持藩内的日常运作,还需要负担家臣团的俸禄。根据《近世茨城县史料·政治篇上》记载,水户藩第二代藩主时期的家臣团人数超过1000人,《水府御规式分限》(也名《宽文规式帐》)记载家臣人数为1564人,但实际记录的人数是1483人,其中1009人有明确的知行高和切米。[②]该书还按照知行将武士进行分级,将1000石以上定为上士层,人数为26人,占总数的4.1%,总石数为74300石(其中水户的两大家老[③]中山备前守知行15000石,山野边土佐守占10000石);500石以上为中士层,总计人数33人,占比5.2%,知行总数20600石;100石以上为平士层,总人数为557人,占比87.5%,知行总计116811石(其中知行等级集中在300石和200石);在100石以下为下士层,人数为22人,占比3.4%,知行总数为121石4斗。从上述数据统计中可以看到,占家臣团人数不足10%的武士却享有总知行44%以上的财富,上下层武士之间的知行差距极为明显,且家臣知行集中在200~300石这一水平之上。在知行之外,还有切米和扶持之别,扶持[④]领的收入则更在下层家臣团之下,如《水府系纂》所记鹰师众之中最高纪录是"七十石,石神半七"。

另根据完成于文化十年(1813)的《田制考证》所收录的《宽永十八巳之御物

---

① 上述数据为宽永三年(1626)几家初代家主受封时的格式。骏河为德川家康起势之地,德川家康建立幕府之后先将十子赖宣封于此地,幕府二代将军秀忠将次子忠长接替赖宣转封骏河。
② 知行高:指的是日本近世由将军、大名给予家臣作为俸禄的土地支配权,知行也指被赐予的这些土地。切米:即禄米,江户时代支付给幕府、诸藩的家臣中未受封人员的扶持米或金钱,一般分春、夏、冬三季支付。
③ 家老:幕府家臣团中的高级官僚,主要辅佐藩主主持藩政。
④ 扶持:武家君主给予家臣的一种俸禄,江户时代分配给下级武士一年的大米或者金钱,一般是一日五玄米五合为一扶持,以此为标准赐给武士一年的俸禄被称为几人扶持。

成目录》记载推定宽永十九年（1641）全藩入仓16万石，约22万7823俵①有余，其中10万7790俵（占比46%）换金，其余则用于扶持米、江户国元费②等。其中还记载由于凶作造成4万535俵未能入仓。而除入仓之外还有税金2万8006两有余，69%收自旱地税（畑方代方金）③，支出的税金中60%用于藩主一家，约1万7425两。同书还记载享保十四年（1729）水户藩收入米3万8000石余，税金6万7955两，与宽永年间相比旱地税在收入米中比例下降，但仍处于收入项目中的第一位。到了文政九年（1826），全藩收入米3万3094石余，金4万9903两余，比享保十四年的数据各下降了约8%和26%，而其时田地数量的减少是造成收入下降的主要原因。④当时的许多物语作品都留下了田地荒芜的社会记载。因此尽管文政时期的藩政费用急剧缩小，仍逐渐出现财政赤字。从享保年间（1716—1735）的收支数据和文政年间（1818—1829）的收支数据对比，可以看到近百年间水户藩的困窘境况不断加剧，文政年间为了缓解藩政的赤字，于文政十年（1827）向江户幕府借用资金，此后还需为此支付较高的利息，这一做法使得财政赤字更为严重，藩内的财政收支平衡被彻底打破。各藩纷纷进行改革，水户藩也进行了宽政·享和郡制改革。

水户藩初代藩主德川赖房虽然亲自赴领地的时间不长，但是仍然做出不少有益于藩内文教建设的决策。赖房长期居住在江户藩邸中，与当时幕府确定为官方学问代表的林家之间来往密切，他喜学神道，专门拜林家和吉田家的荻原兼从为师。赖房本身推崇学问，在藩内推广藩校，在武士阶层普及教育，并邀请人见林塘和荻野兼从到水户藩教学。到了第二代藩主德川光圀时，对文教的重视上升到一个新的高度，他组织编纂《日本史记》《万叶代匠集》和《礼仪类纂》等系列丛书，积极寻找并邀请各地的有学之士，如京都的板垣宗憺、人见卜幽等人，且邀请的这些人学派各有不同。此外，当时因明清易代而流亡日本的明遗臣也进入德川光圀的视野，朱舜水

---

① 俵：米的计量单位，相当于袋。江户时代的一俵约为2斗到5斗之间，根据不同地区的土质和时期等有所不同。明治时代之后统一俵单位，一俵约为60千克米。
② 江户国元费：江户幕府初期为了强化对大名的控制，要求各地大名隔年在江户和封地之间往返，而其正室、子女等需要居住在江户城中的固定住所，充当人质。大名往返领地和江户之间的费用全部自理，也是幕府削弱大名的手段之一。江户国元费，即是水户藩主在江户城和封地之间往来的各种花费。
③ 畑方代方金：江户时期的赋税主要以米产量为基础的石高制，相对于水田有确定的产粮数据，旱地则采用据此按一定比率征收赋税。而在关东地区有则以"关东畑永法"为标准，征收旱地年贡税金。
④ 水户一藩的经济相关材料主要参考茨城县史编纂近世史第1部会编《茨城县史料·近世政治篇》，水户：茨城县，1970年12月25日发行。

是其中极具代表性的一位，其与《日本史记》的编纂之间也存在着密切的关系。① 据《桃源遗事》记载，光圀直至逝世都对朱舜水执师徒之礼，还专门设立祠堂祭祀朱舜水，而该祠堂后来也成为水户藩教育与学问的重要组成部分之一。此后在六代藩主文公期间水户藩出现一次文教复兴，重开各种讲习。到了江户中后期，水户藩成立的弘道馆更是以教化为主要目标，以讲"道"为中心任务，试图以文教行动实现国家振兴和富强。

以上对水户的历史沿革和文教传统进行了梳理，可知该区域拥有较好的自然环境和条件，农业和渔猎发展较早，为地区文化发展奠定了良好的自然基础。但是这一地区在古代处于大和与虾夷对战前线，是大和王朝政治统治的边缘地带，包括水户在内的常陆地区属于文化发展相对滞后的被动辐射区。到战国时期，国家统治重心逐渐向关东地区转移，这为常陆地区带来了巨大变化。尤其在德川幕府建立之后，水户作为江户的"大后方"，政治地位大大提高，文教之风大盛，逐步发展成为一大"后发"式文化重镇。

二、水户藩的"御三家"之家格

今天提到"御三家"时，一般指的是尾张、纪伊、水户三家及其家主。这一说法本身包含了特殊的格式在其中。所谓的格式，相当于幕藩体制之下大名的等级，主要由居城有无、官位叙任和知行石高等几大要素组成。"御三家"即尾张、纪伊、水户三家的说法被确定并得到公认应当是在元禄年间（1688—1700），更进一步来说应当是在1700年前后。

上文已经提到德川家康建立幕府之后，构建幕藩体制以稳定统治，在该体制之下将大名按照亲疏关系分成三大类，其中"御三家"作为亲藩中的特殊层级，与家康的统治设计具有直接关系。家康共育有十一子，除去夭折和选为将军继嗣的秀忠之外，成为御三家首任藩主的三子与其他被封的家康诸子和大名比较起来具有以下几个特点。第一，三子都是在年纪较小之时行元服之礼并获得封赐，其封地大小似与三子的自身功劳没有关系；第二，三子受封之后都被家康留在身边，而未将其派往藩领，藩政则由幕府派出的"付家老"主持；第三，在将军本家缺乏继承人的时候，将

---

① 关于朱舜水与《日本史记》之间的直接关系，尚缺乏明确的史料证明，但两者之间存在关联却是许多学者的共识，两者关系的具体考证可参见吕玉新：《水户〈大日本史〉编纂方针之确立与朱舜水》，《国际汉学通讯》第3期，2011年8月。

由三家中选拔出继任者。或许正是日本历史上多次出现的皇家争嗣,以及丰臣秀吉选择继承人的实例与惨痛教训,让家康对血统延续问题尤为重视,因而有了"御三家"的构想。

在官位叙任之外,"御三家"作为整体的特殊性集中体现于一系列礼仪之中。从幕府的"登城"仪式以及正月礼等礼仪活动中可以看出"御三家"的特殊之处。① 首先看"登城"仪式,从《幕朝故事谈》的内容和尾张家"不时御登城御勤向之御次第御城帐书拔"记载可见,"御三家"相对享有更为自由的登城许可,其他大名需要先派人了解"御三家"行进路线并提前避让。其次,根据《骏府政事录》记载,家康举行元旦朝贺之礼时,诸位大名之站位由尾张中纳言、远江中纳言和水户少将处于第一顺位,其次为越后中将忠直,再次为加贺少将利常。

实际上"御三家"的具体所指随着时间推移亦有所变化,根据小宫山昌秀著《御三家说》所引《南龙公言行录》(也称《大君言行录》)载,幕府建立之初将"御旗本"和尾张、纪伊两藩并称为"三家",引述的记载还指出尾张、纪伊两家如鸟之双翼,辅佐将军家。而同书另引《乌有秘记》更明确指出"公方家"(即德川将军家)、尾张和纪州(即纪伊)并称为"三家"。此外还有将家康次男(结成秀康,1574—1607)、义直和赖宣并称为"御三家"的说法。在家康去世之后,秀忠继任将军并不断提高其第三子忠长(1606—1633)的官位序任,命其继任赖宣封于骏河,计划让忠长与尾张、纪伊两家组成"御三家"。

再从家格的具体要素来看,以元禄年间的知行高为例,尾张德川家知行高 61 万 9500 石,居于名古屋城,首代藩主德川义直叙位从二位权大纳言;纪伊德川家知行高 55 万 5000 石,居于和歌山城,首代藩主赖宣叙位从二位权大纳言;水户德川家知行高 35 万石,居于水户城,首代藩主赖房叙位从三位权中纳言(1627 年升任正三位权中纳言)。越前松平家知行高 67 万石(后减至 30 万),居于福井城,首代藩主叙位正三位权中纳言,三代藩主松平忠昌叙位正四位下参议;骏河家知行高 50 万石,居于骏府城,首代藩主叙任从二位权大纳言(1632 年改易)。从上述数据当中可以看到在幕府的亲藩之中,御三家在知行高和居城之上并无明显优势,其中水户藩更在知行高中出现明显的劣势,只是在官位的叙任上具有一定优势,但不太明显。庆长二十年(1615)《禁中并公家诸法度》中规定武家官位为员外官,由此朝廷不可直

---

① 具体可参看林董一:《"御三家"格式及其成立》,《史学杂志》第 69 卷 12 号,1960 年;刘晨:《宽文期"御三家"家格认识相关考察:以纪伊德川为中心》,《日本史研究》,2015 年 8 月刊。

第二章 《日本史记》之编纂背景与基础

接对武士赐予高官，尽可能杜绝了朝廷对武家势力的干涉。到"御三家"的位格确定之后，一般大名的官位都为"从五位下"，顶位为"四位"，"三位"以上几乎只限于"御三家"。① 由上述事实可得出的结论是，在元禄之前水户藩的知行和官位叙任与尾张、纪伊两藩，以及骏府、越前、越后几家比较起来，处于明显的弱势。元和元年（1615）家康应天皇之诏而制定的极密法规《公武法制》② 中规定：尾张大纳言义直、纪伊大纳言赖宣，两人与将军可为三家。如将军万一无嗣时，可由右两家相代，尾张、纪伊叙任最高可为大纳言……水户宰相赖房，当将军无法理政，且尾张纪伊两家不适其任时，可由其治镇天下。③ 该书的现存版本是由《南纪德川史》的编者堀内信抄出，其中存在众多错误，因此可信程度存疑。但是联系上文对"御三家"最初的各种说法可知，元禄之前水户藩与其他亲藩相比，既不存在经济上的优势，在叙任官位上又没有明显优势，甚至与尾张、纪伊相比更是在官位叙任上处于劣势。

关于水户藩在幕藩体制中所处的位置，还可以参考《常陆水户德川家谱》所记载的两则逸事。第一则故事讲的是家康曾经将自己的儿子聚集到一起，问他们想要什么东西，其他人多回答欲得大国或得贤臣，独赖房回答欲得天下，这一答案让家康对赖房极为不喜，之后诸事裁决都有意压制赖房。第二则是说二代将军秀忠将赖房比喻为宝刀重器，不可须臾离身，因此将赖房放在身边常常咨询国事。由两则故事可以看到，虽然家康和秀中两代将军对赖房的好恶态度有所不同，但两人都对赖房给予了特殊关注。水户藩不同于尾张、纪伊之处还在于"定府制"，即水户藩主需要定居在江户城中，不可随意赴藩，而其他亲藩大名则多履行交替参觐的规定，定期往返于江户和藩地之间。上文提到的《公武法制》还记载，赖房为宰相，或者为"副将军"，这些说法随着影视作品的传播在民众间有较大影响，但实际上幕府官职系统中并不存在"副将军"的职务。幕府建立之初，家康为了防止外戚亲属专权，而将幕府的实权位置多交由中下层旗本阶层担任，规定德川亲族未经许可不得担任幕府要职，这一规定一直延续到幕府末期。

---

① 参见德川美术馆学艺员原史彦所作报告《德川家康没后400年——德川家康与御三家》。
② 此书中有一些内容与时代存在矛盾，因此被日本法制史研究学者认为是伪书。
③ 《公武法制》中的相关记载如右：尾張大納言義直、紀伊大納言頼宣、両人将軍ト三家可相定、是将軍万一傍若無人ノ振舞ヲ致シ国中之民可及愁時ハ、右両家ヨリ相代リ可申、然ハ天下政道相捃申候、依之国役相除、官職従三位ヲ賜リ、尾州六十二歳大納言ヲ賜、紀州六十六歳大納言ヲ賜ルヘク候、国中諸侯将軍準シ、可致尊敬、第十二之事。……水戸宰相頼房、副将軍可賜免候、其所謂将軍国政邪成時ハ、老中諸役人令評定、水戸家ヨリ差図ヲ以、尾州紀州両家ヲ見立、将軍相統可奏聞候、万一両家不応其任時ハ、イツレ諸侯ノ内、天下治鎮可致品量、奏聞候ハ、水戸家ニ可限、第十四之事。

纵观水户与其他"御三家"亲藩大名在行高、叙位以及定府等制度方面的差别，可见在家康的统治设计中，水户处于臣属的最高等级之列，但是在实际的利益如知行高、藩政事务等方面不仅不具优势反而处于一个相对不利的位置。总体上来说，水户藩在"御三家"之中处于一个相对尴尬却又极其特殊的地位，而这又强烈地刺激了水户历代藩主身为"御三家"、以为将军屏藩为己任的自觉意识。①

水户藩的首任藩主赖房在位期间，虽然长期居住在江户城无法亲临藩地，但也正是赖房在位期间推动了宽永大检地，一方面清除了旧领的地方豪强势力，强化对藩属的控制力，同时也尽可能地提高了本地的知行高，并最终将水户藩的俸禄额提升到35万石。但是从宽永检地之后，通过武力获取新土地或清理旧领提高经济实力的途径几乎再难发挥作用，水户藩的整体经济一直处于相对弱势的状态。②到了第二代藩主德川光圀时期，在继承前人基业之上要想进一步巩固其"御三家"的超然地位，需要寻找更为有效的新方法。从当时的社会整体情况来看，幕府推崇学问之风带动了文治之气复兴。一方面家康时即开始广泛收集各种史料典籍，家康死后其藏书被分别存入尾张、纪伊和水户"御三家"之中。另一方面，受文献典籍增多的影响，社会的治学之风兴盛起来，以儒学、神道和国史编纂为代表。在光圀修史之前，先有幕府于正保元年（1644）命令林罗山编纂《本朝编年录》，该书毁于明历三年的大火之中，后由林罗山之子林鹅峰继承该事业完成了《本朝通鉴》；后有正保三年（1646）受到尾张藩祖义直肯定、由尾张藩士编写的《类聚日本纪》。③林罗山、义直与光圀之间的来往，在光圀与义直的亲缘关系之外，更因为儒学而产生精神上的共鸣。④因此，光圀有可能从文化入手来提升水户藩的地位和重要性。光圀编纂《日本史记》等诸书之后也成为幕府有学之士的代表，在隐居水户西山的别庄之后，还被幕府将

---

① 可参见水户九代藩主德川齐昭在《弘道馆记》所说："我东照宫拨乱反正，尊王攘夷，允文允武以开太平之基。吾祖威公实受封于东土，凤慕日本武尊之为人，尊神道、缮武备。义公继之。尝发感于夷叔，更崇儒教。明伦正名以藩屏于国家。尔来百数十年，世承遗绪，沐浴恩泽，以至今日。则苟为臣子者，岂可弗思所以推弘斯道，发扬先德乎。"［日］今井宇三郎等编《水户学》，东京：岩波书店，1973年，第434—439页。

② 可参考［日］伊东多三郎的《水户藩的建立》，见《近世史研究4：幕府与诸藩》，东京：吉川弘文馆，1984年。

③ 《类聚日本纪》开始编纂的时间不详，正保三年（1647）由尾张藩主义直作序，可视为其完成时间。其内容为从神代到光孝天皇以天皇为中心的编年史，另附神代系图和帝王系图。该书完成之后未刊印，后在元禄十年（1697）光圀获得该书的抄本。

④ 三者之间的往来和关系可看看［日］名越时政：《〈大日本史〉和义公——特论其史观的形成过程》，选自日本学协会编《〈大日本史〉研究》，1997年，第105—153页。

军专门邀请到江户城讲授《大学》等书。在光圀去世之后，为了持续其所巩固的"御三家"之声威，历代藩主坚持编纂《日本史记》的原因之一也就不难推想了。赖宣作为第一代藩主拉开了水户藩的历史序幕，而光圀作为继承者将水户的藩政稳定下来，并主导了社会、文化建设的基调。接下来将就光圀在文教复兴等方面所进行的各项工作做进一步讨论。

第二节　德川光圀与《日本史记》

《日本史记》的编纂花费了250年，有众多参与人员，编纂中有一贯穿始终的指导思想，即德川光圀所确定的修史方针。1700年光圀去世之前，史馆的史臣保持定期向光圀汇报工作进展以及随时听命调整的习惯，光圀逝世之后，他的言行则成为处理编纂分歧最根本的标准，如在编纂后期围绕"续修"与"修志"等重大分歧，双方都以光圀的所言所思作为依据进行争论。可以说，光圀时期所确定的修史理念是《日本史记》漫长编纂过程中的核心理念。因此要真正了解水户藩的修史理念与意图，追溯水户史学的形成，首先要对德川光圀的生平和主张加以考察。

作为水户第二任藩主的德川光圀"既是历史上的人物也是传说中的人物"。[①] 现存关于光圀的基本史料主要有《水户义公行实》《玄桐笔记》《桃源遗事》《御意觉书》《西山遗闻》《水户义公年谱》《常山文集》和《常山咏草》等几种，作者多为长期追随在光圀身边的医者、儒生，除此之外还有《日本史记序》《国史馆日录》和《水户系纂》等资料中部分相关资料。关于光圀的传说更有不少，最广为流传的当属江户末期流行起来的"水户黄门漫游记"，其中既有光圀相关的真实历史，还有许多契合社会想象的神话因素。关于德川光圀与《日本史记》之间的关系，有久保田收、名越时正等人的专题文章进行讨论。名越时正着重从德川光圀与林家在史观上的分与合，将德川光圀的史观分成立志修史、受《本朝通鉴》影响着手修史、与林家史观分离、天和三年（1683）之后水户史观完成等四个阶段，在名越时正看来，光圀所确立的史观就是《日本史记》的基本史观，体现在修史时间范围、神代史处理、"三大特笔"等问题的确定上。[②] 久保田收则注重从光圀的学问主张来讨论其与《日本史记》

---

① ［日］野口武彦：《光圀传说的形成》，《德川光圀》，东京：朝日新闻社，1976年。
② ［日］名越时正：《〈大日本史〉和义公》，日本学协会编，《〈大日本史〉研究》，东京：国书刊行会，1957年，第105—153页。

的关系,他指出义公创立彰考馆之后,贯彻兼容并蓄的主张,使得和歌、神道等各项编修事业都得到发展,"秉笔直书、劝惩自现"的实证态度激励了史料寻访和批判、考证事业,义公(光圀)的设想对志表、论赞和续修等问题都有直接影响。[①] 名越和久保田两人的研究,成为之后对德川光圀与《日本史记》关系讨论的基础。在以德川光圀生平为主题的著作中,一般按照时间顺序或者重大事件依次记载其生平事迹,《日本史记》的编纂是光圀生平最重要的成就之一。在光圀的相关研究中,野口武彦所著《德川光圀》一书的视角极为不同。野口武彦试图将研究者自身带入光圀的精神和生活世界之中,按照常理和一般思考逻辑对史料记载中的光圀进行考察,根据时代与主题将光圀的传说分为"光圀传说""义公传说"和"黄门传说"三大层次,试图梳理出蕴藏在史料和传说中的光圀的真实面相。[②] 野口之研究的启示是,对不同身份、背景的作者所记录的光圀史料做比较研究,能在一些容易被忽视的地方发现问题的解答,在光圀的生平经历以及言行记录中尽可能挖掘出那些不被记录在"经典"中的人物活动和心态。因此接下来将从光圀的生平入手,结合对其自我评价性质的"梅里先生碑"的分析来考察其与《日本史记》编纂之间的关系。

一、德川光圀之生平

宽永五年(1628)六月十日,光圀出生在常陆国茨城郡水户城下栅町的三木仁兵卫之次家中,是水户藩主赖房的第三子,其母为谷左马介重则的女儿久子。小名为长丸,稍后改为千代松。宽永十年(1633),光圀被定为水户藩世子后在江户城的小石川水户藩邸接受继承人教育。同十三年(1636)光圀元服进四位下,被三代将军家光赐字"光",定名为"光国",后来光圀自己将"国"字改为武则天造出的"圀"字。同十七年(1640)经两次拔擢叙从三位,赖房命伊藤友玄、小野言员和内藤高康为光圀之师。承应三年(1654)根据赖房的指示,光圀娶前关白左大臣信寻之女泰姬。宽文元年(1661)赖房去世,光圀正式接任藩主之位,一直到元禄三年(1690)隐居为止,大约三十年间光圀多数时间居住在江户城中,藩务则由家臣团集体处理。到元禄十三年十二月(1701年1月)光圀去世的十年间,他主要居住于水户藩的西山庄,集中处理藩政相关事务。在光圀的一生中有几次转折,第一次较大的转折发

---

① [日]久保田收:《水户义公的学问成果》,日本学协会编,《〈大日本史〉研究》,第1—104页。
② 参考[日]野口武彦:《德川光圀》,朝日新闻社1976年。

第二章 《日本史记》之编纂背景与基础

生于光圀十八岁之时，使他对出生之境遇产生共鸣并进而影响到其人生之选择。

正保二年（1645）光圀十八岁时，他的人生出现了第一次转折，史载转折之契机是光圀读到了《史记》的《伯夷列传》，自此之后少年意气的光圀立志求学，发奋读书。① 考察光圀生平经历，这一记载显得较为突兀。从《玄桐笔记》和《义公行实》记载的几件光圀幼年时代的逸事可以看出其年少时性格中的不羁。一件是光圀十二岁时，赖房命其在浅草川中游泳，水中满是浮尸污秽之物，光圀自如地游过并悠闲地在岸边憩息，因此被赖房奖励短刀一把。此外，《玄桐笔记》还记录光圀少年时代喜欢的游戏是在屋顶上奔走，《小野谏草》里面更是记录了不少小野言员作为光圀的师傅对其不当行为进行的劝谏。《义公行实》的执笔者安积澹泊为了让记载显得更为合理，解释说"（义公）既长好学下士，作为文章，议论英发"。② 但这一解释仍然显得牵强，那么少时不羁好乐的光圀突然受到伯夷叔齐事迹感召的原因究竟是什么呢？这一问题需要从光圀出生时的情况来入手分析。

光圀的生母谷氏久子怀孕之时，赖房已经有众多子女且长期居住在江户城中，他并不期待光圀的出生，因此光圀出生之后一直养在三木之次的宅邸之中而不被赖房所知。赖房的长子赖重出生于元和八年（1622），是光圀的同母兄弟，赖重与光圀之间还有一子龟丸，是由赖房身份较高的妻妾之一佐佐木氏所生。赖重出生不多久就被送往京都寺庙，到十多岁时③才经由英胜院使将军家光得知其存在，家光继而命令赖房将赖重接到江户的小石川藩邸中。④ 佐佐木氏为扶持亲子龟丸继承赖房之位而制造了不小的声势，可惜龟丸早早夭折，最终由光圀继承家主之位。但是江户时代的幕府多采用长子继承制，水户的家臣之中支持赖重的声音也有不少，而这些都对被立为世子的光圀有不小影响。如曾担任光圀师傅的小野言员所著的《小野谏草》第三条中记载：

---

① 关于光圀读到《史记》有两种说法，除发奋读书之外，另一个是立志修史。根据大井广贞（松邻）为三代藩主纲条代笔的《日本史记序》中记载，光圀十八岁时阅读到《伯夷列传》之后，深受触动，确定修史之志。但是该说法并未见于其他记录中，如《义公行实》等资料中仅记载光圀有感于伯夷叔齐的事迹，对越位继承家主之事深感愧疚。因此本文选用第一种说法。
② [日]安积澹泊：《义公行实》，选自《德川光圀关系史料》，东京：吉川弘文馆，1978年，第1—11页。
③ 具体有两种说法，一说是《高松藩记》载赖重11岁时由秀忠下令赖房接回，另一说是《桃园遗事》载赖重16岁时由三代将军家光下令接回。
④ 赖重不受重视的原因，据安积澹泊等史臣记载称赖房作为家康最小的儿子，同为御三家的两位兄长尚无嗣子，自觉于理不合，因此不希望看到长子的出生。但是其二子龟丸出生于宽永二年，与其兄义直长子同年，更长于赖宣长子光贞。根据野口武彦等学者研究，赖重以及光圀一出生不受重视，实际是闺门相争的结果，主要在于两人之母的位份较低。

众人一致褒奖。尽管作为庶子也是合道理的吧,可成为家督。……御前大人的亲恩比须弥山高,比苍海还深。这原因在于(光圀虽)作为庶子(却)被立为家督。因这一大恩,不可忘记,不可持身不正。①

关于"庶子"一词,赖房一生未立正室,嫡庶之分并不明显,且龟丸早逝,光圀所说的"庶子"显然是针对本应立长为世子的兄长赖重而提出来的。正是这些外在的压力以及光圀的成长渴求,使其对伯夷叔齐让国之事产生强烈共鸣。光圀在担任藩主之后,还曾经卷入到将军继承人的争论之中。当时四代将军家纲体弱早逝且无继嗣,掌握幕府大权的老中酒井忠清主张邀请一位皇室血统的亲王来继承将军之位,这一建议遭到了另一家老堀田正俊、二代将军秀忠庶子兼藩政辅佐的保科正之和光圀的反对,光圀坚持立长立嫡的原则,推荐四代将军家纲之弟纪州藩主纲吉接任将军之位。另从光圀慕吴伯之义而自号"梅里先生"也可以看到家督继承事件的深远影响。

光圀人生的第二次转折则是他与明儒的相遇,时间是从宽文元年(1661)光圀之父赖房的去世开始。赖房去世的同年光圀继任藩主之位,八月下令大赦以祭父灵,欲按照儒家葬礼将赖房葬入瑞龙山,次月诸臣请僧人为赖房做法事被光圀拒绝,后在纪伊藩主和执政诸人的劝慰之下,"不得已而行之",以佛家礼仪安葬了赖房。同年九月光圀生母谷氏去世,被葬于久昌寺,自此之后光圀"从夫人志",遇忌辰,则大设法会祈冥福。在经历继承人之位的波折之后,光圀希望能够在任上实现一番抱负。德川幕府建立之初为了保证统治的长久稳固,主张以文治代武治,积极推动文教事业发展,将包含治国安邦之策的儒学定为官学,招揽儒学家林罗山进入幕府,为将军讲解儒家经义。这一做法也使得江户时代成为日本历史上儒学最发达的时代,从小接受过儒家教育的光圀上任藩主之后,也希望以儒家之治国理念来治理藩国,相较于赖房时期加强了对藩属领地的统治。根据现有资料记载,光圀从担任水户藩主到归隐西山之前,大部分时间居住在江户城的藩邸之中,由水户藩内的家老们负责具体藩务,光圀则向将军申请不定期地回藩巡视。根据名越时正和野口武彦的统计,光圀就任藩主的三十年间,回藩就任十一次总计时长90个月,与赖房时代相比回藩

---

① [日]小野言员:《小野谏草》,转引自野口武彦《德川光圀》第96页,现存立原翠轩抄本《小野言员谏草》藏于茨城县立历史博物馆中。原文为"諸人こぞつて褒め申候。御庶子なれども御道理哉、御家督になされ候。……御前様は御親様の御恩、須弥山より高く、蒼海よりも深く御座候。その意趣は御庶子を御家督に御立てなされ候。此御恩の所、いかなれば御忘れ、御身に御悪しく御持ちなし、……"

次数没有增加但是时长却延长了一倍。相比于赖房时代，光圀对于藩政的涉入程度有较大的提高，其就藩时发布和实施的政令可为例证。宽文三年（1663），光圀任藩主后首次回藩，整顿了藩谒的行政机构，还处理了江户城的给水问题。

但是按照幕府的规定，水户藩的藩主必须常驻江户，因此实际上光圀只能遥控藩政，实际管理还需要留守藩内的家老等中上级武士。在这样的环境之下，光圀在担任藩主之后下令臣下奔赴全国广求饱学之士，以落实贯彻文教之政。1664年被光圀派遣到长崎的藩士小宅生顺打听到当地有一位来自明朝的大儒，两人笔谈之后，小宅生顺对明儒大为赞赏，之后将儒士介绍给了水户藩主光圀。这位明儒正是在明亡之后流寓日本的朱之瑜，后又被光圀尊为舜水先生。极为巧合的是，光圀十八岁出现人生第一次转折时，也是朱舜水第一次到日本的时间。在1662年南明朝廷的桂王被杀、郑成功阵亡、复明无望时，朱舜水已经在长崎居住数年。1665年六月在小宅生顺的多次拜访之后，朱舜水接受了水户的邀请，于当年出发前往江户，在从长崎出发转往江户时写道"水户上公，以姬旦之尊欲兴庠序之教。此诚为贵国万年之圣政，丕显后昆，增光史册"。① 七月光圀首次在江户与朱舜水会面，此后光圀自执弟子之礼，以门弟自称。

朱舜水的到来为光圀掌握藩政提供了巨大助力。作为浙东学派的学者，朱舜水虽然仍然推崇朱子，但并未像明末许多儒学者一般走向空疏玄理，而是非常重视经世济民之学。通过朱舜水旅日期间留下的文字可知，他是一位百科全书式的人物，不仅为水户藩的藩政提出总体规划，还提供了具体的操作细节。朱舜水向光圀建议说管理藩邸最重要的事情是施行仁政，其核心是养与教。他说："伏以治道有二，教与养而已。养处于先，而教居其大。"② 还详细指出："恭惟圣人之大德，莫重于施仁；仁政之大端，莫先于养老。"③ 1670年，为了完成光圀提出的学宫计划，舜水提供了《学宫图说》，里面包括详细的建筑制式、数据等，有极强的操作性。另外，朱舜水还著书详细介绍了书信纸张的样式、规格和材质，明室的衣冠服制等礼仪制度的操作细节。1673年水户藩施行"释奠礼"，在孔子庙中祭祀孔子，让远在东瀛的光圀及一众水户儒生对于儒家主要的祭祀、仪式等有了直观的感受，而非书本上似是而非的描述。这些关系国家治理且便于操作的知识，让光圀以儒家力量管理藩政的计划得以

---

① 《答长崎镇处黑川正直书》，朱谦之整理《朱舜水集》，北京：中华书局，1981年，第76页。
② 《元旦贺源光国书八首》之六，同上书，第115页。
③ 《元旦贺源光国书八首》之二，同上书，第114页。

实现。宽文五年（1665），光圀第二次回藩，发布寺社法令，裁撤淫祠旧社2000余座并设寺社奉行一职管理神社寺院的相关事务；宽文十年（1670）第四次回藩确定藩地的防御工事；延宝七年（1679）发布厉行节约令，改易婚丧嫁娶等风俗；元禄二年（1689）追责郡奉行（地方行政长官）隐瞒农民困窘之责，改革检见①制度，确定各村里正自负检见之责。

光圀与舜水的相遇，对两人来说都具有非常特殊的意义，成为各自人生中的一次重要转折。朱舜水最初希望向日本祈求援兵以复兴明室，随着多次尝试的失败，舜水逐渐将希望寄托于光圀身上，将其视为超越伯夷叔齐的圣人，②还将实现大同的希望寄托于日本，说"兹幸际知遇之隆，私记近世中国不能行之，而日本为易。在日本他人或不能行之，而上公为易；惟在勃然奋励，实实举而措之耳。"③而光圀也是在与舜水等明遗臣的直接交往中，对华夷秩序下的"中华"有了不同的认识，逐渐形成了在异邦复兴儒教的想法并以此为使命。以伯夷叔齐之境遇为桥梁，光圀与朱舜水在实现儒家"大同"之理想上达成一致。

最后要说的一段关系，并非某一时间段中的偶然事件或转折时机，而是对光圀一生的世界观和价值观都有塑造作用，即光圀与京都朝廷之间的联系。④这一联系需要追溯到三木之次一家。三木夫妇相当于光圀的养父母，三木之次是播磨别所氏的分支，从赖房在骏河时期就成为其家臣，三木之次的妻子武佐，是后阳成天皇正室及后水尾天皇生母中和门院的侍女，因家康之请求而成为赖房的乳母，颇具才情，被称为水户的小春日局⑤。武佐氏与京都方面一直保持着联系。由于养父母家与天皇家的曲折关系，光圀对天皇所保持的同情对其后来的主张应当也产生了一定的催化作用。光圀长大之后，他身边与京都有关系的另一个重要人物则是冷泉为景。冷泉为景出生于庆长十七年（1612），是藤原惺窝之子，后来继承了叔父冷泉为将的下冷

---

① 检见：镰仓、室町幕府时期设置的检查、检阅的临时官职，主要任务是在粮食收割之前派遣至各地以估算粮食产量，决定当年的年贡数额。
② 参看《与阵遵之书》中提到"上公（光圀）让国之事，为之而泯然无迹，真大手段。旧称泰伯、夷、齐为至德，然为之而有迹，尚未是敌手。……若如此人君而生于中国，而佐之以名贤硕辅，何难立致雍熙之理！"朱谦之整理《朱舜水集》上，北京：中华书局，1981年，第43页。
③ 《元旦贺源光国书八首》之一，同上书，第113页。
④ 安见隆雄曾以《水户光圀与京都》为题目研究光圀对朝廷的态度，该书主要以京都来指代天皇朝廷，重点围绕光圀尊崇朝廷的各种表现，对光圀早期如何产生尊王思想未过多讨论。
⑤ 春日局，名为斋藤福，1579—1643，春日局为天皇朝廷对其所赐封号。父亲是明智光秀之重臣斋藤利三，后成为美浓豪族稻叶正成之妻，在江户前期长期担任幕府后宫大奥的女中之职，是德川幕府第三代将军家光的乳母，在家光获得和掌握幕府将军之位的过程中做出了极大贡献。

泉家主之位，是江户时期著名歌人。冷泉为景担任后水尾天皇的图书头一职，相当于现在的皇家图书馆馆长。光圀通过藤原惺窝弟子菅玄洞之徒人见卜幽与冷泉为景建立起关系，在到京都地区收集资料的几次活动中得到冷泉为景的大力支持，《都氏文集》与《跋都氏文集补遗》记载光圀查阅众多旧籍，深感快慰，同时也感叹古籍的脱落和遗漏，在整理典籍时光圀主张不可随意增改，而要尽可能保持古籍的原样。两人之间还有不少书信往来和诗歌唱和，光圀曾作诗感叹与为景之间的交往。①

上文简要回顾了德川光圀一生中重要的两次转折和贯穿人生的一段关系。光圀自小由于藩主继承问题，渴望寻找一条实现自身价值的道路。与伯夷叔齐故事的相遇，为光圀提供了一条消解出身与现实矛盾的可能，展示出一条能够获得崇高意义的道路，光圀晚年在回顾人生时模仿《五柳先生传》草拟了自己的墓志铭，书写和评价自己的一生，这一做法的原因之一正是光圀认为陶渊明也是具有伯夷叔齐式高义的义士。光圀还在与京都公家和朱舜水的交往中，完成了人生的第二次转折，逐步明确贯彻儒家施行仁政的主张，以"明君"为执政目标，完善自身的施政主张和价值建设。以家督继承问题为起点，光圀的历史观念在藩政处理、学问讨论等现实问题的处理中逐渐明确起来，对幕府与天皇之间的关系、国史与神道之关系、历史与天道关系等方面都有较为深入的思考，这些思考和主张最后在《日本史记》的编修过程和内容中逐一展示了出来，相关讨论将在下一章中具体展开。

二、德川光圀之历史思想

通过上一节对光圀生平的概括，可知其思想和学问来源包括朱舜水和京都公家两大方面，与林家之间的频繁往来对其思想尤其是史学观念都产生了直接而深刻的影响。林罗山（1583—1657）师从日本儒学者藤原惺窝（1561—1619），因担任年幼的第三代将军家光的侍讲而被重用，参与幕府一系列重大决策，朱子学也被升为幕府官学。光圀与林罗山、林鹅峰父子之间留有不少诗歌唱和以及拜访往来的记录，多收录在《常山文集》《林罗山诗集》以及《国史馆日录》等史籍之中。林罗山评价光圀"可谓总文武者乎"，林鹅峰则说"今世无着眼之人，此书成之日，读之可评论者，

---

① 参见 [日] 德川光圀：《和冷泉为影朝臣之诗》，见 [日] 高须芳次郎编《水户学大系5：常山咏草》，水户学大系刊行委员会1941年版。

水户相公而已",① 光圀说"本朝无真儒唯惺窝罗山二人而已"。② 林罗山父子在修史中遇到的一些问题也成为光圀修史工作的重点。如林罗山的国史止于宇多天皇,此后阶段由于史料不足而不得不放弃;此外关于"帝统二流"的问题,林家父子认为并立天皇都是天神后裔,根据实际情况将两天皇年号并举即可,不需要且难以分别孰主孰次。坂本太郎等史家认为光圀修《日本史记》,是在有意识地与林家所修史书进行对比。事实上,水户藩修史早期的多位史臣都出于林家门下,同时光圀还积极派遣使臣到鹅峰的国史馆进行学习。③ 只是随着修史工作的进行,光圀与林家父子在史观上的差异逐渐扩大,史臣的来源也更为多样而不只限于林门弟子。

光圀的思想来源主体是儒学,尤其是江户时期作为官学的朱子学,《日本史记》的编纂方针和理念也明显具有朱子学的思考逻辑。能够直接且集中表达其史学观念的则是"梅里先生碑文",它是光圀为自己撰写的人生总结和回顾,也是《日本史记》"三大特笔"完成的直接证据,由光圀亲自草拟、综合史臣意见而成,是体现水户藩修史理念的典型材料。

1."梅里先生碑"缘起

"梅里先生碑"也被称为"寿藏碑",是水户藩最重要、最著名的史料遗迹之一,它与《弘道馆记》碑一起被认为是水户藩的重要文化遗存,两篇碑文分别由水户藩的第二代和第九代藩主完成,代表着水户学前期与后期之精神和主张。相较于广受关注的水户学精神代表作《弘道馆碑文》,《梅里先生碑文》的系统研究相对较少。"梅里先生碑"的内容主要成于光圀之手,虽然篇幅不长,但相较于其他人所记录的光圀言行,该碑文是光圀对自己的评价,能够直接体现其思想倾向和主张,碑文中"正闰皇统,是非人臣"一句更是《日本史记》编纂方针的高度概括。因此借助对该碑文的解读,可以尽可能地贴近光圀所思所想,尽可能还原光圀"特有的语言"④。

"梅里先生碑"的碑身为天然石材,正面刻"梅里先生墓",背面为碑铭,碑铭内面高116厘米,宽50厘米,全文用楷体写成,每行25字,共12行,实物现存于茨城县水户市梅园。全文字数不足300,概括讲述了光圀立志修史的始末和主旨。

---

① 续群书类从完成会编:《国史馆日录》第一册,东京:平文社,1997年,第135页。
② 《国史馆日录》,第103页。
③ 《国史馆日录》,第45页。
④ [英]玛丽亚·露西娅·帕拉蕾丝-伯克:《新史学:自白与对话》,彭刚译,北京:北京大学出版社,2006年,第266页。

第二章 《日本史记》之编纂背景与基础

元禄三年（1690）光圀让位于养子纲条后返回水户，次年隐居于水户城西北方向的西山庄，实现了他一直向往的陶渊明式的乡野生活。现今的西山庄是在1819年被火灾烧毁的原址上重建的，规模约为原来的三分之一，屋顶由萱草修葺而成，房间大致占地20平方米，内部几乎没有任何装饰物，从光圀一藩之主的身份来说这一居住环境可谓相当朴素。元禄四年（1691）光圀六十四岁，回顾已经走过的路程，继承了乃父之志为水户藩的文教开创了新局面、倡导了社会的重儒之风、着手编纂《日本史记》之巨著，现在则开始了田园新生活，于是当年光圀完成了自传的草稿。《梅里先生墓志铭》记载，"元禄三年庚午之冬致仕。翌日拜权中纳言。还乡营兆域于瑞龙山侧。瘗历任之衣冠鱼带。建碑自书曰梅里先生墓，其阴勒铭。以见其志。暂考槃于西山。俟终焉之期云。"① 光圀致仕之后将自己之墓址定于瑞龙山先人墓旁，亲自撰写碑文"以见其志"。光圀在完成碑文草稿之后，还参考当时吉弘元常、三木之次等人的意见对碑文进行了修改，稿成之后由担任过彰考馆总裁的鹈饲真昌书写献字。光圀所撰写的碑文初稿，内容如下：

> 先生常州水户产也。其伯疾其仲夭。先生凤夜陪膝下战战兢兢。其为人也不滞物。不著事。尊神儒而驳神儒，崇佛老而排佛老。常喜宾客，殆市于门。有暇读书，不求必解。欢不欢欢。忧不忧忧。爱月之夕花之朝斟酒适意，吟诗放情。声色饮食不好其美。第宅器物不要其奇。有则随有而乐骨，无则任无而晏如。元禄庚午之东累乞骸骨致仕。遂立兄之子为嗣，以袭封。先生之宿志于是足矣。既而还乡，即日相攸于瑞龙山先茔之侧，瘗历任之衣冠鱼带，载封载碑，自题曰梅里先生墓。先生之灵永在于此矣。呜呼骨肉委天命所终之处，水则施于鱼鳖，山则饱禽兽。何用刘伶之锸乎哉。铭曰：月虽隐瑞龙云，余光残西山峰。建碑书名谁。源光国字子龙。②

光圀完成初稿之后，特致书吉弘元常征询其对文章内容的意见。元禄四年（1691）六月十七日吉弘元常回复光圀几点参考意见，③ 尤其强调两点内容建议一定要

---

① 原文出于角川书店1970年版德川圀顺编《水户义公全集》所收《常山文集》，转引自宫田正彦所著《水户光圀的"梅里先生碑"》，东京：锦正社，2004年，第18—19页。
② 出自《德川家藏义公书简·耆旧得闻附录》，转引自吉田一德《大日本史纪传志表撰者考》，第233—234页。
③ 吉弘元常回复内容原文如右：御文章ハ如何样ニも可被遊候。右之二ケ事ハ御文中ニ入申度奉愿候。御平生の御大志芳德にて御座候間、御入被遊へかしと奉存候。发明颇多候ハ皇极齐明孝谦称德帝ノ纪・帝大友・天智・九条废帝・南北二朝ノ御论议等ヲ下心ニふまへ申候。自ラ书申候文ニハ自讃之语も御座候やと奉存候。转引自[日]吉田一德：《大日本史纪传志表撰者考》，第233—234页。

将其加入到碑文当中：一是平生好古起废继绝之事；二是尝有志于本朝之史，颇多搜中古记之事。现在可以见到的碑文释文如下：

> 先生常州水户产也，其伯疾，其仲夭。先生夙夜陪膝下，战战兢兢。其为人也，不滞物、不著事。<u>尊神儒而驳神儒，崇佛老而排佛老。</u>常喜宾客，殆市于门。每有暇读书，不求必解。欢不欢欢，忧不忧忧。月之夕，花之朝，斟酒适意，吟诗放情。声色饮食，不好其美；第宅器物，不要其奇。有则随有而乐骨，无则任无而晏如。<u>自早有志于编史，然罕书可徵。爰搜爰购，求之得之。微遴以稗官小说，摭实阙疑，正闰皇统，是非人臣，辑成一家之言。</u>元禄庚午之冬，累乞骸骨致仕。初养兄之子为嗣，遂立之以袭封。先生之宿志，于是乎足矣。既而还乡，即日相攸于瑞龙山先茔之侧。瘗历任之衣冠鱼带，载封载碑，自题曰梅里先生墓。先生之灵，永在于此矣。呜呼！骨肉委天命所终之处，水则施鱼鳖，山则饱禽兽，何用刘伶之锸乎哉。其铭曰：月虽隐瑞龙云，光暂留西山峰。建碑勒铭者谁。源光圀字子龙。①

光圀在给吉弘元常的信中还提到，以梅里先生墓所刻碑文聊表"我等年来之旨趣"，请吉弘元常直抒胸臆，可无所顾忌地删改碑文原稿，希望借此碑文能够将自身之抱负传至千万代之后。

2."梅里先生碑"的思想分析

"梅里先生碑"的主要内容是光圀自己草拟的，再吸收彰考馆史臣的部分意见进行了修改。其中光圀与吉弘元常的书信往来中有一处特别强调，如果光圀的神佛论点不符合吉弘元常的意见，还请保持原样不变。可见其中对神佛的看法是光圀经过反复思考而成，是在其思想体系中具有特殊意义的部分。吉弘元常所增加的两点意见，最终被采纳篆刻于碑石之上，这两点意见还与《日本史记》的编纂直接关联，也成为光圀历史观的组成部分。接下来将围绕光圀的神佛观念和"早有志于编史"两大方面，对《梅里先生碑铭》进行详细分析。

首先是神佛观，碑文中的表述为"尊神儒而驳神儒，崇佛老而排佛老"。如按照字面意思解释，即对神、儒、佛、老等思想都保持尊重和肯定，但同时也对其进行辩驳和批判。如安见隆雄、宫田正彦等水户学研究者认为这表达了光圀在学识上的

---

① 该释文本于角川书店 1970 年版德川圀顺编《水户义公全集》所收《常山文集》的碑铭版本，转引自宫田正彦《水户光圀的"梅里先生碑"》，锦正社，2004年。释文的标点在宫田正彦版本上有所改动。

第二章 《日本史记》之编纂背景与基础

远见卓识，对各派学问不抱持偏见，批判地吸收各种学问中的有用成分。这一说法符合常理，但是未结合光圀的生平实践，对光圀实际的学问观解释并不全面。实际上，光圀有志于学之后确实对种学问都保持较为积极的态度，但是对碑文中所提到的"神、儒、佛、老"四派学问的理解和定位是不同的，"神"当指神道一派，"儒"为儒学，"佛老"分别是佛教与道教，光圀的理解需要结合其所处的历史环境来具体分析。

《西山遗闻》中记载了宽文六年（1666）光圀在水户藩发起的一次寺社整顿行动。由于"迷惑民众、靡费国资成风俗之祸"，宽文五年（1665）八月发布的命令主要针对"小寺""不法学僧者"及"坊主"等，在规范寺庙收费、职责之外，还倡导向神社祈愿、祈祷等活动应当符合身份和实际，最终此次行动撤销的寺庙包括真言宗、同新宗、净土宗、天台宗、清家、曹洞宗、时宗和法华宗共计2088座，裁撤神佛混杂的"社人"①"山伏"②"神主"③和"行人"④为主的寺庙数百座。⑤ 上述水户藩的实际状况为理解"尊神儒而驳神儒，崇佛老而排佛老"一句提供了极好的切入点。

针对当时社会各种学问混杂，尤其是神佛、神儒牵强附会的问题，光圀主张驳斥异端末流，回归本源。水户藩祠官小川伊织⑥在《御国传来神道》一文中指出水户藩的神道传承，最初为卜部家流，后由今井新平赴伊势学习，与丸山云平等一起引入伊势神道，因此在水户藩一直存在着神道的传统。光圀尊重各种学问在现实中发挥的作用，同时也充分利用其特点引导其优势的发挥，但是对于其中不利于治理和发展的负面因素则进行理性地批判。上文提到的小川伊织在文末强调"近世神道附会易道，或以阴阳五行、或以宋儒理气为理论依据，或以佛语述神事等，多有杜撰，居其位却不学其职，不辨古书之体，多用近世杜撰之神书"。⑦ 这也是光圀生活时期

---

① 社人：神社中各种神职人员总称，特指下级神职人员。
② 山伏：在山野中之的修行僧人。
③ 神主：在神社中供奉神灵的人员，也指神职中地位较高的神职人员。
④ 行人：修行僧人的一种，一般是寺院的杂役、堂众。
⑤ 具体可参看《西山遗闻》卷上，《德川光圀关系史料》，东京：吉川弘文馆，1978年，第230页。需要注意的是，《西山遗闻》记载为宽文六年（1666）八月，但根据光圀年谱以及《水户纪年》等记载，笔者改为宽文五年（1665）。
⑥ 小川伊织，1754—1838，名小川义伦，字子勇，通称伊织，是彰考馆总裁立原翠轩的门人，曾担任过水户青柳村的祠官。宽政七年（1795）之后入彰考馆直至去世。著书有《三器集说》和《中臣祓讲义》等。
⑦ ［日］小川伊织：《御国传来神道》，《神道大系·水户学》，东京：神道大系编纂会，1986年，第130页。原文为：近世神道と申は易道をもて附會し、或陰陽五行、或は宋儒の理学をもて説をなし、或は佛語をもて神事の語と仕候類の杜撰甚だ多く候處、其職居候ものも不学故、古書の體を不辨、近世杜撰の神書共信用いたし候。

神道的现状，而对杜撰不实、神异莫测的神道，光圀实际上并不赞成，他试图回归神道经典以正本清源地发扬神道，在此精神指导之下光圀命令丸山云平等人为主导主持编修了《神道大系》丛书。该丛书将神道相关经典进行整理和考订，成为明治之后研究日本神道的重要资料。也就是说，光圀对神道立足的基础神代故事持肯定态度，只是对当时流行的各种不成系统或学问混杂的神道学说持批判态度，反过来说，正是因为相信神代故事的真实性，光圀才主张通过梳理神道典籍来还原神代之真实。

光圀对儒、佛、老三学也保持与上述一致的态度，即遵照各学问之本源主旨行事，而不应胡乱混杂。《西山遗事》记载宽文三年"公读令文，至儒者、医者、阴阳师许乘舆，乃曰，凡举先王之道者谓之儒，自王侯以下，莫不由是。某亦儒也。儒非时挟策读书者之称，岂与小技之士并称哉。……当时文运未盛，以儒与医为伍。于是人始知尊儒。初惺窝藤肃为僧，后还俗，犹不蓄发。其徒林道春等效之，仕受法印官。业儒者皆凭首剔发，遂以为风。公深非之，命儒臣蓄发授职。未数年，天下翕然化之。儒者复故，悉公之力也。"①此外光圀在《西山公随笔》中写道："文王圣人也。武王则不可为圣也。"②儒学在光圀看来不应是中国独有的，而是具有普遍性并适用于日本的，因此儒者的判断标准应当为是否行"先王之道"。同时光圀针对当时儒、医和阴阳家不分、先儒的谬误之处进行批判。"佛法者而行道士之法，乃大违佛意"，"出家本为离俗之境界。然吉月令辰，家家户户互颂祝词，互赠扇、糕等贺礼。岂佛祖之遗教哉？"③光圀认为佛老不分，违背经典之教导是有害于民风的，当极力破除。

同时，在光圀看来各种学问的核心判断标准是"人伦大义"。受到朱学的影响，江户时代将"人伦大义"作为经学所追求的目标，野口武彦在《德川光圀》一书中指出，光圀将作为儒学或经学理想的"人伦大义"反过来统合于历史思维之中，这是他用于调和中日儒学之差异追求儒学普遍性的武器。但是"人伦大义"不仅是调和中日儒学之差异的武器，也是光圀用于评判统摄各种学问的核心概念。光圀早年排佛倾向极为明显，这在其二十四岁时所作《冬日杂吟》中可以看到："甚哉道之衰，叹息鲁国楷。浮图盛行世，狂说诳人皆。费地安诸法，诵经如群蛙。断绝五伦序，多与人事乖。韩公一去后，有谁复觚排。何时得草偃，淳风仰盘娲。"诗中指出排佛

---

① 《水户义公年谱》，《德川光圀关系史料》，东京：吉川弘文馆，1978年，第293—294页。
② 《西山公随笔》，《水户学全集第四辑·水户义公烈公集》，第26页。
③ 《西山公随笔》，第8页。

第二章 《日本史记》之编纂背景与基础

的原因在于诳人、费地和断绝五伦，尤其五伦的断绝是致乱之根源。但是到宽文元年（1661），光圀生母去世之后，为遵母命，将母谷氏葬于寺院并定期举行法事，使得其排佛主张趋于平稳，而不失于极端。而在同样的标准之下，光圀对代表儒学的司马迁《史记》也进行了批判，反对其未将纪信列入忠义传中，"纪信只见于一处，故其余诸事杳不可知，特不立传，是为大误"。①

由上述水户藩的施政实践和史臣们记载的光圀言行可知，在光圀的神佛观念中极为重要的一点，是对当时社会存在的各种学派驳杂、与学问主旨背道而驰、造成社会思想混乱的各种现状的批判。光圀尊重各种学问的作用，但是却并未一味盲从偏信，这反映了光圀在思想主张上的独立精神。而在批判之外，光圀还指出了具体的解决办法，也就是尊"人伦大义"、行"好古之风"。这里所说的好古之风，既包括光圀所说的"先王之道"，还包括神道所依据的神代之古，即排除神儒附会佛老等不实之言回归神儒之本，这一基本观点构成了光圀对历史世界和现实世界的认识，也奠定了光圀编修历史的基本方针。

其次，再看光圀的修史主张。其中应当注意两点：一是"早有志于修史"，即其修史的起点；二是"正闰皇统，是非人臣，辑成一家之言"。

在以往对光圀的研究中，常将《史记·伯夷列传》与光圀立志修史之间的关系当作一种无需质疑的认识，被反复提及。但是也有学者对这一说法的来源存疑，认为光圀读《伯夷列传》而立志修史的记载，最初见于大井广贞为水户藩第三代藩主所撰的《日本史记序》中，而曾经与光圀有直接接触的史臣、藩医所记载的史料中仅有《伯夷列传》与家督继承观有直接联系。但是从《梅里先生碑铭》的内容来看，《伯夷列传》除有"让国"记录之外，司马迁的评论中还指出了文献的重要性——若无文献留存，则伯夷叔齐之高义不可为世人所传，由此推测光圀萌生修史之志是合理的，十八岁读《史记》而立志也可谓"早"了。光圀真正着手修史事业，始于明历三年（1657），同年幕府命林罗山编修的《本朝编年录》毁于大火之中。光圀曾经感叹过，如果文献历史不存，则无法实现历史褒贬和对后世劝诫的作用。从这个意义上来说，林氏所修之《本朝通鉴》也可视为光圀修史起点之一。光圀与同居住于江户的大儒林罗山父子之间往来较为密切，经常派遣使臣到林家的国史馆观摩学习；此外光圀还对《本朝通鉴》未解决的关键问题进行反复思考，在此基础上形成《日本史记》的体裁特点，如以纪传体取代编年体书写，以南朝天皇为皇室正统等。

---

① 《西山公随笔》，第 26 页。

在《大日本史叙》中记载光圀常对纲条说"史者，所以记事也。据事直书，劝惩自见焉"，① 这一观点可以看到司马迁"究天人之际，通古今之变，成一家之言"的观点之间的相通性。光圀的历史观念以家督继承问题为起点，光圀对于一家一国的正统问题极为关注，逐渐形成"正闰皇统，是非人臣"的历史价值判断。光圀还主张"尊皇敬幕"，将幕府视为天皇委任的国家管理者，由此幕府本身的正当性与天皇权威之间不存在冲突。同时正统问题与神道存在着密切联系，日本历史的开端与天神地神的记事在光圀的国史框架处于一个特殊的位置，一方面是由于神代记载多有神异，另一方面则是因为日本皇室的世系不绝的事实被视为天神后嗣的确证，因此光圀指出应当对神代时期做单独处理，不需放入人皇世系之中。只是由于《日本史记》编纂时间跨度过大、参与人数众多，使得最后完成的书中没有单独的神代本纪，该问题在后文将详细讨论，在此不再赘述。此外，光圀还认为历史自身就是天道的呈现，因此主张如实记录历史，不可任意避讳，因此光圀指示史臣在编纂史书时要多方考证确定事实。

最后还需要特别注意光圀所说的"辑成一家之言"。光圀开始编纂《日本史记》的同一时期还出现了许多其他史料编纂工程，除已经提到的林家《本朝通鉴》之外，还有山鹿素行、新井白石所写的史书和各藩编写的家谱、系图等。光圀所说的"一家之言"，不仅指《日本史记》在体裁上选用日本未曾出现过的纪传体，还在于具体主张上。与当时社会主流以北朝天皇为正统的说法不同，光圀确定以拥有神器的南朝为正统、将没有神器的北朝视为闰朝。此外，光圀观点并不是以一时一地的时势现状为标准。德川幕府建立之后，采取了一系列措施确定幕府之权威，使幕府成为日本最大的地主、绝对的最高统帅和政务的实际掌握者，如新井白石等将武家政权的建立视为一次革命，在肯定现实的基础上将幕府将军上升为日本的最高权威，认为"尊王"没有必要也毫无效用。光圀在《日本史记》和其他的编纂工作、日常生活、祭祀礼仪中都强调天皇的权威和正统，强调以"一家之言"来"辑成"历史。

光圀主张清理各种学问的源流并保持包容批判的态度，以"人伦大义"为学问判断的根本标准。光圀主张史臣们应当在修史中坚持"秉笔直书"的原则，实现"正闰皇统，是非人臣"目标，为此光圀勇于提出不同于主流观点的"异说"。光圀对学问和修史的主张也被贯彻于《日本史记》编纂之中。

---

① [日]德川纲条:《大日本史叙》，见《日本史记》第一册，合肥：安徽人民出版社，2013年。

第二章　《日本史记》之编纂背景与基础

第三节　彰考馆与《日本史记》

彰考馆是《日本史记》编纂的主要机构和场所，其主要职能在修史之外还有讲经教授、培养馆员等多项内容，在弘道馆成立之前一直是水户藩文教事业的主要阵地。名越直正曾说："义公置史馆招致天下英才，不惟供修史之役，将以教化国人，培植人才。"①

1657 年，为仿照中国正史编修的体制，光圀在东京神田别庄开设史馆以编修国史，这可算是彰考馆的前身。1672 年彰考馆成立，"彰考馆"三字匾额由德川光圀手书，寄托了光圀对于史馆工作的深切希望，现在这块匾额收藏于水户市德川博物馆中。同年五月光圀命田中犀撰《开彰考馆记》，对修史之目标、史馆设立缘由等进行了阐释，提出"本邦自上古记中叶，犹有正史实录，而昌泰以后寥寥无闻，可以憾焉。……上之神武下迄近世，作纪立传，效班马之遗风以撰倭史，有年于兹。其欲记治乱，陈善恶，用备劝惩之典之志可以见焉"。②

彰考馆的历史随着水户藩的政治更迭和学风变化，也可分为兴盛、衰弱和复兴期等不同阶段。从光圀到四代藩主成公宗尧时期，彰考馆与水户藩的修史事业一起处于蓬勃发展期，随着水户藩的文教之名传于四方。成公之后，彰考馆人才凋敝、事业废弛，五代藩主宗翰更不喜欢学问，彰考馆进入衰弱期。到六代藩主治纪时期，再次大力提倡文教，彰考馆的各项事业重新得到重视，《日本史记》的编纂工作也是在此时又进入正轨。第九代藩主德川齐昭时期，关闭了江户城中的彰考馆，只保留了水户一地的彰考馆建制。1871 年，日本实施废藩置县政策，彰考馆随着水户藩的废除也基本处于废馆的状态，到 1879 年栗田宽受德川家的委托重开彰考馆，致力于《日本史记》志表的编纂，1906 年，编纂工作全部完成后彰考馆也完成了其主要使命，正式闭馆。

一、彰考馆的设立与建制

明历三年（1657）光圀在江户的神田驹达别庄开设史馆，正式拉开了修史的序幕。到宽文十二年（1672）史馆迁往小石川藩邸定名为"彰考馆"，取杜预《左传序》"章

---

① 参考［日］吉田一德：《大日本史纪传志表撰者考》，第 573 页。
② 参考［日］吉田一德：《大日本史纪传志表撰者考》，第 25 页。

往考来"之意。光圀时期设立的彰考馆汇聚了来自全国多地的儒生。儒生在当时的"士农工商"社会分层中处于"工"的位置，地位不高，收入也有限，而在彰考馆中的儒生被赋予了与"士"同等的位置，开馆时的史臣包括人见传、吉弘元常、板垣矩、中村帆、冈部仙、松田效、小宅顺、田中犀等十余人，在光圀和后继者的支持下，彰考馆的人数也从最初9名编修、10名其他工作人员发展到超过50人。

1683年设置总裁之职，总理史馆各项事务以加快编纂进度，其设置与光圀下令编修"新纪传"有直接关系。1683年史馆的史臣们完成了"旧纪传"104卷，但是光圀对纪传内容并不满意，下令重新编修，已经成立11年的彰考馆史臣们向光圀反映日常杂务繁多，耽误修史的进展，若无总理史馆事务之人怕影响新纪传的编纂，光圀接受了史臣们的建议下令设置总裁一职。第一任总裁为人见传（1638—1696），小宅生顺称其"为人缜密逊退。游野先生（人见卜幽）之门，勤苦刻励、亦无等伦。如是等人实未易得"。① 在此之后，总裁的人数和建制还不断增加，具体可参考表2.1《历年彰考馆总裁表》。1684年五月为了给修史的馆员们提供尽可能优越的编修条件和环境，光圀下令在藩邸景观最佳的天神坂上建造史馆，使馆员们在修史之余可以远眺江户城美景或后乐园的庭院风光。同时彰考馆还规定馆员们每天的晚餐都包括三菜一汤，另配酒水，天热的时候还加一顿茶点，每月两次宴会加餐，此后还在史馆中加设浴室，让馆员们可以随时沐浴解乏。可以说光圀为了招揽和留住人才，提供了高规格的待遇，保障修史工作的顺利进行。

表2.1　历年彰考馆总裁表

初设时间（年）	总裁	总裁数（人）
1683	人见传	1
1688	吉弘元常、佐佐宗淳	2
1689	佐佐宗淳、中村顾言（正月拔擢）	2
1692	佐佐宗淳、中村顾言、鵜饲真昌（四月拔擢，明年四月卒）	3
1693	佐佐宗淳、中村顾言、安积澹泊（六月拔擢）	3
1696	中村顾言、安积澹泊、大串元善（十月拔擢，同年十二月卒）	3
1697	中村顾言、安积澹泊、栗山潜锋（二月拔擢）	3
1699	中村顾言、安积澹泊、栗山潜锋、酒泉弘（七月拔擢）	4
1706	中村顾言、安积澹泊、酒泉弘、栗山潜锋（四月卒）	4
1707	中村顾言、酒泉弘、大井广贞（1703年拔擢）、安积澹泊（六月辞总裁职）	4
1710	中村顾言、酒泉弘、大井广贞、三宅缁明	4

---

① ［日］吉田一德：《大日本史纪传志表撰者考》，第257页。

第二章 《日本史记》之编纂背景与基础

续表

初设时间（年）	总裁	总裁数（人）
1711	中村顾言、酒泉弘、大井广贞、佐治竹晖（1710年拔擢）	4
1712	酒泉弘、大井广贞、佐治竹晖、中村顾言（正月卒）	4
1714	酒泉弘、大井广贞、佐治竹晖、神代煮（1714年拔擢）	4
1719	大井广贞、神代煮、小池友贤（1719拔擢）、佐治竹晖（十月卒）	4
1725	大井广贞、神代煮、小池友贤（十二月被罢）	3
1726	大井广贞、神代煮、中岛为贞（1726年拔擢）	3
1727	大井广贞、神代煮（明年二月卒）、中岛为贞、打越直正	4
1729	大井广贞、打越直正、依田处安（七月拔擢）、中岛为贞（五月卒）	4
1730	大井广贞（1733年十月卒）、打越直正、依田处安、小池友贤	4
1739	打越直正、依田处安、小池友贤（当年十二月再被免）	3
1740	依田处安、增子淑时、河合正修、打越直正（八月卒）	4
1742	依田处安（1744年十二月卒）、增子淑时、河合正修、德田庸	4
1745	增子淑时、河合正修（1755年十一月卒）、德田庸、名越克敏	4
1757	增子淑时（1758年七月卒）、名越克敏、德田庸（十二月被罢）	3
1758	增子淑时（七月卒）、名越克敏、铃木重佑	3
1764	名越克敏、铃木重佑、富田敏贞	3
1766	名越克敏、铃木重佑、富田敏贞、德田庸（再为总裁，1771年十二月卒）	4
1775	铃木重祐、富田敏贞（六月致仕）	2
1776	铃木重祐、富田敏贞、野口佑（正月拔擢）	3
1778	铃木重祐、富田敏贞、大场景明、野口佑（九月卒）	4
1784	铃木重祐、富田敏贞、大场景明（十二月致仕）	3
1786	铃木重祐、富田敏贞、立原翠轩（六月拔擢）	3
1793	立原翠轩、铃木重祐（1793正月卒）	2
1798	立原翠轩（1803致仕）、菊池重固（二月拔擢，明年五月罢）	2
1807	高桥广备（八月拔擢）、藤田幽谷、渡边藤（二月罢）	3

注：本表依据久保田收《近世史学史论考》及周一良《大日本史之史学》制成。

  1690年光圀让位于养子纲条，隐居水户的西山庄。随着光圀的归隐，史馆定期派出数名官员往返于江户和水户之间，向光圀汇报史馆工作情况。1698年史馆编修多迁往水户，自此史馆分成江户和水户两地，后各馆都设总裁分管不同修史任务。当时讨论的重点话题包括修史的时间界限、修史义例等，其中对北朝天皇及群臣的处理问题尤受重视。到1702年，三代藩主纲条定府于江户，史馆重心转移到江户，一半的水户史臣被迁往江户，包括中村顾言、鹈饲真昌、多湖直①和佐治竹晖②等。

---

① 多湖直，1677—1713，又名岐阳，字温卿，通称源三郎，江户前中期儒学者。元禄九年（1696）经大井广贞、大串元善介绍入仕水户。
② 佐治竹晖，1679—1718，名毘，字希辛，称理平次，原姓平，自号竹晖，曾任彰考馆总裁。受业于儒臣李一阳，十七岁时师事木下顺庵，受安积澹泊举荐入仕水户。

享保十二年（1727），江户藩地的史馆被废除移往水户。天明七年（1787）史馆发生火灾，已经完成的纪传撰者及诸志的稿本，以及部分收集到的史料被烧毁，宽政八年（1796）江户彰考馆得以重修。宽政享和年间（1789—1803）江户和水户两馆围绕续修和修志问题彼此攻讦不断。幕末时期，随着海外势力和洋学、洋教的影响不断深入，彰考馆的许多馆员卷入幕府及水户藩的一系列政治活动之中，规模不断缩小，到明治三十九年（1906）《日本史记》完成全部内容之后，彰考馆的历史也终于结束。现在彰考馆所藏的众多史籍多收藏在茨城县德川博物馆、茨城县历史博物馆以及茨城县立图书馆之中，部分收藏在东京的国立国会图书馆和公文书馆中，尤以茨城县德川博物馆为集中，其为水户德川家的后裔继承了水户藩的家藏史料。

二、彰考馆之馆员

彰考馆的历史几乎与《日本史记》的编纂重合，虽然后期弘文馆的成立分割了部分彰考馆的职能，但纵观其二百多年的历史，彰考馆汇聚了天下各方士人，不拘学问流派、不拘出身等级、不拘才能种类，当为水户学问的主要承载者。下面选取一些典型馆员进行介绍，以了解各个时期彰考馆的学问风格和特点。

前一章引言部分提到过，《日本史记》的编修以宽政年为界限可分为前后两个阶段。这也可作为彰考馆特点的大致分界点，前后两阶段彰考馆的代表人物及其主张有很大区别。前期在德川光圀不拘门户、广求贤士的主张之下，有来自日本不同地方和不同学派的学者集中到水户，他们各有师承且各有所长。

前期的代表人物首先要提到的是彰考馆的首任总裁人见传，名传，字子传，又字道设，也称野传，京都人，著有诗文集《井井堂稿》。德川幕府成立初期将师承日本儒学者藤原惺窝的林罗山选入幕府为将军或大名们讲授经典，同时将儒学定为官学，因此儒学在江户时代成为最有影响力的学问之一。在这一背景之下，一直定居在江户城的德川光圀在招揽贤人时，也招募了不少林家的门人弟子，人见传正是藤原惺窝再传弟子人见卜幽的养子。1659年人见传拜入江户人见卜幽门下，同时还随林罗山父子学习六经、诸子百家和诗文等学问。人见传的养父人见卜幽，最早是被水户初代藩主赖房聘请来教导光圀的，1669年人见卜幽致仕，由人见传接替卜幽的工作并继承其300石的俸禄。光圀与人见传之间的关系极为密切，史载光圀鼓励人见传学"易"，人见传果然花费大量时间精力专研易学。光圀开设史馆编修《日本史

第二章 《日本史记》之编纂背景与基础

记》之时,苦于借鉴参考不足,因此经常派遣人见传为代表到林家的国史馆拜访求教。1683年由于光圀下令重修纪传,同时还有其他编纂事业,史馆成员需要增加,相应的馆务变得更为复杂,史馆内部讨论后向光圀推荐一人担任史馆总裁。《往复书案》记载,馆员们在推荐中指出人见传世代勤于家学、自身极有才干,因此举荐人见传为总裁。人见传再三推辞不成后,成为彰考馆的第一任总裁。另外针对光圀确定的"直书"之修史方针,人见传也积极响应,作《天武纪考证》一文,明确指出天武天皇得位不正,大友皇子才是天智天皇的正统继承者。由此可知,人见传因家学渊源成为光圀与林家之间的桥梁,同时还承担起了将光圀之意图落实到史馆工作的纽带。从他身上也可以看到,彰考馆在设立之初与林家学问之间存在紧密联系。在人见传之外出生于京都的馆员还有中村顾言、田中理介和佐佐宗淳等人,这些出生于京都的儒生或禅僧成为史馆初建时期最主要的组成人员。

第二位重要人物是对《日本史记》纪传编纂贡献最大的人物之一——安积澹泊。安积澹泊,名觉,字子先,号澹泊,晚年号老牛、老圃等,他可以说是水户藩培养出来的儒生代表。藤田幽谷的评价可以视为安积澹泊对修史贡献的极好概括,他说:"澹泊先生之于史馆,竣功伟烈,卓乎盛矣。先修史而生,终其功而没,岂偶然也哉?论赞之作,驰骋古今,淹通和汉,在他人则病其不博洽,在先生则病其失博洽。今日校雠,实百年论定制秋,不能其先生于九原,是可憾也。"① 安积澹泊于1656年出生于水户,恰是《日本史记》编纂前一年,后入史馆参与并主持了纪传的编修,于元文二年(1737)完成纪传的再校工作之后去世,年八十二,这正是幽谷"先修史而生,终其功而没"所包含的意义。安积澹泊十岁时跟随朱舜水在江户学习,中断数年之后再次跟随朱舜水在水户学习,两段时间共计不过三年,学习内容为《孝经》、小学、《大学》和《论语》句读等入门级学问。朱舜水对安积澹泊寄予厚望,因此要求他每日写日簿,再严格检查。对此光圀大为赞赏,还奖励了安积澹泊"金三两"作为书费。1683年安积澹泊成为史馆编修,参与到当时的"三大特笔"讨论之中,此后锐意进取,在修史之上建功颇多,1689年与总裁吉弘元常、佐佐宗淳等数人商议完成《修史义例》(称"己巳义例"),后又总结了修史过程中"三难二要",②作《帝

---

① [日]藤田幽谷:《修史本末》,日本史籍协会编《藤田幽谷关系史料》一,1935年,第111页。
② 安积澹泊认为修史有三难:一是实录大抵撰于当时,掩匿过甚,天武朝子为父隐,桓武朝臣为君隐;二是无实录之朝,宇多醍醐之后,粗有编年尚无符例之史,彤管之文,华实不符;三是律令格式、礼乐典制不敢逾越,然事过世迁,只知梗概,为有识所讥。另修史之二要:一宁繁勿失于简,二宁质勿失于文。

大友纪议》和《帝号论》等,这些都成为后来具体编纂的依据和参考。安积澹泊对于《日本史记》的贡献已无需赘言,日本学者名越时正指出:"他(安积澹泊)既有忠实接受并传达光圀史学思想的一面,也有对现实权力和思潮顺应、妥协而暴露其落后于光圀的一面。"[①] 但对于光圀所确定的修史之大方针,安积澹泊仍然是较为坚定的执行者,如1732年由于《日本史记》所主张的"南朝正统论"与当时在位的北朝系天皇存在冲突,一直不得进献朝廷,对此他专门修书论述"神器正统"说与尊皇之内在一致性以消除朝廷的疑问。因此从整体来看,安积澹泊的史学思想带有"折衷"的性质,既有正统理论与政治现实间的调整,也有对幕府与朝廷之间关系的妥协,但在最重要的"三大特笔"和正统论等核心理念上,仍然是光圀史学观念的忠实执行者。这一特点也反映在了《日本史记》纪传编修之上,成为史馆编修实践中的范本标准之一。

在安积澹泊之外,前期修史过程中另一出生于水户本地的重要馆员是丸山可澄,他比安积澹泊小一岁,却在18岁时就已进入史馆。他最突出的贡献是在史料采访和神道研究两方面的工作。丸山根据光圀的命令编修了《花押薮》和《续花押薮》,还整理了《诸家系图纂》和《本朝姓氏类纂》等工具书,为修史工作中的史料考辨等工作,提供了辨别真伪的有效工具。史料记载,丸山可澄跟随今井新平学习神道,1667年受光圀之命赴京都,学习卜部神道,更至伊势跟随度会延佳学习伊势神道,后又参与《神道集成》的编纂工作。丸山可澄在为山本广足所录的度会延佳讲课笔记《神代讲述抄》作注释时提到,"吾等不知人伦大道,而用汉竺异端,此不忠不孝甚矣"。[②] 另还对中世日本社会流传的日本始祖"泰伯说"进行了批驳。在前期的修史过程中,由于其他神道学者或早夭,或使得丸山可澄成为水户藩内为数不多的神道学者,负担起了水户藩内与神道相关的各种史籍编纂、仪式研究等工作。

在相对正统的儒学者和神道学者之外,还有以佛入儒的学者森尚谦,他主张佛儒一致,用儒家的理论来解释佛教经典。森尚谦,字利涉、复庵,号不然居士、俨塾,摄津(今天的大阪周边)人。十多岁时先后到大阪、京都求学朱子学者、兵学者。1684经过水户史臣佐佐宗淳介绍进入水户藩,并入使馆参与纪传编修,元禄年间担任诸士教授。根据《大日本史修撰人名》记载,森尚谦负责了从石上宅嗣到藤原种

---

① [日]名越时正:《澹泊安积澹泊》,水户史学会编《水户史学先贤传》,东京:锦正社,1984年,第137—138页。
② [日]丸山可澄:《嵌注抄》,转引自[日]但野正弘:《活堂丸山可澄》,同上书,第86页。

第二章 《日本史记》之编纂背景与基础

继的列传旧稿编纂。其最主要的主张体现在《护法资治论》一书中，他主张"倚儒而护释正法，用释而资儒治教"，与安积澹泊就儒佛一致之观点进行了反复辩论，双方的焦点在于佛法与灭人伦之关系。此外，森尚谦还与伊藤仁斋的古文一派关系密切，常与该派学者切磋，著《古学问答》一篇，明确"古学"指的是尧舜之道，"汤武用之，周孔广之，群贤传之，历代繇之。"

随着史馆建立时间增长，史臣们也逐渐形成了家学或师徒传承，在后期修史过程中比较有代表性的有青山氏一家和立原、藤田门人。

立原翠轩，名万，字伯时，号翠轩，从其父祖开始世代出仕于水户。最初进入史馆时，负责《佛老志》的编修，稿成之后得到当时藩主文公德川治保的肯定，被拔擢为史馆总裁。开私塾此君堂，培养一批儒生，后期修史的几大主要人物都曾经是立原翠轩的门生弟子。他在《日本史记》编纂过程中最重要的事件，应当是与弟子藤田幽谷的辩论，以及之后的馆员分裂。具体内容将在第三章详细叙述，在此暂不赘述。

青山一族最早是专门负责舜水祠堂祭祀和管理的家族，到了青山延于时因其才气出众而成为史馆总裁，其子延彝继承父辈事业也成为史馆编修。青山延于也曾经从于立原翠轩，特别着力于古文，对于《日本史记》迟迟未能成书时常感慨"史臣不力"，为了推进修史的进程作《史略》概述历朝之大略、《文苑遗谈》记录史臣之议定删改等。后来还辑录了德川家康以来的各代将军之事，作为国史料成书数十卷，又摘录大要作《明征录》十卷，获得了水户哀公和烈公的高度肯定。除此之外，青山延于撰写《神祇志》五卷，① 后又撰礼仪和舆服两志。青山延于的性格较为谨慎，常有远忧，如看到当时校订完成的史书刻板没有专门的收藏仓库，延于不时建议保管者提前准备仓库并要注意防火措施，世人多视其建议为杞人忧天未予重视，结果真发生了火灾，造成一定损失，至此刻板仓库也终于建立起来。延于48岁时被选为史馆总裁，到水户弘道馆开设之后又被烈公指定为小姓头兼总教习。延于之子延彝继承其父工作，广泛收集相关史料编成了《神祇志》68卷，由于内容过于繁杂后被栗田宽重新编纂，但68卷的《神祇志》得以编成，离不开青山一门前辈所留下的史料和修史方法。在延于之后，青山延光也曾经担任史馆总裁，他是延于的长子。青山延光著述颇多，撰写了大量的历史人物传记，更撰写《国史纪事本末》前后篇75卷，

---

① 雨谷毅撰《彰考馆总裁略传》中记《神祇志》六卷，后吉田一德提到青山延于所撰的《神祇志》现存于水户彰考馆藏书中，共有五册，且附有藤田幽谷肃撰的序文，因此以吉田一德之说为准。

并由当时任清文华殿大学士的李鸿章撰写了序文,而时任清朝驻日参赞的黄遵宪称赞道:"日本国编年,则有六部国史,纪传则有《大日本史》,纪事本末则有青山其书,史家三体备矣。"① 到明治维新之后,青山延光担任大学中博士,叙从六位,而其传家学用力国史也被明治政府大力嘉奖。

由上可知,修史前期在德川光圀不拘门户、派别选用人才的方针之下,彰考馆聚集起来的馆员们最初主要由来自京都的林家儒学者构成,后逐渐变得多样化,馆员们的籍贯和学派都有很大不同。最后聚集在史馆的人员有儒学者、神道学者、僧侣等,而在儒学者中又有人见传为代表的林家门生,也有朱舜水的门人弟子,可以说这样一群多元化的馆员结构为《日本史记》编纂提供了很好的人员基础。到了修史后期,彰考馆已经创建超过一百年,以彰考馆为阵地,水户也形成了自己的人才群体,其中有以师生关系连接的群体,也有以家族为纽带传承的群体。在这样的一群人中由于观点的不同,出现了人员的分裂,造成了修史工作的迟滞和藩政的混乱,但是也正是彰考馆的存在,水户形成了自己的人才培养机制,并推动了"水户学"这一在江户后期发挥重要作用的学问派别。

第四节　朱舜水与《日本史记》

朱舜水(1600—1682)是中日交流史上的重要人物,也是研究《日本史记》与水户学时不得不提到的人物。日本早在江户时代就开始整理朱舜水的各种文集资料和传记作品,在 1901 年高濑武次郎著《朱舜水》一书之后,陆续出现了不少与朱舜水相关的研究著作和论文。稻叶君山(1876—1940)是这一时期的代表人物,他编纂了朱舜水的合集,还称其为明遗民的一流人物。比稻叶君山稍晚一些的重要研究者还有石原道博。② 中国方面,真正扩大朱舜水影响力的当属梁启超,他参考今井弘济和安积澹泊所撰《舜水先生行实》,编纂了《朱舜水先生年谱》,称赞其为实现抱负而保持的顽强意志。③ 国内的朱舜水研究到 20 世纪 80、90 年代出现新的发展,提

---

① [日] 雨谷毅编《彰考館総裁略伝》,东京:篁文社,1915 年,第 80 页。
② 参考石原道博的代表著作,[日] 石原道博《明末清初乞师日本研究》,东京:富山房,1945 年;《朱舜水》,东京:吉川弘文馆,1961 年。
③ 梁启超:《明末朱舜水先生之瑜年谱》,台北:台湾商务印书馆,1981 年。

出了"舜水学"的概念，将人们对朱舜水的关注推进到一个新的高度。① 概括来说，围绕朱舜水的研究话题大致包括：其实学主张和相关学问、反清复明主张和活动、对中日交流的贡献。其中朱舜水与《日本史记》和"水户学"之间的密切关系，成为学者们的共识，但对这一关系的具体表现形式和影响程度则有许多不同的见解。尤其是朱舜水与《日本史记》编纂之间的关系，由于目前可见的相关史料中没有朱舜水参与编纂的直接记载，② 学者多从以下方面来考察这一问题，如对朱舜水与德川光圀、安积澹泊等修史代表人物的师徒关系、朱舜水对水户藩实务的指导、朱舜水的史学观念等。近期有学者认为作为"外国人"的朱舜水应当未直接参与到《日本史记》这一国史性质史籍的编纂中，但是其史学理念却被实际运用到修史之中。③ 另有学者更从1665年朱舜水受聘水户前后，《日本史记》之进展情况对比来论证朱舜水对修史的实际作用。④

总体来说，围绕朱舜水与《日本史记》编纂的研究，最常见的讨论是德川光圀、安积澹泊在哪些方面受到了朱舜水的影响或指导。本节试图在前人的研究基础上，集中讨论《日本史记》之编纂方针和史学思想与朱舜水之间的关联。

一、朱舜水入水户

1644年明王朝结束之后，朱舜水被南明朝廷征召而不应，1645年之后辗转于浙江、福建和安南等地坚持反清复明运动。根据梁启超的《朱舜水先生年谱》记载，朱舜水在1645年从舟山初次东渡日本，但是由于日本的海禁而于次年转向安南。1648年朱舜水乞师日本，然日方未派兵出征，此后朱舜水在舟山、厦门和安南等地之间奔走，"经营"复明大业。1653年朱舜水从安南转道日本，次年再返回安南。期间朱舜水虽多次到日本，但多未登岸，且日本朝廷从未正式派兵襄助，如1658年到

---

① 关于朱舜水的相关研究科参考徐兴庆：《朱舜水研究参考文献》，《朱舜水集补遗》，台北：学生书局，1992年，第319—329页；林俊宏：《朱舜水在日本的活动及其贡献研究》，台北：秀威资讯科技，2004年，第5—16页。另 [美] 吕玉新：《有关朱舜水文献目录》，《汉学研究通讯》第23卷第4期，2004年11月。

② 关于朱舜水与《日本史记》编纂的关系，有安东守约在《上朱先生二十二首》第二十二封信中称："敬闻上公（德川光圀）大会诸儒，著《日本史记》，想先生定为总裁"，但从文中可知这是安东守约的推测而不是确定的事实。见朱谦之整理，《朱舜水集》附录三《有关信札》，北京：中华书局，1981年，第759页。

③ 参考韩东育：《朱舜水在日活动新考》，《历史研究》2008年第3期。

④ 参考 [美] 吕玉新：《水户〈大日本史〉编纂方针之确立与朱舜水》，《国际汉学研究通讯》2011年第3期。

日本之时不得登岸，"附船困守舟中"。① 1659 年郑成功反清失败之后，② 朱舜水不得不旅居日本，后得安东守约之助得以在长崎安定下来。到 1665 年被德川光圀招聘之前，朱舜水一直居住在长崎。朱舜水在《上长崎镇巡揭》一文中，提到了这一时期的境况，他说：

> 今瑜归路绝矣！瑜之师友三人，或阖室自焚，或赋诗临刑，无一存者矣。故敢昧死上书，惟阁下裁择尔转达之执政。或是瑜暂留长崎，编管何所，以取进止；或附船往东京、交趾，以听后命。瑜之祖宗坟墓，家之爱子女，皆在故国，远讬异域，岂不深悲！只欲自全忠义，不得已耳。③

根据上文内容，这一书信似写于朱舜水到长崎的七年后，从中可以看到其远离故土亲人的愁苦和对未来的忐忑。而德川光圀的延揽，不啻为朱舜水在日期间的重大转折。1664 年小宅生顺受光圀之命到长崎与舜水进行接触。④ 从小宅生顺与舜水的笔谈记录可以看到，舜水先是推辞了光圀的招揽，称"厚意诚无限，仍自揣陋劣，故不敢由此奢愿也"。⑤ 从前述两人的笔谈往来和舜水最终接受水户之招揽，可推测舜水之推辞原因之一在于对水户是否"尚武，何必读书"和"惑于邪教"的疑虑，对此小宅生顺指出"方今东武，我学日行，国之牧伯，邑之宰主，多是有道之人也"。⑥ 同年小宅生顺返回江户向光圀介绍与舜水往来的情况，并强烈建立光圀聘用舜水。1665 年光圀先向幕府申请了任用舜水的许可，获得了幕府的肯定。当舜水受到光圀所发出的正式聘用文书之后，先"与译者即门人议其去就，皆曰'上公好贤嗜学，特召先生，不可违拒。'先生乃应其聘"。⑦ 1665 的六月舜水动身前往江户，于七月到达，与光圀进行了第一次的直接会面。光圀以"宾师"之礼待之，让舜水极为感动。⑧

---

① 《与安东守约书二十五首》第一，朱谦之编《朱舜水集》上，北京：中华书局，1981 年，第 152 页。
② 郑成功势力于 1655 年掌政，奉永历正朔，成为南方反清复明的主力，获得当时许多复明义士的追随。朱舜水于 1658 年受到郑氏的征召，从日本奔赴厦门。
③ 《上长崎镇巡揭》，朱谦之编《朱舜水集》，第 39 页。
④ 根据林鹅峰《国史馆日录》的记载，称"水户君闻其名……有招之之志，故先使顺往遇之。"《国史馆日录》，东京：续群书类从完成会，1997 年，第 42 页。
⑤ 《答小宅生顺书十九首》，朱谦之编《朱舜水集》上，第 313 页。
⑥ [日] 小宅生顺：《西游手录》，林和生、李心纯《朱舜水与德川光国：儒学在日本的传播及其影响》附录，太原：山西教育出版社，2012 年，第 308—322 页。
⑦ [日] 今井弘济、安积澹泊：《舜水先生行实》，朱谦之编《朱舜水集》下《附录一》，第 618 页。
⑧ 《上长崎镇巡揭》一文中，舜水将待出奔他国者之礼分成四等，最上为"宾之师"，其次为"廪饩而臣"，再次为"因而归之"，最下为"罪则逐之"。同注③，第 38 页。

第二章 《日本史记》之编纂背景与基础

此后，舜水对光圀"援引古意，弥缝规讽，曲尽忠告善道之意"，光圀则"与之论难经史，讲究道义"，成就了中日交流史上的一段佳话。

从舜水接受光圀的招揽前后，与门人弟子、小宅生顺和光圀的言谈往来可得出其接受聘用的原因，或者说其欲在日本实现的几大目标，现将其大致归纳如下。

首先是朱舜水一直未曾放弃的复明之愿望，在日本人所撰写的舜水生平传记时曾提到：

> 水户义公聘为宾师，宠待甚厚，岁以饶裕。然自奉节俭无所费，人或讽其吝啬。终蓄金三千，临终藏于水户府库。尝谓："中国，乏于黄金。若用此则可以一当百。"新井白石谓"舜水先生缩节以积余财。非如此也。其意盖欲举义兵，以图恢复之用，然未至其时而终矣。"①

由上述引文可知，舜水一直到去世为止都以恢复故国为念，未曾完全放弃复明之大业。1644 年福王朱由崧在南京即位，年号弘光，时任江南总兵的方国安推举舜水入朝，舜水不就，1645 年再征不就。为免于被逮捕出奔舟山，五月清师渡江攻陷南京之后，舜水渡海至日本。②1646 年清军依次攻下浙江、福建等地，舜水本欲逃往日本，又因当时日本严禁外人登陆而转往安南。1648 年舜水"偕御史冯京第往日本乞师。日师不出，致洪武钱数十万助军实"。③1651 年清军占领舟山，舜水在国内的一大反清阵地被攻陷。1652 年舜水与郑成功书信往来，支持其复明之举，到 1659 年郑成功之师"以骄懈为敌所乘，败绩归"，对此舜水"大失望，始终未谒成功"，④面对着南明朝廷和郑成功等队伍内部发生分裂，权臣们挟天子行争权夺利之事，舜水光复明朝的希望一再落空，最终决定长居日本。1661 年德川光圀继任水户藩主，其上任之后励精图治积极参与到藩政的处理之中，成为江户初期著名的"明君"之一。同时水户作为德川幕府"御三家"之一，在政治上具有较高的地位。这些对于多次乞师日本未成的舜水来说，都提供了获得日本政府支持的可能，而当时舜水原本应安东守约之安排欲从长崎搬到筑后，但最终未能出行，只能继续困守长崎，因此光圀发出的邀请对舜水来说是一次转机，保留了复国成功的希望。

---

① 大日本文库刊行会编：《先哲丛谈》，井上哲次郎等监修，东京：春阳堂书店，第 39 页。
② 根据《朱舜水先生年谱》所载，梁启超推定朱舜水第一次到日本的时间应该为 1645 年。见《朱舜水集》下《附录一》，第 655 页。
③ 朱谦之编：《朱舜水集》，第 657 页。
④ 梁启超：《朱舜水先生年谱》，同上书，第 677 页。

其次是舜水在日本的重要工作,即"圣教复兴"。舜水在明亡之后辗转流亡的过程中,对明亡的原因进行深刻反思,他认为明朝灭亡在于内部的自我腐坏,他在《中原阳九述略》中指出:"中国之有逆虏之难,遗羞万世,固逆虏之负恩,亦中国士大夫之自取也",具体包括高官"养寇卖国""搢绅罪恶盈贯"以至于内外纷纷响应流贼、将士"前途倒戈"、科举腐败等问题。但所有这些问题的根本是"亡于圣教之隳废"。① 对于造成圣教隳废的原因舜水进行了强烈的批判。他极为激烈地抨击了佛教、黄老等学说,认为"其最烈者,无如彼释氏之言",还对当时的儒家代表进行了分别评述,称"邵康节学行均优,出处可则,惜颇流于术数。……其无可议者,惟濂溪先生一人,而程氏两夫子宗师之"。② 其不赞同那些脱离实际不讲实效的宋明儒学流派,明确提出"宋儒之学可为也,宋儒之习气不可师也。至若阳明之事,偶举其说'良知是赤的',以为笑谈耳"。③ 舜水在与小宅生顺就应聘问题应答往返的过程中,也可看到其对于复兴圣教的重视,将其当作是否接受水户邀请的关键因素。在《答长崎镇巡黑川正直书》中,舜水更明确提出,"因思上公之于仆,为两国之望,而圣教又王道之首务"。④

为了实现"圣教复兴",舜水具体提出了以下几个方面的内容。第一,提倡"大同思想"。舜水在接受了光圀的聘用之后,向其解说"大同"的思想,指出"私计近世中国不能行之,而日本为易。在日本他人或不能行之,而上公为易",即认为光圀曾有让国之举行圣人禅让之礼,很有希望实现儒家对于"大同"的最高理想。第二,推行仁孝、强化教育。舜水称"圣人之大德,莫重于施仁;仁政之大端,莫先于养老",⑤ 即希望光圀能够实现仁政,将养老当作一项重要事业来办,同时加强藩内教育,让仁孝之风能够深入百姓心中。当时光圀已经开始了《日本史记》等编纂事业,成为当时重视文教的一大代表,这让舜水对在水户实现其文教复兴的工作拥有信心。第三,重儒排佛。光圀担任水户藩主考察藩政的初期,就对藩内的诸多僧侣寺庙进行裁撤,同时还非常注意遵从儒家之礼仪,相关行动可参看本章第二节光圀处理藩政的部分介绍,在此不再赘述。

总之,舜水认为"水户上公以姬旦之尊,欲兴庠序之教,此诚贵国万年之圣政,

---

① 《中原阳九述略》,同上书,第1页,《答安东守约书三十首》,第183页。
② 《答太串次郎左卫门书》,同上书,第66页。
③ 《答加藤明友问八条》,同上书,第382页。
④ 《答长崎镇巡黑川正直书》,同上书,第76页。
⑤ 《元旦贺源光圀书八首》,同上书,第114页。

丕显于后昆，增光于史册，是何如重典也"。①舜水在流亡过程中反思明亡之原因，以此为借鉴希望在日本实现"圣教复兴"，恰巧在这一时期向舜水提出邀请的水户第二代藩主光圀践行儒家禅让之举、大兴文教、尊崇儒教，符合舜水对于施行王道和仁政之君的标准，因此他最终接受了水户藩的聘用，对水户乃至江户日本的儒学都发挥了重要作用。

二、朱舜水与《日本史记》

《水户市史》一书的附录中记载了《日本史记》编纂相关的学者或总裁的略表，将朱舜水也列入其中。②朱舜水被聘到水户之后，为了回报光圀的知遇之恩，对水户的经济、教育、社会等各方面都提出了可行的建议，为水户培养了不少人才，如人见卜幽、安积澹泊、今井弘济和酒泉弘等舜水弟子有些担任了史馆总裁、还有人担任史馆编修等职务，为水户的《日本史记》编纂事业做出了贡献。舜水还通过光圀对《日本史记》之编纂施加影响，这也是舜水与水户修史事业之间关系的体现。接下来将集中讨论舜水与《日本史记》之编纂过程和方针主张之关系。

首先来看《日本史记》编修进度，与舜水到水户的关系。1657年江户大火烧毁了林家依照幕府命令所编纂的《本朝编年录》的手稿，造成巨大的损失，林罗山也因国史事业未成抱憾而终。这一事件也成为促使光圀落实修史事业的直接因素之一。光圀力排众议，确定以水户藩一藩之力编纂一部通史性质的史书，但真正开始这一工作时立即遇上许多问题。除了藩士们劝阻光圀修史时所提到的资料不足之外，修史体例、体裁、框架和指导方针等都是需要明确的问题。为了解决这些问题，光圀一方面开始在日本国内广泛招揽人才，另一方面也非常注意向修史事业的前辈们学习经验。其中非常重要的一项内容是向同在江户的国史馆取经。国史馆的负责人是林罗山之子林鹅峰，在林罗山去世之后接任其工作继续编纂国史，主要工作地点即江户城中的国史馆。当时长期随侍在光圀身边的水户藩士如人见卜幽、辻了的等人经常往来于国史馆和水户藩邸之间，光圀还专门就修史中的一些疑问向林鹅峰咨询意见。其中最经常拜访国史馆的是人见卜幽，但是根据吉田一德的研究成果，人见卜幽身为林家门人，是林罗山思想和主张的忠实拥护者。③《国史馆日录》记载：

---

① 《答长崎镇巡黑川正直书》，同上书，第76页。
② 参考水户市史编纂委员会编：《水户市史》中卷二，水户：水户市史编纂委员会，1969年。
③ 参考[日]吉田一德：《大日本史纪传志表撰者考》，东京：风间书房，1965年，第8页。

彰往考来：《日本史记》之编纂与史学

（宽文四年十一月）参议曰，然抑安德西狩之后，正统犹在安德乎？然平氏之所立则以在洛帝为正统乎？后醍醐不传位，高时立光严，尊氏立光明，此等之所孰以为正统乎？……参议莞尔又告曰，近世事者直书则有障，曲笔则有意者嘲之，不如与伊贺守议而留笔于百余年以前而可也。余对曰，官议决后阳成让位为限，则今难辞焉，且当时事嫌惮亦非无先例，唯记实事则必无妨乎。参议默然，既而谈本朝古今时势，又谈倭汉文章。参议曰，《本朝文粹》所载者虽记《通鉴》可也，《续文粹》以后稍劣，用舍而可也。……参议（光圀）又曰，我欲修本朝史记，然历岁未成，请使道设、生顺等等时时往国史馆见《通鉴》编修之趣。时渐二更，余告暇，援止之，谈阑及三更，强辞出。①

从引文中可以看到，1664年十一月光圀拜访鹅峰时，总体处于一个不断发问寻求解答的状态，鹅峰处于主动解答的位置，对光圀所提出的各种问题都能给出解答并获得光圀的肯定。围绕修史，光圀提出了许多基础而关键的问题，如直笔与曲笔的问题，"帝统二流"孰为正统的问题等。对于鹅峰所给出的回应，光圀或"莞尔"，或"默然"，文段中虽未直接记载其反馈，但从其状态可知鹅峰的观点引起光圀思考。此时已经是光圀开史局修史的第七年，从光圀与鹅峰的交谈内容可知，这一时期光圀广为人称颂的"秉笔直书"、正统论等尚未形成。与这一状态形成对比的是《修史本末》的记载，1670年光圀对《本朝通鉴》以泰伯为日本之祖的观点提出批评，并建议幕府禁止泰伯说的印行。这一时期的光圀对修史已经有了自己的一些观点和主张，不再一味向鹅峰请教咨询，而可以根据自己的史学主张对《本朝通鉴》进行批评。

从1664年到1670年，光圀的史学主张之坚定与舜水带来的系统理论、思想都有关系。舜水接受光圀的招揽之后，"对有关编史立项、纲领制定方面的直接批注及顾问下，《大日本史》编纂工作走上正轨"。②舜水到水户之后，对光圀指示编修的《常陆国风土记》进行批注，提出了具体的问题和修改意见，"今风俗一卷，纲纪乖缪，武勇开乱贼之源，带卜籍淫奔之口。忠孝不宜著卖官鬻爵之事，奖离母还俗之徒"。③《常陆国风土记》大体仿《大明一统志》而编纂，1667年光圀拜访鹅峰时，特意将其展示于鹅峰面前。舜水的修改意见是否被包含于鹅峰所见到的书中，目前这一问题

---

① 《国史馆日录》第1册，第46—47页。
② [美]吕玉新：《水户〈大日本史〉编纂方针之确立与朱舜水》，《国际汉学研究通讯》第3期，2011年。
③ 《朱舜水集》，第554页。

第二章 《日本史记》之编纂背景与基础

暂未有直接证据可证明，但可以确定的是舜水对水户修史事业给予了实际建议，发挥了"硕儒"之作用。此外，安积澹泊也曾提到其史学思想受舜水的影响很大，尤其是对《资治通鉴》的重视更是直接来源于舜水的指导。①

由上可知，舜水对水户的修史工作提供了建议，坚定了光圀的一些史学主张。通过光圀与林鹅峰在1665年舜水来聘前后的主动和被动性对比，可以看到光圀对于修史工作有了一些明确主张，修史工作逐渐进入正轨。

其次是舜水的"华夷"观念对光圀"尊王"思想和正统论的作用。这一问题与1592—1598年间丰臣秀吉的两次侵朝之役和17世纪的明清易代有关。丰臣秀吉统一日本之后，大量以战争为业的武士失去了生存和晋升的空间，为了转移国内的各种矛盾，丰臣秀吉下令攻打朝鲜。明朝军队在朝鲜国王的请求之下出兵，打败丰臣的军队。这两次战争对东亚地区的政治格局影响极大。明朝在这次战争之后元气大伤，同时女真族趁势崛起，乃至取代明王朝入主中原。②1598年日军退出朝鲜半岛的次年，丰臣秀吉去世，日本国内陷入权力争斗的战乱之中，一直到德川家康开幕府才终于拉开了近三百年的稳定期。德川家康掌握政权之后，推行以文治代武功，其后继者又推行了锁国政策，这一定程度上是为了保障日本不受外国势力的侵扰。德川初期的外国势力，主要是刚刚打败过丰臣军队的明军。明清易代的发生引起日本朝野震荡，根据"华夷之辨"的逻辑，日本将清朝视为蛮夷，清朝建立之后，曾经试图与日本建立官方往来，也被日本方面拒绝。

舜水在明亡之后，以清朝为"逆虏"而一直坚持"反清复明"。相较于"以夷变夏"的清朝，舜水以复兴圣教为目标接受了光圀的邀请，在与光圀的接触中感受到其崇尚文教、施行仁政的决心和努力，因此他将光圀类比于日本的周公旦，还认为日本相较于中国更易于实现"大同"的儒家理想。舜水还对"华夷"与国家大小进行了辨析，他说：

> 若以贵国为褊小，为东夷，谦让不遑，则大不然。古国今日之力，为之尚有余裕。昔者滕壤褊小，不能五十里，一旦举行学校，犹且未能究其功用，而学士大夫至今犹啧啧称之。今贵国幅员广大，千倍于滕，而百倍

---

① [日]安积澹泊：《与村篁溪、泉竹轩书》，关仪一郎编《近世儒家史料》中，东京：井田书店，1943年，第33页。
② 参考金洪培、黄文日：《万历朝鲜役及其对东亚政治格局的影响》，《东疆学刊》第24卷第4期，2007年10月。

于丰、镐，而物产又甚饶富，失今不为，后必有任其咎者矣。至若以风物礼义为歉者，则建学立师，乃所以习长幼上下之礼，申孝悌之义，忠君爱国而移风易俗也。何歉也？①

舜水认为国家大小与是否为夷狄没有直接关系，关键在于"建学立师"让百姓学习"长幼上下至礼""孝悌之义"和"忠君爱国"，从而实现移风易俗的效果，这样做的国家就不可被称为"夷"。同时原本代表中原正统的明王朝已经灭亡，谁继承了明王朝的正统之业，不仅是明遗臣思考的问题，也是朝鲜和日本等国的学人们关心的话题。江户时期《华夷变态》主要记录中国的情势，这一书名正包含了江户时代的人们对明清易代的一大认识。舜水持续的"反清"活动和对日本非为"东夷"的肯定，让江户时代的人们对自己的国度具有了更强的信心。

舜水还指出"圣教复兴"是施行王道的第一要务，而是否施行王道是儒家对"中华"正统的一大重要标准。光圀大力提倡儒学，复兴儒家礼仪，一定程度上也是受到这样一种思考逻辑的鼓励而不断强化的。按照中国的惯例，一个新王朝取代旧王朝之后都会编纂前朝之国史，一方面总结前朝灭亡教训以为本朝之鉴戒，另一方面也是表示一种正统的继承。光圀所主持的《日本史记》仿照中国正史的编纂体裁，除与当时幕府下令修的编年体《本朝通鉴》进行区别之外，更重要的还在于对日本作为华夏正统的强调，因此光圀确定编纂天皇之本纪，并以此为中心明确了日本皇室未曾断绝的优势。在脱离开以中国王朝为华夏的华夷秩序限制之后，光圀不仅发现了日本可为华夏的可能性，还渐渐发展出日本才是继承圣人意志之"真华夏"的观念。反过来说，日本作为"真华夏"的主要依据正是其天皇正统传承的延续，因此"正闰皇统"成为光圀修史的一大核心意图，也是水户修史的指导方针。以《日本史记》"正闰皇统，是非人臣"的主张是在舜水的指导之下由光圀实践确立的，这一组合让"朱舜水的'长线'思考终于有了根本性的落实，而日本人激荡于心中多年的'道统自立'意识，也终于在'历史观'的意义上得到了确立"。②

以上从修史进度的明显加快，和《日本史记》"正闰皇统，是非人臣"的修史目标正式确立两大方面，集中讨论了朱舜水与《日本史记》编纂之间的关系。需要注意的是，其中发挥重大作用的是舜水复兴"圣教"的主张，这一方面增强了日本以"华

---

① 《答加藤明友书二首》第一，朱谦之编：《朱舜水集》，第74页。
② 韩东育：《朱舜水在日活动新考》，《历史研究》2008年第3期。

夏"自居的信心，另一方面又强化了光圀对天皇朝廷的尊崇，这些促成了光圀与林家《本朝通鉴》在史学主张上的分离，形成了水户自己的史学特点，"尊王"思想就成为其中最重要和代表性的主张。

小结

本章主要通过可能性和必要性两大层面来介绍水户藩编修之《日本史记》的前提。作为编纂的主体，水户藩以一藩之财力、物力、人力开启了一项需要国家规模投入的大工程，且耗费巨大最终完成了工作，这与水户藩自身的经济、文化和政治等各方面条件都有联系。

水户藩的藩领在日本古代时期属于常陆国。因其土地肥沃、邻近海洋等自然条件，农业和渔业发展较好，但一直到镰仓幕府建立之前，由于与统治中心的京都、大阪等地相距遥远，因此文化和教育发展相对较为落后。进入武士社会之后，随着政治权力的东移，常陆地区也逐渐发展起来，同时出于对抗虾夷等边疆少数民族的需要，镇守常陆国的国司馆员等出身都较为不错，与文化中心的京都、奈良等地的交流日益增多。到江户时代，德川家康在江户城开设幕府，将统治中心放在了关东地区，毗邻江户城的水户藩终于获得了发展的好时机。这些历史沿革和发展情况为《日本史记》的编纂工作无疑提供了一个良好的自然和文化环境。

此外水户藩的几代藩主在掌握藩政之处，对藩领进行了检地，重新确定了土地出产情况和人口情况等，还鼓励生产、发展农业。尽管在漫长的编纂过程中，藩内多次出现财政赤字、农村凋敝等情况，修史的人员也有增减，但史馆一直存在，修史的工作也在不断进行中。甚至由于史馆存在的时间极长，水户藩以修史为中心，逐渐培养和形成了一批本土学者，在江户后期以"水户学"的形式影响幕末历史进程。水户藩的藩政整顿和改革、藩主坚定的修史意志传承和彰考馆的成立等事项为《日本史记》编纂的进行和完成提供了坚实的经济、文化、人才和政策等基础，以上都使得水户藩的《日本史记》编纂成为可能。

水户藩编修《日本史记》的必要性可以从几个方面来看。

其一是水户的"御三家"身份，既是一种地位肯定，也对应相应的义务。相对于普通大名来说，"御三家"与幕府将军本家同姓德川，地位特殊而崇高；而从"御三家"内部来看，水户藩的位置相较于尾张、纪伊两家更为弱势和不稳定一些，因此水户藩需要为刚建立的幕府和德川家族的统治提供一套合理的理论说法，同时也需要借助修史之壮举来确定水户藩的特殊位置。德川光圀是水户藩的藩主也是《日本史记》的发起者，他在担任藩主期间一方面非常注意提高儒生、儒学的地位和重要性，另一方面又主张学问不应局限于个别的门类和派别。光圀重视儒生，将儒区别于医、阴阳之流，对神道、佛教等也采取了相似的措施，这就是他在为自己撰写的墓志铭中所作的总结——"尊神儒而驳神儒，崇佛老而排佛老"。对光圀来说，上述治学、求学的根本目的还是在于履行好自己作为幕府"御三家"和一藩之主的职责。光圀非常重视儒家的人伦、大义，成为江户时期"明君"形象的代表之一，这既贯穿在光圀的生命过程中，也展现在其组织编纂的各种书籍和藩务处理之中。光圀对《日本史记》"正闰皇统，是非人臣"理念的贯彻，体现为其对天皇为君主、将军为宗室的调和观念，且进一步指出幕府将军的合法性是来自于天皇的正统。

其二是区域格局变化的影响。德川幕府建立之前，丰臣秀吉曾经派出大军，试图攻略朝鲜，再进军中国东北，结果是中朝联军打退了丰臣秀吉的军队，并加速了丰臣政权的倒台，德川家康借势上位。德川幕府的建立与中国的明清鼎革几乎发生在同一时期，如朱舜水等明代遗臣为日本带来了中国的消息，同处于"华夷"之下的中日两国学人不仅将视明清易代为一次改朝换姓，更是一次文化上的以夷换夏。前述两大国际形势的变动使日本有必要且有可能通过国史的梳理来实现"华夏在我"的主张。《日本史记》使用东亚文化圈通行的汉文和中国正史的纪传体裁，可以看到水户藩主尤其是德川光圀的东亚秩序的意识。

第三章　前期修史实践（1657—1785）

《日本史记》从1657年开始编纂，1715年完成了纪传的编写工作。1749年完成纪传的校订和抄写之后，由于藩主的文教政策转变和水户学风松弛等原因，《日本史记》的编纂工作陷入停滞近50年。1799年以光圀逝世百年为契机，修史之风再次兴盛起来，其中的关键人物是立原翠轩，在他的努力之下，水户修史再次得到藩主的重视，因此可大致以1786年立原翠轩担任史馆总裁为界限，将《日本史记》的编纂分为前后两个阶段。前期修史的中心工作是"正闰皇统，是非人臣，污隆淑慝之迹"，即在德川光圀的直接指导下，由佐佐宗淳、栗山潜锋和安积澹泊等人实际组织，以中国的史学理论为指导与标准，在中国修史实践基础上反复修改，确定了《日本史记》编纂的基本原则和大体框架。前期修史过程中讨论的关键话题包括修史的时间界限、修史体例和史书进献问题。

首先是对修史时间范围的讨论。这其中包含了对武家政权是否可视为革命，天皇之正统地位是否被破坏等问题的理解，① 因此这并不是简单确定时间下限的问题。在这一过程中还衍生出是否续修《日本史记》的讨论。在修史之初，德川光圀先确定了以明德三年（1392），即后小松天皇接受代表天皇正统性的三种神器、结束南北朝并立局面的年份为修史的时间下限，但是在1683年光圀又指示史馆成员对明德三

---

① 尾藤正英在《水户学的特质》等研究中提出，《日本史记》以明德三年后小松天皇结束南北朝为界限，实际上是以南北朝结束为"古代王朝历史"的结束，相当于中国之改朝换代的事件。其后铃木暎一在《论〈大日本史〉的续修计划》一文中对尾藤正英的部分结论提出修正，他认为尽管南北朝结束是日本"古代王朝历史"的终结，但结合现实中天皇朝廷一直存在的事实进行调整，采取了"暧昧不清的折衷主义"做法，即续修南北朝之后的历史。饭田瑞穗在《评铃木暎一氏论〈大日本史〉之续修计划》和《再评》两文中认为铃木暎一对南北朝结束年份有过度解释之嫌，且对作为论证依据的藤田幽谷《修史本末》等内容未加批判全盘接受是不合适，他认为以明德三年为下限是为了解决北朝五主的安置问题，同时后小松天皇开篇加入北朝五主的做法是仿照中国一代"兴主"开篇追记先祖的惯例，并没有"革命"或"时代划分"的意味。

年之后的资料也要依例处理,这就为享保、元文①年间的续修之争埋下伏笔。正德五年(1715)纪传全部完成之后,江户史馆与水户史馆围绕"修志"还是"续篇"问题展开了较长期的争论。享保元年(1716)继光圀之位担任水户藩主的纲条下令修志与续篇同时进行,但是需要集中力量修订纪传等原因,续修之议未真正实行。到元文初年(1736—1740)为《日本史记》刊行做准备,小池友贤与依田处安②等人进行了一次较为重要的讨论,中心议题是打越直正提出的北朝五帝、北朝后妃皇子的处理以及增补纪传年表世系等三大问题。小池等人认为"前辈建议,请修续编。肃公既命为之,则后小松纪及北朝后妃、皇子等传,当入续编。今授日本史于梓人,宜阙后小松纪。"③打越直正致书小池友贤和安积澹泊,认为上述提议不够妥当,有违光圀之意志。元文二年(1737)五月,总裁打越直正正式向藩主提出禁止续修的请求,驳回续修之议,至此续编一事完全停止,之后各版的《日本史记》纪传都以明德三年为界限。

其次是关于修史义例的讨论,关键是"三大特笔"的确定。1683 年安积澹泊进入史馆看到辻了的、藤井德昭主持编修的 104 卷纪传,即后来被称为"旧纪传"的版本,该版未将北朝天皇放入本纪,因不合光圀修史之方针被废弃。贞享元年(1684),光圀与人见、宗淳、元常谈论时曾提及,"神代之事,率怪诞,难载于神武纪开篇,宜另置天神本纪和地神本纪"。此后光圀再与中村顾言、佐佐宗淳等人讨论后确定将(神功)皇后纪改为传、附于妃·夫人·女御之列;不避皇后之讳,仿玄宗杨贵妃之例,用帝王年号;皇子皇女当如《新唐书》所立,出家之皇子也列入其中;本国特有之俗,斋戒、钻燧、别禩等放入礼仪志。1686 年,打越直正任水户藩彰考馆总裁,与安积澹泊商谈南北朝正统问题,将北朝五主④(光严天皇、光明天皇、崇光天皇、后光严天皇、后园融天皇)降入列传,安积澹泊对此提出异议,最终将五主附于后小松天皇前。1689 年吉弘元常、佐佐宗淳等人主导制定《修史义例》,⑤1695 年安积澹泊等

---

① 享保,日本中御门天皇和樱町天皇年号,1716—1735。元文,樱町天皇年号,1736—1740。
② 依田处安,1689—1744,字徐卿,称喜左卫门,号竹云。受业于林罗山之孙林信笃,享保元年(1716)入仕水户,后为彰考馆总裁食 200 石,史馆分为二后长居江户。后成公丧,掌凶仪。
③ [日]藤田幽谷:《修史本末》,日本史籍协会编《藤田幽谷关系史料》一,第 110 页。
④ 南北朝,约 1336—1392,日本从镰仓幕府过渡到室町幕府中间的混乱时期。在日本京都和奈良各有一位天皇及相应传承,其中北部京都天皇在室町幕府建立者足利尊氏支持下走上天皇之位并受其挟制,原后醍醐天皇从京都出逃至奈良,联合一部分贵族对抗足利尊氏及其所立北朝天皇。由于从镰仓到德川幕府都为武士政权,德川幕府一般默认足利尊氏所支持的北朝为正统。
⑤ 藤田幽谷指出这一版义例也被称为"己巳义例",在日食法上有所创见。

第三章　前期修史实践（1657—1785）

人确定了本纪书法数条，到1696年安积澹泊主笔《重修修史义例》，指出修史之要点有二：一宁繁勿失于简，二宁质勿失于文。元文元年（1736）秋，打越直正提出三条建议：一是将北朝五主附著于后小松天皇纪首而目录不显，北朝文武诸臣置于列传，却不见五主名号的做法不够妥当，应当在后小松纪之下详细说明卷首添加的五主纪；二是五主家人传原本多仿欧阳修五代史立目，但五代之主都起于夷狄或盗贼，未统一天下，欧阳修生于易姓革命之后，是后朝为前朝修史，而日本北朝与南朝同为天朝后裔，其后妃、帝子不能仿《五代史》降入家人传，应当将北朝后妃、皇子、皇女附于相应各传之后；三是再校纪传，应当附刻年表。打越直正的三条建议是对1686年之前已经基本完成的"三大特笔"的补充建议，也是对正统论观念的理解深化的结果。

最后是水户藩向幕府和朝廷进献《日本史记》的努力。1715年《日本史记》纪传脱稿，所成即为"正德本"《日本史记》，先献于义公之庙以告先人，后由彰考馆总裁大井广贞撰写《大日本史叙》，为进献做准备。1718年，安积澹泊再请大学头林信笃①为《日本史记》撰写序言，于1720年成功将《日本史记》纪传、序和引用书目等共计250卷进献幕府，这就是后来被称为"享保本"《日本史记》，不过进献朝廷的目标却一直到19世纪才完成。1734年幕府下令，允许水户藩刻印《日本史记》，得到幕府敕许之后，水户藩又耽搁了15年，直到1749年才将《日本史记》付梓，此后"纪传之书，束之高阁者几五十年。修志之任有名而无实，抄书纂录迁延岁月，总裁之职亦不过执经侍读备顾问而已。噫！微今公之好学与立原总裁之任职，日本史其供蠹鱼乎。"②

尾藤正英在《水户学的特质》一文中将《日本史记》的编纂分成前后期，各有其编修的核心人物和目标。③ 尾藤正英为《日本史记》的思想研究提供了一种解释框架，以水户学的特点和思想价值为中心定义了《日本史记》在日本思想史和社会发展中的意义。针对前后期划分的方法，有台湾学者徐兴庆提出"中期水户学"的说法，

---

① 林信笃，1644—1732，近世前期的著名儒学者。名春常、信笃，别号整宇。林罗山之孙，林鹅峰的第二子。第五代将军德川纲及时拔擢为大学头，编纂了《武德大成记》等书。
② [日] 藤田幽谷：《修史始末》，《藤田幽谷关系史料》一，第113页。
③ 参考 [日] 尾藤正英：《水户学的特质》，尾藤正英、[日] 今井宇三郎等编：《日本思想大系53·水户学》解题，东京：岩波书店，1976年。

即将立原翠轩为中心强调其特殊性和重要性。① 在尾藤、徐兴庆之前，1940年的濑谷义彦从历史连续发展角度将《日本史记》的编纂分成前、中、后三个阶段，他以"义公精神"的提出、断续和复活对应三个阶段，并将"中期水户学"的时间段划定为1764—1781年间，其特点是"对林家史观不加批判的全盘接受"。② 尾藤正英的《日本史记》研究成果，基于其对日本国家意识等近代化元素的本民族根源的判断，因此特别强调修史后期出现的"水户学"，力图通过前后期的划分来强调日本近代化的内在动力。③ 濑谷与徐兴庆两人对"中期水户学"时间段划分不太一样，两人所提出的"中期水户学"在时期特点、代表人物和观念等方面相对单薄，还需要更多的史料和研究支撑。但是"中期水户学"这一概念，提示了一条研究《日本史记》编纂过程的新思路，尤其是濑谷义彦以"义公精神"作为贯穿三个时期的核心，提出了贯穿《日本史记》编纂全过程的一个中心思想。从前文对修史进展的回顾，可以看到在《日本史记》的编纂过程中，不同阶段有不同的中心任务和代表人物，但是作为一部完整的纪传体通史性质的史书，《日本史记》在编纂思想或史学思想上是否存在着一致性，或者说是否有贯穿始终的核心理念和观点？

《日本史记》编纂的时间跨度极大，其中包含了众多变量，可以说整个过程处于不断变化发展之中。为了更好地把握《日本史记》编纂全过程的特点，本书在综合考量编纂实际的基础上，沿袭前法将全过程分为前后两大阶段。但讨论前后阶段的差异并不是本书的全部意图，在了解每一阶段特点的前提下，梳理出《日本史记》编纂过程和史学思想的连续性，才可谓完整理解《日本史记》的编纂与史学。因此本章先从修史之初所确定的修史原则、史学思想和观念入手，为回答前述问题提供支持。前期修史实践的中心任务是编纂纪传，其中最突出的工作是论赞和"三大特笔"，这些都为《日本史记》的编纂明确了方向并限制了范围。接下来将从论赞和南朝正统论、神功皇后退出本纪、大友皇子入本纪这"三大特笔"具体考察前期修史实践的过程和思想特点。

---

① 参考徐兴庆：《〈大日本史〉史观与日本"水户学"重建》，刘岳兵编：《日本儒学与思想史研究：王家骅先生纪专辑》，天津：天津人民出版社，2016年，第150—172页。
② [日] 濑谷义彦：《水户学的历史性考察》，东京：中文馆书店，1940年，第59页。
③ 参考 [日] 尾藤正英：《水户学的特质》和尾藤正英：《日本的国家主义——"国体"思想的形成》，东京：岩波书店，2014年。

第三章 前期修史实践（1657—1785）

第一节 《日本史记论赞》的编纂与特点

《日本史记论赞》的主要执笔者是安积澹泊，由于论赞在后期修史过程中几乎都被从正文中删除，因此现在所见的《日本史记论赞》一般是作为单独的文本流传。根据小仓芳彦的研究，今天留存的不同版本论赞可分成两大系统，其一名为《日本史记论赞》，其二则多命名为《日本史记赞薮》。其中名为《赞薮》者一般出现年代较迟，多为刻印本，都包含两篇叙文，即1746年仙台藩士高桥以敬的《后叙》和赖山阳的《书大日本史赞薮后》之叙文；名为《论赞》者则多为手抄本。两个系统的论赞在具体的卷册数、篇章和词句使用上存在差异。[①] 根据高桥以敬的叙文记载，仙台藩儒田边希文"官暇抄出赞辞，别以为五策，名之《赞薮》，而备便览"，这正是现行两大论赞系统的底本来源。

论赞是中国正史的重要组成部分，并被广泛运用于韵文、小说和散文等各种文体之中。刘知几《史通·论赞》讨论论赞源流时指出："《春秋左氏传》每有发论，假君子以称之。二传云公羊子、谷梁子，《史记》云太史公。"[②] 作为中国正史开端的《史记》，上承古代史官论史传统、借鉴《左传》"君子曰"和屈赋"乱曰"以发议论的形式、融合祭祀时祭歌等"卒章以显其志"的做法，[③] 开创"太史公曰"的序、赞、论传[④] 系统，这一做法被后代史家继承，逐渐形成了论赞这一文体。"论赞"这一名称经刘知几《史通》中的《论赞》一篇总结之后确定下来。正史中论赞出现的位置，大多依《史记》之例书于篇尾，不过还有如司马光修《资治通鉴》时，"臣光曰"形式的议论随笔者之胸臆抒发而随处可见，另有欧阳修所作之《新五代史》不另加标题直接以"呜呼"开篇引出论赞内容。刘知几在《史通》当中指出论赞的目的是"辨疑惑、释凝滞"，为了实现这一目标反对"与夺乖宜，是非失中"的做法。《史记》的论赞以人物臧否为一大重要内容，"司马迁褒贬人物所要达到的目的是惩恶劝善，

[①] 关于两大系统论赞之差异可参考小仓芳彦：《大日本史赞薮解题》，收于岩波书店日本思想大系48《近世史论集》一书中。
[②] 刘知几：《史通·论赞第九》，浦起龙通释，吕思勉评，李永圻、张耕华整理导读，上海：上海古籍出版社，2008年，第59页。
[③] 参考赵彩花：《前四史论赞研究》，广州：中山大学出版社，2008年，第17页；刘嘉：《〈史记〉论赞研究》，硕士学位论文，华东师范大学，2013年。
[④] 由于《史记》的"太史公曰"出现位置并不固定，因此一般根据刘知几《史通》的说法，将出现在篇首的23篇"太史公曰"称为"序"，篇尾的106篇"太史公曰"称为"赞"，出现于篇中各处的"太史公曰"5篇为"论传"。

鼓励个人立名立节,规劝为政者清平尚贤。"① 因此在展现天道之运行、历史发展规律的过程中,论赞所议论的对象是包括天子在内的所有可议论之人,它与"史"之职掌有着密切联系,是《史记》以来确立的中国正史编纂体裁之中不可缺少的组成部分。

　　论赞之作"乃其人之贤否得丧可概见,而褒贬黜陟之意亦见焉",② 以《史记》之纪传体为编纂体裁,并将论赞一并列入纪传之中,以论赞的形式来进一步表达对历史、人物、事件的臧否之意,充分展现修史者之观念和主张,是《日本史记》对日本史学发展做出的一大贡献。在《日本史记》之前的论赞文更多的是作为单独的文体出现,而不是史体的必需部分。从前期《日本史记》的编纂过程来看,论赞是史馆编纂工作的一大成果,也是考察前期修史过程中史学思想的重要材料。但是目前的《日本史记》的相关研究中,主要有两个方面的讨论,一是只将论赞作为安积澹泊的私人著作来讨论,认为其主要体现安积澹泊的史学思想;二是将重点放在后期删除论赞的讨论上,从尊王角度讨论后期水户学的特点。③ 从论赞自身的特点来看,它一方面通过对人物和事件的臧否、议论,集中展现修史者的历史观念;另一方面作为中国正史编纂中不可缺少的一部分,它在《日本史记论赞》的编纂理念中,无疑体现了前期修史时水户史臣欲完整模仿中国正史书法的意图。通过对论赞的形成过程和其中的思想进行梳理分析,可以对前期修史的主导思想和史学观念有一个更为清晰的认识,也可从这一对中国史学实践的典型模仿中发现中日史学元素上的异同。

一、论赞的编纂

　　确定编修论赞及其具体样式、写法,是前期编纂《日本史记》的史臣们以中国正史为范本、将中国史学传统与日本之修史实践结合的一个经典案例。记载论赞编纂过程的重要史料是藤田幽谷的《修史始末》和京都大学收藏的《往复书案》,其中《修史始末》记载仅有三条,相对简略,但在《往复书案》中,从正德到享保期间水

---

① 张大可:《简评史记论赞》,《青海社会科学》1983年第6期。
② [日]高桥以敬:《大日本史赞薮后叙》,松本三之介、小仓芳彦校注《近世史论集》,1974年,第319页。
③ 关于论赞的代表性研究有北条猛次郎的《〈大日本史〉大观》和菊池谦二郎的《〈大日本史〉论薮》两书中的相关章节,其后对论赞的形成过程有较为深入讨论的是铃木暎一的《〈大日本史〉论赞的完成过程》,《茨城县史研究》1987年,第53号,对安积澹泊在《论赞》中包含的史学思想的代表成果是玉悬博之的《前期水户史学之历史思想续考——论安积澹泊〈大日本史〉论赞》,《近世日本历史思想》第八章,东京:ぺりかん社,2007年,第233—288页。

第三章　前期修史实践（1657—1785）

户、江户两地史臣书信往来和笔记、日录等有不少与论赞相关的内容记载。结合《修史本末》和《往复书案》的相关记载，可以看到论赞是江户和水户两处史馆共同编纂的成果。

在《日本史记》中添写论赞是正德年间（1711—1716）江户和水户两处史馆馆员们进行多次讨论后确定下来的，再由馆员们讨论出具体的编修体例和执笔者。根据《往复书案》的记载，正德四年（1714）在抄写已经完成的纪传清样时，水户史馆总裁大井广贞和神代焘①首先提出增加论赞的问题。同年十一月针对论赞的具体写法，大井等水户史臣又提出是否要按照《后汉书》的写法"五六人或七八人同传而在结尾同入一赞"，或者从十人中抽出最具代表性的一人成赞等不同的方法。② 到十二月七日为止，就是否编修论赞的问题水户和江户两地的史馆达成一致，并决定由水户史馆先就两种不同写法提交几个样例进行讨论，再考虑将论赞放入相应纪传末尾。③ 但是水户的大井等人与安积澹泊讨论撰写论赞时，安积澹泊认为当务之急是完成纪传之清样和刻版，增加论赞并不是最要紧的事情，由此论赞的讨论暂停，两馆史臣集中精力完成纪传的清样校订。到正德五年（1715）十二月德川光圀忌日前后，论赞的讨论才再次被提出。此时由江户史馆首先提出对论赞的定位问题，即论赞是不是纪传的必要部分，如果是的话是否应当将论赞与相应的序补充完整才可进献于光圀之庙，另外，如果要写论赞的话应当如何分工以及论赞完成后将放在正文的什么位置。④ 带着上述未解决的问题，已完成的纪传清样未加论赞的版本共243卷，即"正德本"《日本史记》，被祭献于光圀。到了享保元年⑤（1716）一月，水户总裁以两馆共同提案的形式向奉行伊藤宫内申请编纂论赞，获得正式回复之后，开始了论赞的编纂。综合考虑才干、资历和职属等多方面因素，享保元年，水户和江户史馆确

---

① 神代焘，1664—1728，名守柔，号鹤洞，称杢大夫。正德、享保年间担任水户彰考馆总裁，平生以志类编修未成为憾，后被赐金禄，改称木工大夫。
② 茨城县立历史馆编：《往复书案》，东京：精兴社，1989年，第284页。
③ 茨城县立历史馆编：《往复书案》，第284页。原文为：論贊之儀打寄申談候処其元御目論定而後漢書之躰二而五六人又ハ七八人同伝二被成贊伝尾壱ツ被成候て可有御座存候歟ハ銘々之間数候或十人二壱人ヲ宛抔二而可有之歟尤角其人之骨髄精神ヲ贊壱ツ二書取申儀二御座候間伝校正之折柄不被成候而ハ不叶事候又重而被申候而ハ大造之事候間此序二御立稿被成可然存候先其元二而御立稿被成候ヲ一二伝御見せ可被候唯今迄伝末二其人之有増書取置申候論立候ハ〃是ヲも削論二入申二而可有之候左候へハ余程伝も書直し不申候而ハ難成可有之候。
④ 茨城县立历史馆编：《往复书案》，第199页。
⑤ 享保与正德都是中御门天皇在位时的年号，1716年6月22日改正德年号为享保，因此公历1716年有两个年号，此处的一月时尚未改元，但水户的诸多史料为方便记事多将1716年统记为享保元年，本书也仿此例。

定安积澹泊为论赞的执笔者。①

此后，水户和江户两馆总裁和史臣配合安积澹泊一起完成论赞的起草、修订和抄写工作。《往复书案》记载，正德六年（1716）②安积澹泊申请购买《廿一史论赞辑要》，江史馆派人到京都、大阪等地购书都未找到，后来从五山僧处找到《廿一史论赞辑要》十二册，但这一版本不佳，不足参考，江户史馆又承诺如获得更好版本将立即购买。受命十余日后，安积澹泊很快拿出了从神武到允恭的九帝论赞供众人讨论，在四、五两月间再完成23位天皇之论赞，于十二月完成至龟山等30余位天皇论赞，到享保二年（1717）三月，从神武到后小松天皇的全部本纪之论赞都已完成。在这期间，安积澹泊自觉代义公撰论赞，因此极为谨慎，遇到有疑义的地方都标注出来，提请两馆总裁讨论确定。这些问题包括论赞的具体形式究竟是采取"史臣曰"还是"赞曰"的写法等，安积澹泊与史馆总裁书信往返之后确定"毕竟义公私撰之书，史书中未有每篇冠史臣曰之事，可用无甚差别之赞曰"。③除依次将完成的论赞提交两馆史臣讨论之外，江户史馆还将稿本寄送给出仕幕府的三宅观澜进行审阅，到享保二年十一月，三宅观澜的部分意见，名为《论赞驳语》一册，随信回到了安积澹泊手中。享保三年（1718）三宅观澜病逝，现在能看到的《观澜子论赞驳语》收录了从神武到宇多本纪论赞的修改意见，其中大部分被安积澹泊修改入论赞之中。④享保五年（1720），安积澹泊完成的列传之序论送到幕府之儒臣室鸠巢处评议，双方以在草稿上"贴纸"的形式往返交换了意见，安积澹泊在信中指出将根据室鸠巢的意见对具体字词进行修改，但由于安积澹泊自身精力有限和史书进献时机的迫近等原因，室鸠巢的意见实际上未进入论赞的文本之中。

享保四年（1719）十月，论赞草稿大部分完成，就论赞完成之后将如何放入正文的问题，安积澹泊与两馆史臣再次进行了讨论。论赞放置的位置与全书的分卷等

---

① 根据《修史本末》和《往复书案》的史料记载，当时编纂论赞的合适人选，除安积澹泊之外还有三宅观澜和栗山潜锋两人。1716年安积澹泊在将完成的部分论赞发送给观澜审阅的信中写道，"仆窃谓，异日论赞之笔，非潜锋与台兄（观澜）不可岂图。台兄就幕府之辟，潜锋为地下之人，仆承乏斯任，实非所堪。"可知栗山潜锋在完成《保建大记》之后已经去世，而三宅观澜则接受幕府的聘用，任职于将军家，无暇顾及史馆之修史工作，最后安积澹泊成为论赞最合适的执笔者。
② 正德六年，由于第七代将军德川家继六月去世，而中途改元为享保，相当于1716年8月。
③ 茨城县立历史馆编：《往复书案》，第315页。
④ 具体可小仓芳彦的《论赞解题》和铃木暎一《大日本史论赞成立过程》两文讨论，其中铃木暎一专门制作表格将安积澹泊对三宅观澜的意见接受程度分成"基本采纳观澜意见并原文抄录""基本采纳观澜意见并部分抄录原文""部分采纳观澜意见"和"无法确认"等四大类，第二、三类占据了绝大多数，第四类仅有元明、仁明本纪两篇。

第三章 前期修史实践（1657—1785）

问题相关，1715 年完成的"正德本"《日本史记》前有林鹅峰所写的序言，里面明确指出本纪"七十三卷"，而安积澹泊所撰写的论赞并不是严格按照纪传分卷完成的，其中有数卷合为一赞，或无赞等情况，导致如果将论赞插入每一部分的纪传正文之后，全书的分卷可能出现变化。因此当年十月，江户总裁小池友贤、佐治竹晖等与安积澹泊书信讨论，"元明、元正、天武、持统、长庆、后龟山六帝有六册中，有二帝一赞者附于一卷之末尾。对于无赞者，奎大夫（神代焘）提出讨论"。十一月安积澹泊致小池友贤和大井广贞的书信中提到，由馆员抄录出旧史传赞作《廿一史例》以参考论赞之体，发现《后汉书》《晋书》和《唐书》等有在卷中加赞的事例，即在跨卷的本纪之末加赞，但是一般数帝合论时在卷尾加赞，因此天武与持统合论、元明与元正合论，为了保证后面的分卷不出现混乱，提出改成卷末加赞的方法。综合考虑史例，史臣们最终还是采用了每篇纪传后加赞的形式。期间史臣还专门对"北条义时不入叛臣传"问题进行了讨论，北条义时之行为当入叛臣传，但为了平衡其后的足利尊氏将军及家臣的书写体裁，实际上将北条义时放入了《将军家臣传》中，水户史臣中有人主张应在论赞中强调北条义时的叛臣之举，删除"非有一毫篡夺之志"，但安积澹泊从整体考虑，觉得不应当过分强调北条义时的叛臣之举，而应功过兼顾，因此在现行的《北条义时传赞》中已没有了"非有一毫篡夺之志"一句，对义时总体评价是"承久举兵，以抗王师，迫胁三上皇，迁之海岛。悖逆之甚，古今未有。今不列之叛臣，而置于此者，盖亦有说焉。……后鸟羽上皇，肆骄亢之志，施不善之政，殆使生灵堕于涂炭。而义时不忍视民不堪命……若义时者，亦不可谓无功于天下也"。① 在享保四年到五年的论赞编修中，安积澹泊曾就《文学传》《歌人传》等"名目传"的论赞提出由其他史臣执笔的问题，水户总裁神代焘回复说肃公（纲条）曾经指示最好由一人执笔，以免前后体裁混乱，由此驳回了安积澹泊的倡议。到享保五年六月底，包括《外国传赞》等在内的全部纪传论赞完成。同年十月，论赞被放在每篇纪传之末，加上序目、修史例、引用书目等共计 250 卷的《日本史记》纪传部分被进献给幕府，这也就是"享保本"《日本史记》。

从论赞的编纂过程可以看到，尽管执笔者主要是安积澹泊一人，但在编纂过程中他不断与其他史臣或幕府儒生进行讨论、商议，并根据各方的审阅意见进行修订。同时在编纂过程中，以安积澹泊为代表的史臣们非常注重从中国正史中发现、总结

---

① ［日］安积澹泊：《大日本史赞薮》，松本三之介、小仓芳彦校注《近世史论集》，第 301—302 页。

论赞之体裁，在反复琢磨中完成了论赞的编纂。因此可以说，论赞是以中国正史为主要参考、由安积澹泊和其他史馆馆员一起完成的作品，是前期修史过程中水户史学观念的重要代表。

二、论赞的特点

1974年岩波书店出版的《近世史论集》中的论赞题为《大日本史赞薮》，共分为五卷，后附有高桥以敬的《大日本史赞薮后叙》和赖山阳的《书大日本史赞薮后》两篇跋文。五卷论赞的内容具体如下：卷一是从神武天皇到后小松天皇本纪之赞76篇；卷二主要是后妃传、皇子传、皇女传序，后妃、皇子、皇女传赞43篇；卷三主要是诸臣传赞分为上下两部，上部62篇，下部20篇；卷四将军传序，将军传、将军家族传、将军家臣传赞等43篇；卷五包括文学传、歌人传、孝子传等"名目传"之序和赞15篇。论赞最初完成时，是附在纪传之后一起进献给幕府的，高桥以敬的《后叙》中记载说《日本史记》被进献之后"以藏秘府，未降人间。是以天下之学士大夫，不能阅之"，高桥以敬所在的仙台藩向幕府申请借阅，由内相田边希文总理誊抄和校雠事务，在誊抄的间隙田边希文"抄出赞辞，别以为五策，名之赞薮，而备便览。"[①]综合考察一百余篇序和赞的内容，可以归纳出以下在撰写和思想方面的三大特点。

第一是撰写上遵循"直笔"原则。"秉笔直书"是德川光圀在编修《日本史记》时主张的原则之一，论赞作为纪传的提炼和评述也基本遵循"直笔"的原则。前文介绍过安积澹泊在撰写论赞时采纳了三宅观澜的意见，在天皇本纪的论赞中注意"委婉"的写法，但是从总体上来说论赞对于天皇、将军等特殊人物或事件虽有倾向但并未刻意隐去其功过之评述。如《日本书纪》中因成书于天武天皇朝，为了证明天武得位之正统性，隐去其抢夺侄子大友皇子皇位的记载，未将大友皇子计算入天皇世系之中。因此在《天皇大友纪赞》中开篇提出："是是非非，天下之公论也。至壬申之事，则举世莫能辨其是非。大友之鸿业，郁而不畅，隐而不彰，可胜叹哉。"对《日本书纪》等正史中不够"直笔"的地方提出批判，而在《天武天皇赞》中更进一步做出评论：

赞曰，逆取顺守，盖陆贾权时之语，而非圣人之大经也。遂使奸雄得

[①] [日]高桥以敬：《大日本史赞薮后叙》，[日]松本三之介、小仓芳彦校注《近世史论集》，第319页。

第三章　前期修史实践（1657—1785）

借口汤武，用济其私。后世视以为常，恬不知怪。呜呼取之故不可逆，而况于骨肉之间乎。帝以雄杰之资，处危疑之地，出家修道深晦其机。一朝飙起电扫，取京师如振落，驾驭将帅，算无遗策。故能济其大志，卒定累叶之基。勋庸大集，乃偃武修文，施于政事皆有可观。盖守之虽以礼乐，而取之未免用干戈。旧史称其雄拔，良有以也。①

论赞直接指出天武骨肉相残，得位不正的事实，将天武天皇定位为"奸雄"。指出其借汤武革命来修饰"夺国"私心，有与"王道"不符的一面，但也不避讳对天武"雄杰之资""雄拔"等长处的肯定。

此外，对于日本历史上以负面评价为主的人臣、武士等，论赞并不一味对其不足进行批评，还会探讨造成这些不足的根本原因，对于牵涉其中的天皇之过失也会直接提出。如《足利尊氏传赞》记载：

赞曰，足利尊氏，非有兼人之勇，过人之略，而权谋诈力足为一世之雄。……则虽尊氏不臣之罪，不可胜计，亦朝廷自隳纪纲之所致也。②

这一时期"朝廷自隳纪纲"的史实，可对照《后醍醐天皇纪赞》当中的相关记载，其中先对后醍醐天皇所建立的功业进行肯定，称其为中兴功业"垂宪不朽"，但也指出后醍醐天皇造成纲纪混乱的事实。

赞曰：齐襄公复九世之雠，春秋义之。③帝族诛北条高时，以刷三帝播迁之耻。其事虽难于襄公，而中兴功业可以垂宪不朽矣。龟山法皇之属意，至此益验。而足利尊氏恃倒戈之功，蓄不臣之志，狡狯桀黠，比于高世，给你改有甚焉。故隐岐之狩，犹有在航之期，而吉野之驾，永无回辕之日何也。艳妻嬖而赏罚滥，谏臣去而纪纲紊。虽有忠臣义士肝脑涂草野，而终莫之能救也。④

另外论赞在评价人物时，还非常具有历史感，注意到随着时势的变化，人物会变，所造成的结果也会变，由此提出"势"与"变"的观念，如《宗尊亲王以下至

---

① 《大日本史赞薮》，[日] 松本三之介、小仓芳彦校注《近世史论集》，第250—251页。
② 《大日本史赞薮》，第297页。
③ 这里指的是齐襄公灭纪之事。齐襄公本身德行有亏，但其谥号"襄"并非恶谥，主要由于其完成"九世之仇"，这被视为大义。《春秋》记载周夷王三年"纪侯谮之周，周烹哀公"，由此齐国与纪国结下仇怨，齐襄公上位之后立即对出兵灭纪国，以报九世之仇。《公羊传》称"九世犹可复仇乎？虽百世可也"。
④ 《大日本史赞薮》，第262页。

守邦亲王传赞》结尾说"由是观之，谓北条氏有以保全之，亦可也。呜呼世道变者，一至于此。可哀之甚矣。"①另外还对后白河法皇的宠臣、安德天皇时期的摄政藤原基通的评价说：

> 基通义董贤之宠，骤等相府，遭时多难，逡循依违，无所建白。道家以结昏关东，阖族显赫，咸望无与比焉。然当时执政之权，非借北条氏，则无以自固。世道变革，一盛一衰。亦可以见时势矣。②

由上述具体案例，可以看到论赞对于天皇和臣下的评述有一个大致的褒贬倾向。在褒贬倾向之外，结合"时势""时变"等大环境，对人物的具体过处并不一味删减，也不过分贬低，总体来说在具体的遣词造句上有所"婉曲"，但功过之记载还是尽可能如史直书。

第二是论赞的内容展现出对中国有较为强烈的对照、对比和对抗意识。论赞是仿照中国正史编纂中的惯例来进行撰写的，其对人物、事件进行品评的基本标准也是从儒家的伦理道德观念生发出来的。首先，论赞将儒家公认的圣人之标准作为普遍性原则，对照圣人标准形成对日本历史中的人物、事件的最高评价，将圣人的典故等或直接引用、或化用入论赞的评述之中。如《后深草天皇纪赞》用文王之德称赞后深草天皇，指出其"至诚"尽孝道之德，恰如"可叹美哉"之文王：

> 赞曰，诗美文王之德曰，为人君止于仁，为人子止于孝。帝君德之至，孝友之笃，不愧祖皇之美，而不能施文王之化者，时势使之然也。及狂贼谋不轨，龟山法皇不能自明，至赐誓书于北条时宗，窘亦甚矣。藤原公衡之议，未可谓非，而帝孝友之言，发于至诚。遂使法皇免阋墙之讥，浮言飞章，从而销减。可谓不肃而成，不严而治。岂非孝道之大者乎。帝承一院之旨，传天下于皇太弟，而太弟不能尽为弟之道。帝躬自厚，而薄责于人。其含弘光大之德，岂不美哉。③

其次，对比中日历史上具有相似性质的人物、事件，将对比结果作为论赞的结论，如上文举例中将后醍醐天皇比附于齐襄公，指出后醍醐之境况难于齐襄公，也就是说后醍醐天皇虽然在个人行为、处理后宫等问题上存在问题，但不能否认其为

---

① 《大日本史赞薮》，第297页。
② 《大日本史赞薮》，第289页。
③ 《大日本史赞薮》，第261页。

第三章 前期修史实践（1657—1785）

父祖报仇的大义。由此可知论赞对后醍醐天皇的评价，是瑕不掩瑜，总体肯定的。另有《仁德天皇纪赞》指出：

> 仁德以百姓之心为心，一有不得其所，若己推而纳诸沟壑。菲饮食恶衣服，宫室敝而不改。三载除课役，与民休息。……虽古先哲王，何能过之。汉之文景而下，不足较焉。①

最后是通过中日之对比，强调日本之独特性，尤其是对中国的革命说进行评论由此突出日本百王一姓、万世垂统之特性。如在《逆臣苏我马子及子孙传赞》中指出："异邦之史，臣弑其君者，历世不绝。故欧阳修创例于《唐书》，《元史》臣论列于辽金二史。皆本春秋之意，而使生者胆落，死者骨惊，抑又严矣。"②又《隐逸传序》说："异邦革命之世，或有耻事二世，高尚其事者。史传美之。皇朝神裔相承，万世不易，隐逸之士，似乎不足称者焉。"③可知论赞以"异邦""异国"之历史与本国进行对比时，多是与中国历史对比，并进而推出日本没有如中国般的易姓革命、天皇世系一直延续下来的特点。

第三是论赞所包含的历史观念基本是儒家式的，④是天人感应基础上的善恶报应说。论赞的执笔者相信天和人的内心都存在超越时间、空间的普遍原理即"天理"，在天和人的善恶相报中历史不断演进，如《孝德天皇纪赞》说："帝王之学，词艺固非所贵，而要再经世化民。若帝者，可谓真好儒术矣。"⑤这里需要注意的是，编修《日本史记》的儒臣们将儒学视作一种超越了国界的普遍原则，而非中国所特有的学说，因此论赞所包含的儒家式历史观念与中国的儒家观念还有着具体的差别。

论赞认为，作为超越性普遍道德的"天理"在具体的历史中呈现为人间之伦理道德，其中尤为重要者是君臣、父子和夫妻"三纲"，在论赞的行文中多处出现"三纲绝"之语。如评价平清盛等一族被源赖朝所灭时指出："子孙反为源赖朝所夷灭，岂非天耶。而亦由人也。"⑥需要注意的是，论赞特别重视"三纲"中的君臣、父子之

---

① 《大日本史赞薮》，第247页。
② 《大日本史赞薮》，第315页。
③ 《大日本史赞薮》，第313页。
④ 玉悬博之在通过《大日本史赞薮》讨论安积澹泊的政治、历史思想时指出，《赞薮》除儒家思想之外，还杂糅了孙膑等中国兵家思想，如主张"用间"等。但是从彰考馆的馆员构成、安积澹泊的师承和《赞薮》整体内容来看，还是以儒家思想为主体。
⑤ 《大日本史赞薮》，第249页。
⑥ 《大日本史赞薮》，第287页。

义。与中国之纲常对君臣、父子双方都有相应的要求不同，论赞认为君臣之义和父子之孝是绝对、不可改变的，如《逆臣传》之序和赞中有"弑逆人神所共愤，而天地所不容也。一有弑逆之臣，则人人得而诛之"，还有"天地之间，莫尊乎我祖宗君父。敬之爱之之谓道"等主张。① 另君臣之名分的集中体现，还在于幕府将军与朝廷天皇之关系，论赞强调将军虽然掌握天下之权柄，但仍是天皇之臣，如《源赖朝传赞》评论说：

> 赞曰，源赖朝以伊豆一霸人，诛锄平氏。虽由奉辞讨罪，以倡大义，而雅量弘度，亦有足以服人心者。故能开霸府于镰仓，传业三世。然智算有余，乘势徼利，诸国置守护，庄园置地头。上为天子逮捕逋逃，而兵马之权实归于己。其术深矣。……而蹊田夺牛、舐糠及米，赖朝之罪，亦已甚矣。然任贤使能，信赏必罚，号令严明，悬算无爽。察平宗盛之怯弱，必欲生致之，知由利维平之忠义，策其必死。将略固其所长，而知人之鉴，亦有过人者矣。②

源赖朝为天皇铲除了擅权的平氏，使尊天皇之"大义"得倡，这也是赖朝能够传位于三代的主要理由。但赖朝借口逼迫后白河法皇授予各种权柄，则是"蹊田夺牛、舐糠及米"之过，将"十世宥之可也"的勤王之功缩减至三世之业。另外对于君臣之大义，论赞还借用孔子之"惟名与器，不可以假人"进行阐释。《足利义满传赞》中有如下议论：

> 当此时南朝式微，义满专主和议，遂致乘舆北迁，授受神器。此虽适会其机，亦可谓功烈震主者矣。第义满以功自矜，不能持满，而侈大之志，无所不至，究殚土木，朘民膏血，犹之可也。……及其薨也，后小松天皇赠太上皇，此何谓也。昔仲叔于奚，有功于卫，辞邑而请繁缨。孔子以为，不如多与之邑。惟名与器，不可以假人。是时天子居万乘之尊，无一邑之可与，故假名以宠之。不知纪纲之坏，实基于此，而不可救也。③

从上述引文可知，论赞赋予了孔子之"名与器"以日本特殊之意，即君臣之大义集中体现于"神器"。足利义满促成了"神器"的北迁、南北朝之统一，这是他的

---

① 《大日本史赞薮》，第314—315页。
② 《大日本史赞薮》，第296页。
③ 《大日本史赞薮》，第298页。

第三章 前期修史实践（1657—1785）

大功德，但他死后被赠"太上皇"之名号，却是僭越之大不敬，君臣名分混乱是天下纲纪败坏的根源。也就是说日本历史中的正统、君臣名分之别与神道仪式所用之"神器"有着密切联系。

论赞将君臣之大义和父子之孝视为最高等级的道德。如《龟山天皇纪赞》称"帝王之德莫大于仁孝"，《楠正成传赞》说"始终一节，以死报国，可谓忠孝两全矣"，又在《孝子传序》中对"孝"进行集中阐发：

孝，百行之本也。非孝无以为教，物则民彝不能立，礼乐刑政不能出。孝之为道大矣。故皇帝皇太子读书，必先《孝经》，以为礼典。朝廷之崇孝道亦至矣。下至乡党闾巷，有纯孝者，必旌表其门闾，劝民以孝。①

由上可知，论赞将纲常伦理视为超越、普遍的"天理"之具体表现，其中君臣名分和父子孝道是最重要的两项内容。另由于"本邦之国史百王一姓，与唐国换代之后朝议前朝之史体不同"，②在君臣父子之绝对性基础上，正是天皇的"百王一姓"才成就了日本国史进程和编纂的特殊性，由此导出的"尊王"之说，可说是德川光圀修史意志的继承和发扬。

综上所述，经过彰考馆众人的审阅，由安积澹泊执笔所完成的论赞具有"秉笔直书"、兼顾"时势"的特点，在内容和思想上以中国之史学典籍、圣人典故为对照、对比之主要对象，在以儒家之伦理道德式历史观念基础上发展出了与中国存在差异的观念系统，其将君臣大义、父子之孝视为绝对不移的原则，发展出贯穿论赞始终的"尊王"之主张。论赞中的"尊王"观念可以说是德川光圀发起《日本史记》编修以"正闰皇统，是非人臣"观念的具体呈现和实践。还需要注意的是，完成于《日本史记》编纂前期的论赞，虽然也有对君臣名分等绝对性的主张，但在对天皇或诸臣的评述中并不避讳对天皇"不德"或"纪纲败坏"等行为结果的批评。论赞完成之后，赖山阳在《书大日本史赞薮后》一文中对其进行了高度评价，称其"大抵文体似欧阳玄，而奔放肆大，过之"，赖山阳所作《日本外史》也设论赞，一定程度上应当也受到《大日本史论赞》的影响。论赞中如"尊王"等基本观点与后期修史存在连续性，但是由观念指导之下的具体行动却出现了分化。论赞的写法和观念主张，总体上以中国之史学观念和实践为范本，是对中国史学主张进行吸收和实践的典型代表之一。

---

① 《大日本史赞薮》，第 311 页。
② ［日］三宅观澜：《观澜之论赞驳语》，庆应大学图书馆藏写本。

第二节　南北朝正统论

南北朝时期，一般指1336年到1392年日本出现的南北朝两天皇并存的时期，有时还会将1333年至1336年后醍醐天皇的建武年间纳入其中。从历史分期上看，南北朝属于日本中世，是从镰仓幕府向室町幕府过渡的特殊时期。1922年《南北朝时代史》的刊行，将"南北朝时代"作为这一时期的专称确定下来。南北朝正闰问题，是《日本史记》"正闰皇统，是非人臣"这一修史目标的典型论题。它讨论的主要是后醍醐天皇南迁吉野之后，由足利将军于京都扶持新天皇继位，出现吉野朝（南朝）与京都朝（北朝）两位天皇同时在位，对两朝并立的历史现象应如何解释和定位的问题。需要注意的南北两朝虽有正闰之分，但两朝同属皇室血统，因此闰当为余，非错误、非法之意，而是"蒙先世之烈者""承正统之余"之意。① 日本南北朝时期主要涉及以下几位天皇：

南朝：后醍醐天皇（1336—1339）、后村上天皇（1339—1368）、长庆天皇（1368—1383）、后龟山天皇（1383—1392）；

北朝：光严天皇（1331—1333,）、光明天皇（1336—1348）、崇光天皇（1348—1351）、后光严天皇（1352—1371）、后圆融天皇（1371—1382）、后小松天皇（1382—1392）。

要说明的是，南北朝一般是指从后醍醐建武三年（1336）到后小松天皇明德三年（1392）期间，出现南北两朝天皇并立的时期。但是两天皇并立的现象，在光严天皇时已经出现。当时并行两套年号系统，分别是北朝系的元德（1329.9—1332.5）、正庆（1332.5—1333.7）和南朝系的元弘（1331.9—1334.3）。从历史过程来看，光严天皇在位期间比较短，但即位有其合理性。元德二年（1330.1—1331.2），后醍醐天皇（在位时期1318—1339）想从镰仓幕府手中夺回权柄，计划败露不得不逃出京都。元弘元年（1331）光严天皇在幕府的支持之下，据花园上皇诏书继任天皇，即位之初沿用后醍醐天皇的年号元德。正庆元年三月（1332），京都朝廷据安德天皇和后鸟

---

① 司马光：《答郭纯长官书》，《温国文正司马公文集》卷61。

第三章 前期修史实践（1657—1785）

羽天皇旧事，①将后醍醐天皇流放隐歧岛。由此暂时避免了同时有两天皇在位的问题。但是被流放的后醍醐天皇并未放弃倒幕计划，1333年在足利尊氏、新田义贞等支持之下终于推翻北条氏控制的镰仓幕府。此后，后醍醐天皇推行"建武新政"，不久新政失败，在新田义贞、楠木正成等支持下与足利尊氏对抗失利。延元元年（1336）八月，在足利尊氏等武士和京都部分贵族支持下，光严天皇的同母弟光明天皇继位，从其兄处继承象征天皇身份的神器，尊其兄为太上天皇，并立后醍醐的第七子成良亲王为皇太子。十二月后醍醐天皇否认光明天皇的正当性，出逃至吉野另立朝廷，由此出现了足利氏支持的北朝与新田氏等支持的南朝并立的局面，至此日本进入南北朝时期。

南北朝的出现还与北条氏处理皇室不同支系的政策有关。南北两朝分属持明院和大觉寺两大系统，其源头要上溯到后深草天皇和龟山天皇时期，两位天皇是同母兄弟，都是后嵯峨天皇的皇子。按照嫡长继承的规则，身为兄长的后深草天皇应当继承皇位，但是因后嵯峨天皇极为宠爱龟山天皇，属意传位于龟山而非后深草。后深草天皇在部分公卿武士的支持下，以嫡长身份继承了皇位，但后嵯峨天皇又提出立"皇太弟"而非皇太子，坚持让龟山天皇继承后深草之位。此后后深草和龟山两支围绕天皇之位不断争斗。后由镰仓幕府的实际掌权者北条贞时裁定，"后深草和龟山两帝之后迭立，限以十年"，开始了后深草的持明院统和龟山的大觉寺统两支天皇迭立的过程。持明院统（北朝）一系天皇有后深草、伏见、后伏见、花园、光严、光明、崇光、后光明、后圆融、后小松等诸位天皇且一直延续至今。大觉寺统（南朝）一系天皇则有龟山、后宇多、后二条、后醍醐、后村上、长庆和后龟山天皇。

现在日本教科书中多将南北朝并举，南朝故事用南朝年号，北朝旧纪则用北朝年号，两朝未作正闰主次之别。但历史上有很长一段时间，人们只知北朝而不知有南朝，从皇室的谱系图到幕府编修的正史都记北朝年号，而不录南朝天皇。中世各种公私年代纪如《皇胤绍运录》《历代皇纪》②等不用南朝年号、不承认南朝天皇之

---

① 安德天皇与后鸟羽天皇旧事：安德天皇与后鸟羽天皇同为高仓天皇之子，后白河天皇之孙。寿永二年（1183）安德天皇被平宗盛挟持离开京都，同时代表天皇传承的神器也被一同带走。当时主政的后白河法皇一边要求平宗盛等交还安德天皇和神器，一边命令源义仲等讨伐平氏，未果。后白河法皇与源义仲等讨论立新帝，即后鸟羽天皇，由此出现了安德天皇和后鸟羽天皇并立的情况。1192年后鸟羽天皇亲政之后，积极筹划倒幕行动，即承久之乱，被幕府军打败之后流放至隐岐岛。
② 《皇胤绍运录》：天皇家谱，共2卷，1426年内大臣洞院满季受命编成。书中记录国常立尊等天神地祇和除南朝之外历代天皇的家族谱系。1502年由三条西实隆开始增补之后，其续编工作一直持续到18世纪末。《历代皇纪》由洞院公贤（1291—1360）等编纂。

位,甚至直接将南朝天皇记为亲王,如《皇胤绍运录》中记后村上天皇为义良亲王等。而主张南朝正统论者极少,在当时只有身为南朝公卿的北畠亲房最为突出。北畠亲房在《神皇正统记》提出天皇之正统源于其为天神后裔,受神敕而领有国土,神器是天皇正统之象征、代表仁智勇等高尚品德,南朝天皇是神器授受的正统之君。只是南北朝之后继任的诸位天皇都出于北朝,北畠亲房的南朝正统说与历史实际有较大差距,并未在当时产生太大的影响。一直到江户时期,南北朝问题逐渐成为一个国史讨论的重要问题。① 先有山崎暗斋及其弟子对南北朝问题的讨论,倾向于以南朝为正统。到《日本史记》大力倡导"南北朝正闰说",此后"南北朝正闰说"逐渐成为上至天皇公卿下至普通民众的通识性话题。到明治时期,《日本史记》"南北朝正闰说"主张的南朝正统论又与江户末期"王政复古"潮流有所暗合,进而对日本的明治改革起到一定的推动作用。

对《日本史记》南北朝正闰问题的讨论从江户时代已经开始。比较早的代表人物是赖山阳,他赞成并吸收了《日本史记》以南朝为正统的观点,将其运用到自己的著述之中。明治维新之后的1911年,有议员在当时的帝国议会中将南北正统的问题提上讨论议程,《日本史记》作为该问题讨论的主要依据再次被检讨。其时的代表人物有喜田贞吉,他是明治时期编订的《一般小学日本历史》一书的执笔者。喜田贞吉在《南北朝论》一文中指出,德川光圀主持的《日本史记》继承和发扬了《神皇正统论》的南朝正统之说,使南朝正统的观念深入到普通民众之中,影响到明治时期的史书编纂和民众历史认识。同时因确定南朝为正统,为南朝天皇而尽忠赴死的武士们不仅被取消了罪臣的时代罪名,还鼓励了江户后期勤王之风,推动了明治时代王政复古的实现。喜田贞吉认为《日本史记》以大义名分将南北朝分为正闰,这一说法并不严格,也不符合日本的实际历史,因此他主张将南北朝不分主次并列。喜田贞吉的主张与当时统治层的观点并不一致,在议会讨论之后南朝正统论被写入教科书中,喜田贞吉也一度因对南北朝问题持不同观点而被停职。

与《日本史记》的研究趋势相似,日本战后学界对《日本史记》的南朝正统论论述较少,一直到20世纪70年代才逐渐增加,代表人物有平田俊春、吉田一德和

---

① 江户时代有山崎暗斋及其弟子再提"南朝正统之说",到水户藩所编的《日本史记》之后,"南朝正统说"获得越来越多的民众和公卿贵族的支持,通行的北朝正统说受到冲击。到1911年日本文部省编修的《一般小学日本历史》中,将南朝和北朝天皇并立。到大正时期正式将这一时期定名为"南北朝时期"。不分主次正闰、南北朝并立的做法被沿用至今。

第三章　前期修史实践（1657—1785）

吉田俊纯等人，国内的研究者周一良、吕玉新也对这一话题有所讨论。20世纪70年代之后对《日本史记》的南朝正统问题的讨论，有两个主要方面：一是"三大特笔"的形成时间，一般认为是在天和三年（1683）前后，在德川光圀主导之下确定本纪以南朝为正统；二是其思想来源和依据，学界多赞同《日本史记》继承《神皇正统记》重视神器并以南朝为正统的做法，此外也认同《日本史记》的南朝正统说是其贯彻朱子学"大义名分"史观的具体体现。吕玉新和吉田一德主要对《日本史记》的"三大特笔"形成时间进行了讨论。对《日本史记》的南朝正统论的来源和内涵实质的讨论以平田俊春、吉田俊纯和周一良的论述为主。平田俊春指出，《日本史记》的南朝正统论受到《神皇正统记》的影响虽然已成为共识，但分析德川光圀的学问精神和追求，可以发现《日本史记》将《神皇正统记》的南朝绝对论修正为南北朝正闰说，两者在遵循《春秋》之史观的精神目标上实现了一致。[1]周一良在《〈大日本史〉之史学》一文中讨论史体"三大特笔"之义例，文中指出"考光圀之所以尊南朝，自出于春秋及通鉴纲目大义名分之史观。……光圀之史观亦含有神道成分，此足以助吾人解释其所以尊南朝也。"[2]吉田俊纯则认为，《日本史记》实际上是以南朝正统为表、以北朝正统为里，由此来证明武家政权尤其是德川幕府统治的合理性。周一良提出了《日本史记》南北朝正闰说来源的结论，但未过多叙述论证过程；日本学者的讨论中对中国的正闰说以及正统观多是一概论之，并未过多关注中国历史上正统观念的变化，同时对于"大义名分"的论述多继承前说，而具体分析略显不足。总体来说目前对《日本史记》"南北朝正闰说"的研究，对历史理念与修史实践的互动关系讨论并不充分。南北朝正闰说常常被简单概括为以南朝为正统，在江户后期与"尊皇攘夷""王政复古"等思想汇流成了明治日本的思想潮流。实际上南朝正统论只是《日本史记》南北朝正闰说的一个层面，同时正闰说还包含了判断正闰以及运用于修史实践的一整套复杂的标准和判断过程。因此接下来就将从"南北朝正闰说"的内涵及其在修史实践中的体现和影响等方面来具体讨论这一问题。

一、南北朝正闰说

南北朝正闰说虽然是《日本史记》的"三大特笔"之一，但在修史之初并未确

---

[1] 参考 [日] 平田俊春：《〈神皇正统记〉与〈大日本史〉》，《军事史学》1976年第12卷第1号（通卷第45号）。

[2] 周一良：《〈大日本史〉之史学》，《史学年报》第二期第二卷，第180页。

定具体的表现形式。根据藤田幽谷在《修史始末》中的记载，安积澹泊刚到彰考馆时，发现当时编成的草稿将北朝的五位天皇列入纪传之中，即实际上不承认北朝天皇的位份。据载，安积澹泊见到的104卷纪传草稿将"北朝五主降为列传，足利之党悉书贼"。① 天和三年（1683），光圀看过这一版纪传之后，下令重新编修纪传，一直到元禄十年（1697）完成"百王本纪"。后来有1720年进献给幕府的"享保本"，主要增加了论赞内容，再后来元文期间又进行了一次集中审阅，对列传的史实和用词进行了修订。根据现有史料，在"百王本纪"完成之后，后小松天皇本纪的内容未有大幅度的改动。水户学研究者高须芳次郎和吉田一德认为，天和三年之前水户藩的南朝绝对论受到鹈饲石斋的《编年小史》的直接影响，石斋的儿子鹈饲真昌后来担任了彰考馆的总裁，石斋的思想通过其子影响了水户的修史。平田俊春对这一结论进行了考证，指出鹈饲石斋的《编年小史》以《本朝王代一览》为基础、主张北朝绝对论而不是南朝正统论。平田还进一步指出，《日本史记》最初对南北朝的记录方法，实际与《南山编年录》如出一辙，表现为以下三点：一是将南北朝断于南北朝讲和之年；二是北方之事一概不记，南朝之事巨细靡遗；三是称足利尊氏等为贼，不记光明天皇之后北朝诸天皇的位份，因此《日本史记》最初的南朝绝对论立场的直接来源应当是迹部良显的《南山编年录》。平田的考证对于修史初期的资料来源很有帮助，但显然随着修史时间渐长，《日本史记》的南北朝评价已经发生了极大变化。

根据《年山纪闻》记载，德川光圀回答史臣对南朝正统论的修订时说，三种神器归自吉野之前，当以南朝为正统，当时后世"或有罪我者"，但这是大义所在不可更改。其中记载光圀力排众议，坚持以南朝为正统。贞享三年（1686）安积澹泊认为日本未有"异邦革命，修前代书"之例，"皇朝一姓相承，向之所谓南北两宗，钧之天祖之胤，而所谓北朝五主，即今天子之祖宗也，岂可降为列传乎"，② 与打越朴斋、佐佐宗淳、吉弘元常讨论南北朝正统问题之后，遂将北朝五主放于后小松纪之首。因此现在刊行的《日本史记》的版本都将北朝的五位天皇放在后小松天皇本纪下卷的开头部分，与此相适应，史臣们还将拥立北朝天皇的足利尊氏从《叛臣传》析出转列入《将军传》中。

《日本史记》所主张的"南北朝正闰说"，不同于《神皇正统记》和《南山编年录》的"南朝绝对论"只记南朝而不录北朝的做法，而认为南北朝都是天照大神的子孙，

---

① ［日］藤田幽谷：《修史本末》，《藤田幽谷关系史料》一，第69页。
② ［日］藤田幽谷：《修史本末》，《藤田幽谷关系史料》一，第69页。

第三章　前期修史实践（1657—1785）

在血统上并没有高低轻重之分，南北朝天皇没有合法和非法之别，只有"正位"和"闰位"之别。水户史臣对南北朝正统问题的讨论也借鉴了中国的做法，但他们没有援引中国历史上南北朝的例子，而是以北朝东西魏为例。安积澹泊在《后小松天皇纪赞》曰：

> 皇统之判为南北，犹元魏之分为东西乎。曰非也。孝武、孝静，皆出于孝文，固无所轻重，唯视名分所在，为正耳。孝武为高欢所逐，而孝静为其所立，则正统之在西，从可知也。皇统之出于后嵯峨，亦无所轻重，为正耳。光严、光明皆为叛臣所立，非无神器，而所传非真，则不得谓之有焉。然神器之轻重，系人心之向背。人心归则神器重，人心离则神器轻。天人惟一，道器不二。①

《后小松天皇纪赞》将日本南北朝和中国的东西魏进行比较，两者相似的地方在于南北朝两系天皇同属于后嵯峨天皇的后嗣，东西魏的皇帝也都出于北魏孝文帝，因此在血统上并无轻重之分。两者的不同之处在于东西魏之正在于名分，东魏由叛臣高欢所拥立，其名不正则不得谓正统；日本之北朝光严、光明两天皇也是由叛臣所立，更重要的是其拥有的神器为伪，因此不得为正。这是《日本史记》对于判断正统的标准中，最为人所知的神器正统论，与《神皇正统记》一脉相承，也是周一良指出的水户正统论中的神道元素。除神器论之外，水户史臣们还进一步补充神器与人心向背之间的一致关系。"人心惟一，道器不二"的说法中具有浓厚的儒学色彩。还需要特别注意其中的神道与儒学的结构与关系。

先来看其中神道和儒学元素的具体内容。《神皇正统记》开篇指出"日本乃神国"，这一观念对江户思想的影响极大。德川光圀曾将伊势神宫比作日本的宗庙，伊势神宫内宫祭祀的是天照大神，在德川光圀看来天照大神正是日本皇室的始祖。根据《日本书纪》和《古事记》传下来的神代故事中讲述的日本建国神话中，其中一种说法是天照大神将神器赐予子孙并命其统治地上王国，神器就成为天神与天皇之间联系的象征，也是皇室正统性的标志。

在判断正统的标准问题上，《日本史记》的编纂者们重视名分、"大义"、君王之德、人心向背等元素。德川光圀指出判断南北朝正统与否要看大义之所在。三宅观澜在《中兴鉴言》中指出"器之所临，亦必统之所在且足称德者"。因此在判断正统

---

① 《大日本史赞薮》，第263页。

时，关键在于"义"之所在。栗山潜锋则认为"皇统所系，非重仁而谁"。从早期编修者对人君和皇统存续的讨论可见，判断正统的大义与人君之仁、德关系密切。此外君王之仁德、人心之向背与正统之所在关联的根本逻辑，在于天人关系。栗山潜锋在《保建大记》中提道："人君能律身慎德，则天下人心，不期服而自服，不期畏而自畏。人心所畏，天命从而归焉。"这与安积澹泊在《论赞》中主张的"人心惟一，道器不二"的说法具有一致性，也就是说君王受天命而得位，天命体现于人心之向背，而君王欲得民心彰天命就必须实行仁政，具有较高的道德品质。这与中国的民本思想之间的相似性和继承性是显而易见的。

其次，正统标准中的神道元素和儒学元素之间的关系，简单来说就是神器与大义、人心之间的关系。早期的编修者观念之间存在着差异，但是在大方向上又是一致的。安积澹泊在为栗山潜锋《保建大记》所写跋中提道：

> 时观澜宅君同在史局，相得欢甚，屡将此书折衷讨论。宅君服其精确，而神器之议，终不能协。亦犹刘道原之论正统，不与温公合，而温公能藉道原以成《通鉴》，可见君子和而不同也。①

上文所提栗山潜锋与三宅观澜之间的差异，具体可见于三宅观澜为《保建大记》所作序，"但其所谓以神器之在否，而卜人臣之向背者，议竟不合"。② 潜锋在《保建大记》中曾说"故至以躬拥三神器为我真主，则臣要质鬼神而无疑，百世以俟其人而不惑"。③ 按照观澜所说，潜锋以神器作为人心向背的标志，也就是说神器是根本，神器之所在自然就是人心所向、正统之所在。对此观澜并不赞同，他认为"正统为义之所在非为器之所在"，观澜与潜锋的观点在这一问题上似乎正相反。但是通观《保建大记》全书，栗山潜锋对于儒家之伦常、仁政、德行非常重视，甚至对直接导致南北朝并存局面出现的后醍醐天皇提出批评：

> 后醍醐不能推至诚以任威灵，区区辛勤，制为伪器，此渎神器也。岂须南北纷争，而辨之正伪哉。古曰：天人之应，捷于影响。天聪蔽而神镜灾，乾刚阙而宝剑失。嗟乎，天命常原于人事，妖灾必由己而起。容不谨哉。④

---

① [日]安积澹泊:《保建大记·跋》，松本三之介、小仓芳彦编《近世史论集》，东京：岩波书店，1974年，第384页。
② [日]三宅观澜:《保建大记·序》，《近世史论集》，第324页。
③ [日]三宅观澜:《保建大记》，《近世史论集》，第373页。
④ [日]三宅观澜:《保建大记》，《近世史论集》，第382页。

第三章　前期修史实践（1657—1785）

　　除此之外再看大觉寺统之龟山天皇与持明院统后深草天皇的本纪和论赞，对两位天皇的评价褒贬明确。《后深草天皇纪赞》用周文王之故事盛赞后深草天皇之德，称其"诗美周文王之德曰，为人君止于仁，为人子止于孝。帝君德之至，孝友之笃，不愧皇祖之美，而不能施文王之化者，时势使之然也"。对龟山天皇则评价为：

> 帝王之德莫大于仁孝，而材艺非所贵也，而况膂力乎？材艺膂力，而无德以辅之，此后鸟羽帝所以速祸也。帝既逊位，置后院别当，以压新院（后深草天皇），此诚何心哉？及北条时宗承新院之旨，立伏见帝，则帝不能无怏怏之心。虽能鉴前代之覆辙，不耀其材武，而孝友仁恕之德，有所不足焉。推其所由，一院（后嵯峨天皇）牵于偏爱，不念鸤鸠之平均，仅以长讲堂领，资新院之供给。①

　　龟山天皇作为南朝之祖，《日本史记》赞其"有材艺"，论赞则直接批评其虽有"材艺"却德行不足；相对来说后深草天皇既是嫡长之正统，又兼具德行。然而龟山天皇除"材艺"之外，真无其他可书之处吗？其实不然。龟山天皇在位时有一件非常值得记载的大事，即《增镜》记载其在元军渡海攻日之时，到八幡神宫祈愿，供奉大般若经，愿以身代国难以保国祚。②后来元军两次攻日不顺，自此借"神风"之助，日本的"神国"观念越加明确和稳固。那么《日本史记》是未发现或认为《增镜》之内容不可靠，所以不采用该记载吗？考察《日本史记》的本纪部分，可以看到龟山天皇前后的诸天皇本纪——从后鸟羽天皇到龟山天皇——都征引了《增镜》的相关记载，因此在《日本史记》的编纂者看来《增镜》的内容应当是可信、可供参考引用的，但龟山天皇本纪和论赞都未提及其愿以身代国难之事，却选取了并不有利的材料。由此可以推论，《日本史记》虽以神器定名分之正，但并不否认在时势影响之下神器有时与君王之德行和人心之向背有所偏离，另外还主张从历史的大势来看

---

① 《大日本史本纪赞薮》，第 261 页。
② 龟山天皇赴八幡神宫的记载可见于《增镜・十老之波》"新院も八幡へ御幸なりて、西大寺の長老めされて、眞讀の大般若供養せらる、大神宮へ御願に、我御代にしもかかるみだれ出できて、まことに此日本のそこなはるべくは、御命を召すべきよし御手づからかかせ給ひけるを。（中略）七月一日おびたたしき大風吹て、異國の舟六萬艘、兵のりて筑紫へよりたる、皆吹破られぬれば、あるは水にしづみ、おのづからのこれるも、なくなく本國へ歸りにけり、石清水のやしろにて、大般若供養説法いみじかりける刻限に、晴たる空に黑雲一村、にはかに見えてたな引、かの雲の中より、しろき羽にてはぎたるかぶらやの大なる、西をさして飛出て、なるおとおびただしかりければ、かしこには大風のふきくると、兵のみみには聞えて、浪あらくたち、海のうへあさましくなりて、みなしづみにけるとぞ、なほ吾國に神のおはします事あらたに侍りけるにこそ"。

神器终将临于有德之处，也即龟山天皇的后嗣后醍醐天皇移神器于吉野，南朝由此为正统，龟山天皇与后醍醐天皇德行皆有亏，因此南朝皇统未能存续，反而北朝后小松天皇蒙后深草之余荫统一南北并延续皇统。

从上述讨论可以看到，《日本史记》的南北朝正闰说，修正了北畠亲房、鹈饲石斋等人的南朝绝对正统说，承认南北两朝皆为皇室后裔，只是以南朝为正、北朝为闰，其中以神器之所在为判断南北朝正统的重要依据。在《日本史记》前期的代表史臣中尽管具体意见不尽相同，如观澜提出了正统的根本判断依据是"义"而非神器，但都没有否认神器所在与正统所在之间的一致关系。神器作为天神赐予天皇统治王国的标志，也是正统所在的依据。从安积澹泊、三宅观澜和栗山潜锋等人的论述可以看到，神器还关系着人心向背和天命之所在，更进一步来说，正是因为"神器有灵"，能感应人心之向背，才确定了正统之所在。也就是说，从表现形式上来看，神器所代表的神道元素是判断南北朝正统的依据，而这一套依据背后所隐藏的根本逻辑却是儒家所主张的名分论和民本思路。

二、南北朝正闰说与续修之议

对南北朝正统性问题的讨论不仅是《日本史记》"正闰皇统"之观念的集中体现，还直接影响了修史的实践操作，尤其是修史前期对时间下限和"续修"问题的讨论，便是根据南朝正统说最终确定下来。

德川光圀时期初步确定以明德三年为修史之下限，但也下令要收集并处理明德三年之后的相关史料，因此在纪传编修过程中不断出现对修史下限的讨论。由于志的编纂极为困难、进展迟缓，史馆在规划纪传完成之后的工作重心时，出现了修志和续修两大不同选择，围绕续修的讨论直接影响对修史下限问题。如宝永五年（1708）在安积澹泊、大井广贞等人校订列传、增补了修史凡例的翌年，佐治竹晖和酒泉弘提出"编志为先天之元气，续编为后天之元气"[①]的说法，对此，根据藤田幽谷的记载，大井广贞等人认为"志则义公之遗意，不可不修。如续修则出酒泉、佐治之好尚，欲为则为之，非吾所与也"，尽管大井等两人并不赞同续修之事，但"依违其间，未敢显言非也。弘、毘乃谓两馆议协，遂作札子，署二人及广、焘等名，请修续编"[②]。

---

① 《往复书案》宝永五年，茨城县立历史馆编《茨城县史料·近世思想史编》，第51页。
② ［日］藤田幽谷：《修史本末》，第99页。

第三章　前期修史实践（1657—1785）

无论藤田幽谷的记载是否准确，[①] 可以确定的是在宝永、正德年间，续修成为史馆馆员的共识，后来由水户藩主纲条确定续修任务。根据《往复书案》的记载，正德五年（1715）六月九日水户和江户两馆总裁在讨论将北朝五主放在后小松天皇本纪之首的书信中写道：

> 说到后小松，乃一代之兴主。后龟山时南朝灭亡，此可视为革命之世，神器归于北朝，后小松乃为一代兴王。元魏史中，略载先祖之事于□体，与将北朝五主载置后小松纪首相似。……题号为《后小松纪》，纪首书五主之事，绝无碍于皇统，亦无碍于今日皇统，乃至极稳当之事。[②]

从上述引文可以看到，《日本史记》以后小松天皇为本纪的最后一篇，是源于将后龟山天皇视为南朝灭国之君，视后小松天皇为结束"革命之世"的北朝"兴主"。将与南朝并立的北朝五主放在后小松天皇本纪开篇的做法，仿照了北魏之史的写法。《魏书》本纪开篇为《序纪》，记载开国皇帝拓跋珪之前的鲜卑世系，上承受封于北土大鲜卑山的黄帝之孙，下至拓跋珪之祖父拓跋什翼犍之世。需要注意的是，其中引文所提到的"革命之世"和"一代兴王"的含义有其特殊含义。中国正史的一般写法，多是在改朝换代之后，由后朝编修前朝之史，以探讨其兴亡之理、为当朝君王鉴戒，因此朝代的更替就成为天然的时代划分节点。但是《日本史记》反复强调日本历史上未曾发生过异姓革命、南北朝天皇都是皇室血脉，引文中用"革命之世"指称南北朝之更替，与中国正史的革命说显然不同。另外对日本天皇治世的时代划分，《日本史记》的编纂者们也有讨论，宝永五年（1708）三宅观澜和安积澹泊等人主张增修《将军传》时提出，"上古一宇宙，官服齐整一宇宙，藤氏专权一宇宙，赖朝开府以来摩诃大变一宇宙"。[③] 从中可以看到，以源赖朝在镰仓开设幕府为标志，日本历史上发生了公武并立的"摩诃"大转变，因此幕府将军作为日本历史上的特殊现象需要专门作传。根据"四宇宙"的划分方法来看，后小松天皇时期南北朝归于一统，但镰仓幕府结束后又进入了足利氏所创之室町幕府时期，因此总体上仍处于赖朝开

[①] 饭田瑞穗在《评铃木暎一氏论〈大日本史〉之续修计划》一文中指出藤田幽谷在《修史本末》正德五年条，说酒泉弘等人是为了私心而提续修之议，这并不准确，而是藤田幽谷自己的偏见。

[②] 《往复书案》正德五年，第163页。原文为：後小松ハ申サハ一代之興王ニて御座候後亀山ニて南朝ハ亡ヒ此際革命之世と相見へ申候神器北朝へ帰シ候へハ後小松ハ一代之興主と奉存候左候へハ元魏史なと二先祖之事ヲ［　　］体ニて略々載有之候此度北ノ五主ヲ小松ノ紀首ニ御載置被成候と相似より申たる儀と存候……題号ハ後小松紀ニて其紀首ニ五主之儀ヲ御書載被成候へハ皇統ニ障り申儀も無之尤今日之皇統ニも何之障りも無之様ニ被存至極穏当之事と奉存候。

[③] 《往复书案》宝永五年，第43页。

府以来的"摩诃大变一宇宙"之内,从这个意义上来看南北朝之更迭似也不足以称"革命"之变。因此续修之议论直至元文年间仍被不断提及,甚至在纪传完成之后的享保元年才被水户藩主正式通过。关于续修止于何时的问题,在宝永五年(1708)十一月十八日,佐治竹晖和酒泉弘致信大井广贞和神代焘,讨论续修止于后柏原天皇还是后花园天皇的问题。① 因目前尚未找到直接的回复结果,具体结论仍不得而知,但在元文二年(1737)小池友贤、打越直正等人关于续修的议论中提到,刻印时当"阙后小松纪",将后小松和北朝的后妃、皇子等一起放入续编之中。结合宝永年间的续修下限讨论和元文年间对后小松、北朝皇族的处理意见来看,《日本史记》并未将南北朝之合并视为中国改朝换代式的变革,续修之议并不意味着要编纂从后小松到"当下"的一部"续大日本史",而主要是为了解决南北朝天皇和皇族成员的处置问题,这才提议续修后小松天皇之后三到五代之间的历史。

对于续修与南北朝正统讨论之间的关系,有一段非常具有启发性的说明。享保十七年(1732)安积澹泊为解释"南北朝正闰说"和修史下限设置的关系,有如下说明:

> 当时有人议论说,立南朝为正统之事是否不利于(将史书)进献朝廷?然而此事是由于后醍醐天皇拥有三种神器,使子孙得以传承大位,根据天无二日的道理,将其世系记入帝纪也是自然之势。《大日本史》整体编次当止于南朝之亡时,然另立《后小松天皇纪》是否另有深意?以神器之所在定正朔之归属,明德三年神器入洛、南朝灭亡之后皆书后小松之年号,这是因南北两朝同为神裔、不分轻重,神器归于北朝之后,当今之天下以北朝为嫡统。为向世人说明此昭如日月之事,故有推崇朝廷之志。②

享保十六年(1731),距离1720年《日本史记》进献幕府已经十一年,但是水户藩和幕府在史书进献朝廷时一直不太顺利,时任总裁的依田处安向幕府大学头林信笃咨询其中原因后,发现最大的问题正是《日本史记》坚持以南朝为正统的主张。

---

① 《往复书案》正德五年,第73页。原文为:後小松天皇已下統編被仰付候ハバ後柏原迄と歟後花園迄と歟時代ヲ限り申立度物二御座候両兄御了簡承度存候先日指越候当暮統編被仰付候様二可奉願書付今程可為御熟覽候時代之限り両兄御了簡早々可被仰遣候致企望候。

② 《往复书案》享保十六年,第84页。原文为:南朝を正統に立られたる事当時朝廷へさはる事の様に議する者も可有之候歟然とも此事ハ後醍醐天皇三種神器を擁したまひ御子孫相承大位に拠給ふ事なれは其を帝紀に立られたる事天無二日の理にして自然の勢なり全躰大日本史ハ編次南朝亡迄に限るへき事なり然るに後小松紀を立られたるハ深意有之事歟其故は只神器の在所に正統を帰せられたる事南北両朝いつれも同く神裔にて軽重なく神器北朝に帰したる時ハ今日の天下北朝すなハち嫡統たる事日月のことくあきらかに世にしらしめんためにて朝廷を推尊はるこころなり。

这段话正是为消除朝廷对《日本史记》以南朝为正统的忌讳而做出的解释。从安积澹泊的解释中，可以看到《日本史记》立《后小松天皇本纪》，主要依照以神器所在定天皇正统的原理，认为后小松天皇开始了以北朝作为嫡传世系的时代，因此以后小松天皇明德三年（1392）为修史之下限，正是在尊王的一般原则之下也认可了"今上"中御门天皇①的合法性。但是在以后小松天皇为"兴主"，又否定日本改朝换代革命之说的前提下，宝永年间（1704—1711）提议续修后小松之后三到五代天皇之事，为何最终确定为以后小松天皇明德三年（1392）为修史下限？这中间还需要考虑到日本中世以来盛行的"百王思想"，本章第五节将就"百王思想"的发展变化来进一步讨论，在此暂不赘述。

由此，南北朝正统问题的讨论与《日本史记》编纂的时代断限问题联系在一起。德川光圀时期确定以南朝为正统的历史主张，为《日本史记》进献朝廷之路设下了许多障碍，为此光圀及其继任者不得不与史馆馆员一起寻找协调北朝天皇治世之现状和以南朝为正统的修史主张的方法。德川光圀、安积澹泊等人确定将南北朝两系天皇都放入本纪之后，又要面对如何处理北朝天皇及其家人的问题，最初是想通过"续修"后小松天皇及之后三到五代天皇的办法来解决，但这种做法容易造成"南北朝易代"的误解，不利于确立天皇"万世一系"之皇统。因此在完成进献幕府和获得幕府的刻印许可之后，水户藩将工作重点放到纪传校订和进献朝廷两项工作之上，强调神器之所在为正统，借鉴《魏书》的处理办法，将与南朝并行的北朝五王放在后小松本纪之首，以南北朝结束的后小松明德三年为修史下限，协调了南朝正统论和北朝嫡统之现实的矛盾。

三、南北朝问题与德川幕府统治

水户藩修《日本史记》始于德川幕府建立初期，此时刚刚将政权稳定下来的德川家开始复兴文教，希望为自己的统治合法性寻找一套有效理论。作为德川幕府"御三家"之一的水户藩也不能无视对这一问题的讨论。由于德川幕府与镰仓幕府、室町幕府同属武家政权，其开创幕府都是源于天皇的诏令，而后小松天皇时期南北朝合并之后，南朝传承实际上已经消亡，北朝系统则一直留存于世，德川幕府得以建府正是出于北朝天皇之命，江户初期北朝正统论是主流看法，因此《日本史记》在

---

① 中御门天皇，1701—1737，日本第114代天皇，1709年即位，1735年让位于太子后来的樱町天皇，年号包括宝永、正德和享保。

处理南北朝问题时不能绝对否定北朝天皇之正统性。在江户初期，由于南朝天皇未被纳入皇室谱系之中，南朝之皇子、皇女和拥护南朝的许多贵族、武士也被称为逆贼、贼子、叛军等。但是作为德川家的一员，德川氏之先祖与南朝又存在着密切关系。因此为祖先正名也成为水户修史者需要思考和解决的问题。

根据《公卿补任》中德川家族的系谱图记载，德川家属于清和源氏的一支，即清和天皇之后裔，新田氏之祖八幡太郎的儿子义季是其先祖。其谱系图大致如下：

清和天皇—贞纯亲王—太宰大式经基—满仲—赖信—赖义—义家（八幡太郎）—义国—义重（新田氏）—义季—赖有—赖氏—教氏—家时—满义—政义—亲季—有亲—亲氏—泰亲（松平氏）—信光—亲忠—长亲—信忠—清康—广忠—家康

该系谱图与《尊卑分脉》和《宽永诸家系图》的记载有所不同，差异之处在于两书记赖氏是义季之子而非赖有，满义是教氏之子而非家时。从上述材料可以看到，德川家与新田家本出一源，新田家更是德川家的先祖。还需要注意的是政义之女正是新田贞方①的母亲，而新田贞方是新田义贞之孙。

新田义贞是南朝后醍醐天皇的重要支持者，在足利幕府时期长期被定性为"反贼"。新田义贞在1333年发兵倒幕，与足利尊氏等一起推翻了北条氏控制下的镰仓幕府，支持后醍醐天皇实施新政，被提拔为从四位越后守。1336年后醍醐天皇出奔吉野，另立朝廷对抗足利氏拥立的北朝。后醍醐天皇令新田义贞领兵与北朝对战，1338年新田义贞战死。在江户时代流传最广泛的文学读物之一《太平记》的记载中，新田义贞被塑造成一位关心民间疾苦、为南朝之正统奋斗一生的义士，品格高尚、尽忠天皇。万治年间（1658—1660）越前藩（福井藩）主松平越前守光通为新田义贞立碑纪念。赖山阳在《日本外史》中也大赞新田义贞之品格和作为。幕末重读《太平记》，进一步发挥南朝正统论和忠诚观念，塑造了一幅新的义贞像，以至于明治天皇追赐新田义贞以"正一位"之高位。在北朝天皇结束南北朝并立局面之后，此前支持或追随后醍醐天皇出奔吉野，与北朝军队对抗的公卿贵族和武士都被定为"朝敌"，朝廷绝不录用。北朝完成一统之后，被定为"朝敌"的南朝武士后人不断寻求皇室的宽恕，希望摆脱困顿的局面，如现在楠木氏后人所藏文书中还可以看到，楠木氏后人在永禄年间（1558—1569）进行忏悔、请求宽恕的上表和书信。

---

① 新田贞方，1355—1409，新田义宗之子，以福岛县为据点对抗北朝军队周旋，1409年因叛乱罪被处刑。

第三章 前期修史实践（1657—1785）

因此德川幕府修史目标之一是解决政权合法性与追认先祖功勋之间的矛盾。一方面继织田、丰臣氏之业建立江户幕府的德川氏，是由北朝天皇所敕封的将军，北朝天皇的敕命是幕府合法性的主要依据；另一方面追溯其家族谱系，德川氏与身为"朝敌"的南朝武士团体新田氏之间存在着较为密切的血缘关系。《日本史记》的南北朝正闰说，指的是将后醍醐天皇迁至吉野，到后龟山天皇将神器交至京都之前的正统定为南朝，而在后小松天皇接受三器之后，南北朝合一则无南北之分。由于南朝被确立为正统，追随南朝的将领们也摆脱了叛逆的头衔，成为深明大义的高洁之士，新田氏、楠氏都成为辅弼皇室的忠臣。由此德川幕府的正统性并未被否定，同时德川家族一变而成忠臣之后，为德川将军家更披上了一层道义外衣。吉田俊纯认为水户藩的修史事业要解决的主要问题是德川武家政权的合法性问题，因此《日本史记》是一部披着南朝正统外衣而以北朝正统为实的史书。① 但是综合考察水户藩所处的位置和时代，以及《日本史记》纪传的编纂，吉田所提出的问题可以用历史的中时段和短时段来讨论。前期的水户史臣以神器为正统之依据确定南朝为正统，解决的是历史中一个短时段中的具体问题，即南北朝并立约50年间的事情。在这样一个相对短的时间段内，所谓时势的影响不可忽视，因此南朝正统论与神器论借由时势论的调和得以成立。但是从中时段层面来看，神器本身与天命、人心密不可分，有德之君主才能获得民心，才能真正获得并保有神器，所以从逻辑上来说并非是北朝正统而是"皇统所系，非重仁而谁"，即以义为正统。

"慎始盖所以正之，以正统而论，正之为义尤重于统，自古以来已视为天经地义。"② 中国历史中的正统观念，非常强调统之始，即得位正与不正的问题，尽管后世各家史书立场不同，对于正统之定位也有区别，但大致都包含道德和"九州合为一统"的"大一统"两大元素。《日本史记》的南朝正统论，通过对修史断限的调整、提出正闰说等方式对现实统一政权（北朝）进行了肯定，这一点并不违背朱子的正统主张，③ 而其特重"尊王"更契合"慎始"之意。在贯彻神器正统论的基础上，《日本史记》以南朝为正统似乎对其时当政的北朝天皇有不敬之嫌，但以"神"这一超越观念为尊皇之依据，解释了天皇世系得以克服乱世、绵延不断的问题，反而强化了"尊

---

① 参见 [日] 吉田俊纯：《德川光圀编纂〈大日本史〉的学问意图——论北朝正统论》，《东京家政学院筑波女子大纪要》第 2 集，1998 年。
② 饶宗颐：《中国史学上之正统论》，上海：上海远东出版社，1996 年，第 79 页。
③ 《朱子语类》曾解释正统之说，"秦初犹未得正统，及始皇并天下，方始得正统。晋初亦未得正统，自太康以后，方始得正统"，也就说朱子在以德为正之外，也讲究"大一统"之意。

王"之说。同时德川光圀的正统观念,虽以南朝为正统,但并未斥北朝为叛逆或贼统,而是强调双方都为天神后裔、皇室血脉,由此兼顾了北朝皇室嫡统身份和身为南朝后裔的德川幕府统治,实现了道德观念与历史现实相调和的正统论书写。

第三节 神功皇后论

神功皇后是日本第 14 代天皇仲哀天皇的皇后,是应神天皇之母。《日本书纪》和《古事记》都将神功皇后记入天皇世系之中,详细记载了神功皇后平定二王叛乱、攻略三韩、执政近七十年的过程,期间多次提到神功皇后被天神附身之后向仲哀天皇、臣下或民众传达天神旨意的故事。在现代,全日本有六百余座住吉神社,除祭祀住吉三神外,还祭祀神功皇后。这从一个侧面可以看到神功皇后在日本历史上的重要地位,以及其与日本神国观念形成之间的密切关系。从整个东亚历史关系上来看,神功皇后征服三韩的故事在今天复杂的国际关系之下有更多的解读可能。

虽然到现在为止,人们对于神功皇后在历史上是否真有其人还有争论,相信者认为神功皇后就是中国史书中记载的日本女王卑弥呼,不信者则认为这是史书编纂者综合多个历史人物综合出来的形象,但是在日本文化和历史记载中,神功皇后具有多重角色,也成为塑造日本传统的重要元素。日本最早的史书《古事记》和《日本书纪》所记载神功皇后事迹成为各种传说及风俗演绎的源泉,在其身上神性与人性的融合既是人们质疑的关键,也包含着历代修史者对日本国家诞生之初的理解和解释。《日本史记》将神功皇后从本纪退入后妃列传中,与此前的史书有极大的不同,这也被称为是能够体现《日本史记》编纂者修史观念和史法的"三大特笔"之一。

一、《日本史记》神功皇后文本变化

《修〈大日本史〉例》第一条:"凡纪传之文,根据正史,务遵其旧,不妄改削。本纪神武至持统,全据《日本纪》,故下唯称本书,不注书名。……下至《三代实录》一例也。"[①] 意即《日本史记》中的神功皇后相关部分以《日本书纪》为主要依据。《日本书纪》中集中记载神功皇后的内容主要出现在卷八仲哀天皇卷、卷九神功皇后卷和卷十应神天皇卷的开头部分,而《日本史记》则主要分成两个大部分,即本纪和

---

① 《大日本史》卷十七,东京:大日本雄辩会,1929 年。

第三章　前期修史实践（1657—1785）

列传，包括仲哀天皇和应神天皇本纪，以及后妃列传，其中后妃列传主要记载其生卒年月以及出生和埋葬地点，生平活动部分则收入上述两大天皇本纪中。考察两书的相关内容，可以从以下三类文本差异来看《日本史记》的神功皇后文本变化。

1. 删减与选材

对比《书纪》与《日本史记》之间的文本差异，可见后者既有删减，也有增添、修改之处，其中删减部分相对集中地反映了《日本史记》编纂者对素材的取舍标准。《日本史记》所删减的部分，主要是《书纪》相同历史阶段中的人物或事件细节，但不包含那些大意未变只在词句等细节进行改写或缩略的部分。如《仲哀天皇本纪》开篇，"仲哀天皇，景行帝孙。日本武尊第二子也，母两道入姬命"，相对于《书纪》之记载"足仲彦天皇，日本武尊第二子也。母皇后曰两道入姬命。活目入彦五十狭茅天皇之女也。"明显可见日本《书纪》中的"皇后"两字被删除，而"足仲彦天皇"是"仲哀天皇"的改写而非删除，将在后面进一步讨论，在此不作深入讨论。

《日本史记》中具体删减部分大致可以分成两类来具体分析：

一是删除具体事件的发展经过，包含人物对话等。这一类的删除内容较多，也是《日本史记》与《书纪》在记载内容上差别的主要表现之一。《书纪》被删除的具体内容如下表加下划线部分所示：①

表3.1　《日本史记》删除部分示例

示例	《日本史记》	《日本书纪》
例一	十一月乙酉朔，诏诸国贡白鸟，养之于日本武尊陵域之池。闰月四日戊午，越国贡白鸟四。皇弟芦发蒲见别王有罪伏诛。	诏群臣曰，朕未逮于弱冠，而父王既崩之。乃神灵化白鸟而上天。仰望之情，一日勿息。是以冀获白鸟养之于陵域之池，因以睹其鸟欲慰顾情。则令诸国，俾贡白鸟。闰十一月乙卯朔戊午，越国贡白鸟四只。于是送鸟使人宿莬道河边。时芦发蒲见别王视其白鸟而问之曰，何处将去白鸟也。越人答曰，天皇恋父王而将养狎。故贡之。则蒲见别王谓越人曰，虽白鸟而烧之则为黑鸟。仍强之夺白鸟而将去。爰越人参赴之请焉。天皇于是恶蒲见别王无礼于先王。乃遣兵卒而诛杀矣。蒲见别王，则天皇之异母弟也。时人曰，父是天也。兄亦君也。其慢天违君。何得免诛耶。是年也大岁壬申。

---

① 《日本书纪》，《国史大系》第一卷，东京：经济杂志社，1897年，第155页、157—158页、162页。《日本史记》志表部分依据大日本雄辩会1929年版，传记部分依据1912年德川家藏版线装本（该版本不包括志表）。

续表

示例	《日本史记》	《日本书纪》
例二	既而潮至，进泊冈津。时伊睹县主祖五十迹手来迎于穴门引岛，献八尺琼、白铜镜、十握剑，皇嘉之，赐号伊苏志。	及潮满即泊于冈津。又筑紫伊睹县主祖五十迹手闻天皇之行，拔取五百枝贤木，立于船之舳舻，上枝挂八尺琼，中枝挂白铜镜，下枝挂十握剑，参迎于穴门引屿而献之。
例三	置神田，作裂田沟溉之。皇后还櫃日浦，解发临海曰，"吾奉神祇之教，赖皇祖之灵，欲躬涉沧海，以致西征。今濯发海水，若有验者，发分而两。"即投海濯发，发果自分。	爰定神田而佃之。时引雄河水欲润神田而掘沟。及于迹惊冈。大磐塞之不得穿沟。皇后召武内宿弥。捧剑，镜令祷祈神祇。而求通沟。则当时。雷电霹雳。蹴裂其磐。令通水。故时人号其沟曰裂田沟也。皇后还诣櫃日浦。解发临海曰。吾被神祇之教。赖皇祖之灵。浮涉沧海。躬欲西征。是以今头涤海水。若有验者。发自分为两。即入海洗之发自分也。

从上述三例被《日本史记》删除的横线内容来看，包括白鸟传说的来龙去脉、祭祀的具体仪式以及民间故事等。其共同性特点与第一类"史册不载"有所不同，事实上，上述内容在众多寺庙原文、民间史料中有较为完整的保存，同时在以往的史料当中出现也较为频繁。但是《日本史记》的编修史臣对于这一部分的内容既没有完全清除其痕迹，却又删除了其中许多关键部分，使后人在阅读相关时段记载时会发现前后文有明显的断裂或逻辑缺失。这里似乎无法单纯将上述逻辑缺失原因归结于编修者的汉文水平问题，从全书整体以及当时的其他作品可以发现时人的汉文水平处于极高的水平，按理不应当出现如此简单的逻辑错误。以例一删除的白鸟故事为例，神鸟的故事在中国史书中也有众多类似的记载，如商代的玄鸟传说、汉武登函山而玉函化白鸟等，[①] 但多出现在野史或私人笔记中，一般正史或国史中不收入。这样看来，此现象似乎正面说明了日本史臣编史时的合理求实精神。

二是正文被删除部分在注释按文中具体说明。与以往的史书不同，根据德川光圀指示，史书内容需明确注出史料的出处，如有不同的说法记载也需注释。神功皇后的相关部分，针对《书纪》与《日本史记》的内容差异，编者会在按语中用"本书曰"的方式，说明不采用《书纪》说法的理由，通常都是未找到明确的证据或语焉不详故不取等。《书纪》的相关内容未被《日本史记》采用的部分如下：

卅九年。是年也。大岁己未。

四十年。

---

① 唐人段成式《酉阳杂俎·羽篇》："王母使者。齐郡函山有鸟，足青，嘴赤黄，素翼，绛颡，名王母使者。昔汉武登此山，得玉函，长五寸。帝下山，玉函忽化为白鸟飞去。世传山上有王母药函，常令鸟守之。"

第三章　前期修史实践（1657—1785）

四十三年。①

编者在按语中注明"本书注（《书纪》），引魏志云，己未岁，庚申岁，癸亥岁，与魏道使，然我史册所不载，故不取。"这一类删除部分在编者看来理由非常充分，即"我国"史册不载。在《书纪》的时代，面对更加先进的隋唐文化，日本几乎照搬了中国整套的制度规定，在修史时也大量使用中国以及朝鲜半岛的史料来补充本国历史内容，因此在《书纪》当中，将《魏志》"倭人传"中记载的日本女王卑弥呼等同于神功皇后。但是到了《日本史记》的时代，一方面本国史料资源日益丰富，另一方面对本国史学传统逐渐自觉，使得史馆的史臣们在编纂历史时，对于史料的考订除了事实考察之外，还新增了对东亚秩序判断的深刻政治取向。

2. 增补与纪元

与删减内容相比，《日本史记》增加的部分相对较少。综合《日本史记》纪传中的神功皇后相关记载，增加的部分主要集中在地名、时间等两大类上，此外还有部分不见于《书纪》的事实增补。《日本史记》增加的内容如加下划线部分所示：

例一：己丑岁，崩于稚樱宫，<u>年一百岁</u>，葬狭城盾列池上陵。

例二：秋九月丙戌朔，尊两道入姬命曰皇太后。<u>冬十月，以大伴武以为大连，大连始于此。</u>（按，冬十月以下，公卿补任。愚管抄，按旧事纪，垂仁帝二十三年，以物部大新河命为大臣，寻改大臣号大连，今不取。）

例三：天皇终不听，讨熊袭不克而还。<u>是岁秦主嬴政之裔功满王归化。</u>（按是岁以下《姓氏录》，按《三代实录》仁和三年，载功满王以帝四年归还，献珍宝灵种。据《姓氏录》，献玉帛灵种者，功满王子弓月王也。附以备考。）②

例一中"年一百岁"未出现在《书纪》的正文里，却出现在按语当中，在《日本史记》中直接将《书纪》按语中的"年一百岁"收入到正文中。例二和例三在《日本史记》正文与《书纪》正文中，除个别措辞之外基本相同，只是《日本史记》的按语（括号中引用部分）增加了《书纪》当中没有、在其他史料当中可相互印证考察的内容。作为增补依据的《愚管抄》《姓氏录》《三代实录》等都出现在《书纪》之后，因此《书

---

① 《日本书纪》，第172页。
② 原文引自1912年德川家藏版《大日本史》，标点为笔者所加，下同。

纪》中未出现而记录在《日本史记》当中的内容，实际展示了史臣在编修《日本史记》的过程中史材选取的态度与创新。根据记载，德川光圀在编写《日本史记》时，进行了全国范围的史料调查和整理工作，延宝四年（1676）开始大量收集古籍，工作范围包含以京都、奈良为中心的高野山、吉野、熊野、以及九州、北陆和东北等地。1681 年光圀命令吉弘元常、佐佐宗淳前往奈良收集遗存古书，将许多神社寺院的古记抄录集成南行杂录、续、又续等。在资料搜集时，他主张半纸文书也要搜集起来，并对文书的真伪进行严格鉴定，包括命丸山可澄研究花押等（后集成《花押薮》和《续花押薮》），此外光圀还亲自校订了六国史等核心典籍。这些史料收集整理的成果与《日本史记》一起成为水户学的组成部分。

再回到《日本史记》的时间记录方式上来，其相对于《书纪》来说显得更加明确和简洁。《书纪》中时间记录除使用干支纪年纪日之外，还使用了朔闰纪月的方式，而《日本史记》保留干支纪日，并将干支纪日与具体的时期相结合，如遇上没有确定时期的时间则保留朔闰纪月否则省略。① 具体可参看如下表 3.2 示例：②

表 3.2 《日本史记》与《日本书纪》的纪元差异示例

示例	《日本史记》	《日本书纪》
例一	九年庚辰春二月五日丁未，天皇身忽有痛。六日戊申，崩于橿日宫。	九年春二月癸卯朔丁未，天皇忽有痛身，而明日崩。
例二	丙寅岁三月乙亥朔，遣斯摩宿弥于卓淳国，斯摩宿弥遂绥抚百济而还。	四十六年春三月乙亥朔，遣斯摩宿弥于卓淳国。……甲子年七月中，百济人久氐、弥州流、莫古三人到于我土曰，百济王闻东方有日本贵国，而遣臣等，令朝其贵国。故求道路以至于斯土。

除纪元方式之外，例二所引用的内容还有不同之处。《书纪》与《日本史记》在纪年上有明显的差别，《书纪》当中使用的是"四十六年春三月"，而《日本史记》只使用了"丙寅岁"，即神功皇后摄政四十六年的干支纪年，除此处引用的例二一处之外，《书纪》当中用摄政纪年的部分都用干支纪年替代。梶山孝夫指出，在孝德天皇之前，天皇纪年不使用年号，由天皇即位元年顺次增加年次，再加上纪年干支、

---

① 《日本史记》中的纪日和改元等问题在梶山孝夫所做《〈大日本史〉的史眼——其构成与叙述》中有专门章节进行总结。坂本太郎先指出《日本书纪》的纪年一般是年份、季节、月朔日干支，纪日干支，这一记载方式与起居注和实录等记载方式一致，而《日本史记》本纪的纪年方式则是年、干支、季节、月日、干支，省略了朔日干支。但是根据梶山孝夫的考察，并非所有本纪记载都如坂本太郎所述，他进而指出《大日本史》应当有一套独立的纪年纪日方式。

② 《日本书纪》原文出自经济杂志社 1897 年版，《日本史记》原文引自 1912 年德川家藏版《大日本史》。

季节，如神武天皇纪"元年辛酉，春正月庚辰朔……"等。可见天皇位阙之时，使用的是干支纪年，天皇即位之后使用天皇纪年，有年号之后则干支纪年和天皇纪年混合使用。因此《日本史记》在仲哀天皇驾崩之后，应神天皇即位之前，即神功皇后摄政期间只使用干支纪年。

3. 改写与语言

《书纪》与《日本史记》都属于"汉文体"，使用汉字及汉文法记载本国历史。从上文可知，《日本史记》所使用的材料以本国史料史籍为重点依据。在经历过文学思想上的国风时代之后，《日本史记》编纂时期的史籍多用假名写成，而《日本史记》发起者希望仿照欧阳修《新五代史》的简约风格，因此在语言文字方面有繁多而细琐的修正，具体如表3.3划线部分示例所示：

表 3.3 《日本史记》与《日本书纪》的语言差异示例

示例	《日本史记》	《日本书纪》
例一	仲哀神功皇后，气长宿弥王女也，母曰葛城高颗媛。幼而<u>聪睿</u>，<u>容貌</u>壮丽，<u>宿弥王异之</u>。	气长足姬尊。稚日本根子彦太日日天皇之曾孙，气长宿弥王之女也。母曰葛城高颗媛。足仲彦天皇二年（己酉一九三），立为皇后。幼而<u>聪明睿智</u>。<u>貌容</u>壮丽。<u>父王异焉</u>。
例二	新罗王波沙寐锦，大骇曰，<u>神兵不可敌</u>，即封图籍，素组面缚请降。	新罗王于是战战栗栗厝身无所。则集诸人曰，新罗之建国以来，未尝闻海水凌国。若天运尽之，国为海乎。是言未迄间，船师满海，旌旗耀日，鼓吹起声，山川悉振。新罗王遥望以为非常之兵将灭己国。誓焉失志。乃今醒之曰，吾闻东有神国谓日本。亦有圣王，谓天皇。必其国之神兵也。岂可举兵以距乎。

例一中《书纪》与《日本史记》对比，《日本史记》的结构显得更为工整，同时将《书纪》中的"貌容"改为"容貌"，使《书纪》中带有日语说话习惯的词汇变为更加符合汉文呈现方式。另外《书纪》当中使用"父王"一词，在汉文习惯中一般不用于第三人称对话当中。例二则是明显的缩写和改写。例二记载神功皇后在出征三韩时，由新罗国王之口明确日本的神国地位。《书纪》对新罗国王发现神功皇后军队之后的动作、语言做了详细描写，将一段与读者极有距离的往事拉到了读者的面前，阐释了将"陌生者熟悉化"的过程。《日本史记》中则将这一过程大大简化，直接删除了详细的动作描写，将对话内容缩减成"神兵不可敌"一句。但是无论是《书纪》还是《日本史记》，由非母语国家人书写的汉文仍然存在问题。正如周一良在《〈大日本史〉之史学》中所指出的，"《大日本史》所据史料，除仅有之数种如六《国史》

为纯粹汉文者外，皆为假名文字及准汉文。苟欲采用，必先移译，故远不若中国史家于史料之能运用自如，不失其真。……《大日本史》之文字固不能动人，其辞藻亦未丰美。"① 在此对《日本史记》的汉文用词准确和美感提出明确质疑。

二、神功皇后记事的思想考察

史籍文本作为载体，除了展现具体的编纂做法和习惯之外，还是各种历史或史学思想的具体呈现。概括来说历史思想大致有，天命与人事的关系、古与今的关系、多民族同源共祖问题等。② 在这一部分的讨论中，试图从神人关系、华夷之辨和性别角色三大层面来看《日本史记》神功皇后部分所包含的历史思想。

1. 究天人之际——神功皇后记事所呈现的神人关系

史学史研究者认为历史要解决的几个根本问题，其中就包括天人关系或神人关系和历史发展动力的问题。③ 天与人或者神与人之间的问题，不仅是中国史学上的重要问题，同时也是史学的一般问题。这一问题在神功皇后的相关记载当中也有极为有趣的体现。

作为水户学代表之一的安积澹泊在《神功皇后论》中提到，西山公（德川光圀）命令修史诸臣探明神功皇后之事实。④ 此外，不同于《古事记》和《书纪》等以神代为篇首的做法，直接将神代记事从本纪中移除。瞿亮在《日本近世的修史与史学》中提出，"（日本史记）遵循了朱子学理念同时，又充分地体现了近世兴起的尊皇思想和神国主义。本纪结构中所体现的合理主义，则反映了水户藩在编修史书史秉承了严谨、客观的态度。"⑤

回到文本具体探讨神功皇后相关部分的记载。《书纪·仲哀天皇纪》载，"九年春二月癸卯朔丁未，天皇忽有痛身，而明日崩。注曰，时年五十二。即知，不用神言而早崩。"《日本史记》在正文部分基本上沿用了《书纪》的说法，但是在自注中

---

① 周一良：《大日本史之史学》，第 203 页。
② 瞿林东：《中国史学史纲》，北京：北京师范大学出版社，2009 年，第 31 页。
③ 瞿林东：《中国史学史纲》绪论。
④ 原文为"西山公修史の諸臣に命じ、神功皇后の事実を論ぜしむ"，出自《澹泊史论》，转引自《〈大日本史〉の史眼——其构成与叙述》，[日] 梶山孝夫：《水户史学选书》，东京：锦正社，2013 年，第 75 页。
⑤ 瞿亮：《日本近世的修史与史学》，博士学位论文，南开大学日本研究院，2012 年，第 134 页。

第三章 前期修史实践（1657—1785）

作如下说明：

> 本书一说曰，天皇亲伐熊袭，中贼矢而崩。又曰，天皇不信神诲，忽病而崩。古事记曰，天皇将讨熊曾国而弹琴，健内大臣居沙庭请神明，皇后以神言白天皇，天皇不信，遂舍琴不弹。神大怒，健内大臣劝使弹之，未几不闻琴因，举火而视，既崩矣。诸说纷纭，未知孰是。今以当时大势考之，天业草创，经纶方始，则西伐三韩，时务之最所当急，而天皇之专事熊袭不能决策远讨者，殆不可解。且任那人苏那曷叱智之入贡，在崇神之时，新罗王子天日枪之归化，在垂仁之时，是人人之所知，而天皇之谓有海无国者，本书所载亦不为无疑也。又按本书注，古事记，并言，崩年五十二。古事记注曰，壬戌年六月十一日崩，然生年无定说，故今不取。①

从注中可以发现史臣在编纂时的严谨态度如周一良、瞿亮等所述，另将其与《书纪》原文中的注进行对比，其区别不仅仅是篇幅的差异。《书纪》列举了两种不同说法，将天皇"不用神言"放在第一位，《日本史记》则正好相反。《日本史记·仲哀天皇纪》对同一事件的记录，保留了《书纪》的基本内容，在注释顺序上相反，先引入了征讨熊袭中敌矢而亡这一更为现实的说法，针对不用神言而亡的说法则详细追述了《古事记》当中的具体记载，更进一步指出其记载的矛盾之处，将这一说法弃置不取。这一做法，一方面可以说是一种合理或者理性精神的体现，但是另一方面，修史者虽然指出问题却将其内容保留下来而未直接删除，这其中除了史臣的严谨精神之外是否还有其他的原因？

前文已提到，《日本史记》将神代部分放在《神武天皇本纪》开篇，寥寥数语简单带过，神的故事则集中编入后期完成的《神祇志》中。与纪传体一般以本纪为纲、志表为辅不同，编成较晚的《志》于开篇指出，人间帝王的正统性根源于天神，也就是神代故事中天孙降临的传说，地上的天皇世系正是天照大神子孙的延续。在文化②年间上《日本史记表》中，提到日本建国之由，由天降神器统治地上国度，而神器之所在即为正统之所在。江户时期的"神器正统论"将三种神器与儒家的智仁勇相对应，既有日本神道的传统又吸收朱子学的礼义名分之说。可以说《日本史记》中不彻底的"去神话"趋势，从一个侧面展现了日本历史发展中的特性，既学习中国

---

① 原文见 1912 年德川家藏版《大日本史》。
② 文化，1804—1818，第 119 代天皇光格天皇的年号。

的修史方法和观念又兼顾日本传统和现实关照。

2. 明华夷之辨——神功皇后征三韩记载

华夷之辨作为一种文化之别，在中晚唐时期得到强化，以韩愈等人为代表的古文运动倡导者，有感于当时的藩镇割据及戎夷侵扰的现实，主张建立儒家道统。陈寅恪在《元白诗笺证稿》指出，"唐代当时之人既视安史之变叛，为戎狄之乱华，不仅同于地方藩镇之抗拒中央政府，宜乎尊王必先攘夷之理论，成为古文运动之一要点矣。"① 这一华夷之辨通过朝鲜半岛传播到日本，经过本土化改造之后成为当地文化的一部分。

在神功皇后相关记载中，朝鲜半岛对于日本来说正相当于夷狄之于华夏，征服三韩具有重要意义。《书纪》卷九《神功皇后纪》从仲哀天皇驾崩皇后代而征三韩的记录开始，日本教科书中因神功皇后征服三韩的功绩视其为发扬日本国威的先驱。《书纪》和《日本史记》对三韩记载都指出，"愈兹国而有宝国，譬如处女之䀹，有向津国。眼炎之金、银、彩色，多在其国。是谓栲衾新罗国焉。"② 神功皇后征三韩不仅为国土之争，更为朝鲜半岛的金属矿藏和先进铸造工艺而为。在《书纪》的编纂年代从朝鲜半岛传来的佛学以及儒学成为日本文化发展的重要养分，因此能够征服在文化和技术上处于领先地位的朝鲜半岛，对于当时的修史者来说标志着日本领先地位的获得。在江户时期后期，以总裁藤田幽谷为代表的《日本史记》史臣通过编撰国家通史，强调并完善了日本在文化上的优越性。藤田幽谷指出：

> 汉土历代之史，以马迁为宗，马迁录黄帝以来至麟趾，谓之《史记》，班固而下始以代号命其书，虽然，彼土自虞唐夏商周之盛，莫不皆易姓革命，况其下此者乎。各冠以国号以亦殊别，不得不然，惟我天朝开辟以来，一姓相承，天日之嗣，传之不穷，修史事纪矣，必日本云乎哉……夫四海之内，天皇所照临，莫非日域，修书作史命以日本，岂对异邦人而称之乎，何其拘拘是也。③

文化七年（1810）修订之后流布于世的《日本史记》，将原本的"外国传"改为

---

① 陈寅恪：《元白诗笺证稿》，北京：生活·读书·新知三联书店，2001年。
② 《日本书纪》，第158页。
③ 冈崎正忠：《修史复古纪略》，载义公三百年纪念会编：《大日本史后附及其索引》，东京：大日本雄辩会，1931年，第4页。

"诸藩传",这一更名体现了当时视周边国家为藩国的民族优位心态。①

日本的华夷之辨(或称神夷之辨)与中国重视文化差异上的华夷之辨,有细微却根本的差异,如王中江在《华夷观念与神夷观念的比较》一文中指出,中日观念的区别主要有两点:"第一,中国的华夷观念与'天下'观念联系在一起,而日本的神夷观念则与'国家'观念密切相关。……第二,中国的华夷观念,注重文化上的优越性,并坚持其连续性。……而日本在文化上自然没有优先性,也不以文化为神夷之别的标准。他们强调日本皇统的连续性和日本民族的独立性。"②上述"华夷"与"神夷"之别,在《日本史记》神功皇后征韩故事中的各种神迹和神托中表现得尤为明显,神人关系与华夷之辨不可断然分而论之。同时由于中国和日本在实际发展中处于不同的位置,华夷观念在日本出现了变化,尤其到了江户时期随着国学、神道等发展,日本的华夷观念不仅是强调日本的"华夏"地位,更借助天皇的神性色彩塑造日本在制度文化上的绝对权威。

3. 辨性别角色——"胎中天皇"记事

周一良在《大日本史之史学》中指出,"《史记》以吕后临朝,为立本纪,班氏因之。新旧《唐书》皆为武后立纪,咸师史公之意。而《新唐书》则武后称制武后立为纪,称制以前及私人行事别入《后妃传》,为例益精。……日本神功皇后只摄政而未尝为天皇,故《日本史记》系其摄政事于《应神纪》首,而纪其私人行事于《后妃传》,是善体史公诸人之意,而尤能应用《新唐书》之例者也。"③从神功皇后相关记载的大致框架来看,这一论断并无太大问题,但是结合性别角色之辨再进入到内容细节,却可以再进一步考察。

根据《书纪》及《日本史记》的记载,仲哀天皇于在位第九年(200)二月崩,同年十二月神功皇后生誉田皇子。仲哀天皇崩后第二年,神功皇后因幼子无法理政而任摄政之职务,是为摄政元年(200)。在摄政三年(203)时,立誉田皇子为皇太子。摄政六十九年(269)时,神功皇后崩。次年正月,应神天皇即位,定都轻岛。需要注意的是,从仲哀天皇崩到摄政三年立皇太子的三年时间,按照《日本史记》的编撰义例来看,显然是出现了天皇空位的问题。神功皇后为日本上古史中的重要人物,

---

① 瞿亮:《日本近世的修史与史学》,博士学位论文,南开大学日本研究院,2012年,第137页。
② 王中江:《华夷观念与神夷观念的比较——中日东西文化论模式》,载《中国青年政治学院学报》,1999年第5期。
③ 周一良:《大日本史之史学》,第183页。

关于史籍中的神功皇后记载真伪问题前人已有诸多论述，其中《书纪》中推古朝之前的时间和世系多为史臣之整理制作，这一论断几为共识。① 在上古连续的天皇世系更迭之中出现天皇空位的情况并不多见。如果按照《书纪》直接列神功皇后纪的方法，就不存在空位问题。但是《日本史记》的史臣却需要解决这一问题。

根据记载，神功皇后生活的时代处于大化改新之前，日本政权与神权紧密相关。《魏志·倭人传》记载日本女王掌权且善鬼神，另有一男王负责具体事务。而关于日本传统社会中的性别职能问题，20世纪60年代以高群逸枝为代表的研究者通过对物语文学等众多史料的研究，提出女性在财产所有权和家庭经营权上拥有的极大主动性，进而发展出了父权与母权并行的双系家族制度学说，在政治上也有类似的双重王权体制，即女性掌握祭祀权、男性掌握行政权。20世纪80年代今井尧通过考察考古发现成果，对双重政权提出修正，指出女性不仅有祭祀权，还有军事和经济权，男性与女性所掌握的权力基本相同。② 大化二年（646），③ 中大兄皇子进言孝德天皇说："天无二日，国无二主"，从反面证明了天皇与皇后共天下的事实。天智天皇时期，大海人皇子进言实行以大后先即天皇位，以皇太子辅佐的双头体制，后经过推古朝、皇极朝逐渐形成日本的女帝定制。

前文已经提到，誉田皇子生于仲哀天皇崩年，但是并没有立即被立为太子，而是到仲哀天皇崩后四年（皇后摄政三年）才立为太子，这里的皇太子继承的是谁的皇统？按照日本男性与女性共掌握政权的传统，被摄政的皇后立为太子且在皇后死后即天皇位并无问题。但是《日本史记》编者按照中国史法中的改制与否标准来看，神功皇后未称制，不可视为天皇，史臣们仍需要解决皇统继承问题。回到《日本史记》的应神天皇本纪，史臣们用"胎中天皇"的说法来解决上述问题。"胎中天皇"最早出现在《书纪》的"继体纪"中，但是并未直接出现在"应神纪"中，后《神皇正统记》指出因神之预言故称应神天皇为"胎中天皇"。④《日本史记·应神天皇纪》开篇"应

---

① 关于日本上古史的真实性问题，在津田左右吉、那珂通世等著述中都有较详细的论述。神功皇后记事中的虚构部分，可以参看冈本坚次的《神功皇后》中的具体讨论。
② [日] 今井尧：《古坟前期的女性地位》，《历史评论》03期（383号）。
③ 大化，645—650，日本第36代天皇孝德天皇年号，也是日本历史上第一次正式使用的年号。孝德天皇接受了其姐皇极天皇（后再次即位，称齐明天皇）的让位，改年号为大化元年（645）。大化元年进行了一次社会变化，施行公地公民、班田制、统一租庸调等措施，被称为大化改新，日本社会原本建立在氏姓制度上的豪强统治逐渐转向中央集权统治，标志着日本进入律令时代。
④ [日] 北畠亲房：《神皇正统记》，《日本古典文学大系》87，东京：岩波书店，1965年，第78页。原文为：神ノ申給シニヨリテ、是ヲ胎中ノ天皇トモ申。

神天皇,仲哀帝第四子也,母神功皇后。……亦称胎中天皇。"虽然"胎中天皇"的应对仍存在一定问题,但三年空位的问题从神兆这一更高逻辑上被解决了。

如周一良所言,神功皇后退入后妃传作为"三大特笔"之一,体现了史臣试图严格按照中国正史之义例来梳理日本历史,但是日本女性创世神的影响调和了男女之别,且日本双重家族体制和双重政权统治传统使中日之间的性别角色具有极为不同的特点。《日本史记》中的神功皇后相关内容经过删改,反映了史臣尽量调和日本天皇与皇后共天下的传统与儒学所提倡的男女角色之别的努力,也展现了一项中日之间史学传统之具体差异。

第四节 大友皇子入本纪与百王思想

大友皇子生于大化四年(648),也被称为伊贺皇子,是第 38 代天皇天智天皇的长子,其母为伊贺国(今日本三重县)郡司之女,名为宅子娘。671 年,他被天智天皇任命为太政大臣,这也是日本历史上首次出现太政大臣之官职。不久天智天皇去世,大友皇子作为皇太子本应顺理成章地继位,但在与天智天皇之弟——大海人皇子的争斗中失败而亡,大海人皇子即位,称天武天皇。据史料记载,大友皇子擅长文武之道,曾招揽百济流亡而来的学者作为宾客。奈良时代的汉诗集《怀风藻》中还录有大友皇子的两首汉诗。

《日本史记》体裁上的"三大特笔"之三,是将大友皇子列入天皇谱系,谥号弘文。明治三年(1870)大友皇子与废帝、九条废帝等分别被明治天皇追谥为弘文天皇、淳仁天皇和仲恭天皇。其中后两者根据史籍记载都曾即位任天皇,而大友皇子是否即位却一直存在疑问。明治天皇时期除追谥大友皇子为弘文天皇之外,还将其列入天皇谱系之中,可谓对江户以来大友皇子是否即位问题所下之定论。

关于大友皇子的史料主要有《日本书纪》天武天皇中的相关部分,《古事记》序言中天武天皇即位前的相关记载,《怀风藻》中大友皇子的小传和亲撰汉诗,《万叶集》挽歌等内容。其中《日本书纪》是最重要的史料,此后对大友皇子的研究或讨论几乎都以此为基础。但问题是,作为日本最早的史书,《日本书纪》定其为皇子,意为未曾即位,并以天武天皇直接天智天皇之统,将大友皇子的相关内容放在天武天皇纪的开篇部分。因此在很长一段时间内,大友皇子仅为皇子,而无天皇之位份。

一直到江户时期，大友皇子是否即位都是日本古代史讨论中的重要话题之一。

目前所见最早提出大友皇子即位说的，是宽永四年（1624）那波活所撰写的《帝王历数图》，该书正文已散佚，仅从自叙中可见该观点。由于该书所依据的一些史料本身并不可靠，且论证方法不明，因此其论述的影响力有待进一步的材料支持。其后对大友皇子即位说的倡导发挥巨大作用的正是德川光圀所主持编修的《日本史记》。《日本史记》将其列为"三大特笔"之一，作为全书体裁的重点展示，影响了许多研究者。到了江户后期，伴信友所著《长等山风》综合考察《日本书纪》和《怀风藻》等史料支持大友皇子即位说。此后又有赖山阳所著《日本政纪》等书也主张大友皇子即位说，由于《日本政纪》等书在幕末时期拥有广泛的读者群体，大友皇子即位说成为幕末的一种社会共识。到了20世纪初，围绕大友皇子即位说又出现了新的讨论，以喜田贞吉为代表。他通过重新批判史料，反对伴信友所提出的《日本书纪》改删说，指出大友皇子即位一说缺乏有力证据，更进一步提出了倭姬王称制说，也就是在天智天皇死后，由其后妃倭姬王暂理朝政。从明治时期到"二战"结束之前，日本国体论发展至皇国观念大行其道，当时与大友皇子相关的讨论因涉及天皇家族，多受政治因素和意识形态的影响，限制较多。

到"二战"之后，随着思想和学术环境的放宽，对大友皇子的研究逐渐脱离意识形态的限制，学术讨论更为充分。关于大友皇子即位问题，主要有即位说、称制说（无即位之形有摄政之实）、倭姬王即位说和倭姬王称制说，其中后三种论点都认为大友皇子并没有即位，而大友皇子称制说成为战后的相关讨论的主流。此外，战后学者们不再局限于大友皇子是否即位这一具体问题，而是将视角放在壬申之乱之上，重新审视壬申之乱前后的社会、思想、文化和国际形势的变化，引入了社会学、人类学等多种方法，推动研究话题的多样化。

从上可知《日本史记》是大友皇子即位说的主要倡导者之一，其后虽有不少赞同者，但因为《日本史记》并不是大友皇子相关的最原始史料，且立大友皇子为天皇并非其独创，因此对《日本史记》何以坚持将大友皇子列入天皇世系，以往多从正统论的角度一概论之，对于其中所包含的复杂的史学观念和编纂逻辑缺乏更加详细和具体的梳理。实际上，《日本史记》对大友皇子的处理，是明治天皇时期追谥大友为弘文天皇的依据之一，同时它还包含了中日史学观念的交融与变容，并蕴含了日本史学从中世进入近世之后的新变化，下文将从《大友本纪》的编纂特点和中世以来盛行的"百王思想"等两个方面来具体讨论。

第三章　前期修史实践（1657—1785）

一、《大友本纪》的编纂特点

《日本史记》将《大友本纪》作为其"三大特笔"之一，即把从《日本书纪》以来确定为皇子位份的大友升入天皇本纪之中，并明确记载大友皇子即位天皇，追谥弘文。这一做法贯彻了《日本史记》对天皇正统性的判断标准，再次落实德川光圀编纂《日本史记》时所提出的"正闰皇统，是非人臣"的目标。此外《大友本纪》实际上也成为《日本史记》本纪在编纂上的分界点，在编纂形式和内容上都有着明显的特点。

先看《日本史记》中《大友本纪》在编纂形式上的特点。《大友本纪》与《天智天本纪》并列于第十卷，二人分别是第38代和第39代天皇。从本纪的整体目录编排来看，这是一种有些特殊的做法。其特殊之处在于《日本史记》以"大友本纪"为分界，在大友之前的各本纪都是多个天皇本纪合卷，第一卷甚至是神武天皇、绥靖天皇到开化天皇共九位天皇的本纪合卷，而在大友之后的天皇本纪都是单独一位天皇成卷。在前文已经提到，《日本史记》本纪部分从神武到持统主要依据《日本书纪》编纂而成，对照《日本书纪》的篇目安排，可以更加清楚地看到"大友本纪"的特点。《日本书纪》一般都是一位天皇单成一卷或者多位天皇并列一卷，只有天武天皇被分成了上下两卷。《日本书纪》的每卷之间篇幅差别较大，如同为单独成卷的天皇纪，"继体天皇纪"是"武烈天皇纪"篇幅的三倍、"推古天皇纪"是"舒明天皇纪"的两倍。而《日本史记》为了保持各卷之间的篇幅大致一致，对《日本书纪》的各卷划分进行了重新分配。总体来说，天武天皇之前的部分，《日本史记》将《日本书纪》的第二、三卷合并成一卷，再对少部分合卷的天皇纪进行了拆分。通过上文已知"天武天皇纪"分成上下两卷的做法在《日本书纪》的编纂是非常特殊的，这一特殊性其来有自。天武天皇正是主持修纂《日本书纪》的舍人亲王之父，对当时的编者来说，天武天皇时期的历史几乎是当代史，史料相对丰富；同时《日本书纪》的编纂目的之一正是维护天武天皇继位之合法性，因此对天武的功绩大书特书也属自然。《日本史记》本纪部分以"大友本纪"为界，对天皇本纪的加工方法，当然受到《日本书纪》记载详略的影响。大友天皇之前的本纪部分相关史料相对匮乏，而其之后的天皇除有《日本书纪》的史料基础之外，还有仿照实录性质编成的《日本后纪》《续日本后纪》《三朝实录》等其他国史作为参照，其内容按天记录天皇或朝廷的活动或重大事件，因此史料相对丰富得多。另外也应注意到《日本史记》的编纂者对于编纂规律和规则的追求,《日本书纪》形成于公元 8 世纪,其时是日本模仿中国史书编纂本国历史的初始阶段,到了《日本史记》编纂的 17 世纪则进入大日本编史的成熟阶段,史臣们对史书的编纂有了更高的追求,除了用准确汉文编史之外还讲究文字的精确、形式的和谐,以及编史目的的充分贯彻。

再来看《日本史记》的"大友本纪"内容上的特点。"大友本纪"的内容主要有两个来源,一是《日本书纪》"天智纪"的结尾部分和"天武纪"的开篇;二是《怀风藻》中传说为大友皇子所写的两首汉诗和附传,以及《水镜》中的大友皇子相关记载。《日本史记》的编纂者认为《日本书纪》在天智、大友和天武的相关部分多有"曲笔",因此不可完全按照《日本书纪》的记载,而需批判取舍,《日本史记》还对《日本书纪》的本纪相关部分进行了删改。此外,由于编纂体裁的区别,《日本书纪》中"天武纪"的部分内容被编入后面的列传和志之中。第二类的改动暂且不论,这里重点讨论第一类的删改情况。表 3.4 为其中较为显著和关键的删改,"大友本纪"为《日本史记》的大友皇子内容,"天智纪/天武纪"为《日本书纪》中的相应部分。①

表 3.4 《日本史记·大友本纪》与《日本书纪》比较示例

示例	大友本纪	天智纪/天武纪
例一	(天智帝四年正月,拜太政大臣,总百揆摄万机,群下肃然……(十月十七日庚辰)<u>于是,立天皇为皇太子</u>。十二月三日乙丑,天智帝崩。<u>五日丁卯,皇太子即天皇位,时年二十四。</u>	(天智纪·十年春正月癸卯)是日,以大友皇子,拜太政大臣。十二月癸亥朔乙丑,天皇崩于近江宫。
例二	无	(天武纪)天命开别天皇(天智)元年,立为东宫。
例三	元年壬申春三月十八日己酉,遣内小七位阿昙连稻敷于筑紫,告先帝丧于唐使郭务悰,郭务悰等丧服举哀,东向稽首。二十一日壬子,郭务悰等献书函信物。夏五月十二日壬寅,赐甲胄、弓矢、绝布绵于郭务悰等。	(天武纪)元年春三月壬辰朔己酉,遣内小七位阿昙连稻敷于筑紫,告天皇丧于郭务悰。于是,郭务悰等,咸着丧服,<u>三遍举哀</u>,向东稽首。壬子,郭务悰等<u>再拜</u>,进书函与信物。夏五月辛卯朔壬寅,以甲胄弓矢赐郭务悰等。<u>是日,赐郭务悰等物,总合绁一千六百七十三匹、布二千八百五十二端、绵六百六十六斤。</u>

表 3.4 中的例一和例二在安积澹泊的《帝大友纪议》记载了史料考证和内容编纂的讨论过程。对比"大友本纪"和"天智纪/天武纪"的内容可知,例一中《日本书纪》未记载大友皇子被立为皇太子和即位的部分,其与《日本史记》共同之处在于大友

---

① 《日本书纪》原文皆出经济杂志社 1897 年版,《日本史记》原文引自 1912 德川家藏版《大日本史》,标点为笔者所加。

第三章　前期修史实践（1657—1785）

皇子被封为太政大臣，只是具体事件上有所不同。对此安积澹泊指出《水镜》和《怀风藻》都提到立大友为皇子，且时间为天智三年（664），此外《水镜》还明确提到大友即位，因此大友皇子即位一说当属无疑，而《日本书纪》则只在"天智纪"十年（即天智四年，665）①记录大友皇子被封为太政大臣，安积澹泊认为这一做法"已定储位，不应明年又有此命"，"如以（舍人）亲王所书，全为可疑"。最后安积澹泊综合考察了《怀风藻》《水镜》和《日本书纪》的记载，确定"故其为太政大臣，不如从《日本纪》书于四年正月；其为皇太子，从《水镜》书于十月"。对于例二，《日本书纪》载天智天皇立大海人皇子（即后来的天武天皇）为东宫，安积澹泊认为这是《书纪》的一种变通手段：

> 然则何谓曲笔？曰其称天武无一定法，曰太皇弟、曰东宫大皇弟、曰皇太子。至天武纪，书曰，天命开别天皇元年立为东宫。其果皇太子耶，不宜称太皇弟；其为皇太弟耶，亦不宜称皇太子。盖大皇弟者，一时权立之名，而皇太子又不得其实，纷纭错谬，故为其说。然旧史所载，难遽删除。今修天智纪，宜书曰元年立大海人皇子为东宫，其义何居？据天武纪也。神武以降，无书东宫者，此书东宫，变例也。盖作史者，据事直书，其得失从可见焉。此欧阳子作梁本纪大旨也。若夫改大皇弟为皇太子，则代亲王而册授也。于名虽当，于义甚乖，既失事实，亦无明据。故元年特书立为东宫，前后一以大海人皇子称之。②

安积澹泊认为从严格书法的意义上来说，按照"天武纪"的内容应该在《日本书纪》的"天智纪"中增加"立大海人皇子为东宫"一条，但实际上现在所能看到的《日本史记》的"天智本纪""天武本纪"中都没有天武天皇被立为皇太子或东宫的内容。根据藤田幽谷在《修史本末》中的记载，贞享四年（1687）年八月十五日吉弘元常著《大友本纪论》，另有野传著《天武纪考证》和安积澹泊著《帝大友纪议》。藤田幽谷特别指出：

> 旧纪传目录，天智、大友、天武本纪野传撰，既成于天和（天和三年，1683）以前。而其立大友为帝纪则出义公之特见，固已足雪千古之冤，辨

---

① 根据《日本书纪》的《天智纪》内容，天智天皇在上一任天皇去世之后，守孝六年未直接即位而是称制理政，因此《日本书纪》中所说的天智十年实际是天智天皇即位元年算起的第四年。
② 《澹泊史论》上，早稻田图书馆藏弘化三年（1846）版。

一世之惑矣。至是考证著论以申明其说,赖有吉弘之文,著其岁月而获详考其本末,亦可以为史林谈柄也。①

安积澹泊提议在"天智纪"中增加"立大海人皇子为东宫"的意见,并未体现在编成的《日本史记》相关部分中。根据藤田幽谷的意见,"大友本纪"的内容主要得益于吉弘元常所作之《大友本纪论》,安积澹泊所作之《帝大友纪论》被藤田幽谷放在注释中附带提及。由此推测今天看到的"大友本纪"的内容主要与吉弘元常的考证议论一致,安积澹泊提议在"天智纪"中加入"立大海人皇子为东宫"的内容最终未被采纳。

例三从具体内容上看,基本的人物和事件大致相同,只是在《日本书纪》中出现了许多更加详细的描写,如表格中加粗部分所示包括唐使"举哀三遍""再拜"以及日本朝廷回赠的具体物品等。然而例三最关键的差别在于该部分内容所处的位置,《日本史记》将其放在"大友本纪"之中,记录为大友即位元年所发生之事情,而《日本书纪》则将其放在"天武纪"之中,也记载为元年所发生的事情。《日本书纪》的记载在逻辑上存在不合理之处,即一般来说元年应当从天皇即位的年份算起,但是天武天皇却是在天武第二年才即位并大宴群臣。除此之外按照《日本书纪》的编纂惯例,会在天皇即位元年特别标注太岁之干支,但是"天武纪"的太岁纪年未出现在天武元年,而是在天武二年的末尾,记为"是年也,太岁癸酉"。因此有伴信友等研究者提出了《日本书纪》的"改删说"。伴信友认为《日本书纪》实际上在和铜七年(714)时已经完成,养老四年(720)的成书年份则是完成对该书改定的年份,在最初完成的版本中"癸酉年"才是天武元年,现在所见以"壬申年"为天武元年为后来删改。对此喜田贞吉提出了不同见解,他认为以"壬申年"并不一定是改定之后的结果,实际上"壬申年"是弘文天皇元年,而以改删说的思路来看,编者特意将壬申年改为天武元年,却忘记将天武二年的太岁纪年改到天武元年,这是不太自然的。再回到《日本史记》与《日本书纪》的内容差异来看,显然《日本史记》将壬申年(672)确定为大友即位元年,以癸酉年(673)为天武元年。从史料记载来看,这一做法较之《日本书纪》更为合理和可靠。《日本书纪》在"天智纪"和"天武纪"中都记载了天智天皇四年时,天武辞帝位而出家的故事:

(天武纪)四年冬十月,(天智)天皇卧病,以痛之甚矣。于是遣苏贺

---

① [日]藤田幽谷:《修史本末》,《藤田幽谷关系史料》一,第73页。

臣安麻吕，召东宫（天武），引入大殿。时安摩侣素东宫所好，密顾东宫曰，"有意而言矣"。东宫于兹疑有隐谋而慎之。天皇敕东宫授鸿业，乃辞让之曰，"臣之不幸，元有多病，何能保社稷？愿陛下举天下附皇后，仍立大友皇子，宜为储君。臣今日出家，为陛下欲修功德。"天皇听之。

另在《日本史记》中也有相应记载：

（天智本纪）十七日天皇弥留，召大海人皇子，属以后事，皇子再拜，称疾固辞，请为僧，辞意恳至，乃许之。即日剃头，敕赐袈裟。十九日壬午，再入宫拜辞，入吉野。

在接下来的"天武本纪"中围绕这一段故事，《日本史记》直接指出"天智帝不念，令苏我麻吕召（天武）天皇。"通过上述记载可以看到，围绕天智之后的皇位问题，天智天皇与其弟天武天皇之间斗争不断，天武天皇先以退为进推天智之子大友皇子为储君以打消天智天皇的疑虑。天智四年十月天武出家搬至吉野，一直到天智天皇驾崩的十二月。因此天智去世之后，大友皇子继承皇位顺理成章，翌年的壬申年当为大友元年而非天武元年。《日本书纪》将大友元年与唐使交涉的史实"张冠李戴"到天武元年之上，也就是将天武天皇当作天智天皇的继任者，作为日本国君与唐朝派驻的使者进行国际往来，实际正是为了证明天武天皇即位的正统性。《日本史记》通过史料考证，将大友相关事实进行还原，一方面是其"秉笔直书"理念的实践，另一方面也是"其正大明白凛乎不可犯，天武篡夺于焉毕见，乱臣贼子可以寒心破胆矣。"①

二、日本历史中的百王思想

本章在讨论南北朝问题时曾提到，史臣们原本计划编纂至第103代或第105代天皇之本纪，后来不了了之，这除与当时的藩政和其他编修任务繁重等原因有关之外，还有观念上的影响，即与本节的"百王思想"有关。《日本史记》本纪部分包括天皇大友在内，共记录了从神武天皇到后小松天皇的100代天皇的历史。天和三年（1683）刚确定要重修纪传时，还出现了"百代之纪"之类的说法。② 元禄十年（1697）

---

① [日]安积澹泊：《帝大友纪议》，《澹泊史论》上，早稻田图书馆藏弘化三年（1846）版，第8页。
② 原文可见《山鹿素行集》第七条334行，"今井小四郎来谒、及旧记之谈、相公久欲述作百王百代之记、旧记殆数十部到来云々"。

本纪部分的稿本全部完成，常常被称为"百王本纪"。此后本纪稿本又经过了多次的校订和修改，但"百王"总数却没有发生变化。综合前述的数个问题可知，《日本史记》的百王世系并非是修史之初轻易确定的，而是经过编纂者反复商讨修改后才定下的。

与《日本书纪》相比，以神武天皇为第1代、以持统天皇为第41代的序列首尾不变，但《日本史记》取消了第15代神功皇后的天皇位份，增添了第39代大友皇子的天皇位份，因此两书的天皇代数总体一致。到了中世之后的史书，尤其是包含南北朝时期历史的史籍对天皇世系的序列记载差异较大。如中世后期《神明镜》[①]的天皇世系如下：

> 96代后醍醐天皇、97代光严院、98代后醍醐重祚、99代光明院、100代崇光院、101代后光严院、102代后圆融院、103代后小松院。

推定成书于15世纪后期的《续神皇正统记》[②]所载天皇世系如下：

> 96代光严院、97代后醍醐院重祚、98代光明院、99代崇光院、100代后光严院、101代后圆融院、102代后小松天皇。

除与"三大特笔"有直接关系的几位天皇之外，《日本史记》为了明确皇统世系，还将几位存在"争议"的天皇列入本纪之中。其中之一是在承久之乱[③]期间即位的九条废帝，其父顺德天皇在与幕府军开战之间传位于年仅4岁的九条帝，幕府获胜之后另立守贞亲王之子为天皇，即后堀河天皇。九条废帝登基不足80天即被废除，在《神皇正统记》中未被记入天皇世系，而《日本史记》编者认为九条在位时间虽然不长，且无显著政绩，但其得位正当因此列其为第85代天皇。其次还有南朝的长庆天皇，由于史料限制，其出身、崩处不明，到大正时期关于长庆天皇是否真正即位的讨论一直存在，甚至在明治天皇时期虽然已确定南朝为正统却仍未将长庆天皇列入天皇世系之中，直到1926年才将他正式列入皇室谱系之中，追谥长庆。对此，《日本史记》

---

① 《神明镜》：记载从神武天皇到后花园天皇的天皇世系史实，分上下两卷，作者不详。该书收于《续群书类从》。

② 《续神皇正统记》：室町幕府时期，小槻晴富仿照《神皇正统记》的体例批判其"南朝正统论"的史书，该书主张"北朝正统"，斥南朝后村上天皇为"南方伪主"。该书具体成书年代不详，据学者考证推定成书于1471—1482年。

③ 承久之乱：1222年后鸟羽上皇恢复皇室实权，联合京都贵族的倒幕势力，发起的反抗镰仓幕府。结果镰仓幕府统领的武家势力大败朝廷军队，倒幕运动的中心人物后鸟羽上皇被流放隐岐岛、土御门上皇被流放土佐、顺德天皇被流放佐渡，与天皇关系密切的贵族武士的领地被没收。此后天皇的权威性受到巨大打击，朝廷的公家势力全面收缩，武家政权的控制力扩散到全国。

明确记载"正平二十三年三月，后村上帝崩，天皇即位于行宫"，并在按语中进一步指出"诸书不载受禅即位，然后村上帝崩，承统者天皇也，故书于此。其余例当书而不书者，南迁以后，载籍不备，无所考证"①，将长庆天皇列为第98代天皇。

从时代划分上来看，《日本史记》以结束南北朝的后小松天皇作为下限，恰好记录整一百代天皇之事，这看上去是一个圆满的巧合，但"百王"这一概念自中世以来就有特殊含义，并发展为一种社会思潮，到江户时代初期这一思潮的余波仍在。

"百王"一词原本并不是日本独有的，在中国的典籍中也经常可见"百王""百年""千秋万载"等词语，用数词虚指表示许多之意，这一用法在平安时代的日本也被广泛沿用。如《古事记序》中有"实知玄镜吐珠，而百王相续，喫剑切蛇，以万神蕃息欤"，《日本后纪》"桓武"延历十六年二月己巳条"自兹厥后，世有史官，善虽小而必书；恶纵微而无隐，咸能徽烈绚缃，垂百王之龟镜"，再有《本朝文粹·二意见封事》载三善清行的上表文提到"遍令公卿大夫方伯牧宰进谠议尽谟谋，改百王之浇醨，极万民之涂炭"等。"百王"用例都是虚指，指王室之延续不断。但是到了镰仓时代，社会的持续动荡、佛教思想的普及和自然灾害频发等多种因素，使得"百王"一词与悲观、厌世的思潮结合起来，形成所谓的"百王思想"。

"百王思想"一般来说指的是天神将护佑百代天皇的皇祚，在第一百代天皇即位之后皇统断绝、日本国灭的末世思想。这里的"百王"不再是平安时代虚指之数，而成为王朝延续时间的具体数字，从镰仓到室町时期的皇室、贵族、知识基层中这一末世思想流传甚广。百王思想的出现与佛教的末法思想之间存在着密切联系。平安时代佛教传入日本之后，逐渐具有了镇护国家的色彩，与国家政治之间的关系日益紧密，尤其是日本真言宗和天台宗的发展，宣扬"佛法"与"王法"相互依存的理论，再加上"正、像、末"三世流转的思想，平安时代中期以后人们相信像法期即将结束，末法期即将到来。日莲宗典籍《本化别头佛祖统纪·十八列传》提到：

> 羽奥之间，走卒儿童，呼玄妙阿阇梨，或时思惟，法华经有本迹二门，付属亦有迹化、有本化、时亦云像法、云末法、嗟呼今也时运末法，佛谶本化出现之秋，而未见其人者何也。②

---

① 《大日本史》卷七十一"长庆本纪"，1912年德川家藏版。
② 《本化别头佛祖统记》上，日莲宗全书出版会编《日莲宗全书》2，东京：须原屋书店，1908年，第140—148页。

百王思想最初与一首预言诗关联在一起，即据称为南朝梁僧宝志和尚所传的《野马台诗》，该诗内容如下：

> 东海姬氏国，百世代天工。
> 右司为辅翼，衡主建元功。
> 初兴治法事，终成定始终。
> 谷填田孙走，鱼胁生羽翔。
> 葛后干戈动，中微子孙昌。
> 白龙游失水，窘急寄故城。
> 黄鸡代人食，黑鼠喰牛肠。
> 丹水流尽后，天命在三公。
> 百王流毕竭，猿犬称英雄。
> 星流飞野外，钟鼓喧国中。
> 青丘与赤土，茫茫遂为空。①

学者小峰和明、大森志郎等都指出在承平年间（931—938）的《日本纪私记》中已经出现"梁时宝志和尚谶云，东海姬氏国"的内容，"东海"一词在《淮南子》《神仙传》等书中多指东方世界，后逐渐指向"日本"，而"姬氏国"的称呼则与日本皇室之祖神"天照大神"和首征朝鲜的神功皇后有关，后经《江谈抄》的加工，随着吉备真备入唐的传说一起在社会中流传开来。② 根据《江谈抄》《吉备大臣物语》的说法，《野马台诗》与《文选》、围棋等都是吉备真备从唐朝带回日本。诗文中的"百王流毕竭"构成中世百王观的核心，其影响力不断扩大，与当时动荡的社会状况和恐慌不安的民众心态相适应。在《谏晓八幡抄·真迹》说"我乃镇守日本的八幡大菩萨，誓将守护百王"，其中的"百王"被视作具体的数字，当时许多人都相信天神只庇佑百代天皇，之后日本国将毁灭。在日本的南北朝时期恰好出现第一百代天皇（不同史籍对第100代天皇的具体所指不同，但可确定都是在南北朝时期内），各种势力不断争夺、天灾人祸频发之下，当时的人们更加直观地体验到王法衰颓、末法时代的来临。

---

① 早稻田大学图书馆藏《野马台诗经典余师》图。
② 具体参考 [日] 小峰和明：《〈野马台诗〉之谜：作为历史叙述的未来记》，东京：岩波书店，2003 年；[日] 大森志郎：《百王思想》，日本文学协会编《日本文学》21（7）通号第 229 期，1972 年。

第三章 前期修史实践（1657—1785）

虽然从镰仓时代中期开始，"百王终结"的悲观思想有极大的社会影响力，但是将"百王"之"百"理解为虚指众多之意的作品和观念依然存在。如推定成书于镰仓末期、卜部兼方所撰的《释日本纪》中有一段解释"宝座之隆当与天壤无穷者矣"的问答："大问云，据此文不可限百王镇护欤。先师申云，百王者唯上数之众多欤。且百王镇护之词不载《日本纪》。如《大倭本纪初》《天地本纪》等文者，子子孙孙千千万万云云。重仰云，百王者诚数之众多也。"① 这段问答的提问者为一条实经，② 而回答者则是卜部兼方的父亲卜部兼文。此外，成书于南北朝时期的《神皇正统记》也有一段解释说，百王之百不是指十乘以十为一百，而是无有穷尽之意，与百官百姓等词用法相似。③ 除了将百王解释为传统虚指无穷之意外，北畠亲房还对"百王思想"进行了发展。他在《元元集》中详细阐发：

> 皇祖天照大神手持三种宝器，口传三句要道与日月具悬，与天地不朽者也。传琼玉者，欲使修身克妙。传宝镜者，欲使正其心克明也。传神剑者，欲使致其知克断也。④

在北畠亲房看来，作为天皇之祖的天照大神传下三句神诏，⑤ 这成为天皇家族统治日本的根本依据，而天照大神传下的三种神器作为天皇家族世代传承的物品，更是天皇家族受到天照大神庇护的实物证据。天照大神所传下的三种神器和三句神诏，与日月同辉，同天地不朽，也就是说天皇家族对日本的统治也将是无穷的，而不止于百代为限。因此神明的旨意、神器的灵验和天皇的皇祚不断三者之间形成了紧密的关系链，对镰仓中期出现的悲观的"百王思想"是一种有力的批判。

根据《日本史记》所排列的天皇序列，后小松天皇恰为第100代天皇，也就是

---

① [日]卜部兼方：《释日本纪》，《国史大系》第七卷，东京：经济杂志社，1898年，第625页。
② 一条实经，1223—1284，镰仓中期的公卿，九条道家之子，镰仓将军藤原赖经之弟，一条家的先祖。在后深草天皇的宽元四年（1246）从左大臣迁为关白，担任摄政职务。但是因将军藤原赖经与镰仓幕府实权一族北条氏的争夺，同年被罢免摄政关白的职务。1265年再次担任关白之职，后隐居于圆明寺，故又被称为圆明寺殿。
③ [日]北畠亲房：《神皇正统记》，岩佐正、时枝诚记等校注日本古典文学大系本，东京：岩波书店1965年版，第66页。原文为：又百王マシマスベシト申メル。十々ノ百ニハ非ルベシ。窮ナキヲ百トモ云リ。百官百姓ナド云ニテシルベキ也。
④ [日]北畠亲房：《元元集》，正宗敦夫编《神皇正统记元元集》，东京：日本古典全集刊行会，1934年，第176页。
⑤ 北畠亲房所谓的三句神诏，主要根据《日本书纪》记载，即"苇原千五百秋之瑞穗国，是吾子孙可王之地也。宜尔皇孙就而治焉。宝祚之隆当与天壤无穷矣。"

说全书的编纂到第 100 代天皇告一段落。但从《日本史记》编者所处的现实来看，日本并未终结于第 100 代天皇。《日本史记》的"百王本纪"显然与中世纪时期的"百王思想"有根本不同。

江户时期与中世时期的社会状况有了根本不同。中世时期人们的生存环境极不稳定，同时宗教发展提供了各种神秘主义思想，人们倾向于通过神秘的宗教从现实中解脱；江户时期则维持了较长一段时间的统一和稳定，思想文化发展进入一个新阶段。从朝廷到幕府都非常重视文化教育活动，各地的藩校不断出现，社会的整体文化素质和思想水平有了较大的提高，中世时孕育各种神秘主义和悲观思想的土壤逐渐消退，系统化的神道学说、日本化的儒学也在此时发展起来。从总体上来说，如果说中世是一个动荡不安的时代，那么江户就是一个繁荣稳定的时代，中世盛行的"百王思想"认为日本将在第一百代天皇即位之后灭亡的说法已经不攻自破。《日本史记》编纂始于江户幕府初期，正处于文教活动兴盛发展之时。其中的本纪部分作为其"正闰皇统"的集中体现，既是最先完成的部分，也是史臣们着力最多的部分。作为《日本史记》体裁上的创见，"三大特笔"主要是对本纪部分编纂的总结，由此可见史臣们对本纪的重视。《日本史记》通过历代天皇本纪的编纂，梳理了一条长达百代的连续天皇世系，通过历史本身的发展证明了天皇之皇祚的绵延不绝。

彰考馆所藏书目中收录了《神皇正统记》的多个版本，同时上面还有不少朱批、注解等。① 德川光圀及《神皇正统记》对《日本史记》的影响不可忽视。前文已经讨论过《神皇正统记》所主张的"神器正统说"不仅被《日本史记》的编者所吸收继承，还得到进一步的发展。北畠亲房所主张的皇统无穷之"百王说"恰与江户时代积极向上的精神相适应，"百王"之说在《日本史记》中具有标志南北朝分立的重新统一、开启新时代的色彩。

对《日本史记》所记载的天皇进行计数，会发现显然不止 100 位，与最早的《日本书纪》或中世、近世初的史书对比，天皇的序列也有所不同。《日本史记》在编纂中将一直存在争议的大友皇子、南朝的长庆天皇等收入本纪之中，其确立的天皇世系在明治、大正时期成为天皇系谱的标准版本，进入各类史籍、教科书以及皇室族谱之中。

---

① 参考 [日] 平田俊春：《〈神皇正统记〉和〈大日本史〉》，《军事史学》1976 年第 12 卷第 1 号（通卷 45 号）。

第三章 前期修史实践（1657—1785）

小结

　　从修史实践来看，史馆前期主要完成了《日本史记》纪传、论赞的编纂，并成功将完成的纪传进献幕府。这一阶段提炼出了展现水户史学主张的"三大特笔"。从思想上来看，这一阶段明确和强化了水户藩的"尊王"思想。正德五年（1715）《日本史记》被成功进献于幕府，可视作前期修史的一个高潮。当年，由大井广贞为水户藩主纲条作代笔的《大日本史叙》是史臣们对自己工作的一次总结，现将其文著录如下：

　　先人十八岁读《伯夷传》，蹴然有慕其高义，抚卷叹曰："不有载籍，虞夏之文不可得而见。不由史笔，何以俾后之人有所观感？"于是乎慨焉立修史之志。上根据实录，下采摭私史，旁搜名山之逸典，博索百家之秘记，缀缉数十年，勒成一书。

　　盖自人皇肇基，二千余年，神裔相承，列圣缵统，奸贼未尝生觊觎之心，神器所在，与日月并照，猗欤盛哉！究其所原，实由祖宗仁泽，固结民心，磐石邦基也。其明良际会，都俞吁咈之美，考诸旧记，可以概见。迨乎中叶，英主迭兴，持盈守成，嘉谟徽猷，莫愧于古。而文献不备，明辟贤辅之迹多埋晦不章者，岂不重可惜乎？此斯书之所以作也。纲条在膝下，每闻其言曰：史者，所以记事也。据事直书，劝惩自见焉。自上世迄今，风俗醇浇，政理隆替，炤炤然如睹诸掌。善可以为法，恶可以为戒，而使乱贼之徒知所惧，将以裨益世教，维持纲常，文不可不直，事不可不核，如有所出入左右，则岂可谓之信史乎？如是书则惟务其实，不求其华，宁失于繁，莫过于简，至其删裁，姑有俟乎大手笔。书未及成，先人即世。纲条虽无似，服膺遗嘱，罔敢失坠，阅十余年，校订略完，自神武至后小松，历世一百，立为本纪七十三，列传一百七十，都二百四十三卷，名曰《大日本史》。非敢谓昭代之成典，乃备后来修史者之采择尔。若夫时运开塞，行事得失，可以为劝可以为戒者，悉据事直书，不敢有所出入左右，亦所以遵奉先人之意也。①

　　署名纲条的《叙》文，先简单介绍了《日本史记》的编纂缘起和经过，即光圀

---

① 《大日本史》第一册，1912年德川家藏版。

受到《史记》内容的触动而确立修史之志，再说水户藩"上据实录，下采私史"花费数十年编成一书。中间指出了修史的两大原则，即"文不可不直，事不可不核"的信史原则，和"宁失于繁，莫过于简"的详写原则。《叙》文着重评论了其核心观念和价值：一是以神器之所在明"神裔相承"，使皇统不断绝；二是解决"文献不备"的问题，以"备后来修史者之采择尔"；三是"据事直书，劝惩自见"，使乱臣贼子知所惧，"维持纲常"。这一文本成为《日本史记》思想研究的一大重要依据，也是对光圀在"梅里先生碑"中提出的"正闰皇统，是非人臣"理念的阐释。

《日本史记》要实现上述"正闰皇统"的修史目标，说明当时统治之正当性，无法绕过的问题是，同时存在的天皇朝廷与将军幕府的关系应该如何解释和说明。按照从平安时期流传下来的"天无二日，国无二主"理念，天皇就应该是最正统的统治者，将军掌权柄反而是不正之象，但是德川光圀作为开府将军德川家康的孙子、水户作为与江户幕府关系密切的"御三家"之一，这些不可切断的联系使水户编纂的《日本史记》不可不力证将军和幕府存在的合理性。那么关键的问题就是源于儒家的正统学说与日本的天皇、将军并存的实际局面如何协调起来，换言之问题就是中国的思想和学说如何被江户的日本人吸收和接受。

本章主要通过对论赞和"三大特笔"的形成过程和特点进行梳理，来探讨上述问题。

第一，论赞经过彰考馆众人的审阅，由安积澹泊执笔完成，具有"秉笔直书"兼顾"时势"的特点，在内容和思想上以中国之史学典籍、圣人典故为对照、对比之主要对象，在儒家道德式历史观念基础上，发展出了与中国存在差异的观念系统。论赞的执笔者相信天和人的内心都存在超越时间、空间的普遍原理，即"天理"，在天和人的善恶相报中历史不断演进，特别强调纲常伦理在历史中的作用，但将君臣大义、父子之孝视为绝对不移的原则，发展出贯穿论赞始终的"尊王"之主张。论赞中的"尊王"观念可以说是德川光圀发起《日本史记》编修以"正闰皇统，是非人臣"观念的具体呈现和实践。同时论赞在坚持"尊王"时，并不避讳对天皇"不德"或"纪纲败坏"等行为结果的批评。因此论赞中如"尊王"等基本观点与后期修史存在连续性，但是论赞的写法和观念主张总体上则以中国之史学观念和实践为范本。

第二，对"三大特笔"的处理，也是史臣们对"正闰皇统，是非人臣"理念的贯彻执行。在将神功皇后从天皇世系中撤出的处理中，修史者强调是否进入天皇世系的具体依据是其是否在位。神功皇后虽然总理政务达数十年，但仍只掌摄政之位

第三章　前期修史实践（1657—1785）

而无天皇登基之仪式，因此不可记入天皇本纪而退入后妃传之中。同样的道理，在《日本书纪》中未被算入天皇世系的大友皇子，在《日本史记》看来显然是有天皇位份的，因此特列《大友本纪》并明确指出大友皇子行即位之仪式。南北朝时代出现了南北两条天皇继承世系，对修史者来说首先要解决用哪方年号为线来编辑史料的问题，也就是以哪朝世系为正统的问题。为解决南北朝问题，《日本史记》提出了"神器正统说"，尽管史臣们具体的表述和观点不同，但是在将富有日本神道元素的神器作为判断正统标准的同时，前期的修史执笔者们都自觉地用仁政、人心向背、伦常等儒家观念来阐释神器威能的由来，对日本的历史进行整理，梳理出一条符合"大义名分"的正统谱系。《日本史记》以南朝为正统，有悖于当时在位的北朝系天皇，但史臣们指出北朝为闰并不意味其为非法传承，只因神器一时所在确定南朝为正，南北朝天皇都是皇室的合法继承者，从北朝系的后小松天皇结束两朝并立状态、将皇祚传承下去的事实来看，北朝最终获得了神器，也是大义之所在，实际上是通过综合神器论和儒家的伦理道德对现实的北朝嫡统进行了肯定，由此就将单纯的"以成败论英雄"的现实肯定提升为更加超越地以"天神"之意确立的"尊王"精神。同时德川幕府获得北朝天皇的认可，幕府的合法性也得到保证。此外德川先祖作为南朝旧臣，其名誉也随着南朝地位的上升而得到了恢复，幕府的正当性更因此被加上了一层"出身正统"的道德元素。《日本史记》所编纂的"百王本纪"也打破了中世以来悲观的"百王终结"说，论证了天皇世系将连绵不绝，这也是全书以明德三年为断限的一大重要原因。

　　总体来说，在修史前期，作为日本文化最大他者的中国，尽管发生了明清鼎革，但中国的史学思想和修史实践仍然在东亚通行。朱熹、朱舜水等人在王朝衰弱乃至被灭时仍然坚持着文化上的自信，这一事实给日本的学人们带来了震撼和启示。与朱舜水等明朝遗民有直接接触的日本史臣们，更加坚定了尊王以明日本国体之主张。因此在《日本史记》前期修史中，在保持日本主体意识的同时，修史者们仍在积极主动地向中国修史传统靠近，以中国史学传统为圭臬建构了一整套天皇传承的系统。不过前期完成的纪传中还遗留了一项重要工作，即对神代故事的处理。光圀提出，神代之事虽有神异，但地位特殊，应另立神之纪，不过这一主张在前期并未落实，因此这就成为后期修史的一大中心话题。从《日本史记》的编纂成果来看，中国的史学理论存在于其编纂底色之中，支撑了前期的历史编纂。

第四章　后期修史实践（1786—1906）

在后期修史的 120 年间，日本所处的内外环境都发生了巨大变化。从国内形势来看，日本的幕藩体制受到町人文化兴起、农村凋敝、下层武士困窘等多方因素冲击，从幕府到各藩大名都开始了改革，改革成功者将在幕末的动荡中掌握主动权，而不成功者则逐渐失去话语权。在思想上出现一股反朱子学的风潮，在反朱子学的思想延长线上出现了古学和国学等推崇日本本土特点的思想和学问。从外部环境来看，锁国体制逐渐被俄国、英国、美国等西方列强势力所打破，原本以中国为中心的东亚华夷秩序被卷入到世界的文明与野蛮划分的秩序之中，与外国船舰炮火一同传入的还有科学、社会、政治制度和宗教文化。在这样的内外环境之下，水户藩进行了多次藩政改革，总体来说其改革的成效有限，史馆的修史工作在艰难中推进。

相较于前期修史者来说，后期修史者虽然仍以儒学者为主，但儒家的诸多概念被赋予了日本特有的解释，且他们不可避免地受到江户时期"反朱子学"风潮影响，或主动或被动地接受了诸如古学、国学等思想元素。前期修史过程中，基于儒家伦理价值的正统观念表现较为突出，而后期修史过程中，以宣扬日本之独特和优越为主要特征的"国体论"，逐渐成为突出思想特点。后期修史的中心人物之一藤田幽谷曾指出："历史的骨干在于志类，熟读之后，其各世之长短当可自现，又其世大祖之器量亦可确知。纪传之类，有贤不孝之君臣，各世皆同非珍也。"[①] 在藤田幽谷的时代，修史重心从纪传转移到志表的编修上来，以立原翠轩、藤田幽谷、会泽正志斋、丰田天功和栗田宽为代表，最终确定并完成了十篇志（126 卷）和五篇表（28 卷）。相较于前期强调儒家道德的普遍性，此时对日本异于别国、别文化的特殊性的强调极为明显。

---

① ［日］石川久徵：《幽谷遗谈》，菊池谦二郎编《幽谷全集》，吉田弥平发行，1935 年，第 808 页。

第四章 后期修史实践（1786—1906）

　　尾藤正英在《水户学的特质》一文中指出，《日本史记》前期的中心任务是为人物立传，以道德评价为历史编纂的核心思想；而后期随着社会背景和思想变化，开始强调日本从古到今一以贯之的特有的体制、制度，认为这也是日本优于世界其他国家和民族的关键所在。尾藤正英还进一步指出前后的思想差异，明显受到荻生徂徕"礼乐刑政"思想的影响。① 以名越时正为代表的一些学者则对尾藤正英的观点提出不同意见，认为没有明确的史料能够证明水户后期接受了徂徕学，且古学在彰考馆中还一度被排斥为"异学""异端"。从修史实践来看，后期的中心任务由纪传编纂转向志表编纂，但纪传的修订工作仍在进行，以立原翠轩、藤田幽谷等为代表的后期史臣仍然重视从中国正史的编纂实践中吸收经验。② 从史学思想上来看，以国体论主张为特点的"水户学"成为这一时期修史的指导思想，加藤繁、尾藤正英、吉田俊纯等人的研究都强调"水户学"是日本本土学问，详细论述了"国体论"中日本独特性乃至优越性思想的内涵。③ 问题是《日本史记》编纂前期和后期所完成的文本的史学思想是否也截然不同、呈现出断裂式变化？高须芳次郎将宋学作为《日本史记》编纂全过程的背景、以"尊王斥霸"作为最终结论，将"尊王"视为贯穿始终的核心。④ 濑谷义彦的研究以"义公精神"贯穿各个修史阶段，将藤田幽谷代表的"国体论"视为"义公精神"的复兴。⑤ 两人都指出了贯穿《日本史记》编纂全过程的思想元素，并天然地将"义公精神""尊王"等视为日本本土文化元素。那么"尊王""国体论"等思想是如何形成的？"尊王""国体论"等思想都纯然是日本特有的文化元素吗？历来关注水户学的研究者们多将重点放在宽政年之后的"国体论"之上。国内学者出于对日本近代化、天皇制等问题的关注，将"国体论"视为其中一部分进行讨论。

---

① [日]尾藤正英：《水户学的特质》，[日]尾藤正英、[日]今井宇三郎等编：《日本思想大系53·水户学》解题，东京：岩波书店，1976年，第556—582页。
② 立原翠轩曾有《论班马二史》，收于《此君堂文集》第四卷。另参考《幽谷先生遗稿别辑》中的论、序等文章，如《列国史书通名春秋论》，日本史籍协会编《藤田幽谷关系史料》一，1936年，第352—353页。
③ 参考[日]加藤繁：《〈大日本史〉与支那史学》，《本邦史学史论丛》，东京：富山房，1939年；[日]尾藤正英：《水户学的特质》，[日]尾藤正英、[日]今井宇三郎等编：《日本思想大系53·水户学》解题，东京：岩波书店，1976年；[日]吉田俊纯：《宽政期水户学研究：从翠轩到幽谷》，东京：吉川弘文馆，2011年。
④ [日]高须芳次郎：《水户学派的尊皇及经纶》，东京：雄山阁，1936年。该书梳理了从光圀开始的尊王精神在史学、政教、经济、教育等方面的表现，第一部分集中讨论了《日本史记》的"三大特笔"、论赞、志表对"尊王"的意义，将"尊王斥霸"视为《日本史记》尊王精神的具体内涵。
⑤ [日]濑谷义彦：《水户学的历史性考察》，东京：中文馆书店，1940年。

总体来看，日本学者在讨论水户的国体论时，多集中于对代表人物或代表著作进行研究，对《日本史记》后期编纂与国体论之间的关系相对关注不多，而国内"从在整体上呈现国体论在历史上的全貌的研究"较少，①对《日本史记》与国体论之间的关系讨论更少。本章将从后期修史过程的重点问题入手，考察这一时期形成的文本及其特点，并结合前期修史确定的观念和特点，尝试回答前述问题。具体将围绕以下几个问题来展开讨论：第一是在后期修史实践中，对前期修史思想和成果进行反思和修正的"三大议论"；第二是在前述"三大议论"的过程中，史臣发展出的不同"尊王"思路；第三是讨论"尊王"思想如何发展为水户后期的"国体论"；最后是"国体论"对《日本史记》修史实践的影响。

第一节　后期修史的"三大议论"

藤田幽谷所著《修史本末》，内容止于宽政九年（1796），接续《修史本末》记载史馆修史事务的是冈崎正忠所作《修史复古纪略》。作为当时人的一手记载，此两书是研究"三大议论"具体过程的主要依据。冈崎在享和三年（1803）正月的记录中提到"两馆往复，同异不决者，数年于兹矣，"②其"同异不决者"主要指的是《日本史记》编纂后期所出现的史书命名、志表存废和论赞删除等"三大议论"，"两馆"则指当时分设在江户和水户两地的史馆。无论是"三大议论"还是两地史馆设置都与修史后期的史臣乃至水户藩士分裂有较大关系。

在进入"三大议论"的讨论之前，先来回顾一下后期修史的工作重心和主要成果。1720年《日本史记》纪传完成并进献于幕府之后，志表的编纂逐渐提上了工作日程，但是由于史料缺乏、学风松弛、藩政困难等诸多原因，志表编纂工作开展得极不顺利。根据藤田幽谷的记载，从1749年《日本史记》付梓之后约50年间，修史工作几乎陷入停滞，没有取得太大的成果。以这一停滞期为界，以天明六年（1786）立原翠轩被任命为史馆总裁为标志，修史工作再次进入正轨，这段时期一般称为后期修史阶段。

后期修史又可以细分为两个阶段。第一个阶段主要是承接前期的修史工作，解

---

① 近期作品可参考庄娜：《日本"国体论"研究——以近代国家建构为视角》，北京：中国社会科学出版社，2016年，第39页。
② [日]冈崎正忠：《修史复古纪略》，大日本雄辩会编《大日本史》第17册，1929年，第21页。

第四章 后期修史实践（1786—1906）

决纪传的付梓和进献问题，大致以文化七年（1810）纪传刻本被进献于朝廷为结点。第二个阶段则集中力量进行志表的编纂、修订和刻印工作，时间大致从1810年到明治三十九年（1906），纪传志表全部397卷（不包括目录）完成。不过两个阶段的工作并不是截然分开、全不重合的，只是重心有所不同，如第一阶段实际上也开展了不少对志表编纂的讨论工作，而第二阶段自然也有纪传修订和刻印等内容。

  第一阶段的工作可以上溯到正德年间。正德五年（1715）《日本史记》的纪传部分全部完成，修史工作告一段落，此后的工作重点是充分利用已完成的纪传，将"正闰皇统"的修史目的"广而告之"，具体说来就是史书的上献和刻印。《日本史记》的上献过程也是一波三折，相对来说进呈于幕府的过程较为顺利，而进献于天皇朝廷则遇到了诸多阻碍。1719年夏，幕府派人考察《日本史记》。为了避免引起幕府方面的不满，安积澹泊提出了部分纪传的修改意见，并被当时的总裁采纳。具体意见包括将源师仲、僧道镜载为叛臣传，附于藤原仲麻吕传末；源赖朝之父源义朝不载入叛臣传。①1720年6月，安积澹泊代藩主成公作《日本史记后序》，与修改完成的纪传一起进献于江户幕府。这一版包括本纪73卷、列传170卷，另有序、修史例和引用书目各一卷，总计250卷，后世称为享保本。对于此时的史臣和水户藩主来说，未能将纪传进献给朝廷成为最大的遗憾。这一目标实际上又经过了近百年蹉跎才最终实现，期间遇到了种种难题和阻碍，具体包括以下几个方面。第一是纪传所确定的"三大特笔"与当时朝廷立场之间的冲突，其中最突出的就是南朝正统问题。1731年史馆总裁依田处安致信大学头②林信充，询问所修史书不达于朝廷的原因。朝廷的相关人员回复指出，"立南朝为正统，甚有忌讳，宜勿梓行"。③第二是编纂完成的后续工作繁杂，校订、重抄和刻印等都需花费大量的人力、物力。在寻求天皇朝廷认可的过程中，水户藩完成了纪传初版刻印问题，从1734年获得幕府许可，到1749年完成《日本史记》的再校和净写工作，期间解决了体例不完善、④人手不足

---

① 根据《修史本末》记载，安积澹泊对于不将源义朝载入叛臣传有如下议论：叛臣莫过于源义朝，而以其为源赖朝之父，不得已不载诸叛臣传。也就是说安积澹泊根据"为尊者讳"的原则，而未将源义朝放入叛臣传。
② 大学头，不同时代含义不同。平安时期，是朝廷设立的培养朝廷官吏的大学寮（相当于隋唐时之国子监）长官。到江户时代，则指的是幕府直属的学校，昌平黉的长官。1691年由林信笃任首任大学头，此后直到幕末时期该职务都由林家世袭。
③ [日]藤田幽谷：《修史始末》享保十六年条，第105页。
④ 体例不合的具体事例如打越直正等提出的1736年北朝五帝是否应当在目录中出现、是否增天皇世系年表于本纪之末等问题。

等问题，史书的刻印得以真正落实。第三是当时幕府和水户藩的重武轻文之风渐涨，使得幕府初期积极进取的修史劲头遇到挫折。在完成刻印之后，水户藩内的修史工作进入瓶颈，上到藩主，下到修史检校的工作人员，工作重心都偏离了正轨，甚至修史主要负责人即史馆总裁也重武而轻文，①对修史产生倦怠。一直到1786年，立原翠轩担任史馆总裁，才使修史事业重入正轨。1787年彰考馆遭遇火灾，馆中收藏的纪传稿本、诸志稿本都被焚毁，让刚刚进入正轨的修史工作再次受阻。1799年以光圀的百年忌辰为契机，水户再兴修史之热潮，藩主德川治保、彰考馆总裁立原翠轩、史馆编修藤田幽谷等代表人物，计划刻印纪传书稿。文化六年（1809）重新修订纪传，删除了旧稿的论赞部分，完成26卷纪传刻本，再献于幕府。此后，借助时任关白的鹰司政熙的介绍，水户藩终于打通了将史书进献朝廷的通路，于文化七年（1810）成功将《日本史记》进献朝廷，完成了光圀生前之愿。

第二阶段的主要工作是围绕志表展开的，虽然主要志表的实际编纂是1810—1906的近百年之间完成，但志表的讨论和准备工作从纪传完成之后就已经开始，只是由于当时工作的中心尚未定于志表一处，且志表与续修的争论不断，因此志表的编纂进展极为缓慢。志表编纂可以说是整个修史过程中最艰难的部分，既缺少可直接征引的史料，又需要重新确定志表之体例。如安积澹泊所说，"搜罗检讨，日劳翻阅《令义解》《延喜式》《类聚三代格》，无一事之可观，腐板固滞，令人生厌。然不看此等书，则无以立本，适有《古记》《实录》之可徵，则有始无终，得此失彼。"②因此在立原翠轩任总裁再起修史工程一段时期之后，提出了暂停修志，专注于纪传重订和刻印的计划，修志工作再次受挫。1810年完成了向朝廷进献纪传之后，由丰田天功及其弟子栗田宽主导了史馆工作，志表的编纂才真正进入正轨，1882年入彰考馆的栗田宽弟子清水正健③作《表目考》，提出八表的方案，经栗田宽讨论后删定为五表，最终于1906年完成了纪传志表四部分的全部刻印。大正七年（1918），由吉川弘文馆将志表部分单独出版发行。

---

① 重武之风的代表人物有天明宽政年间（1781—1800）担任总裁的铃木重祐。《彰考馆总裁略传》中记载他不擅长讲课，取消了总裁轮值讲课的制度，他喜欢武技并经常练习，考究兵器制造之事，擅长剑枪和鸟铳之术。
② ［日］藤田幽谷:《修史始末》享保十二年条，第104页。
③ 清水正健，1856—1934，号梅荫，14岁时拜师栗田宽后入东京师范学校学习，27岁入彰考馆，负责志表的修订。曾编纂《皇祖世表》《庄园志料》等典籍，在彰考馆、无穷会等收集古文书中有大量与庄园相关的史料，他依此修成《庄园志》等史料，成为当前庄园研究的基本史料之一。

第四章　后期修史实践（1786—1906）

总体来说，后期修史过程是在对前期工作的反思和批评基础上开始的，"三大议论"正是这一过程的具体表现，也是水户后期修史过程中对历史进程和现实社会等问题进行思考的综合反映。从表面来看"三大议论"分别是对书名、志表存废和论赞存废的讨论，但它实际上是前、后两大修史阶段编纂理念变化的外在呈现。因此接下来大致按照时间顺序，来分别讨论"三大议论"的内容、提出经过和议论结果。

一、志表存废之讨论

"三大议论"大致都是在立原翠轩任史馆总裁前后出现的，但是议论所涉及的具体问题却早已出现，只是随着后期内外环境变化和史臣分裂等具体原因而被赋予了新的内涵和价值。先来看志表的存废问题。

《日本史记》作为纪传体史书，光圀时代已经确定了纪、传、志、表四大编纂体裁。由于工程浩大，史臣自然更迭，使得纪传先完成而志表迟迟未成，因此在正德年间纪传稿和清书抄写完成之后，就出现了志表编纂和续修纪传孰先孰后的讨论。1789年立原翠轩担任史馆总裁之后，先提出暂缓志表编纂的意见，后进一步提出废除志表的主张。对此其弟子小宫山昌秀（枫轩）等人认为，按照中国史书来看缺少志表是战乱时代特点，日本绵延两千年，不修志表不合常理。实际上在德川光圀的时代已经在讨论志表编纂的问题，① 具体可参考《修史本末》《往复书案》《御意觉书》和《文苑杂纂》等史料中的相关记载。不同时期有不同的馆员负责各志表之编修，其分属情况可参看表4.1。明治之后的志表主要由津田信存负责润色和校订等工作，但是津田信存在编修《国郡志》时突发眼疾，难以参与后续工作，因此志表主要还是由会泽正志斋（主修表）、丰田天功和栗田宽师徒完成。全部志表出版时间大致如下：1871年《刑法志》2卷、1873年《兵志》6卷、1883年《佛事志》6卷和《职官志》5卷、1885年《氏族志》13卷、1886年《礼乐志》16卷、1889年《食货志》16卷、1893年《神祇志》23卷、1895年《阴阳志》5卷、1898年改八表为五表完成《公卿表》7卷、1905年《国郡志》33卷，到1906年完成了全部志表的刊刻。

---

① 《修史始末》记载，1710年彰考馆总裁酒泉弘提到，义公隐居西山时常常提及修史，并说有纪传而无志表不可为全书，因此酒泉弘希望完成义公所提出的十篇志目的夙愿。

表 4.1　各志分属情况表

志	1687年	1741年	1760年	1783年	1803年	明治后
音乐					藤田克中	栗田宽
天文	青野元叔	小池友贤、神山直曾	小池友贤、大场景明	大场景明	藤田幽谷	青山延光修饰
历				大场景明	森笃恒	清水正健删改
地理		加藤厚明、富田敏贞	铃木重祐	长久保赤水（1786）		
五行	青野元叔	改为灾祥				
神祇		名越克敏、丸山乘春	名越克敏、丸山乘春	青山延彝	青山延于	栗田宽、津田信存删润
礼仪		松村荣、菊池方	加藤厚明、菊池方	谷部常德	青山延于	津田信存删润（礼乐）
刑法		秋山陟、市川忠直	富田敏贞	谷佐遵	藤田幽谷	丰田天功、津田信存删润
艺文		河合正修	立花元长			
佛事		德田庸、铃木重祐	谷佐遵、野口多新次	立原翠轩	川口长孺（释教）	丰田天功、栗田宽、津田信存增补
舆服		增子淑时	增子淑时		高桥广备	
灾祥		绵引有恒、野口祐	绵引有恒、市川忠贞	富田理介		津田信存辑录、清水正健增补
职官		中岛平次	中岛平次		高桥广备	丰田天功父子、栗田宽、津田信存
氏族		丸山云平、大井贞广	大井贞广、丸山云平		藤田幽谷	丰田天功、栗田宽、津田信存校订
食货		安积澹泊	安积澹泊		川口长孺	丰田天功、津田信存、清水正健
兵马		安积澹泊	安积澹泊		藤田幽谷	丰田天功、栗田宽、津田信存润饰
文史					高桥广备	
国郡						津田信存、栗田
阴阳					藤田幽谷	栗田宽

关于志的最早史料应当是《往复书案》中的记载，其中提到1680年光圀提出编修音乐志，还提到光圀时期曾确定了十志的编修方案，但具体志目未见于史料当中，不可详考。到1741年《日本史记》编纂工作开展近百年的时候，已完成的志稿仅有中岛平次的《职官志》、丸山云平的《氏族志》、小宫山枫轩的《音乐志》、安积澹泊撰写的食货和兵马等五篇。史馆总裁经过讨论，决定对未完成的志表进行分工。此时确定的是十四篇志，与最终成书的十志篇目略有出入。不同时期志目变化可以参见表4.2的具体内容。

第四章　后期修史实践（1786—1906）

表 4.2　志目排序及变化

时间（年）	《日本史记》志目	中国志书目
1689 前	音乐、艺文、**神祇**、经籍、礼仪、五行、天文、佛教、**氏族**、兵马、百官（按照史料记载顺序排列，原序不可考）	《汉书》：**律历**、礼乐、刑法、食货、**郊祀**、天文、五行、地理、**沟洫**、艺文
1709	天文、灾祥、**神祇**等十志（志目未列全，现已不可考）	《魏书》：天象、地形、**律历**、礼、乐、食货、刑罚、灵征、官氏、释老
1710	礼乐、天文、五行、食货、地理、灾祥、刑法	《南齐书》：礼、乐、天文、州郡、百官、舆服、祥瑞、五行
1714	天文、地理、**神祇**、佛寺、礼仪、舆服、音乐、刑法、食货、兵马、职官、**氏族**、艺文、灾祥	《宋史》：天文、五行、**律历**、地理、**河渠**、礼、乐、仪卫、舆服、**选举**、职官、食货、兵、刑法、艺文
1741	天文、地理、**神祇**、礼仪、舆服、艺文、刑法、灾祥、**佛事**（职官、食货、音乐、氏族和兵马五志稿成）	《明史》：天文、五行、**历**、地理、礼、乐、仪卫、舆服、**选举**、职官、食货、**河渠**、兵、刑法、艺文
1760	礼仪、刑法、艺文、**佛事**、舆服、天文、灾祥、地理、职官、氏族、食货、兵马（**神祇**志稿成）	《隋书》：礼仪、音乐、律历、天文、**五行**、食货、刑法、百官、地理、经籍 《新唐书》：礼乐、仪卫、车服、**历**、天文、**五行**、地理、**选举**、百官、兵、食货、刑法、艺文
1783	神祇、礼仪、灾祥、刑法、天文、历、佛事	无
1803	神祇、天文、地理、氏族、职官、礼仪、舆服、音乐、食货、兵马、刑法、文史、释教	无
1803 年后	神祇、官氏、阴阳、国郡、食货、礼仪、音乐、兵刑、文籍、佛徒（藤田幽谷、高桥广备等定）	无
1869—现在	神祇、神官、氏族、职官、国郡、礼乐、兵、刑法、阴阳、佛事	无

注：加粗字体为中日对照志目中，只出现于一方的志目。

表 4.2 整理了 1689 年前到现行《日本史记》的志目，同时还与相应的中国正史志目并列比较。从表的内容可知，修史的前后两大阶段，志表的编纂出现了明显变化：一是志的数量变化；二是志表命名和排序变化；三是与中国正史进行对比时，可看到志类编纂的日本特色更加突出。

先来看志目的数量变化。从表 4.2 所列部分中国正史的志目可以看到，《宋史》和《明史》的志目数量最多，共有 15 篇。除去没有志的几部正史，志目最少的应属《新五代史》，其以"考"命名典章制度之整理，只有"司天考"和"职方考"两篇。在最多和最少的两部正史之外，有志之正史的志目数量多在 8—13 篇。再看《日本史记》现行的十志篇目确定之前，志类的数量大致都在13—14篇。根据《修史本末》的记载，在1689年之前光圀曾有修志十篇的说法，具体篇目没有留下直接记录，同时《修史本末》所载1689年之前所确定的志目并不成熟，超过了十篇，还出现"艺文志"和"经籍志"这样相似或重复志目。元禄时期，根据当时确定的《修史义例》，史臣们将《五行志》改为了《灾祥志》。一直到明治年之后，经过数志合并和删改，才最终将志目确定为十篇，其中礼仪、舆服、音乐三志合并为《礼乐志》，天文、历、五行三志合并为《阴阳志》。从志目数量变化来看，《日本史记》的志类篇目数量大致与中国正史的志类保持一致，没有太大的出入。

接下来志表的命名和排序变化非常有趣，需要重点关注。先看史表的篇目，相较于志来说，史表一直未受到足够重视，表的篇目一直都没有明确的方案，也不在史馆的重点工作之列。1736年打越直正围绕修史提出的三条建议中说，享保年间向幕府进献《日本史记》时已经完成了年表，但从神武到后小松时期的宗室世系、群臣世系尚未完成，因此主张之后再献书时一定要附上年表。对于打越的建议，安积澹泊回复说年表、世系都不是当前要务，在修志时补修也不晚。一直到明治三十年（1897），清水正健才在《表目考》中参考中国正史诸表，提出了八表的编纂方案。根据津田信存①《十志垂成八表未》诗歌所载，八表包括《皇亲表》《臣连二造表》《公卿表》《八省长次官表》《国郡司表》《藏人检非违使表》《镰仓府官表》和《南北之际月表》。其中《皇亲表》仿《辽史》之皇子、公主、皇族等三表而定，《八省长次官表》主要仿《明史·七卿年表》而定，《南北之际月表》欲仿《史记·秦楚之际月表》而编纂。后与栗田宽商讨，决定删除皇亲、八省长次官和南北之际月等三表，形成了现行《日本史记》所载之五表。

志类的篇目大部分在《日本史记》编修前期已经提出，从德川光圀时期就对此有所讨论，如1683年光圀据《御意觉书》提出了《音乐志》和《神祇志》的编修，但《神祇志》初稿一直到1760年才完成，最后由栗田宽于明治年间重新确定体例，修订成《神祇志》23卷。对照表4-2可以发现，在志类篇目的命名上有明显变化。藤田幽谷根据《大宝令》中将历、天文和灾祥三事归入阴阳寮之例，提出将历、天文和灾祥三志并入《阴阳志》，另提议将《地理志》改为《国郡志》。另外《食货志》在文化五年（1808）时完成的稿本，主要仿照《明史·食货志》之细目编成12卷，

---

① 津田信存，1832—1892，彰考馆编修，明治年间《日本史记》主要编纂者和校订者之一。

第四章 后期修史实践（1786—1906）

后在安政四年（1857）由丰田天功按照《新唐书·食货志》之细目改订为5卷，最后明治时期由清水正健在前人基础上修订并加入"仓库·簿张""供御""封禄""山野河海"和"庄园"等内容，以反映日本经济之发展。在志类的排序上，在天明三年（1783）之前一般都是以《天文志》《礼乐志》或《礼仪志》为首，这一排序可以在中国正史的志、书中找到相应的记载，但是1783年之后到现在通行的《日本史记》，都以《神祇志》为志类之首，与中国正史存在明显的差异。

最后，《日本史记》志表编纂在篇目和篇章排序等方面都表现出日本特色，并不断强化。先看表目，前文已经提到原定的八表调整为五表，其中被删除的三表主要是依据中国正史之例而确定的篇目，剩下五表之篇目主要记载日本历史的特殊元素，并依据日本典籍编纂而成，如《臣连二造表》《国郡司表》和《将军僚属表》等，主要依据《日本书纪》和其他国史书中记载的中央上层官员、地方官和将军家族、家臣等内容来确定。《公卿表》记载孝德天皇至南北朝统一之时的公卿列表，称"今据《公卿补任》，参稽史籍，系以年月，以表其姓名，俾人一览了然，因以察治乱兴衰之故。"① 再看志目，藤田幽谷主张按照日本之例立《阴阳志》合并中国正史惯用之《历》《天文》和《灾祥》三志，又改常用之《地理志》为《国郡志》，另光圀时期虽然确定了《文籍志》之志目，但这完全是"相仿西土之志，而非本朝所重，无之亦不可谓阙典。"② 志表命名和排序的变化，实际上包含着前后期修史理念上的差异之处。安政三年（1856）丰田天功上德川齐昭的封事中提出"修史之难莫出于神祇地理"。神祇、地理二志之难，不仅是史料庞杂、体例难定等原因，更主要还在于《神祇志》讲述的是日本民族起源和历史发端的问题，而《地理志》讲述的是日本风土的形成问题。因此可以明显看到在后期修史中，对于志表这一记录典章制度沿革的修史体裁，《日本史记》的编修者们逐渐强调日本本土的特点和因素，尽量减少或去除中国传统史学元素，不仅在命名依据上倾向于本国典籍，在排序上也突出日本作为"神国"的特点。

明治二年（1869），栗田宽就志类刻印之事致信藤田幽谷之孙藤田健，信中就志类各篇的作用和性质进行了高度概括，并指出该书是明治建设"文明开化"之政所

---

① 《大日本史》卷三百七十二《叙论》，大日本雄辩会编《大日本史》14册，1929年，第70页。
② 《水藩修史事略》中记载，藤田幽谷提议改名《阴阳志》之后认为，既然"天文"已经并入《阴阳志》，那么与天文相对应的"地理"就不太恰当了，且其内容主要记载国郡之沿革改为旧例之"国郡志"更为恰当。[日]栗田勤：《水藩修史事略》，东京：大冈山书店，1928年，第232—234页。

不可缺少的材料，他说：

> 宝典之成，有纪传而无志表，则无以成史体，故义公之时即有修志表之命。……今古二千载的形势沿革，了然简册之上，以成先辈未尽之功，可谓尽善美矣，以此烈公深嗟赏之。又防夷狄、排夷狄，首推神道之弘，使人人知日本之高贵优越。要之，当以记冠绝神州万国之所推于天下，为第一急务。故志表之事，殊不可不尽心。……明神祇之典以拒异端邪说；以兵刑而内平乱贼、外御蛮夷侵掠；丰殖食货以安万民；分官设职则贤俊以登用；明氏族、知三别之派而知先王开拓国郡之艰，故思寸步不移以御外夷；正礼仪、辨尊卑、依政事得失而明阴阳谬错，以知助人君以修德；知佛法为中国之大害，以为鉴戒，知外教乃我国之大害，明神圣之大道、建皇国之学规，于文明之治、开化之政建超绝万国之基，则决不可无此书。①

栗田宽指出，《神祇志》明确了日本优于神州万国的根本所在，可启发民智，是对抗外教、抵御外夷入侵的重要手段，故当为诸志之首。其余各志也分别从不同的方面展现了日本之优越性，有助于民众辨别异端邪说，坚定抗击夷狄之志向。由此可见，在《日本史记》编纂后期，志表编纂由仿中国正史"史体"必备之体，发展为"明神圣之大道，建皇国之学规"的必需之书，《日本史记》的志表也更加集中致力于展现日本在政治、经济、文化等各方面的"特色"和"优越"之处了。

二、论赞存废之讨论

水户后期的"三大议论"之二是论赞存废问题。从时间上来说书名讨论是出现在这一讨论之前的，但书名讨论最初出现时与史馆的两地分置有关，因此放在下一节与史臣分置、史臣分裂一起讨论。1716年，光圀的继任者纲条下令彰考馆编修论赞，后由安积澹泊执笔于1720年完成论赞259篇。立原翠轩担任史馆总裁之后，提出志表编纂与纪传之修订同时进行的计划。在修订纪传时，水户藩主和史臣们就论赞修订问题开始了讨论。享和三年（1803）水户藩主德川治保重开修史之时，提出了删除论赞的想法，其后围绕着是否删除论赞向高桥广备等人征求意见。高桥广备赞成删除论赞的主张，1803年在向水户史馆传达治保意见的信中指出：

---

① ［日］栗田勤：《水藩修史事略》，第220—224页。

第四章　后期修史实践（1786—1906）

　　凡史之有论赞，是皆论胜国易代之得失。极口是非，固所不妨。独吾天朝百王一姓，方今之世，虽至尊垂拱、委政关东，然君臣之名分严乎不乱，四海之内，莫不皆奉正朔。上世虽远，均之祖宗，今论其得失，无所忌惮，事体已非所宜，安知不负先公之意哉？寡人之意，欲悉删去之，宜详议焉。广备谨奉其命，因谓局中诸子曰：盖史之分纪传，其体创自司马子长氏，而其末各系以论赞，是非其失得善恶，是盖一家之私议，固非天下之公论也。虽然历代修史者，皆因袭而不敢违焉。先君义公，以不世之卓识，创一代之大典，盖亦仿其纪、书、表、传之体也。……纪实编纂之未全，岂能空文论述之所及哉？以故当时未有论赞之议，史臣亦未及取旨。迨至肃公之时，善继先志，日督励史臣，数年而纪传始脱稿，以其未有定名，史臣相议，冒以"大日本史"之号。其后以安觉之老于史学，推之作论赞，附之各纪传之后。尔后吾《大日本史》之名播于天下，而论赞之辞与纪传并传焉。……虽然人非孔孟，笔谢左马，安保其论之必确，其文之必精哉？以今观之，似有可少议者。……乃阅其论赞之辞，或有伤苛酷者，或有失冗长者，加之妄引异邦史中其事暗合者，以炫其博。备也狂简，窃以为国朝之士，与彼较其长短固非所宜，先公之本意，恐不如此。且其援彼而证此，施之他史史论随笔则可，于史赞则大失其体。虽然遽发其说，恐惊人耳目，乃与子定（藤田幽谷）议，欲待他日而渐发之。比校之事渐竣工，予亦西归。明年再到水户议刊修，因与子定发其平生之所蕴，首举每纪元年之下，书皇太子即天皇位者，袭舍人氏之旧文，而不自知其违麟经以下历代诸史之书法者，而纠之。他自遣辞之间，繁简文质，大非先公之本意者，及论赞等之说，条列辨析，不遗余力。于是诸子亦稍同其说。……公（治纪）追述先公重天朝之意，断然删去之，是固盛德之事，莫以尚焉。广备不肖，谨原公意，更考之《春秋》之义，实为合仲尼之意矣。夫《春秋》二百余年，君臣之事实，一据鲁史之成法，公是公非，据事直书，未尝别加一语而论其得失也。盖以为如其善恶得失，在观者之意何如耳。安得以一人之私见定天下之公论哉？且夫以成败通论其人者，后世讲学家之流弊，孔子之时则无是也。夫孔子圣者也，其于人也，慎重不轻议，犹尚如此，况其下者乎？子长不能考于兹，妄系以轻重之辞，但其抑扬褒贬之间，从容不迫者，特为近古耳。然其论当世不能颇无隐讳，则岂若据《春秋》之义，而始无其说哉。……今吾史发乎先君独得之见，记天朝君臣之故，极口论其得失小故，于公侯之事体，亦恐不可。是吾史之决不可有论赞也。①

高桥广备认为中国由于易姓革命，由改姓后之朝代书写前朝之历史，以论赞臧否其得失，但是日本历史百王一姓，上到掌握权柄的将军，下到黎民百姓都是天皇之臣子，以臣下之身份议论君主实为大不敬。他还认为，孔子为圣人尚且对《春秋》未加一言评论，"公是公非，据事直书"，② 不可"以一人之私见"定天下之公论。且安积澹泊所撰写的论赞中也有不太恰当的地方，或"伤苛酷"，或"失冗长"，或"妄引异邦中其事暗合者"等都是论赞的失误之处。由于日本历史特点、中国圣人做法和论赞本身缺失等三个层面，高桥广备主张应当删除《日本史记》之论赞。这一主张得到了藤田幽谷和青山延于等人的支持，藤田幽谷指出，志表本先公（光圀）早定之意，而论赞则无公命，即使先公有论赞之命也无法保证当前之文本符合公意。幽谷还认为：

先公之卓见，虽曰正闰皇统，是非人臣，以成一家之言，然其笔削大旨，惟务其实，不求其华，宁失于繁，莫过于简，如其删裁以俟乎后之大手笔。故其论修史之要，不过曰据事直书，劝惩自见焉耳。安觉虽老于史学，其论赞之作，既在公薨之后，以一人之胸臆褒贬百世，不能禀旨于西山，而讬以先公之撰，恐似诬先公矣。已以英断删之，吾子亦析以《春秋》之义。腐令一家之说，岂足袭哉？③

幽谷与广备的相同之处，是指出了论赞是个人私见不足以代替公论，幽谷还进一步指出安积澹泊的文本违法了光圀"据事直书，劝惩自见"的修史本意，因此论赞必须被删除。

高桥广备还引林家作为自己意见的背书，说"一日到门下执谒，语次及订史之事，乃质以论赞之说，生极服公之卓见……论赞之作，亦极非深史学者不能，今不附之本史，拟赞之作离本史孤行天下，其（安积澹泊）苦心之功亦为不没矣"。④ 从

---

① [日]冈崎正忠：《修史复古纪略》，第15—16页。
② 实际上在《春秋》中也有"君子曰"等表达撰者意见的内容，这也是《史记》"太史公曰"所效仿的对象。因此高桥称《春秋》当中没有私人议论，实际上是其借助圣人之言行来论证观点的做法，反过来也说明高桥等人思维模式中无法抹去的儒学色彩。
③ [日]冈崎正忠：《修史复古纪略》，第17页。
④ [日]冈崎正忠：《修史复古纪略》，第18页。

第四章 后期修史实践（1786—1906）

引文内容来看，高桥似乎提出了一个较为折衷的办法，对论赞的苦功表示肯定，进一步提出单独成册的意见，但是应该看到，无论高桥如何肯定安积澹泊或论赞，他都认为论赞不应该"附之本史"。樱井安亨①和青山延于作为水户史馆的代表，回复了广备删除论赞的信件，在回信中两人未明确提出反对意见，但在信的最后樱井提出疑问："（本纪等）或以论赞而持体者不少，今废论赞，是等之体裁如何？"②1809年，德川治纪继任治保藩主之位，樱井安亨密奏治纪指出"三大特笔"是义公之卓见，皆见于论赞，若删除论赞则使义公之大义蒙尘。就此，治纪向时任代理总裁的川口长孺咨询意见，川口补充说纪传经过修订之后已经大有不同，用旧纪传的论赞放在新纪传之后可能不太妥当，且论赞是出于纲条之命而非义公之意。此外关于"三大特笔"之论赞，根据川口长孺、藤田幽谷和高桥广备的建议，将相关内容在治纪的上表文中概括即可。至此，治纪于1809年最终裁定删除论赞内容，论赞被定性为安积澹泊的私人著述。

在中国正史的编纂中，论赞是史家对人物、事件的评论，集中体现史家之思想。在"天视自我民视，天听自我民听"的"民本"逻辑之下，天子代天以御民，天子是否施行仁政、是否践行王道是可以被评判和议论的。正是由于论赞的这一性质，在《日本史记》编纂的前后两大阶段，出现了对论赞的不同态度。第二章中已经提及了安积澹泊撰写论赞的过程，在此不再赘述，需要注意的是安积澹泊开始撰写时，三宅观澜已经提出了类似高桥广备的意见，只是两者所导出的结论有所不同。三宅观澜指出："大抵本邦国史百王一姓，与唐国以后代论前代之史体有异。如天武者即至今世一统之君，故大友、天武之间真如建文、永乐之时。当考明朝学者书建文之旨趣。天顺、景泰之时势也当察明人之论。……此赞全体，是是非非之论当求稳妥。中间议论发露之过，岂非臣子论君上之体。"③安积澹泊采纳了三宅观澜的大部分意见，在撰写天皇本纪之赞时当隐之处不可直笔、用词委婉。由此可见，在前期修史过程中，史臣们已经注意到论赞具有改朝换代之"后代论前代"的性质，不太符合日本百王一姓未曾有易姓革命之历史，但是以安积澹泊、三宅观澜为代表的史臣们在保持光圀创举之纪传史体完整的前提下，对具体用词、文法强调委婉之后，完成了论赞的

---

① 樱井安亨，通称彦之允，又名龙渊，号居易堂，立原翠轩弟子，与同门小宫山昌秀关系密切，任彰考馆编修，著有汉诗集《龙渊先生诗集》《龙渊居士樱井安亨诗草》等。
② [日]栗田勤：《水藩修史事略》，第106—107页。
③ [日]三宅观澜：《观澜子论赞驳语》，转引自小仓芳彦《大日本史赞薮解题》，《近世史论集》，第551页。

撰写。而后期修史者的前提则不再是纪传史体的完整，而是日本之百王一姓和君臣之名分绝对化。尽管期间还有樱井安亨等人主张从保持史体完整角度保留论赞，还有青山延于对幽谷的私人著史之说的辩驳。① 总体上来说，后期史臣们赞同高桥广备和藤田幽谷等人的主张，认为论赞内容涉嫌以臣下之身份评论天皇，有损天皇之威严、大失臣子之本分，最终江户和水户两处史臣都赞成将论赞从《日本史记》的正文中删除。

由上述的讨论中，可以看到围绕书名、志表和论赞存废问题的讨论，反映了修史前后期在指导方针和思想上的差异。编纂前期以《史记》所创之纪传体为范本，确定了纪传和志表是史体完整的必要部分，同时专门编修了论赞以实现史体完备的目标。到高桥广备和藤田幽谷主导史馆工作之后，确定将编纂重心放在志表之上，并将展示日本"百王一姓"和风土优越作为志表编纂的重要目标。两人在主持纪传的修订过程中，为了实现上述目标而提出并通过了删除论赞的决定。在这一过程中，《日本史记》的后期编纂者将对日本本土化的探索放在了第一位，在对中国元素的模仿中强调不可与日本特色产生冲突，同时对日本"百王一姓"特点的强调也逐渐超越了对纪传体正史之体裁完整的追求。

三、书名修订议

围绕书名的议论，最初在正德年间（1711—1716）已经出现，以三代藩主所定之"大日本史"而解决。到了修史后期阶段，以藤田幽谷为代表，在"正名论"基础上再次提出了对书名的讨论。

正德年间的书名讨论，是纪传完成之后为进献朝廷、幕府所进行的必要工序。正德五年（1715），纪传稿成并供奉于德川光圀庙之后，作为进献的准备工作，两馆围绕书名都有各自的提议，水户史馆主张命名为"皇朝新史"，而江户史馆则提议"大日本史"。当时江户史馆总裁酒泉弘获得了水户第三代藩主肃公（纲条）的支持。《往复书案》中记载，酒泉弘在写给安积澹泊的信中称"大日本史"一名是"恰好之佳名"，并向安积澹泊传达史臣们与藩主商讨的结果，最后尽管安积澹泊提出应当按照光圀的遗愿请朝廷定名，但肃公认为事急从权，最终将完成的纪传稿定名为《大日本史》。

---

① 栗田勤在《水藩修史事略》中引青山延于单独回复藤田幽谷的信提出，按照幽谷的说法，已有之所有史都是出自公侯私撰，都是私史了，实际上私撰之史一旦公行天下则不再是私史。原文为：然して後これを天下に公にするに至らば、則ち天下の正史、嚮の私史には非ざるなり。

第四章 后期修史实践（1786—1906）

对这一过程，藤田幽谷在《修史始末》中指出：

> 一正按，义公修史未尝命名，盖有深意存焉。酒泉等谓公亦或尝拟以日本史之名，其言暧昧不足为据。夫"大日本史"之名，禀肃公之旨而定之，似不可深非，然使天下后世谓义公尝命此名，不亦诬乎？一正近尝致书水户同僚，反覆论难，颇得好辨之名，今不赘于此。①

引文中藤田幽谷提到的"致书水户同僚，反覆论难"之书，指的就是幽谷1797年所写《与校正局诸学士书》一文。宽政九年（1797）八月藤田幽谷在《与校正局诸学士书》开篇写道：

> 彰考馆散正藤田一正，在江邸寓舍，东向再拜，致书水户校正局诸学士足下，顷者立原总裁，只役至此，因审诸学士在职……方今我公善继义公之志，留意史书，而大场相君当监理提举之任，督励劝课馆僚，校订不遗余力，立原先生集众思而取舍裁断焉，不日缮写，将授诸梓不朽之业，百年而论定，何庆加之。②

该文重点就《大日本史》的书名问题进行讨论，指出不应以《大日本史》为名并总结出四条理由。第一条是《大日本史》中"大"使用不当。幽谷指出光圀在《梅里先生碑铭》中只是说明了修史的目标，却没有为其定名，只是后人商议后为正德五年完成的纪传稿定名《大日本史》。日本国名没有大字，历史上也从未以"大日本"自称。第二条是书名不雅驯，其书非受天皇之命敕撰而以"日本"为名，于礼不合。幽谷认为"今私作国史，而命以日本，岂为得体哉"，只有"方外之徒，私作国史"才如此定名，此举不宜效仿。第三条是不合史书命名惯例。中国历史上司马迁称书为《史记》，从班固开始才以国号命书，这是改朝换代之后用于区别前后朝的做法，而日本不存在这样的问题，故应当以司马迁命名为例。第四条是命名不符合义公的本意，出处不正。光圀之时，曾使用过"本朝之史记""国史""纪传"或"倭史"等说法指代所修之史，但这都不是确定的书名。幽谷指出"义公（光圀）之意，欲俟纪传志表悉成，然后奏诸天阙，请其名，未果而薨。逮正德中书成，众议以为

---

① ［日］藤田幽谷：《修史本末》，日本史籍协会编《藤田幽谷关系史料》一，第98页。
② ［日］藤田幽谷：《与校正局诸学士书》，《水户学》第371页。

时势有所不可,遂命曰《大日本史》。"①

其曰"日本书纪""日本某朝实录"者,皆廷臣奉敕修,非一家之私书也。今非有天子之命,私作国史,而命以日本,岂为得体哉?尝闻后醍醐帝之世,释圆月作日本史,以吴太伯为始祖,献其书于朝,诏焚弃之。虽中世以降,史官失职,然方外之徒,私作国史,既非其宜,况其祖太伯之说诬妄污神明之统,尤义公之所深愤而痛斥之者,岂复刻袭其私造之名乎,是其二不可也。②

从上述引文中可知,幽谷为了论证不可用"日本"作为史书的名称,提出了以国为名的都是敕修史书,只有那些"方外之徒"才私作国史。幽谷还批评僧侣所作之史"诬妄污神明之统",且僧侣之史是违背义公修史本意和道德观念的。也就是说,对幽谷来说国史之编修实际当归正统朝廷所掌握,从严格意义上来说水户藩所编修的史书也属于私作国史之列,以"日本"为名更有僭越之嫌。幽谷对书名所发之议论,起初并未获得史馆总裁和藩主的肯定,一直到享和三年(1803)幽谷的书名议论才获得肯定。1803年二月原史馆总裁立原翠轩致仕,由高桥广备、川口长孺和藤田幽谷三人暂代总裁之职共同管理馆内的各项事务。同年三月由江户史馆商议后确定,将《大日本史》书名停用而改为《史稿》。

从最初对书名的讨论中可以看到,事情是由江户和水户两地史馆分别有不同的提议而引起的。史馆分设两地原本是为了使藩主与史臣们之间能够顺畅地决策沟通,到修史后期却引发了两地史臣的分裂,分裂的史臣们还卷入到江户末期水户藩士的派系争斗之中,导致水户藩内耗严重,以至于在明治政府成立时,原本在文化、政治等各方面都处于优势地位的水户藩未能在政府中获得与其历史地位相适应的位置。

史臣最初的分离并未过多牵涉到观点的根本差异,主要是工作内容和性质的不同导致双方存在一定的差异,未造成太大的问题。史馆一分为二,最早是从德川光圀退隐水户之后开始的。光圀隐居西山之后,史馆分成了江户和水户两处。最初水户史馆主要是便于及时根据光圀的指示对编纂工作进行调整。1691年光圀隐退之后规定,江户史臣需要每三个月定期到水户向光圀进行汇报。1698年江户史馆主体被

---

① [日]藤田幽谷:《与校正局诸学士书》,[日]今井宇三郎、[日]尾藤正英等编《水户学》,日本思想大系53,东京:岩波书店,1973年,第373页。
② [日]藤田幽谷:《与校正局诸学士书》,第373页。

第四章 后期修史实践（1786—1906）

搬迁到水户，江户史馆成为分馆，还规定三位史馆总裁必须交替到江户史馆履行职务。此时两史馆的分工大致是：水馆负责国史编纂的相关工作；江馆负责《万叶集》、参考史料和《天皇世系图》等相关内容。后来光圀离世，新任藩主定居江户，江户史馆逐渐成为修史工作的中心，水户史馆的重要性被削弱。1702年，水户史馆的一半人员和工作转移到江户史馆中，此时史馆总裁已经增员到四人，分别为安积澹泊、中村顾言、栗山潜锋和酒泉弘。当时由总裁中村顾言和栗山潜锋带领馆员鹈饲真泰、佐治竹晖等十余人常驻江户，负责南北朝时期的史料整理和编纂；水户史馆则由安积澹泊和酒泉弘主要负责源平战时的史料厘定和编纂。稍后酒泉弘被调入江户史馆，由大井贞广（松邻）接任水户史馆总裁。1729年，水馆总裁多致仕或去世，依田处安被拔擢为总裁，他常年居住在江户的藩邸之中，总理江户和水户两馆事务。从德川光圀隐居西山而将史馆一分为二之后，在修史整个过程中偶有裁撤之事，但总体上保持了两馆的建制。根据德川幕府建立之初的规定，水户藩实行"定府制"，即水户藩藩主无须在江户、水户两地间定期往返而是长期定居在江户的藩邸之中，史馆的编修们也经常担任藩主的侍讲等职务，随侍藩主身旁以获取信任和重用。因此1729年之后史馆总裁虽经过多次更迭，但主要还是任职于江户史馆。1741年《大日本史》刻印之后修史工作陷入停滞，一直到立原翠轩在江户任史馆总裁之后，认为纪传秘于府库、义公之志不得显于天下，主张宜精修纪传，使其广布世间，从此之后《大日本史》的编纂工作才再次进入正轨。

在后期修史过程中，江户和水户两馆先后就书名、废志表和删论赞展开了议论。根据藤田幽谷《修史本末》的记载，正德年间《大日本史》纪传脱稿之后，担任江户史馆总裁的酒泉弘、佐治竹晖担忧纪传完成之后史馆将被废除，为了让史馆能够继续存在，他们提出了两大策略，一是编修志表，二是续修后史。[①] 江户史馆的主张未得到当时水户史馆总裁大井广和神代煮的明确的表态，两人只提出修志表是完成义公的遗志，而续修后史却是江户史馆的私人喜好。只是在面临史馆存续的大问题之下，水馆和江馆两处总裁达成一致，联名申请续修后史之事。当时长期任职于水户史馆的藤田幽谷认为酒泉弘等人提出的续修理由并不可靠，酒泉弘等人的真实目的是想将自身应尽的部分义务转移到水户史馆，实为狡猾之举。后来水户史馆总裁神代煮在临终之际，深以志表未成为憾，嘱咐后继者务必废除续修之议。

---

① [日]藤田幽谷：《修史本末》，日本史籍协会编《藤田幽谷关系史料》一，第99页。

从江户史馆和水户史馆的成立和争论过程可以得出以下三个结论：

首先，在设置初期水户史馆和江户史馆两处主要围绕藩主所在而出现修史重心的往返变动。水馆与江馆的争端之一实际上与藩主的亲疏关系有关。从水户藩的首任藩主德川赖房开始，其人生的大部分时间都居住在江户的藩邸之中，只是不定期的获得幕府将军许可之后方可短期返回藩国。赖房与光圀主政时期，非常注意加强对藩领的控制，赴藩理政的次数较多。因此在水馆与江馆的争论中，在光圀去世之前水馆的意见相对更常被采纳。例如1702年两馆围绕平教经传的编纂出现分歧，江馆认为应当依据《东鉴》的记载，而水馆则认为应当依据《玉海》《平家物语》和《盛衰记》的范例，最终水馆的意见被采纳。在光圀之后，江户史馆逐渐成为修史的固定中心，到打越直正之后，基本确定由江户总裁主管两处史馆的主要工作，另在水户史馆设置一个分部负责人。

其次，在立原翠轩担任史馆总裁之后，水馆与江馆两处最重要的分歧，出现在对已完成的纪传定名和续修问题的讨论上。在争夺藩主支持的过程之中，双方纷纷提出了各自的主张希望以此来提高本地史馆在藩主心中的地位和修史中的话语权，最终江户史馆的提议被当时的藩主采纳，由此取得了争论的胜利。

最后，初设于江户藩邸的史馆招徕的史臣来自各地，由于史馆分设两地，出现江馆和水馆的意见争端。随着水户藩教育事业的发展，进入史馆的史臣多出身于水户，并在水户藩校或私塾中接受培训，培训之后再有部分人被拔擢入江户史馆，至此两馆之间的明显冲突渐消。

由此在后期修史过程中，以志表删除、书名改定和论赞删除为中心的"三大议论"成为江户和水户两地史臣争论的核心议题，也是水户史臣分裂的集中表现。"三大议论"表现为后期史臣对前期修史的成果进行的修正和改定，认为前期修史过程中的史臣们"有负光圀之意"，因此着重强调在志表、书名和论赞等讨论中突出日本特色、日本"百王一姓"之优越性。

第二节　水户学风的转折

在后期修史过程中，江户和水户两馆先后就书名、废志表和删论赞展开了议论，形成了立原翠轩和藤田幽谷为代表的两派。在这不同派系争论的背后，还有水

第四章　后期修史实践（1786—1906）

户学者自身受到当时流行的学问影响而自我学习、转变的过程，这一过程与史臣的分裂交织在了一起。18世纪徂徕学和国学兴起并流行起来，史馆人员因学派之别出现分歧。立原翠轩进入彰考馆时因学问之别而被斥为异端，而后他将徂徕学的研究方法导入志表的编纂之中，影响了藤田幽谷及其之后的史臣。到宽政年间（1789—1800），翠轩与其弟子藤田幽谷又因对《日本史记》的编纂方针不同出现分歧。此次两人的分歧不仅限于学派之别，还与当时的藩政缠绕在一起，成为《日本史记》编纂后期的一次转折点。

一、重启修史工作的立原翠轩（1744—1823）

1783年，立原翠轩通过长久保赤水①的推荐，成为久居江户的水户藩主德川治保的侍读。立原将《日本史记》被束之高阁的情况向治保进言，使治保对史馆的工作有一个较为清楚的了解。于是治保命令立原尽快完成《日本史记》的编纂，立原于1786年成为史馆总裁，主要任务就是确保在藩主治保的治内完成全书的编纂。立原翠轩早在1763年、二十岁的时候就已经进入江户史馆担任抄写之职，1766年升任为史馆编修，早有才名，但直到1786年，也就是在史馆积攒了二十余年的年资之后才成为总裁，这样的晋升情况并不多见。究其原因，是立原翠轩入馆之后，因学问路数不同于当时的主流史臣而被排挤，直到获得藩主的直接支持之后才终于在史馆中获得了总裁之职。在翠轩入馆前后，史馆的史臣们对异端学问的排斥变现得非常明显。②

从史馆建立时所招徕的史臣之师承可知，其主要是林家的门人弟子或亲友，学问以朱子学为主。翠轩最初的教育启蒙受到其父的影响，翠轩之父名兰溪，是林凤冈的门人也是史馆总裁名越南溪的弟子，可以说翠轩仍然是以朱子学为启蒙。18世纪日本社会具影响力、极流行的学问是荻生徂徕所倡导的"古文辞"学派，他的学问被门人弟子继承，逐渐发展为"徂徕学"。翠轩进入江户史馆之后，拜徂徕学者大内熊耳③为师，同时又跟随细井平洲学习"唐音"，平洲将荻生徂徕的"古文辞"方

---

① 长久保赤水，1717—1801，名为守道、玄珠，通称源五兵卫，字子玉，号赤水，江户时代地理学家。常陆国人（今茨城县），师从名越南溪，1765年曾参与安南漂流民送，1777年被召为水户藩主侍讲后，负责《日本史记》的地理志编修工作。
② 史馆中对学问的门户之见始于名越南溪，在铃木重祐之时被强化。具体可参看吉田一德所撰《大日本史纪传志表撰者考》和吉田俊纯所著《宽政期水户学研究》等两书之记载。
③ 大内熊耳，1697—1776，肥前唐津藩儒生，师从荻生徂徕的弟子服部南郭，是江户中期的古学者之一。

143

法运用到"唐音"的学习之中。翠轩正是在江户大量接触到徂徕的学问方法。翠轩23岁时回到水户藩开设了私塾,主讲徂徕学的系列学问,培养了后期水户修史的重要人物如小宫山枫轩、藤田幽谷等。翠轩在讲课中曾对朱子学进行批判,指出其偏离了孔孟原本之意,因此被史馆的其他史臣视为异端,指责其"诽谤程朱,废弃道德"。1775年,翠轩向当时的史馆总裁铃木重祐提交了题为《与铃木总裁书》的申辩书,后被收入《此君堂文集》之中。翠轩在申辩书中说:

> 性之所僻,好涉猎恶固陋。而有人乎公侧,以仆为攻异端之学,党同伐异,引绳排根,诽谤程朱,废弃道德,大庆西山先公兴学之意。……隐忍不发者久之,恐一被指目,蒙不义之名,终身无明。……皮相仆,不问仆之意如何,以仆之好博览,旁及仁斋徂徕诸家之书,谓是彼非此,务立门户,陷流俗浮靡之风矣。是固非辨说所能解者,有大似列子窃缺之喻,心既以仆为以之徒,其言其色,无视非异端。①

翠轩称自己只是性好博览,对徂徕、仁斋等著书都有涉及,并非异端,那些持有门户之见者才是真正的异端。同时还辩驳说,自己一直是纯正的儒学者,以"六经诸史"为学问来源,虽有对程朱等言说的批判,但这并不是否定经史,也不违背圣人之学。他说:

> 所始学者,一切弃去,以为业不专,则学不精;志不一,则事不成。六经诸史,吾师也。学岂有流派哉?解经者,汉传唐疏宋注,何择?其说之有异同得失者,各有所见而然,何必剿说雷同、是彼非此?屑屑事论辩不穷河源,焉见昆仑。故读书自古书始,参以诸家之说,集而蓄之,博文约礼,俟有成立之时。至近世诸书,随得随读,他山之石可以攻玉,涅而不淄,何害于己?且仆未尝谤程朱,昏葬诸仪,既奉家礼以从事,可以验己。或举门人坂场生,于俨塾中谤朱子为言,是不揣本之论,岑楼寸木之类耳。②

从上述翠轩的自我辩驳中可以清楚看到徂徕学的影响。荻生徂徕在提出"古文辞"学时并不是反对儒学经典,而是主张回归到孔孟的儒学原典,以避免宋学注疏的误

---

① [日]立原翠轩:《与铃木总裁书》,《此君堂文集》(稿本)卷四,茨城县历史博物馆藏朱批本。标点为笔者所加。
② [日]立原翠轩:《与铃木总裁书》,《此君堂文集》(稿本)卷四,茨城县历史博物馆藏朱批本。

第四章 后期修史实践（1786—1906）

解，而荻生徂徕的学问又是和中国反程朱之风潮联系在一起的。① 在翠轩将徂徕学等引入史馆之后，逐渐压缩了朱子学者在史馆中的影响力，徂徕学成为后期水户修史的一大主流思想。② 还需要注意的是，翠轩转向徂徕学的一大原因在于"志书未成"。徂徕认为"学问之极"为历史，其历史实有所指，他说：

> 夫古今殊矣。何以见其殊？唯其物。物以世殊，世以物殊。盖自秦汉而后，莫有圣人，然亦各有所建焉。只其知不周物，所以无圣人也。虽然，业已有物，必征诸志。……故欲知今者，必通古。欲通古者，必史。史必志，而后六经益明。六经明而人之道无古今。夫然后天下可得而治。③

徂徕的"历史"主要指"志"，由志可通古今、明六经。立原翠轩任总裁前一直以完成修志为己任，《修史复古纪略》中记载"若按国史告成，将有于十年之后然。……先纪传引用书中，探索志料，各部类聚，斟酌取舍，繁简均适，而后编述总序，十五志成于一手之策也"，④ 其出任总裁之后非常重视志表的编纂。但是随着藩政的日益拮据和内外形势的严峻，翠轩因志表编修耗费巨大，加剧藩政困难等因素而提出了延缓乃至废除志表编纂的意见。⑤ 他在宽政元年（1789）向藩主进言说：

> 从前史臣皆云，修志修志，没世穷年，不能脱稿，徒以志之未成故，使纪传之既成者并秘于府库。义公经世之志，百年而未公于天下，甚可叹也。夫义公之志，专在纪传，今宜精细校订，速布诸人间，如修志则特其余事耳。⑥

---

① 关于荻生徂徕与中国反程朱之学的关系，尤其是吸收李贽、王世贞等古文辞论的结论基本已成学界共识，另有韩东育等人提出荻生徂徕的古学实际也吸收了朱舜水的古学思想。参考韩东育：《日本近世学界对中国经典结构的改变——兼论朱舜水的相关影响》，《社会科学战线》2010 年第 11 期。
② 水户后期的修史代表人物有立原翠轩、藤田幽谷、小宫山枫轩、会泽正志斋和和栗田宽等人。吉川俊春在《宽政期水户学研究》一种中指出立原翠轩和藤田幽谷等师徒一系以徂徕学为指导，推动了《大日本史》志表部分的编纂工作。高山大毅在《近世日本的礼乐和修辞》一书中将会泽正志斋定性为"迟到的古学者"，指出会泽正志斋是徂徕学退潮近一个世纪之后接续徂徕学精神的古学者。
③ [日] 荻生徂徕：《学则》，《大日本史思想全集》第 7 卷，东京：大日本思想全集刊行会，1931 年，第 157—158 页。
④ [日] 冈崎正忠：《修史复古纪略》享和二年（1802）十二月条，《大日本史》第 17 册，东京：大日本雄辩会，第 11 页。
⑤ 天明年间（1781—1789）由于气候异常、火山爆发等自然灾害和部分地区严酷的征税制度，日本出现全国范围的饥荒。天明六年（1784）水户遭遇大洪水，造成巨大损失。
⑥ [日] 藤田幽谷：《修史本末》，日本史籍协会编《藤田幽谷关系史料》一，第 116 页。

之后暂缓修志发展为废除志表，①翠轩进一步指出编修纪传才是光圀本意，志表不过是附带之作。他还从学理上论证说《日本史记》纪传相当于《春秋》，而志表则相当于其余五经，光圀已经编纂了《礼仪类典》《神道集成》《扶桑拾叶集》等与之相应，因此无须再重复修志表。此外，编修志表不是光圀的意图，而是享保年间江户史馆总裁酒泉弘等人的误解。而翠轩的观点从本章的志表编纂过程可以看到，显然是翠轩自己存在着"偏见"和对史料的"误解"。

到翠轩任总裁时，《日本史记》编修进入后期阶段，出现了学问的一次较大转折，即从初期的林家门人为主体的日本朱子学开始向批判宋学回归孔孟的徂徕古学转变，翠轩及其门人弟子正是水户学者中倡导徂徕学的主体。不过徂徕学虽以孔孟圣人之道为立说之本，但它却与后来的日本"国学"一样将实用主义和民族主义植入自身学问之中，成为江户日本的"独创性"学问。②

因此从修史继承角度来看，翠轩的上任再次将修史工作带入正轨，同时他将徂徕古学等新的学问导入史馆，其在任期间围绕修史进行的"三大议论"对史前期修史方针的回顾和修正、又逐渐确立了后期修史的新方针，可以说翠轩时代作为后期修史的开端是恰当的；而从水户藩一直倡导的尊王思想来看，光圀时期以南朝为正统来展现的"尊王"主张在当时被视为异端，但随着18世纪中期之后的幕府统治危机，尊王之风大盛，水户的"尊王"主张也逐渐被越来越多的人所认可，翠轩的尊王思想基本是在光圀时代所提倡的尊王思想的延长线上。

二、藤田幽谷（1774—1826）带来的转折

藤田幽谷是水户学的代表人物之一，被认为是水户思想向"国体论"转变的起点。他既是彰考馆的总裁编修，也是水户后期藩政改革的倡导者和执行者。关于藤田幽谷的生平，较为可靠的史料有幽谷的后人、门人弟子等对幽谷的回顾，具体来说有藤田东湖所作《先考次郎左卫门藤田君行状》和《幽谷先生略谱》，弟子会泽所作《幽谷先生藤田君墓碑》和《幽谷藤田先生墓志铭》等。幽谷早年启蒙受山崎暗斋学派的栗山潜锋影响较深，稍晚入立原翠轩门下，大量接触徂徕学，尤其是徂徕学祭政

---

① 吉田一德认为翠轩有延缓到废除志表编纂，主要是为了迎合藩主的意见。参考［日］吉田一德《大日本史纪传志表撰者考》，第608页。
② 参考韩东育：《日本"古学"与"国学"各自分工与学理联系》，《求实学刊》第36卷第1期，2009年1月。

第四章 后期修史实践（1786—1906）

一致等主张，高度重视政治、经济等各项制度。在幽谷的学问当中，可以看到其一直非常重视对现实的理论化思考，早期的"名分"论等话题主要就朝廷与幕府关系问题展开，而宽政年间（1789—1800）及之后讨论藩政具体问题的策论性文章增多，到了幽谷的晚年以"国体"论为中心再次回归理论探索。

幽谷十八岁时，时任幕府老中的松平定信闻幽谷之才名，向其咨询并欲将其举荐到幕府任职，为此幽谷作《正名论》讨论君臣之义。① 幽谷在《正名论》中表现出将"尊王"绝对化的倾向。② 幽谷本是翠轩的学生，在宽政年间两人围绕史书编纂工作，发生了极大的分歧，幽谷在"三大议论"中所依据的逻辑与幽谷早期《正名论》所表达的朝幕正统思想是一致的。《正名论》指出：

> 赫赫日本，自皇祖开辟，父天母地，圣子神孙，世继明德，以照临四海。四海之内，尊之曰天皇，八州之广，兆民之众，虽有绝伦之力，高世之智，自古至今，未尝一日有庶姓奸天位者也。君臣之名，上下之分，正且严，犹天地之不可易也。……今夫幕府治天下国家者也。上戴天子、下抚诸侯，霸王之业也。其治天下国家者，摄天子之政也。天子垂拱不听政久矣，久则难变也。幕府摄天子之政，亦其势尔。异邦人有言天皇不与国事，唯受国王供奉，盖指其实也。虽然天无二日、土无二王，皇朝自有真天子，则幕府不宜称王。虽则不称王，其治天下国家，莫非王道也。伯而不王，文王之所以为至得德，与其王而用霸术，曷若其霸而行王道。③

幽谷将将军掌握治理之实权、天皇不理政务视作一种历史形成的既定体制，天然有其合理性，且其名分讨论中的君臣上下之别，只有对作为臣的将军做出规定，而对作为君的天皇缺乏具体的要求。相对于中国"君君、臣臣"关系中君臣名分的

---

① 藤田东湖在《先考次郎左卫门藤田君行状》中记载，"白河侯（松平定信）新为政于江户，务拔擢人材，而求子之文。千载一时不可失也。君（幽谷）笑而不答，乃著《正名论》，述君臣大义以应之。白河侯盖原有意于聘君，及《正名论》出，事遂寝矣。"即松平定信原本欲将幽谷招揽进幕府之中，但《正名论》提出之后，松平定信就打消了招揽的念头。
② 对藤田幽谷的《正名论》研究有名越时正的《水户学派的武家政治批判和王政复古思想——以藤田幽谷的正名论为中心》，岩波书店《水户学》，尾藤正英《日本的国家主义》《水户学的特质》和吉田俊纯《宽政期的水户学研究》等相关内容为代表。名越时正和吉田俊纯等都强调幽谷在文章所表现出来的尊天皇、尊朝廷的思想，将其视为绝对尊王思想的表现，并影响到幕府末期的尊王复古和倒幕运动。尾藤正英则从"名分论"和"正名论"两对观念的差异出发，讨论幽谷在文中所展现出来的现实政体和观念主张之间难以调和的矛盾，指出幽谷的尊王思想是纯粹形式上的朝幕上下关系，其在形式上的绝对尊王论存在难以克服的矛盾因此说服力和影响力都极为有限。
③ ［日］藤田幽谷：《正名论》，岩波书店1973年版，第370—371页。

相对性而言，幽谷的君臣名分之论可视为对君主的绝对尊崇。因此相对于开篇气势磅礴的名正言顺之理论，结论部分的幕府施行王道之倡议，显得极为单薄而缺乏论证。这段议论还将不尊崇天皇的幕府统治视为霸道，甚至化用贾谊《过秦论》中形容暴秦的词句来描述武家过往所建立的秩序。

天明年间（1781—1788）藤田幽谷与年纪相仿且志同道合的高桥坦室（广备）等参与到《日本史记》的编纂中。天明四年（1784）高桥十四岁入史馆、天明八年幽谷十五岁入史馆。宽政元年（1789）高桥随师父久保赤水任史馆代理总裁，幽谷此前也发表了《正名论》一文，两人在史馆和藩务上都积极提出自己的意见，此时翠轩与幽谷的矛盾逐渐浮上水面。

幽谷年少成名，行事也极为大胆，小宫山枫轩在《枫轩纪谈》中描述幽谷为"好以先辈之非而攻"之徒，对作为老师和史馆总裁的翠轩的做法，凡有不赞同者则直言不讳。1789 年，翠轩不得不提出暂停志表的编修的意见，幽谷认为此做法违背了光圀修史本意。宽政九年（1797）八月藤田幽谷还提出了对《日本史记》书名的讨论，他在《与校正局诸学士书》开篇写道：

> 彰考馆散正藤田一正，在江邸寓舍，东向再拜，致书水户校正局诸学士足下，顷者立原总裁，只役至此，因审诸学士在职……方今我公善继义公之志，留意史书，而大场相君当监理提举之任，督励劝课馆僚，校订不遗余力，立原先生集众思而取舍裁断焉，不日缮写，将授诸梓不朽之业，百年而论定，何庆加之。①

志表存废和书名改定等问题，成为翠轩为代表的史馆旧臣与高桥、幽谷为代表的新生代史臣分歧的集中表现。不过此时幽谷与翠轩两人，在学问上存在不同意见，但双方矛盾并非不可调和。同年幽谷将撰写的《修史本末》一书呈给了翠轩，翠轩却因"杂务繁多"而将其束之高阁，自此之后幽谷辩论的态度变得更为激烈。幽谷在稍后一两年写成的《丁巳封事》和《丁卯封事》等文章中不仅将对立一方斥为"俗儒""腐儒"或"奸佞"，还对藩主的施政进行批评。如《丁巳封事》中说：

> 诸子百家之术，惟老子深远矣。其术专以柔为尚，而阴谋秘计，皆由此出焉。用之衰世不为无功，惟谲诈之习，大坏人之心术，不可不察也。

---

① ［日］藤田幽谷：《与校正局诸学士书》，《水户学》第 371 页。

第四章 后期修史实践（1786—1906）

阁下岂或好其术乎？……今之为相者，固无延龄之比，而有一猾吏操会计之柄，大奸似忠，希旨承意，植党成朋，游说要路，外挟富商大贾，以固己权，逞狡计欺君相，其罪浮于延龄矣。①

促使翠轩与幽谷的矛盾激化的，还有两人在政务和史馆权力上的分歧。1797年翠轩与幽谷被藩主召入江户，询问修史进展。幽谷比翠轩先到江户，他撰写了《与校正局诸学士书》，还将《修史始末》交给藩主，希望其中意见可得到采纳。②幽谷的做法在讲究齿序资历的史馆众人看来，是极为大胆和不合身份的，因此幽谷很快就因为"不敬"之过被贬黜，由此错失藩主的信赖和就近献言献策的机会。从十一月幽谷被处罚之后所撰写的《丁巳封事》可看出他对藩主及其近臣的批判、不满之意。《丁巳封事》一出，藩主治保大怒，翠轩认为幽谷此举有损于藩主之威严，与幽谷就此断交。享和三年（1803）翠轩在前文提到的"三大议论"中处于下风，被治保疏远而失去了史馆总裁之位，高桥广备由代总裁转为正式总裁，负责重新修订翠轩校订的纪传内容，而幽谷则补任为志表编修负责人，幽谷与翠轩之间的分裂终不可逆转。文化二年（1805）治保卸任藩主之职，由德川治纪袭任藩主。治纪与治保相比，在政策上更加倾向于主张改革的年轻藩士。幽谷则因为《丁巳封事》和《丁卯封事》等文章中针砭时弊，被治纪数次召至江户咨询时政。随着幽谷被藩主所重用，翠轩在藩务和史馆权力之争中彻底失势了。③但翠轩仍有门人弟子追随，而翠轩与幽谷的分裂也逐渐演变为水户藩中保守派（门阀派）和改革派（人才派）之间的朋党之争。

翠轩与幽谷师徒断交绝义，先由两人的性格中存在冲突的隐患所引起，后发展为对《日本史记》编纂方针策略的差异，因此两人也成为水户后期史臣分裂的主要代表人物。但是上述冲突和分歧之处的背后是对尊王思想的不同解读。

幽谷发展了光圀时期的思想，将天皇之尊位与"皇祖""日嗣""天祖"等概念联系在一起。前面《正名论》的引文中，作为论述日本天皇之位来源于"赫皇祖开辟，

---

① [日]藤田幽谷:《丁巳封事》,《水户学》，第376—377页。
② 吉田俊纯认为幽谷撰写《修史始末》一书是希望将《与校正局诸学士书》中所浮现的尊王绝对化思想及其指导下的修史方针、举措上升为光圀和初代史臣们的本意，进而使作为一名小小馆员所提出的意见合理化。具体可参看[日]吉田俊纯《宽政期水户学研究》，吉川弘文馆2011年版。
③ 关于翠轩的失势，吉田一德认为高桥的刻意针对是主要原因之一，高桥还利用幽谷性格上的耿直，两人联合与翠轩对立。吉田一德在《大日本史纪传志表撰者考》中指出，宽政十一年（1799）翠轩与时任代总裁的高桥广备意见相背，之后高桥采取了诸多排挤翠轩的手段，并重新启用原本被判终身监禁的幽谷，高桥在宽政十二年写给幽谷的信中表明翠轩校订完的史稿中存在大量谬误，正可成为攻讦翠轩的手段。

父天母地，圣子神孙，世继明德"。宽政九年（1797），幽谷在《与校正局诸学士书》中说：

> 惟我天朝开辟以来一姓相承，天日之嗣，传之无穷。……夫四海之内，天皇所照临，莫匪日域。①

从上述引文中可以看到，天皇尊崇的地位源于皇祖开辟天地，圣子神孙作为地面统治者从天而降后传位于其子孙神武天皇，以此拉开了日本人皇之世代。幽谷在文中提到了开辟时的"皇祖"，后来又多次用"天日""日域"等词表达对日神的推崇。幽谷在《正名论》中针对"皇祖"开辟之后，成为皇室尊崇地位的根源之表现作进一步阐发，"天子至尊无所自屈，则郊祀之礼以敬事上天，宗庙之礼以君事皇尸，明其虽天子犹有所受命也。"②皇祖即为天皇家之始祖，也包含在"皇尸"一词所指代的对象之中。幽谷在《天文志序》③中还进一步明确指出，"昔皇祖明德光辉，以临天下。天下称之为天照大神。"④即将皇祖确定为天照大神，其德为照临天下，而日本乃至普天之下皆为日域，因此日本天皇作为天照大神之子孙，是日域的统治者，其皇统绵延无穷。在宽政之前的幽谷叙述之中，"皇祖"与"日嗣"即是天皇之祖与日神之嗣的意思，两者作为一组解释日本之神圣和天皇之尊位的概念，相对来说主要取材于日本神话，但到了幽谷后期的文章当中，较之"皇祖"一词更为常用的是"天祖"一词，而"天祖"一词的思想来源更为复杂，且具有更强的理论意味。

文化七年（1810），幽谷在代藩主治纪执笔的《进〈大日本史〉表》中提到："皇帝陛下，绍天祖之正统，神明其德，照临八方，守圣人之大宝。"⑤《表》中将天照大

---

① ［日］藤田幽谷：《与校正局诸学士书》，《水户学》，第373页。
② ［日］藤田幽谷：《正名论》，《水户学》，第371页。
③ 根据吉田俊纯的推测《天文志序》写成于文化年间，根据是明确的史料记载幽谷在1803年被分配担当《兵马志》和《天文志》的编纂，而1829年时幽谷之子向史馆提交幽谷志类手稿时只提到了兵马、氏族和刑法三志，因此幽谷的志类分工应该是发生过变动，而截至1811年记录史馆工作的《修史复古略》和《史馆事记》两书都没有提到类似的变动，因此吉田俊纯推测《天文志序》是写成于1811年之后，属于幽谷晚年的作品。但考察吉田俊纯的推测之前提并非毫无疑问，此外考察幽谷的著作文章，在前期使用"皇祖"代指天照大神的事例较多，而越到后期则"天祖"的用法更为常见，最后吉田一德在《大日本史纪传志表撰者考》一书中指出其家中藏有幽谷手稿《天文志序论》一篇，文末有"壬子九月廿七日草"的字样即宽政四年（1792），但是这是否就是幽谷所写的《天文志序》，未见原文暂不可知，但从幽谷的文脉等诸因素来看《天文志序》完成的时间应当更早一些，极有可能是宽政年间。
④ ［日］藤田幽谷：《天文志序》，《幽谷全集》，第367页。
⑤ 《进〈大日本史〉表》，大日本雄辩会编《大日本史》第1册，1928年。

第四章　后期修史实践（1786—1906）

神称为"天祖"，这一用法不仅在幽谷19世纪之后的作品中常见，在会泽和东湖等幕末水户学代表人物的作品中也更为普遍。会泽在《新论》中说，"昔者天祖肇建鸿基，位即天位、德即天德，以经纶天业。"① 在《日本史记》的志类开篇还有，"天皇以天祖之遗体，世传天业。"② 虽然从幽谷的作品中可以看到"天祖"与"皇祖"两词指代的都是"天照大神"，但以"天祖"代"皇祖"的做法中包含了幽谷的理论探索。在《天文志序》和《天文志序论考据》两文中幽谷都对"天"之概念进行了讨论，在《天文志序》中幽谷指出：

> 天垂象，圣人则之，大修人文以治天下。君臣上下之分，礼乐制度之数，皆所以则天之明也。夫天象昭著，万古如一，日月递炤，列星随旋，秩然有纪，粲焉成章。而阴阳之运，至神不测，圣人首出庶物，统理群类，仰观俯察，莫不取法。而惟天为大，故道之大原出于天，天不变，道亦不变。帝王相承，罔匪天胤，而神明之统，谓之日嗣，盖象诸太阳也。昔者皇祖，明德光辉，以临天下，天下称之曰天照大神。③

另在《天文志序论考据》一文中做出如下总结：

> 天垂象，圣人则。（《礼记·郊特牲》）则天之明（《左传》《孝经》），日月递炤，列星随旋，（《荀子·天论》）首出庶物（《易·乾卦象传》）。惟天为大（《论语》），道之大原出于天，天不变道亦不变。（《汉书·董仲舒传》）罔匪天胤。（《商书·高宗肜日》）天人相与之际，（《汉书·董仲舒传》）不欲使天象外传。（《南齐书·天文志》）④

从两处引文中可以清楚看到，幽谷博采儒家经典和学说来阐释"天"之内涵，《考据》一篇中更详细将用典的出处标识出来，指出"天"是"道"之源，且"天"具有"万古如一""秩然有纪"等特点，一直到"天不变道亦不变"都是中国儒家学说的一些经典描述，但在此后幽谷的"天"则逐渐被添加上日本特有之元素。幽谷指出"帝王相承，罔匪天胤，而神明之统，谓之日嗣，盖象诸太阳也"，也就是说帝王

---

① ［日］会泽正志斋：《新论》，［日］今井宇三郎、［日］濑谷义彦等编《水户学》，东京：岩波书店，1973年，第382页。
② 《大日本史》卷二百四十四《志第一》，东京：大日本雄辩会版《大日本史》第九册，1929年，第1页。
③ ［日］藤田幽谷：《天文志序》，日本史籍协会编《藤田幽谷关系史料》一，东京：东京大学出版社，1935年，第367页。
④ ［日］藤田幽谷：《天文志序论考据》，同上书，第368—369页。

都是天之后嗣，同时也是"日嗣"，这里虽然没有明确说出来，但从前后文的逻辑可推出，幽谷认为在天皇神圣性之源的意义上，"天"与"日"的重要性等级持平，而天照大神因"明德光辉，以临天下"的特性而成为"日"之象征。正因"天"包含"万古如一"等特点，而天皇又都是"天胤"，因此天皇世系可以绵延不绝，反过来天皇之尊正是来源于作为祖的"天"所赋予的神圣性和权威性。由此可以看到"天祖"一词包含两个要素：一个是儒家道德和秩序的至高点之"天"，另一个则是作为天皇世系之始的"祖"。两要素在祭祀仪式上分别对应着郊祀之礼和宗庙之礼，兼有两者的天照大神成为天皇尊崇地位的根源。幽谷还将这一逻辑推广到对外关系当中，将天朝与西蕃并举，称"天朝建号曰日本矣"，天朝特指日本，尤其是在涉及其他国家关系之时更以天朝自居，如他说"其他或非指畿内大和而称大日本者，西蕃尊崇天朝之辞"。①

综上所述，幽谷因性格、政见等因素与立原分道扬镳，此外两人分歧的中心还在于对尊王思想的理解不同。幽谷在早年的《正名论》一文中提出了"皇祖""日嗣"等关键词，确定了水户学的基本框架。幽谷在早期的作品中常用"皇祖"一词，即天皇之始祖来指代天照大神，但在享和（1801—1803）之后的作品中使用"天祖"较多。其原因在于幽谷对"天"和"日神"等观念的理论思考，将儒家的系统学说引入到"尊王"思想的解释体系之中，将儒家思想中的"天"和日本皇室之始的"祖"结合，形成了以"天祖"天照大神解释天皇崇高位份的根本原因，由此幽谷的"天祖"说成为宽政之后的水户学者们最重要的理论依据之一。需要注意的是，从《正名论》开始，幽谷认为对天皇尊崇在名分形式上是绝对，虽然在后面的行文中又提出，也应兼顾朝幕双重政体的历史现实、主张幕府在掌握实权的同时应给予天皇名分上的尊重，但是其绝对化的"尊王"主张却暗合了江户后期内外压力之下对幕府统治虚弱的不满情绪，而具有了较强的社会影响力。

第三节 水户后期国体论的形成

从宽政年间到明治时期，贯穿整个《日本史记》后期编纂的两大时代主题，分别是"外压"和"改革"。其间以《日本史记》编纂为轴心形成了水户学问，也就是

---

① [日]藤田幽谷:《致校正局诸学士书》,《水户学》,第372页。

第四章　后期修史实践（1786—1906）

日本思想史中所指的狭义"水户学"。它是在内忧外患中的水户学人为振兴国家而形成的一系列思想成果，其中具有代表性的成果集中体现于"国体"论之上。

丸山真男在《日本的思想》一书中指出近代日本的机轴是"国体"。"国体"作为一种思想体系，是日本明治维新之后的近代国家建设和发展的思想基础。到目前为止，"国体"思想的具体定义仍然众说纷纭，但它与表达日本文化独特性和优越性的观念之间确实存在着紧密联系。1945年日本无条件投降之后，担任联合国托管机构最高长官的麦克阿瑟将军及其智囊团在经过多方考察和讨论之后，确定有必要保留日本天皇制度，并为其摆脱一系列的战争责任。

1889年伊藤博文在参与制定宪法时提出了如下主张：

> 因此，当今要制定宪法，首先需要寻求我国的机轴，确定此机轴究竟为何物。……本来，欧洲的宪法政治自萌芽以来已逾千年，不仅人民对此已非常熟练，而且还有宗教作为其机轴，已深入人心，所有人心皆归于此。但在我国宗教其势微弱，无一能成为国家的机轴。……在我国可以作为机轴的，惟有皇室。因此在此宪法中要致力于这一点，尊重君权，尽量不使其受到束缚。……即决定此草案以君权为机轴，使其不受毁损，因而不须参照欧洲那种主权分立的精神。本来其意图就与欧洲数国在制度上。①

上文明确指出天皇制度是近代日本的"机轴"。"国体"作为强调日本特性、构成日本国家主义和民族主义基础的系统思想，其所包含的思想结构和要素早在江户时期已经逐渐形成。其中以本居宣长等为代表人物的国学是常常被人们注意的思想潮流，除此之外，后期水户学在继续编纂《日本史记》的过程中，也成为日本明治之后"国体"思想乃至"皇国史观"的重要依据和思想成果之一。

在讨论水户"国体"思想时，一般都将藤田幽谷的《正名论》视为水户国体思想的开端，将幕府末期藤田东湖所作《弘道馆记述义》和会泽正志斋的《新论》视为国体思想的完成。② 其中会泽正志斋在著述《新论》中以"国体"为篇名进行了专门讨论，被视为最早对"国体"进行系统、专门论述的作品。而会泽正志斋作为后期水户学的代表人物之一，受业于藤田幽谷，被视为同一思想脉络上的儒学者，与

---

① [日]清水伸：《帝国宪法制定会议》，东京：岩波书店，1940年，第88页。
② 参考[日]濑谷义彦《解题》、《水户学的背景》两文和尾藤正英的《水户学的特质》，见《日本思想大系53·水户学》解说部分。

幽谷不同之处在于，会泽所处的时代，日本所面临的内忧外患全面爆发，其思想讨论具有更强的抵御外敌的意味。本书接下来试图从江户时候后期日本所面临的内外压力入手，讨论后期修史过程中，贯穿于《日本史记》编纂整个过程的"尊王"思想，如何不断在编撰方针和现实问题的调整过程中发展为"国体"论，及其所产生的影响。

一、宽政年之后的内外压力

德川幕府的统治在18世纪初，经过百年的整顿和完善，进入经济、文化和社会综合发展的时期，在贵族和上层武士文化风尚之外，随着商业、交通等发展，庶民文化也发展起来，这一时期被称为民间文化盛极一时的"元禄时期"。在政治、经济等各方面都逐渐稳定之后，贵族和上层武士的奢靡之风也在不断蔓延，再加上不定期出现的各种自然灾害，江户中后期的社会不稳定因素也陆续出现。从17世纪初到19世纪，日本曾发生过超过百次的大小饥荒，其中有四次大范围的饥荒，分别是宽永饥馑（1642—1643）、享保饥馑（1732）、天明饥馑（1781—1788）和天保饥馑（1833—1837）。从上述四次大饥荒发生的时间上可以发现，有三次发生在江户后期，宽政之后的两次大饥荒持续的时间大大拉长，对当时的社会所产生的影响是毁灭性的，它们加剧了江户中后期的社会矛盾，还推动了社会改革的进程。从18世纪开始，日本就进行了一连串社会改革，以幕府为主导的改革有三次较大的改革，即八代将军德川吉宗的"享保改革"（1716—1745）、第十一代将军德川家齐时的"宽政改革"（1787—1793）和"天保改革"（1841—1843），在"宽政改革"和"天保改革"期间还有幕府老中田沼意次以"重商主义"为主要内容的社会改革。上述幕府所进行的几次改革，如宽政改革和田沼意次改革在初期对当时的社会问题有一定的改善作用，但都未能真正改变德川幕府面临的根本问题，大多以失败告终，相反各大名在藩内所进行的藩政改革多取得了显著成效。江户后期由天灾和人祸所共同促成的数次大饥荒，和不太成功的改革，使德川幕府的统治逐步滑入崩溃的危机之中，18世纪中后期的外患更加速了这一过程。

除了国内出现的各种动荡因素之外，日本所受到的外部压力出现了新动向，与中世后期以来的国际环境有极大的不同。从1540年到1640年的日本百年历史时段也被称为基督教的世纪，可视为进入大航海时代之后欧洲与东亚的首次相遇。以葡萄牙和西班牙王室所支持的几次远洋航行为代表，开启了全球物质、文化大交换的

第四章 后期修史实践（1786—1906）

新时期，而这一时期日本与欧洲的接触也主要是与西班牙和葡萄牙的往来，具体则以贸易为载体、以传教为使命。

17世纪前半期德川幕府初建之时，欧洲列强带着武力和思想一起冲击着日本社会，掀起了日本在科学、思想和社会等综合层面的变革风潮。首先在科学层面，尽管当时西方的一些先进科学观念已经传入，却未能真正确定下来，实际对日本社会发挥巨大作用的是武器和战术方面。如1606年江户幕府的官学代表林罗山与耶稣会信徒不干斋·巴比庵[①]展开了一次辩论，辩论的焦点是地圆说。在大航海之后出现了以哥白尼的日心说为代表的一场科学革命，巴鼻庵依据西方科学革命的成果提出人们所生活的世界应该是球形的，而林罗山则根据朱子学的宇宙论主张天在上、地在下，反对地圆说。这一场争论恰是日本社会对西方科学思想接受态度的缩影。新的武器和技术，影响了日本国内的战争结果，从织田信长建立火枪队打败了冷兵器时代战无不胜的武田军队之后，"火绳枪"等热兵器成为国内战争的重要武器，不仅能决定战争结果，还能出口到其他国家获取高额利润。在思想和社会层面，基督教的传入也为当时的日本人提供了一种新的信仰方向，甚至酝酿成一种社会力量。以1637年"岛原之乱"[②]为高潮，德川幕府贯彻严禁传教的政策最终基本肃清了教会势力。到第三代将军德川家光时期，各种社会制度基本完善，幕府统治进入一个较为稳定的阶段，在对外政策方面，家光接连发布一系列命令，严禁日本人与外国往来或私自出海等，这也就是德川幕府实施的"锁国政策"。需要注意的是，这一"锁国"已经越来越被证实为一种解释日本近代化之所以成功而建构起来的观念，[③]一方面，幕府禁令主要还是针对教会相关势力的渗透，在对外通商方面仍然采取积极支持的态度，到1630年代前后，西班牙、葡萄牙势力基本退出日本本土，而注重商贸的荷兰势力则成为幕府允许往来的外国势力之一；另一方面，除长崎作为官方允许的与中国、荷兰通商的港口之外，还有萨摩藩与琉球的往来、对马藩与朝鲜的交通和北海道松前藩与阿伊努人的物质、文化交流等，因此可以说江户中后期在国际交往和获

---

① 不干斋·巴比庵，1565—1621，原本为禅宗僧侣，后在1586年加入耶稣会改信基督，为宣扬基督教义撰写了《妙贞问答》，批判佛教、佛教和日本神道教，晚年又叛出教会。
② 岛原之乱：1637—1638年在长崎附近的岛原地区基督教徒为了反抗当地藩主的苛政和宗教迫害而发起的反抗运动。幕府派十余万兵力镇压，并于后驱逐商船，禁止所有外国人进入日本内陆或传递书籍。岛原之乱后，日本的"锁国"体制也基本完成。
③ 具体可参看星山京子对于"锁国神话"的相关论述，[日]星山京子：《德川后期的攘夷思想与"西洋"》，东京：风间书房，2003页，第1—20页。

取国际信息等方面保持了较为积极的态度。

以宽政（1789—1800）为界限，江户时代的内外部社会和思想环境都发生了转折。到 1790 年前后，日本真正意义上对西洋势力的"锁国政策"出现。这一转变也是伴随着世界史进程的变化而发生的。18 世纪 60 年代起，从英国开始的工业革命逐渐向全球扩散，影响到了欧美主要资本主义国家。先后完成工业革命的国家对海外市场的需求增强，掀起了世界范围的殖民风潮。在这一历史阶段中，较早与日本发生接触的国家是俄国。1792 年，叶卡捷琳娜二世当政之时决定与日本建立贸易关系，从千叶半岛进入北海道地区，并向日本政府提出了通商请求，被日本政府拒绝，但是获得松前藩颁发的长崎入港许可。到 1804 年，俄国带着长崎入港许可进入长崎港，再次要求幕府给予通商的权利，依然被拒绝。俄国派出的公使尼古拉·雷萨诺夫为了推动与日通商的进程，准备采取武力行动来施加压力，于 1806 年和 1807 年多次派海军攻击日本在库页岛和择捉岛的据点，这一连串日俄冲突被日方称为"文化露寇"事件。继俄国之后，英国势力也陆续进入日本。1808 年，英国战舰"菲顿号"悬挂荷兰旗帜到达长崎港，以与荷兰人的对立关系为借口，要求进入日本，其后的 1819 年又有英国船开进江户附近港口浦贺，1824 年英船进入日本南部的大藩萨摩，英国船员还登陆与当地民众发生激烈冲突。英国多次要求通商权利，都被幕府明确拒绝。针对外国船只在沿海口岸频繁的出现并强行登陆，并与幕府治下的藩属、臣民多次冲突的情况，幕府继 1791 年发布《异国船只处理令》之后，再于 1825 年颁发了《异国船只驱逐令》，明确规定对未经许可擅自靠岸或登陆的外国船只可直接攻击，格杀勿论。此后，日本国内对西洋势力施行较为严格的对抗政策，1837 年美国船"马礼逊号"经琉球进入江户湾，欲归还 7 名日本水手并借机谋求通商时，遭到日本炮击。1846 年两艘美国军舰再次来到浦贺港要求通商，但仍被日本政府拒绝，使得美国决定以武力迫使日本政府接受其通商要求。一直到 1842 年，日本受到鸦片战争中国战败的惨痛经验影响，才正式废除了《异国船只驱逐令》，开始转变对欧美等列强交往的态度和实际举措。1853 年，美国佩里舰队满载武器进入浦贺港，借助武力威慑终于打开了德川幕府的缺口，轰开了日本的国门。从前述宽政之后欧美列强与日本统治者的频繁接触来看，早在鸦片战争结果和佩里舰队的"黑船事件"之前的 18 世纪末，日本人已经开始加强对欧美势力的关注，此时在知识阶层，尤其是高级武士之中已经出现了提高对列强警惕的主张。

江户后期，幕府统治的问题不断出现，水户藩内也同样出现了问题。宽政年间

第四章 后期修史实践（1786—1906）

水户藩同样面临着内外的双重压力，同时外部压力还进一步加剧了内部矛盾的激化。

水户藩最初的封地石数相较于御三家的其他两家存在较大差距，农业歉收、藩政靡费等问题加剧了后期水户藩的藩政困难。1802—1815年水户藩进行了郡制[①]改革，以振兴农村为目标，将原有的南、太田、松冈和武茂等4郡细分为11郡，在石神设置郡奉行一职管理80余村的农政和民生事务。这一保守的藩镇改革并未真正改变水户藩政的困难。文政年间（1818—1829）的财政状况与百年前的享保年间对比下降明显，因此水户藩又陆续于文政、天保年间进行藩政改革。

1824年，两艘英国舰船在常陆国的大津滨登陆，这一登陆点位于水户藩的领地，距离江户的统治中心江户城也并不遥远，引起了幕府和水户藩社会的强烈震荡。虽然实际上岸的只有12名英国船员，水户藩的官员们对船员们进行审问后允许其购买补给再放回，但是水户藩的学人们，尤其是藤田幽谷的门人弟子对此表示极大的不满。1829年，第九代水户藩主德川齐昭发起改革，选用大量主张"尊王攘夷"之士，着眼于农村复兴，改革了郡奉行的任用制度、提高政务处理效率。此外加强了对欧美等国信息的收集整理，主张加强海防，积极整顿军备，引入了西方新式武器。德川齐昭还向将军建议为建造大船解禁，进一步加强海军实力。水户藩的藩政改革可以说是幕府改革的先驱，而德川齐昭因为改革过激被幕府勒令罢职反省，水户藩的改革也因主要人物的失势、去世等原因逐步废止，藩政更陷入改革派、门阀派和得到幕府支持的保守派的派系争斗而更加混乱。其中改革派的主张不断极端化，与幕末的天狗党人[②]结合起来策划了多起暗杀、武力抗议等过激行为，加剧了水户藩的内耗，直接导致水户藩在幕末倒幕运动和明治维新王政复古潮流中几乎失声。

江户时代的日本所直接面临的内忧外患，给负责编修《日本史记》的馆员们带来了巨大冲击。一方面是财政困难带来的待遇水平下降，促使他们思考如何将所学知识运用到实际的生活当中。在前一阶段基本已经完成的本纪列传等工作之后，后期志表的编纂工作既因为缺乏足够的文献资料而陷入僵局，又因志表是分门别类的

[①] 水户的郡制与江户时期的国郡制度不太一样。水户的郡相当于其他藩的"组合"，便于乡村的直接管理。水户藩领中郡的数量常有变化，延宝五年（1677）分为太田、松冈、武茂和南等四郡，元禄十四年（1701）改太田为野野上、保内共为五郡，到宽政四年（1792）重新划为四郡。

[②] 天狗党：天狗党人是江户后期，水户藩尊王攘夷派中的激进分子，以中下层武士为主要力量。1864年因不满于攘夷政策未得到落实而在筑波山起兵，最终被幕府和水户藩联合镇压，以藤田小四郎为首的核心人物被斩首。天狗党人所发起的这次叛乱也被称为元治甲子之变，这次战乱也是水户藩内派系斗争的激化表现之一，是水户藩士不显于明治政府的直接原因之一。

经世致用之制度沿革，在准备编修志表的过程中，史臣们通过对历史制度的回顾，反而增强了对实务的关注，由此形成了水户的藩政改革与《日本史记》编纂之间在财政和人事上的紧密联系，更重要的结果是加快了馆员们在世界观和价值观上的重要转变。新的外来势力的进入，不仅加剧了国内的困难状况，还迫使当时的日本人尤其是贵族和上层武士们更深地卷入东亚之外的世界之中，日本借以明确"自我"文化和思想的"他者"逐渐由中国为中心的东亚文化圈转向以欧美为中心的近代化世界。

二、从尊王思想到国体论

"国体"一词是日文中的汉语词，在中国典籍中时有出现，且有多重意思。较早出现"国体"一词的应属《汉书》，《成帝纪第十》中记载："宜皆明于古今，温故知新，通达国体"，① 通达国体意为了解国家历史和现状。同书卷三十"杂家者流盖出于议官，兼儒墨合名法，知国体之有此"，② 颜师古注释为"治国之体"也就是治理国家，国体意思与上一例相同。同书卷八十四"堕国体，乱朝廷之序，不宜处位"，③ 国体当为"国之体面"。《人物志》卷上"其德足以厉风俗，其法足以正天下，其术足以谋庙胜，是谓国体，伊尹吕望是也。"④ 这一例中的国体指的是治理国家之大才，君王之肱骨。综上所述，中国古代典籍中使用"国体"的意思大致有三层：一是国家的各种状况，包括历史和现状等；二是可为君主肱骨、治理国家之人才；三是国家之体面，国家之尊严荣誉等。现代常用的"国体"多是政治学意义上的，规定主权或统治权归属的国家体制，常与"政体"区别使用，政体是国家政权的组织形式。江户时代的"国体"思想具体含义，到目前仍然存在各种不同的解释。尽管具体定义各有不同，但各家解释之中包含一些共同要素，根据1937年日本文部省颁布的国民教育手册《国体的本意》来看，至少有三大要素：第一个要素是天神之神敕，第二个要素是天皇世系之绵延不绝，第三个要素是天神到天皇的传承世系。《国体的本意》一书以记纪神话为基础，推崇国体的尊严和对天皇的绝对服从，抨击社会主义、共产主义、民主主义和个人主义、自由主义等其他思想潮流。虽然该书出现于战时特殊时期，但上

---

① 班固:《汉书》卷十《成帝纪》，北京：中华书局，2005年，第219页。
② 班固:《汉书》卷三十，第1376页。
③ 班固:《汉书》卷八十四，第2539页。
④ 刘劭:《人物志》卷上《流业第三》，梁满仓译注，北京：中华书局，2016年，第41页。

第四章 后期修史实践（1786—1906）

述"国体"思想或观念当中所包含的要素在水户学中已有其形，甚至可以说正是经过水户学的思想整理才让"国体"观念的要素变得清晰。

研究者一般将藤田幽谷作为水户学"国体"思想的发端，至会泽正志斋完善为《新论》中的系统阐述，而幽谷次子藤田东湖则是水户藩改革和"尊王攘夷"运动等"国体"思想实践的重要倡导者。"国体"更加成为明治维系话语体系的关键词之一，成为建构明治意识形态的核心思想，在昭和战争前后深入到民众生活的方方面面，可谓当时最流行的话语。概括来说，后期修史过程中形成的"国体"思想，以藤田幽谷父子、会泽正志斋等为代表，至少包含着对内和对外的两重含义，即对内以记纪神话为基础确立的日本国家创立的原理和相应的国家体制，对外则是华夷观念的扩大和迁移。

会泽正志斋（1781—1863），名安，被誉为享和之后藤田幽谷的又一高足。宽政年间，会泽进入史馆为"写学生"，享和二年（1802）升迁入江户史馆，担任过水户藩诸位公子的侍读，其中就有水户藩九代藩主德川齐昭。根据《彰考馆总裁略传》记载，会泽曾亲自参与大津事件的处理："诸夷航海至大津村，先生受命往而笔语，夷不敢吐实，先生诘问，夷屈服。数岁为进物番，其后幕府有攘夷之令，先生著《新论》献哀公。"1824年英国船只进入拱卫江户城的水户藩领地，促使幕府将军在1825年颁布了驱逐外国船只的命令，禁令规定对进入日本海岸的外国船只不问缘可直接开火。当时因职位变动返回水户任职的会泽，将这一禁令的颁布视为鼓舞人心明确国体的好机会，在禁令发布三个月后向当时的水户藩主提交了《新论》五策。会泽将"国体"思想作为自身思想体系的核心，并将其系统化。会泽的"国体"思想集中体现于《新论》中的"国体"三篇。《国体》上、中、下三篇是一个有机整体，它们共同组成了会泽的国体论，也是从这一整体中可以看到会泽思想和修史主张的发展脉络。

上一节讨论过幽谷的"天祖"概念，其以儒家学说的"天"结合记纪神话中的天照大神形象确定了日本天皇绵延不断的理论依据，并进一步支持了"尊王"的绝对化倾向。除此之外他还对日本所处的世界秩序也有关注并时有提及，如宽政十年幽谷专门从乾隆年间出版的《西域见闻录》中辑录大略，再加上"旧闻新得之说"，作始于清之建国终于乾隆逊位的《西土诘戎记》一书在序中指出：

> 新井大夫接西洋人，具闻其工军事，有纪闻之作，然以其事关涉耶稣，国禁所戒，秘而不传，而学者才传采览异言耳。近时仙台林处士，著《海国兵谈》《三国通览图说》，以其颇犯忌讳也抵罪。独清之于神州商舶通利，

> 彼我无虞。……天下有道，守在四夷；诸侯有道，守在四邻。……则其（乾隆）诘戎扬烈之迹，虽在绝海万里之外，亦宜以资话柄。①

引文展现出幽谷对海外情况保持着持续的关注，他不仅注意到中国的情况还对西洋的相关情况也有所涉及。同时他称清朝为"西土"，与自称的"天朝""神州"等相对，如宽政六年幽谷在《卜欲篇序》中说"必谓西土文明之邦，尚有此事，不独我神州为然。"② 幽谷希望通过"西土"清朝的"诘戎"之举为日本有志之士提供戒鉴。

19 世纪之后日本日益加深的内忧外患，使得幽谷之后的水户藩士们所面临的问题有所变化，尤其是西方列强在完成工业革命之后，频繁地进出日本周边海岸，或强硬或委婉地要求通商权利，动摇了幕府统治，也对水户藩的史臣们的思想世界造成了巨大冲击。在这样的形势之下，会泽正志斋发展了幽谷所提出的"尊王"主张，提出了系统的"国体论"。接下来将以会泽的《国体》三篇为具体文本，通过以下三个方面与幽谷思想的对比，来考察会泽"国体论"的形成过程和内容特点。

第一，会泽与幽谷对于内外的认识，基本沿用"华夷"之别，各自进行阐释。这一"华夷"之辨，也是在江户初期山鹿素行所提出的"华夷变态"观念的延长线上发展起来的。幽谷在宽政二年（1790）的书信中指出：

> 西山先公尝忧是非之迹不明于天下，而善人无所劝，恶者无所惧，乃慨然修《大日本史》。上议皇统之正闰，下辨人臣之贤否。尊帝室以贱霸府，内天朝以外蕃国。盖庶几乎圣人经世之意矣。③

为了表示日本在国际秩序中的较高地位，有"神国""神州"等专用于代称日本的词汇。"神国"这一用法最早出现于中世时期，在日本朝廷两次成功击退元朝军队之后被大大强化，对《日本史记》有重要借鉴意义的《神皇正统记》开篇即称"日本乃神国也"。前期修史的代表人物栗山潜锋在著作《保建大记》中也多次使用"神国"一词，此外还有"神州"等常用词，如"至其或为神州、或为神国，且海内为天下，而外为夷为蕃，则虽俱非九九总域之通言，亦各国自称，彼此无害。……呼元明为中华，自称为东夷……非所宜示国体于遐迩也。"④ 但是这一时期的内外之别，主要还

---

① [日] 藤田幽谷：《西土诘戎记序》，日本史籍协会编《藤田幽谷关系史料》一，第 274—275 页。
② [日] 藤田幽谷：《卜欲篇序》，同上书，第 267 页。
③ [日] 藤田幽谷：《送原子简序》，同上书，第 265 页。
④ [日] 栗山潜锋：《保建大记》，[日] 松本三之介、[日] 小仓芳彦编《近世史论集》，第 380—381 页。

第四章 后期修史实践（1786—1906）

是限于东亚世界中的中国诸朝、朝鲜半岛、琉球、越南等国。到幽谷和会泽的时代，这一"华夷"之别则将西方列强也纳入其中，只是相对于幽谷来说，会泽对西方列强的感受更为实在，抵御外敌的需求更为强烈。

会泽在《形势》一篇中，对其所处的世界范围和诸国分布大致介绍如下：

> 夫地之在大洋，其大者二，一则中国及海西诸国南海诸岛是也，（其地东其京师以东二十五度地，西至京师以西七十五度地，或称曰亚细亚亚弗利加欧罗巴者，西夷所私呼而非宇内之公名，且非天朝所命之名，故今不言）一则海东诸国是也。（西起京师以东五十度之地，东至九十五度之地，或称曰南亚墨利加北亚墨利加者，亦西夷之所名也）而其中各分区域，自相保聚者，即所谓万国也。①

从中可以看到，会泽所认识的世界以太平洋为界限分为两大部分，包括亚洲、非洲、欧洲和南北美洲等五大主要的大陆，即所谓的"万国"。而在万国之中以"中国""京师"为中心形成了不同的等级，这里的"中国"和"京师"显然指的是日本和京都，西洋诸国被会泽称为"西夷"，与"天朝"相对。对这些"西夷"，会泽的态度正如《新论》开篇中所指出的：

> 神州者太阳之所出，元气之所始。天日之嗣，世御宸极，终古不易，固大地之元首，而万国之纲纪也，诚宜照临宇内皇化所暨无有远迩矣。而今西荒蛮夷，以胫足之贱，奔走四海，蹂躏诸国，眇视跛履，敢欲凌驾上国，何其骄也。……而论者皆谓彼蛮夷也，商船也，渔船也，非为深患大祸者焉。是其所恃者不来也，不攻也，所恃在彼而不在我，何如吾所以恃之者与所不可攻者？②

会泽明确提出了"攘夷"的主张，只是会泽观点的特殊之处在于，将"攘夷"的重点放在国内的振兴富强之上，尤其强调宣扬本国信仰以驱逐基督教等西方宗教。"攘夷"需要从长计议，当前应主修内政，而不宜直接与西方列强发生武装冲突。

第二，会泽与幽谷两人讨论的实现国体的要素中都包含浓厚的儒家伦理思想，或者说都是以儒家学说作为理论框架来进行阐释，但在具体概念上两人却有着不同

---

① [日]会泽正志斋:《新论》,《水户学》,1973年,第396页。
② [日]会泽正志斋:《新论》,《水户学》,第381—382页。

的理解。会泽《国体》三篇主题分别是"明忠孝""尚武"和"重民命",从这三大主题的确定既可以看出其对藤田幽谷主张的继承,也有其自身对儒家经义的理解和发挥。

> 持其志而广其业,务在于明国体。循大下一古今,博广悠久,以照临夏夷。循细戈之名而实之,所以足兵也;循瑞穗之名而实之,所以足食也;明忠孝以淬砺天下,所以使民信之也。三者并举,食足、兵足、民信之,忠孝以明,天人合一,幽明无憾,以正易诡,以夏变夷,万世而不已者,不拔之业也。①

引文出自《新论》的最后一策《长计》篇,意为"先定于内,然后外应无穷之变"而适用"通视万世而立一定不易之长策"。会泽将《国体》三篇放于文首,也是由先定内后应外的策略,进而提出在面对西方列强愈加频繁进入日本的形势之下如何绵延国祚的长远之计。在会泽的国体论体系之中,"尚武"即为"足兵","重民命"为"足食",而"明忠孝"则是"使民信之也。"②其中"明忠孝"被放在国体三篇的第一位,会泽还指出"忠孝立,而天人之大道昭昭乎其著矣。忠以贵贵,孝以亲亲,亿兆之能一心,上下之能相亲,良有以也。"③可知"明忠孝"是"帝王之所恃以保四海而久安长治天下不动摇者",它是神圣建国之基,也可视为国体论中的核心。

会泽文中食足、兵足和民信之的使用方法,可以直接在幽谷的文章当中找到相应的内容。《丁巳封事》载,"殊不知上古圣人之立道设教,利用厚生在正德之前,而六府三事谓之九功。孔子论政,亦以足兵足食使民信之为先,则圣人之汲汲乎功利可见矣。"④另在《丁卯封事》中再有更为详细的阐释:

> 古今仁政之理,各有其法,相合之处为孔子适卫之时言庶、富、教。又答子贡问曰足食、足兵、民信之之事。即尧舜以来天地之古道,唐虞三代之书曰厚生、利用、正德三事。此三条即孟子之论王道,先有恒产恒心之说,曰管仲相齐以霸,仓廪盈而知礼节,衣食足而知荣辱,又以礼义廉耻为四维,四维不张,国乃灭亡。……今圣贤举全体大用之政,则第一足

---

① [日]会泽正志斋:《新论》,《水户学》,1973年,第417页。
② 关于会泽正志斋国体三要素的具体所指,及其与儒家经典中所提仁政的对应关系,可参考蒋建伟:《会泽正志斋国体思想中的"民命"》,《日本中国学会报》第67集,2015年10月。
③ [日]会泽正志斋:《新论》,《水户学》,第382页。
④ [日]藤田幽谷:《丁巳封事》,《水户学》,第374页。

第四章 后期修史实践（1786—1906）

食厚生以保民庶；第二利用足兵，齐国之富；第三正德信之，教以立，三事不立则难为真仁政。①

幽谷提出的仁政三要素被会泽引入国体论之中，支撑两人议论的源泉如幽谷所指，是孔子之论，但是两者有一大不同之处。先来看上述讨论的原始版本。与上文的关键词有关的出处是《论语》之《子路》篇和《颜渊》篇。《论语·颜渊》载："子贡问政。子曰，足食、足兵、民信之矣。子贡曰，必不得已而去，于斯三者何先？曰，去兵。子贡曰，必不得已而去，于斯二者何先？曰，去食。自古皆有死，民无信而不立。"②又《子路》篇有庶富教之语。可以看到在孔子的讨论中，足食、足兵和民信之三者虽然都是为政要素，但有轻重之分，其中最重者当为民信之，其次为足食，最后才是足兵，而从施行的角度来看则是先有足食、足兵才有民信之的先后次序。再看幽谷在封事中的讨论，他借用了《尚书》和《论语》仁政的三大要素的归纳，并将《大禹谟》和《颜渊》篇的三大要素进行了对应，最后将孔子等认为最重要的民信之一条放在了最末，将利用厚生置于正德之前。对幽谷来说，正德所代表的道德教化，多为虚论而少实用，要实现仁政不仅要以利用、厚生为途径，也要将其视为关键。而会泽的国体论与幽谷有所出入，会泽将代表民信之一条的"明忠孝"放在讨论之首，前文已经提到其在国体论中的核心地位。会泽在《读论日札》中说："藤先生曰，禹三事曰正德利用厚生。夫子告冉有曰庶富教。足食者厚生之政，而所以使民庶。足兵者利用之事，而以富为本。民信之者，正德之效，而教使之然。"③也就是说会泽认为足食、足兵、民信之三者，从落实的角度来看是以足食为基础的，足食即使百姓富庶，为足兵尚武和民众教化提供了物质基础。

从上文的讨论中可以看到，会泽接受了幽谷对国家施政方针的思考样式，但是在对具体的要素角色定位上，幽谷从日本的尚武之风和武家政权的角度出发，将伦理教化之论斥为俗儒空论，而强调利用厚生之用；相对来说会泽更为接近儒家对仁政三要素讨论的本义。还需要注意的是，会泽并不是中国儒家学说的照搬照抄者，而是对其进行了日本式的改造，使其更加适应江户后期的社会共识。

第三，对于"国体"所包含的三大要素，其重要性并不是来源于儒家的"仁政"

---

① [日]藤田幽谷：《丁卯封事》，日本史籍协会编《藤田幽谷关系史料》二，东京大学出版会1935年版，第577—578页。（译文为笔者所作。）
② 《论语·颜渊第十二》，朱熹：《四书章句集注》，北京：中华书局，1983年，第134—135页。
③ [日]会泽正志斋：《读论日札》子贡问政，第116条。

说，而是与天皇世系传承一样，都源于"天祖"的神秘力量。会泽议论说无论是利用、厚生、正德，还是足食、足兵、民信之的体系，尽管都是圣人之言、三代之治理，其必须实行的根本原因都在于天神。关于三大要素的推理过程，会泽说：

> 昔者天祖肇建鸿基，位即天位，德即天德，以经纶天业。细大之事，无一非天者，比德于玉，比明于镜，比威于利，体天智仁，则天之明，奋天之威，以照临万邦。迨以天下传于皇孙，而手授三器，以为天位之信，以象天德，而代天工治天职，然后传于千万世。……天祖在天，照临下土，天孙尽诚敬于下，以报天祖。祭政维一，所治之天职，所代之天工，无一非所以事天祖者。……天祖得嘉谷之种，以为可以生活苍生，乃种之御田，又口含茧，而始有养蚕之道，是为万民衣食之原。及传天下皇孙，特授之以斋庭之穗，所以重民命而贵嘉谷者，亦可见也。
>
> 天朝以武建国，诘戎方行，由来旧矣。弧矢之利，戈矛之用，既见于神代，宝剑与居三器之一，故号曰细戈千足之国。天祖授中州于天孙，使押日帅来目兵从行。太祖（神武天皇）征战，亦专以来目为折冲之用遂平定中土。①

会泽将天祖作为日本国家创立之神，也是伦理道德上的制高点，既是皇室之始祖，又兼具德、明、威等品质。追溯日本的历史可以发现，天祖所设定好的框架也是"照临万邦、传于千万世"的根源，再有，天祖口含蚕茧、赐予天孙稻穗，是蚕桑稻谷之祖，给民以食。皇室作为天神的子孙，从孝亲这一伦理上的最重要逻辑明确了"孝"之意义，再从报至恩以忠，由此"忠孝"之义明，桑蚕种植表明天祖使民生之意，故"民命"亦重，而武这一要素则是日本历史既有的特性，作为天祖之后裔理当继承这一传统保持"尚武"之风。

可以看到，在会泽的思考逻辑中，天祖是其所有理论的起点。会泽沿用了幽谷结合儒家学说之"天"和皇室祖先之"祖"的"天祖"概念，将其进一步理论化，提出了"天神合一"的主张，即作为天祖的日神天照大神就是神圣的"天"之代表，将幽谷未明确提出的"天"与日神合一的观点做了完善补充，也将儒家的伦理价值与日本神道价值融合在一个体系之中。在会泽看来，儒家所提倡的伦理道德并不是一国一地之人所特有的，而是具有普遍性的，因此《论语》和《尚书》等儒家经典

---

① ［日］会泽正志斋：《新论》，《水户学》，第382页，第389页。

所倡导的仁政，也是具有宽泛适用性的，只是原本作为三代之政、被自然设定为最好制度的仁政，与日本神话历史结合，被赋予了一个日本神道的神圣内核。在回顾日本建国历史时，会泽还顺带表达了其对神器的看法：三神器是"天位之信"，也就是天神传位于皇室先祖的凭证，而其实质是一种"天德"的象征，也就是说神器及其所代表的德是皇室正统之标志。

会泽还认为"天祖"也是君臣之共祖，因此忠孝一致的观念得以实现，在忠孝这一大义至恩之下，民众之心自然会亲近其君，由此实现"亿兆一心"。但是民众个体的情况各有不同，要让普通民众对上述关系产生实际体验，就要借助祭祀的力量，尤其是将郊祀禘尝结合的大尝祭被会泽称为"天下第一之大祀"，另外还有祖宗和名贤祭祀[①]作为大尝祭的补充，将不同时空的民众统一到共同的记忆和体验之中。

综上所述，会泽吸收了幽谷的"天祖"概念，还进一步发展出"天神一致""君臣共祖"等理论，将中国的儒家学说和日本神道之说有机地融入"尊王"思想的阐释之中。会泽还认为"天祖"的存在不仅是皇室绵延的保证，还是"国体论"所要求的厚生、利用、民信等三大要素应当施行和可能实现的根源所在，同时会泽还特别强调"民信"中的"明忠孝"一条，指出"天祖"是日本君臣共同的始祖，天皇作为"天胤""日嗣"，对天皇的尽忠也是对"天祖"尽孝，由此发展出的"忠孝不二"之观念，这一观念在明治之后被大肆宣扬，成为当时"皇国史观"的重要组成部分。通过"天祖"这一核心概念，幽谷"万古不易"绝对化的"尊王"主张，被会泽发展为以"天祖"为基础，在内外交困之下通过厚生、利用、民信等途径实现"亿兆一心"，进而使日本之优越"国体"得以彰显于世界诸国面前的"国体论"。

第四节 国体论与修史实践

日本思想史中将狭义的水户学定义为，从宽政（1789—1800）到天保（1830—1844）数十年间水户藩的思想成果，其特征之一是由"尊王"逐渐发展为幕末的"尊王攘夷"，而水户后期修史时期的核心正是"国体"思想。"国体"思想对后期的编

---

① 祖宗祭祀即"宗庙之礼"，以祭祀重要天皇为主，名贤祭祀即为"名贤功烈之祀"，祭祀对象为功臣勋烈等。会泽在宗庙之礼中经常提到的祭祀对象有太祖神武天皇、崇神天皇、应神天皇和中兴之天智天皇；在名贤功烈祭祀之中经常提到的有藤原镰足、菅原道真、北畠亲房、楠木正成和德川家康等人。一般具体的祭祀对象是根据祭祀地的人文风貌来具体决定，尽可能让参与者产生共情同感。

纂产生了影响，使《日本史记》文本出现明显差异。

前期修史阶段中，以栗山潜锋等为代表的修史馆员还没有发展出系统的国体论。前期修史者虽然也用"神国""神州"等词指称日本以区别于外国，但主要针对的是如中国诸朝、朝鲜半岛和越南等"朝贡秩序"下的诸国，同时前期修史特别突出强调"天神赐予神器"之意，结合儒家的伦理道德与神道祭祀来阐述神器"道器不二"的道理。在前期编纂《日本史记》时，德川光圀和史馆馆员们都认为应当将"神秘不测"的神代部分作单独处理，以人皇第一代神武作为全书的开端。后期修史时，以藤田幽谷等人为代表的史臣对于"神"含义的理解更为丰富和系统化，藤田幽谷、会泽等人的"神"既有"神器"之意又有"神敕"之内涵。① 除此之外，从前期到后期的修史过程中对于内外关系的比照范围，也从华夷秩序的序列逐渐进入到东西对抗的逻辑，从儒家观念上的天下转变为现代西方基于地理发现上的世界。同时对于天皇之正统性论证有了进行了发展。这些都与宽政之后水户藩逐渐形成的"国体论"有着密切关系，这也对《日本史记》的编纂产生了直接影响，尤其是在纪传修订、志表编纂和进献朝廷等三方面有集中展示。

一、《神武本纪》的修订

在日本史学叙事中，神武天皇上承神代记事，下启天皇世系。庆应三年十二月九日（1868年1月3日），明治天皇颁布了"王政复古大号令"，确定了天皇亲政的方针，标志着江户幕府统治的结束和明治新政府的建立。该号令中提出"行诸事当以神武创业之始为本"，正式在官方文件中提出了"神武创业"精神，从而影响了整个明治时代的国家精神。② 《神武本纪》的修订，突出地展现了编纂前后期在史学思想上的变化。

修订之前的《神武纪》开篇极为简单，只用两句话交代神武天皇的日本名和传承世系，之后就进入对神武天皇即位之前的各种文治武功的记载。现今刊行的《日本史记·神武本纪》内容与修订之前的文本对比，可以发现增加了200多字的神代

---

① 藤田幽谷对神敕的重视的原因和思想来源等问题，具体可参加吉田俊纯著《宽政期水户学研究》，作者在书中指出幽谷对神器和神敕的理解和看法显然是受到本居宣长《古事记传》的影响，另外从藤田幽谷《正名论》之具体主张和宣长《国号考》的在论证材料和部分思路上的高度一致性也侧面证明了这一点。

② 坂本太郎在《日本历史变迁的沿革》一文中指出，明治维新正是贯彻了回到神武创业之古的精神，兼顾革新与复古。

第四章　后期修史实践（1786—1906）

史内容。以下引文即为现行《神武本纪》的开头部分，引文下划线部分为修订后添加的内容：

> 神武天皇，讳彦火火出见（古事记曰，名若御毛沼，又名丰御毛沼）小名狭野。（小名，据本书一说及旧事记。）<u>天祖大日灵尊，治高天原，是为天照大神。（天祖称，据古语拾遗。）天照大神子正哉吾胜胜速日天忍穗耳尊，娶高皇产灵尊女栲幡千千姬，生天津彦彦火琼琼杵尊。天祖既命群神，平定下土。乃使天孙，降居苇原中国，而为之主，赐以八坂琼曲玉及八咫镜、草薙剑三种宝物，因谓之曰，"丰苇原瑞穗国，是吾子孙可王之地也，尔宜就而治焉。宝祚之隆，当与天壤无穷矣。"于是琼琼尊，离天磐座，降于日向高千穗峰。遂到吾田，娶大山祇女木华开耶姬，生彦火火出见尊。彦火火出见尊，娶海神丰玉彦女，生彦波瀲武鸬鹚草葺不合尊。（参取本书一说。）琼琼尊而下，至葺不合尊，世世相袭，有天津日高之号。（天津日高之号，据古事记。）后世尊之，亦皆称天神。（皆称天神，据古语拾遗。按，本书亦云，我天祖彦火琼琼杵尊。是可以为徵。）是天祖之胤传于无穷，故腾极谓之日嗣。（腾极日嗣，据本书持统纪及续日本纪宣命文。）上世之事，年代悠远，神异不测，总称之曰神代云。</u>天皇葺不合尊第四子也。（本书一说，做第二子或第三子。）①

需要注意的是上述引文加下划线部分的最后一句，"上世之事，年代悠远，神异不测，总称之曰神代云。"也就是说添加了神代旧事的史臣们与修史前期未将相关内容加入的史臣们都肯定了神代之事的"神异不测"，但前后期史臣的处理态度和结果不同。前期史臣们重点在于，因为与神代相关的记载过于神奇且各种史料记载难以考证，因而暂时搁置不载于本纪之中。根据《修史始末》的记载，"贞享元年四月三日，公（光圀）谓传、宗淳、元常曰，神代之事，率皆怪诞。难载神武首。"② 从贞享元年（1684）到立原翠轩任总裁的宽政年间，史臣们在提到纪传部分时都说"上始神武下至后小松"，显然在修史前期，因神话部分过于怪诞不经而未编入本纪。而后期的史臣们则认为神代之事虽神异，不太符合现实，但正因为它的神秘才必须加入天皇本

---

① [日] 德川光圀：《大日本史》卷一《本纪第一》，第2页。
② 其原话应当是《御意觉书》天和四年（天和四年二月改元贞享）子四月三日条，用和文记载义公旨意如右："一神代ハ怪異之事斗に候而神武の口へも難載候間、別に天神本紀・地神本紀を立、七代五代の事を可書。吉弘左介・佐々介三郎・人見又差左衛門奉。"

纪之中，以此彰显天皇世系的完整传承。

此外，增加部分对于"天祖"到神武天皇的传承谱系也非常值得探究。关于神代史的记载一般要参考《日本书纪》和《古事记》两书，因此两书并称"记纪"，成为日本神道理论的基本文献。但是两书不仅在写作语言、叙事风格上存在较大差别，在神代诸神谱系的记载上也有着明显的差异。《古事记》将天照大神和高皇产灵尊放在了同等位置，① 尚未确定国家神话的单一起源。《日本书纪》开篇以高皇产灵尊为诸神之首，其中既没有明确提到神敕，也没有完整的三种神器内容。被认为对《日本史记》有较大影响的《神皇正统记》开篇指出，"大日者神国也。天祖肇基，日神垂统。"② 《正统记》中将天祖与日神并举，后文更明确记载天祖为"国常立尊"，另外书中虽然提到了天照大神让位于天孙，却未出现神敕等内容。江户中后期，一部分国学者以及神道学者将"天照大神"与"国常立尊"（也称国之常立神）并举，其中国之常立神既是天地开辟首神，又是日本国土的基础——地神。参照下文表格4.3可以发现，修改后的神武本纪开篇显然没有选用以"高皇产灵尊"为中心的《日本书纪》本文之内容，而是选用了以"天照大神"为中心的第一个"一书曰"内容，③ 即天照大神召集八十诸神平定苇原中国，天孙代替其父下降人间，天照大神赐下三种神器并降下神敕——"苇原千五百秋之瑞穗国，是吾子孙可王之地也。宜尔皇孙就而治焉。行矣，宝祚之隆当与天壤无穷者矣。"④《日本史记·神武本纪》中，以天照大神为国家起源神话的核心，剔除其他地神、雷神等异神，并详细记录了天照大神赐予天孙的神敕和三种神器。与《日本书纪》等书比较起来，可以看到《日本史记》的诸神谱系显得极为清晰、集中，形成了一条垂直的由天照大神到神武天皇，再到其后历代天皇的"神—皇"传承谱系。

---

① 参考 [日] 佐佐木一义:《产灵神的本质与记纪编纂者的政治意图》，日本文化会编《日本国体论》，东京：东洋书院，1935年，第100页。
② 原文为"大日本者神国也。天祖ハジメテ基ヲヒラキ、日神ナガク统ヲ传给フ。"
③ 对于《日本书纪》正文与"一书曰"的关系，有学者认为编纂者对不同神话系统无法纳入"本文"的部分，放入"一书曰"作为补充；也有学者认为其中部分"一书曰"可能是不同时期编纂者的补充添加。从《日本书纪》编纂者角度来说，"正文"相对来说是其更为赞同或认可的观点。
④《日本书纪》卷二《神代下》，大阪：朝日新闻社，1928年，第52页。

第四章　后期修史实践（1786—1906）

表 4.3 《日本书纪》天孙降临篇"本文"及"一书曰"摘录 [1]

各说	文本内容
本文	天照大神之子，正哉吾胜胜速日天忍穗耳尊，娶高皇产灵尊之女栲幡千千姬，生天津彦彦火琼琼杵尊。故皇祖高皇产灵尊，特钟怜爱以崇养焉。遂欲立皇孙天津彦彦火琼琼杵尊，以为苇原中国之主。然彼地多有萤火光神及蝇声邪神，复有草木咸能言语，故高皇产灵尊召集八十诸神，而问之曰："吾欲令拨平苇原中国之邪鬼，当遣谁者宜也？惟尔诸神勿隐所知。"佥曰：天穗日命是神之杰也，可不试欤。于是俯顺众言。……于时高皇产灵尊以真床追衾覆于皇孙天津彦彦火琼琼杵尊，使降之。皇孙乃离天磐座，且排分天八重云，稜威之道别道别，而天降于日向袭之高穗峰矣。……
一书曰①	天照大神敕天稚彦曰："丰苇原中国是吾儿可王之地也，然虑有残贼强暴横恶之神者，故汝先往平之。"……既而天照大神，以思兼神妹万幡丰秋津姬命配正哉吾胜胜速日天忍穗耳尊为妃，令降之苇原中国。是时胜速日天忍穗耳尊，立于天浮桥而临睨之曰：彼地未平矣，不须也……苇原中国皆已平竟。天照大神敕曰：若然者，方当降吾儿矣。且将降间，皇孙已生，号曰天津彦彦火琼琼杵尊。时有奏曰：欲以此皇孙代降。故天照大神乃赐天津彦彦火琼请杵尊八坂琼曲玉、及八咫镜、草薙剑三种宝物。又以中臣上祖天儿屋命、忌部上祖太玉命，猿女上祖天钿女命，镜作上祖石凝姥命，玉作上祖玉屋命，凡五部神使配侍焉。因敕皇孙曰："苇原千五百秋之瑞穗国，是吾子孙可王之地也。宜尔皇孙就而治焉。行矣，宝祚之隆当与天壤无穷者矣"……
一书曰②	天神遣轻津主神武甕槌神，使平定苇原中国。……高皇产灵尊因敕曰："吾则起树天津神篱及天津磐境，当为吾孙奉斋矣。汝天儿屋命、太玉命，宜持天津神篱，降于苇原中国，亦为吾孙奉斋焉。"乃使二神配天忍穗耳尊以降之。是时天照大神手持宝镜，授天忍穗耳尊而祝之曰："吾儿视此宝镜，当犹视吾。可与同床共殿以为斋镜。"……故时居于虚天而生儿，号天津彦火琼琼杵尊。因欲以此皇孙，代亲而降。……然后天忍穗耳尊还于天，故天津彦火琼琼杵尊降到于日向穗日高千穗之峰。……
一书曰③	初火焰明时生儿火明命，次火炎盛时生儿火进命，又曰火酸芹命。次避火炎时生儿火折彦火火出见尊。凡此三子火不能害。……
一书曰④	高皇产灵尊以真床覆衾裹天津彦国光彦火琼琼杵尊，则引开天磐户，排分天八重云，以奉降之。……
一书曰⑤	天孙幸大山祇神之女子，吾田鹿苇津姬。一夜有身，遂生四子。
一书曰⑥	天忍穗根尊娶高皇产灵尊女子栲幡千千姬万幡姬命，亦云高皇产灵尊儿火之户幡姬儿千千姬命，而生儿天火明命，次生天津彦根火琼琼杵根尊。……及至奉降，皇孙火琼杵尊于苇原中国也。……是时高皇产灵尊乃用真床覆衾裹皇孙天津彦根火琼琼杵根尊，而排披天八重云以奉降。……
一书曰⑦	高皇产灵尊之女，天万栲幡千幡姬。一云高皇产灵尊儿，万播姬儿，玉依姬命，此神为天忍骨命妃。生儿天之杵火火置瀬尊。……
一书曰⑧	正哉吾胜胜速日天忍穗耳尊，娶高皇产灵尊之女，天万栲幡千幡姬为妃，而生儿，号天照国照彦火明命，是尾张连等远祖也。次天饶石国饶石天津彦火琼杵尊，此神娶大山祇神女子木花开耶姬命为妃而生儿，号火酸芹命，次彦火火出见尊。

---

[1] 引文内容皆出自《日本书纪》，大阪：朝日新闻社，1928 年。

彰往考来：《日本史记》之编纂与史学

《日本史记》神武天皇本纪开篇部分的修订增添了一条"天祖"到天皇的传承谱系，这一结果与水户后期以藤田幽谷等人为代表的"国体论"的思考整理有直接关系，下面将就修订过程来考察这一关系。

吉田一德考证神武天皇本纪最初的草稿由板垣宗憺执笔完成，① 此后纪传内容不断修改。宽政八年（1796），担任江户史馆代理总裁的高桥广备赶赴水户史馆，负责本纪校阅。宽政九年（1797），藤田幽谷提出国史题号的讨论并著《修史始末》。享和三年（1803），六代藩主文公命高桥广备②和藤田一正两人复"义公之古"，由二人负责志表补修之事，同时兼顾纪传修订，为全书的刊刻作准备。同年正月十日之后，高桥广备向水户史馆传达了再订纪传的决定。冈崎正忠《修史复古纪略》中有一条记载，后被栗田宽收如《水藩修史事略》，成为享和三年条目中的第一件重要史实：

> 闰正月二日，藤田一正（幽谷）属音乐志旧稿于藤田克中。四日，广备、一正等，请神武帝纪首加书天祖世系，及其他纪事之间，务从本书（日本书纪）等之事数条。上公（文公治保）可之。当日召大学头林衡，问订史之事。③

引文显示的正是高桥广备和藤田幽谷两人说服藩主治保，主导了改订神武天皇本纪的具体方案。最后青山延于成为《神武本纪》的实际修订者。到文化六年（1809），七代藩主德川治纪将刻本神武至天武本纪26卷进献于幕府，次年由藤田幽谷起草、高桥广备修订上奏文，将本纪进献朝廷。

宽政九年（1797），幽谷完成的《修史本末》中根据《御意觉书》提到"贞享元年四月三日，公（光圀）谓传、宗淳、元常曰，神代之事，率皆怪诞。难载神武首。宜别做天神本纪、地神本纪（奉旨笔记）。"即按照光圀的意见，神代部分确实"怪诞不经"，不适合放在本纪开篇之神武纪当中，而应该单独处理。以《史记》为参考对象的话，即相当于略去五帝之前"神异不测"的三皇时代，一直到唐代由撰写了《史记索隐》的司马贞补修了《三皇本纪》，但现行《史记》一般都不将其包含在本纪之

---

① 参见[日]吉田一德：《大日本史纪传志表撰者考》，东京：风间书房，1965年，第237—243页。
② 高桥广备，1771—1823，字子大，号坦室。曾担任《大日本史》编修总裁，与藤田幽谷一起以文采出众，第二次出任史馆总裁时主要负责纪传订正。
③ [日]冈崎正忠：《修史复古纪略》，大日本雄辩会编《大日本史》第17册，1929：22。[日]栗田宽：《水藩修史事略》，东京：大冈山书店，1928年，第111—112页。原文为：闰正月四日、廣備一正等、神武帝紀の首に、天祖の世系を加書し、及び其他記事の間、務めて本書（書紀）に從わん等の事数条を請ふ、上公之を可とす。この日、大学頭林衡を召して、訂史の事を問ふ。

第四章　后期修史实践（1786—1906）

内。前面的章节已经讨论过江户后期的水户藩的"尊王"思想发生变化，同时幕府统治之下的内忧外患也不断加剧，在这一情况之下修史后期，"尊王"思想逐渐发展为系统的"国体论"，而在水户后期以藤田幽谷为始，藤田东湖、会泽正志斋时大成的"国体论"中的一个核心概念，即"天祖"天照大神，因此神代记事成为《日本史记》编纂必不可少的部分。同时，经过江户神道、国学的发展，水户学者们吸收了这些研究成果，对《日本书纪》和《古事记》等记载的神代故事有了较为统一的文献批判标准，因此一反光圀时期之提议，通过修订《神武本纪》之开篇，反过来用历史编纂的方法肯定了神代故事的可信性。

由此，通过《神武本纪》的修订过程和具体修订内容，可以看到作为"国体"思想的必需部分，以藤田幽谷为代表的一众史臣通过对《神武本纪》的修改，完成了从天照大神、敕令天孙降临苇原中国、再传位于第一代人皇——神武天皇的"天祖之正统"建构，为日本"国体"之优越提供了历史依据。

二、进献朝廷之目标的完成

《日本史记》编纂之初，就有广布天下的意图。元禄年间（1688—1703），作为传播的准备环节之一，光圀曾经与史臣讨论，欲等全书完成之后提请朝廷赐名。正德五年（1715），光圀去世十余年后纪传完成，时任藩主的纲条认为"事急从权"，因此直接命名为《大日本史》而未获得朝廷正式赐名。1720 年《大日本史》被成功进献于幕府，1734 年获得了幕府的刻印许可，此后将此书进献于朝廷不仅是光圀的夙愿，也是史臣们努力的大方向之一。但是在此书进献朝廷之路上有诸多障碍，其中最大的问题是以南朝为正统的主张，显然触犯了朝廷之忌讳。但是在 1810 年，坚持南朝正统的《大日本史》却实现了进献朝廷的目标，这与当时的社会形势和"国体论"都有关系。接下来将从进献朝廷目的之变化和进献实现时之表文，来讨论"国体论"在实现进献过程中的作用。

前期修史阶段，将《大日本史》进献给朝廷是提高史书之权威性，宣扬水户藩尊王主张的重要途径。宽政九年（1797）藤田幽谷在《与校正局诸学士书》中提出了《大日本史》之书名不可行之四大理由，其中一条是对义公修史为私撰之书的评述：

> 义公之意，欲俟纪传志表悉成，然后奏诸天阙请其名，未果而薨。逮正德中书成，众议以为时势有所不可，遂命曰"大日本史"。斯书也，义公

发千载之卓识，弁一世之群疑，公是公非，劝惩并存；知我罪我，固所不辞。然自云成一家之言，云俟良史之笔削，而遽名以"大日本史"，谓非诬义公，吾不信也。且南北之际，颇有可为当世讳者，而据事直书，义不曲笔，此固一家之私书。朝廷不问，今不先走天阙，而私镂诸板，公然号"大日本史"，其蔑朝廷，岂非崔浩作国书之比乎？①

藤田幽谷首先指出义公编修之史书，从根本上来说先是私人修史之书，虽然义公在编纂时坚持"公是公非""据事直笔"，但正因其为私人修史而屡犯当时之忌讳，因此如果以国史命名则让义公背上僭越的污名。在幽谷之前，立原翠轩也讨论过私撰之史的问题，他在《论班马二史》一文中称赞《史记》说，"（子长）其地传中议论慷慨，激切寓意之所在。其书旧因于私撰，非后世史官奉命之作，局促龌龊，忌讳隐避，可以绳墨正焉之类，千古之绝技也。"②幽谷与翠轩的区别在于，翠轩还是单纯就史法而论史，幽谷则是从正"君臣名分"的角度来"借题发挥"。当然幽谷意见提出之时并未立刻获得普遍之认可，如青山延于等人还对幽谷的"私撰"之说提出了不同的见解。享和三年（1803）青山延于致信幽谷等人提出：

> 至题号颇有可议者。夫义公据历朝之记载，以成旷代之大典，其笔削体裁，固备一家之言。然其为书，本出于私撰，则虽曰公侯之撰，均是私史也。均是私史而断然冒国史之号，尤非所当也。……夫（义）公之撰《拾叶集》，出于一时之游戏，然而献诸朝廷，备诸乙览，俟赐其题号，而后公之于天下，而况万世不刊之大典。……至于志表既成，订正竣功，上表以献之朝廷，请天子宠名以定其题号，然后公诸天下，则天下之正史，非向之私史也。③

幽谷在《正名论》中将君臣名分比喻为"犹天地之不可易邪"，天皇是日本最高之主君，其所在的朝廷才是正统之所在。结合立原、幽谷和青山延于等人的议论，欲实现光圀在《大日本史》中的"尊王"之理念就需要名实相符，获得朝廷认可，这也成为后期修史者积极寻求献书于朝廷的重要原因之一。

文化六年（1809），即添加了天祖世系的《神武本纪》完成六年后，《大日本史》

---

① [日] 藤田幽谷：《与校正局诸学士书》，1973年，第373页。
② [日] 立原翠轩：《论班马二史》，《此君堂文集》（稿本）卷四，茨城县历史博物馆藏朱批本。
③ [日] 冈崎正忠：《修史复古纪略》，大日本史雄辩会编《大日本史》第17册，1929年，第20页。

第四章　后期修史实践（1786—1906）

完成纪传的重新修订，删除了旧稿之论赞，被再次进献于幕府。期间总领史馆事务的川口长孺，通过时任关白的鹰司政熙①的关系疏通，获得朝廷对《大日本史》之名的敕许。完成进献幕府的翌年，水户藩启动了进献朝廷的工程。1810年三月二十四日，幽谷为武公治纪代笔的上表文完成，四月再次为进献之事请求鹰司政熙从中斡旋，获得肯定回复之后，以川口长孺为主导开始大量删减纪传内容，七月确定了"国史进献"之仪式，十一月纪传26卷装成一函，附上表文，从江户向京都出发。1811年鹰司政熙向水户史臣传达"天颜有喜，睿感殊甚"的圣意，同时将天皇嘉奖之敕传达给水户众人："专据国史，博考群书，为一大部之书。昭代之美事，堂构之业，可想（其）辛劳。"②

修史前期因以南朝正统论触犯朝廷忌讳而不得进献的《大日本史》，为何在此时不仅完成了进献之举，还获得了天皇的嘉许呢？其原因之一可先看《大日本史》的上表文，现将主要部分摘录如下：

> 伏惟太阳攸照，率土莫匪日域；皇化所被，环海咸仰天朝。帝王授受三器，徵神圣之谟训：宝祚之隆与天壤无穷。国家治乱一统，绝奸宄之窥觎，威灵之远，于华夷有光。虽然时运盛衰，盖譬诸朝暮，是以人事得失，宜鉴于古今，彰往考来、有述有作，劝善惩恶、或褒或贬，属辞比事，殊方岂无载籍？详内略外，正史固存体裁。臣治纪诚惶诚恐，顿首顿首。
>
> 钦惟皇帝陛下，绍天祖之正统，神明其德，照临八方；守圣人之大宝，宽仁之政，子育群生。稽古立事，恭己无为，播文化之号于宇内，何人不遵圣天子之风教，委奖学之任于关东？臣等尝闻大将军之家训，伏念臣材质愚钝，学问空疏，徒承父祖余荫，叨膺藩屏重寄，爵忝三位，尸素之讥难免，官带参议，墙面之陋是惭。惟此国史责在臣家，欲竭忠于本朝，盍追孝于前人？臣五代祖光国，少而好学，勇乎为义，虽身在外，乃心王室，每慨旧史之阙文，欲修历世之实录。开馆聘士，辑录名山通邑逸书，购求之切驰使币于远迩。因人传奏，许借兰台石室秘册，翻阅之勤忘寝食于昼夜。贯穿驰骋集众技以成效，取舍裁断发独得之特见。纪、志、表、传，创立

---

① 鹰司政熙，1761—1841，称文恭院入道，1795年开始担任关白之职直至1812年，著有《鹰司政熙咏草留》和歌集。
② [日] 栗田勤：《水藩修史事略》，第151页。原文为：勅して曰く、専ら国史に據り、博く群書を考へ、一代部の書を為す。昭代の美事、堂構の業、勤労想ふべしと。

一家之言，笔削信疑，庶为万世之鉴。

　　起自神武至于明德，叙次一百代，上下二千载，阐幽微显，原始要终。升大友于帝纪，徵老翁之捧日；列神功于后妃，揭真主于遗腹；西东之争，南北之乱，正闰皇统，唯视神器之在否。逆顺之际，忠奸之别，是非人臣，悉由公论而折衷。知我罪我，盖深自任；刊之正之，有待将来。爰自高祖纲条以至先父治保，校订补修四世之间无怠，润色讨论百年之后稍定。顾此一家之撰，岂云三长之具？徒阅星霜莫竟功绪，先臣之所尤苦心，愚臣何敢不竭力？曩遭幕府催督，将使史稿上木，窃顾斯书，虽属私撰，苟传于世，有系国体。昔初脱稿假冒题号，今且镂版，曷无奏请？乃因百揆之吹嘘，窃取九重之进止，恭蒙天意降鉴，许俾书名公行。①

从上表文的摘录部分可以看到一个核心概念，即"尊王"，这也是水户"国体论"的一次阶段性整理。具体可从以下几个方面来进行分析。

首先是与1720年进献幕府时期的《大日本史叙》比较，上表文的开头部分明显有了不同。上表文的开篇部分，高度概括和回顾了水户"国体论"相关的"神器""神敕"和"天祖"天照大神等诸元素，以此表达了天皇万世一系这一日本"国体"优越性的根源。而这些内容在在叙文中的表述为"盖自人皇肇基，二千余年，神裔相承，列圣缵统，奸贼未尝生觊觎之心，神器所在，与日月并照，猗欤盛哉！"可知在前期对天皇世系传承的关键点放在"神器"上，而后期编修时期则有更为系统的"神—皇"叙述，且论证的重点在于"天祖"。此外与叙文比较，上表文的对外意识更为强烈。在对外关系上，幽谷认为日本作为日神后裔的统治之地，从立国之根源和历史发展等各方面都在其他国家之上，拥有极优越之国体，因此在上表文在开头提出"皇化所被，环海咸仰天朝"和"威灵之远，于华夷有光"等说法。

其次是在删除论赞之后，将《大日本史》体裁上的"三大特笔"整理之后重新提出。1803年高桥和幽谷等人提议删除论赞，对此樱井安亨提出如何保持体裁完整的问题。1809年高桥和广备再提删除论赞之议被通过，对于樱井提出的问题，幽谷提议将"三大特笔"放入表文中，由此解决论赞被删除的遗留问题。"三大特笔"是光圀时期"正闰皇统"的集中展现，后期修史代表幽谷等人显然以光圀之遗志的继承者自居。有趣的是，上表文中解释"升大友于帝纪"的理由在于"徵老翁之捧日"，即太阳作为

---

① 《进〈大日本史〉表》，大日本雄辩会编《大日本史》第1册，1928年。

日神的象征被献于大友。但是在第二章对"大友本纪"的讨论中,可以看到前期修史者是通过史料辩证和"即帝位"之记载,才确定了大友之天皇位份,而这显然与后期以"捧日"之说为依据的做法极为不同。

最后这篇表文中也解释了本节开篇提出的"私撰之史,假冒题号"问题,表文指出"初脱稿假冒题号",这一问题的提出可以看到藤田幽谷所提出的书名讨论观点,即非朝廷敕撰之书却以国名题书名不合礼仪。但"虽属私撰,苟传于世,有系国体",为"假冒题号"之举做出解释。此外,该表文意味着将《大日本史》进献朝廷的目标即将实现,也就是说一旦朝廷接受了进献,《大日本史》起初虽未得到朝廷的敕许,但完成时却受到朝廷的肯定,具有了"敕撰"的性质。

文化年间(1804—1818)光格天皇接受了《大日本史》的进献并加以赞赏,其原因仍与"国体论"及其产生的社会背景有密切关系。以宽政年(1789—1800)为转折,面临内忧外患的巨大危机,幕府统治却无法提出解决危机的有效措施,因此各种"尊王论"获得了发展空间,其影响力不断扩大,让人们相信朝廷和天皇才能将日本统合起来。《大日本史》不以成败论正统,而是以超越性的"神器"或"天祖"等标准确定正统的做法,正暗合了上述需求,也为寻找打破幕府限制的天皇朝廷提供了有效工具,同时南北朝距离此时已经超过500年,南朝诸臣如楠木正成、新田义贞等将领随着《太平记》等军记物语的广泛流行,其忠臣形象已成为当时的社会共识,修史前期进献的最大障碍——南朝正统问题,在西洋势力的强势进入之后已经让位于以"尊王"统合社会的需求,因此朝廷对《大日本史》大力表彰也是自然之理。

由此在1810年,《大日本史》以其理论化、系统化的"尊王"主张,完成了进献朝廷的目标。与此同时,《大日本史》通过进献之举,也完成了从"私撰之史"向"天下之正史"的转变,实现了其"苟传于世,有系国体"的大目标。

三、《神祇志》的编纂

《日本史记》志表两大部分迟迟未能完成,是全书编纂耗时的原因之一。本章第一节在讨论"志表编纂存废"问题时已经讨论过志表书名和志目变化的过程,发现《神祇志》是光圀时期已经确定要编纂的志目之一,但是从志表排序来看,修史前期并未将《神祇志》放在志表之首,而是按照中国正史的常用顺序,将"天文""礼仪"等志目放在首位,但是从宽政之后的修史记录中可以看到,《神祇志》已被确定为志表之首。与中国正史的志表进行比较，可以发现《神祇志》是《日本史记》所特有之志目。《神祇志》最终完成于明治时代，可以说是从藤田幽谷以来确定的"国体论"明治日本社会相结合的代表性作品，对此可从《神祇志》的编纂者和内容特点等两大方面来具体讨论。

首先，从《神祇志》的编纂过程来看其编纂者与"国体论"的关系。志表既是当时编修者所特别重视的内容，又没有现成的体例可以模仿，其中《神祇志》在光圀时期已经确定篇目，但到明治时期才完成，因此《神祇志》编纂在各志之中属于志目确定较早却迟迟未能完成，经过多次修改才最终完成的部分。接下来简单回顾《神祇志》编纂的漫长过程。

《御意觉书》记载，天和三年（1683）光圀确定编修10篇志目，其中包括艺文志、经籍志和神祇志等篇目，除此之外其他的志目不全，无法确定具体名目。在宽保元年（1741）确定的志类分工当中，由名越克敏①和丸山乘春②两人担任神祇志的编纂。名越克敏曾为江户昌平黉都讲，以文章闻名一时，《熊耳文集》称赞其"泱泱乎大风，表东海者又谁何"。丸山乘春则是光圀时期将伊势神道引入水户的丸山云平之子，应当接受过神道等相关家学教育。因此上述两人相对来说是编纂《神祇志》的合适人员。到宝历十年（1760）各志也只有《神祇志》完成了草稿，但是这一版草稿的问题是缺乏系统性，名越本人作为儒学者对神道和国学等并不熟悉，故内容和体例都极不完整。后来1783年所记载的志目分属记载，改由青山延彝来重新编纂《神祇志》，此时丸山乘春和名越克敏两人都已经去世多年。青山延彝留下了《神祇志稿》68卷，这一版的底稿的问题是内容芜杂无法当作定稿。享和三年（1803），藤田幽谷和高桥广备掌握史馆主导之后又重新分配了志类的分工，由青山延彝之子青山延于接手《神祇志》，鉴于延彝版志稿的芜杂，延于将其精简为五卷，③结果却又失于疏漏。因此到丰田天功和栗田宽先后担任史馆总裁之后，将原本的《神祇志》各稿推翻重新编纂，尤其是亲自完成了23卷《神祇志料》的编修，在此基础上于明治十五年（1882）开始起草《神祇志》，到明治二十六年完成《神祇志》并开始刻印。

作为《神祇志》的主要撰写者，栗田宽在学问上受幽谷和会泽影响很深，他称

---

① 名越克敏，1699—1777，名时中，字子聪，号南溪，称十藏。曾在江户昌平黉学习，享保十九年（1734）受林凤冈的推荐入水户藩参与《日本史记》的编纂，后担任过彰考馆总裁。著有《政事谈》等书。
② 丸山乘春，？—1758，丸山可澄（活堂）之子，享保十五年（1730）入彰考馆。
③ 栗田宽在《水藩修史事略》中提到青山延于的《神祇志稿》有四卷，但目前可见保存的志稿底本有五卷，开篇有藤田幽谷撰写的序。

第四章 后期修史实践（1786—1906）

幽谷是"国中二百年来第一等之人物"，在会泽神器论的触动之下写成《神器说》一文。栗田宽所处的时代正是日本从前近代向近代转换的过程，其间王政复古、废藩置县等措施之下，水户的史馆随着水户藩的取消也被关闭，栗田被引荐入明治新建的近代化教育系统中担任官职，但栗田为了专注于志表的编修而辞掉公职。他认为史籍编纂，尤其是志表的编修对于明确一国之体、鼓舞民心有着关键作用。《彰考馆总裁略考》记载，"（栗田）常谓祖宗开地育民，以肇造区夏，立极垂训，固与万国异矣。故其论国体则必原天祖之训，以建大顺，正名定分，最戒僭越，论政事则以尊祖敬神为重，而厚风俗正民心；论道义则以忠孝为极，佐以仁义之教，然后开智明物之学，苟有所长，虽远西异方之言，肯不遐弃。"还进一步明确指出神祇等制度所具有的重要性和独特性，"故历朝秩祀，以达民情，以固国基，是我祀典制所重，非彼邪神奸鬼，诬天欺人之类。"

其次，再来看《神祇志》的内容特点与"国体论"之间的关系。现在通行的《日本史记》也是以《神祇志》为志第一，并在该志的开篇加入总序说明将《神祇志》放于第一的原因和意义。《日本史记》志总序中指出：

> 况我天朝，神圣肇基，光宅日出之邦，照临宇内之表，其典章文物，夐出于三方之外乎。夫祭祀者，政教之本，敬神尊祖，孝敬之义，达于天下，凡百制度，亦由是而立焉。天皇以天祖之遗体，世传天业；群臣以神之胄裔，世亮天功。君之视民如赤子，民之视君如父母，亿兆一心，万世不渝，莫不各献其力以致忠诚，海外诸蕃之所绝无者，故以神祇为首。君传天统，臣皆神胤，一气贯通，上下和睦，而氏姓之法起焉。……斋庭之穗，织殿之茧，教民耕织，既利其用，又厚其生，以惟正之供，奉大尝之祭，正德之教赖以明焉。①

引文中"天祖""亿兆一心"等描述和叙述逻辑等都可在藤田幽谷、会泽正志斋等人的著作中找到相同的部分，而对于各志关系的讨论在逻辑和内容上，与会泽的《国体》三篇所主张的以大尝祭为中心的"民心统合论"之间，可以看到明显的继承关系。《神祇志》能够充分表达"天皇以天祖之遗体，世传天业"之意，和实现"亿兆一心，万世不渝"等"国体"精神，因此《日本史记》必须以《神祇志》为诸志之首。

《神祇志》共有23卷，其内容包括神代历史概要、祭仪、神社等几个部分。《神

---

① 《大日本史》第9册《志序》，东京：大日本雄辩会，1929年，第1页。

祇志序》和其开篇内容都包含了特殊的意味。《神祇志序》内容如下：

> 开辟之初，三神作造化之首，二灵为群品之祖，皇统与天地其始。而所谓八十万神，皆本乎一祖，或亮天功，而天祖膺天之正统，怀柔神祇，以图皇基于亿载。及至太祖以命世之英，赖神祇之灵，扫荡妖氛，光宅天下，首修祀典以昭报本反始之义。天下皆知神威之可畏，而神孙之可尊，万世一统之业，于是乎定矣。但古史所传，神代之事，灵妙神异，不可得而测焉。学者虽各有其说，要不过臆度耳。盖上古未有文字，贵贱老少，口耳相传，虽云前言往行存而不遗，然年纪之久，传闻异辞，不能无谬，况于神圣功德不可测者？……斋部广成有言曰："神代说似盘古疑冰之意，取信实难。然我国神物灵踪，今皆见存，触事有效，不可谓虚。"①

从《神祇志序》的引文可以看到，其内容几乎原样沿用了《总序》对神人部分的讨论，其中明确指出君臣共祖都以天神为祖，因此达成了"忠孝不二"之主张，并且在这一前提之下，国民们继承先祖之遗志、善尽先祖之遗业，从而摈弃异端邪说，完成上下一心之国体实现。

此外，栗田宽所著《神祇志》对神代故事的记载，与藤田幽谷等人在《神武本纪》中所添加的部分，不但在篇幅上，而且在对"神代史"的态度上也存在明显的差异。1892年《史海》第十号刊登的《告神道者诸氏》一文中曾提到，当时的神道学者指出《日本史记》虽然在《神武本纪》开篇中添加了天祖世系的内容，但却以"神异不测"四字，抹杀了造化三神和国常立尊等对奠定日本国家基础具有重要作用的诸神故事。② 现在能看到的《神祇志》正是从"天地开辟"章开始，记载了"天御中主尊""高皇产灵尊"和"神皇产灵尊"等造化三神的故事，参考表4.4可以发现这一造化三神的系统与《日本书纪》第四个"一书曰"部分相近，但与《古事记》的系统基本一致。造化三神之后又有化生二神相续。但是在接下来的神世七代内容上，又转而以《日本书纪》的三独化之神和四对男女耦神为依据。另外还可以看到在第一卷的总论当中，除去创世前后的诸神之外，从日神开始，中间经天忍穗耳尊、天孙彦火琼琼杵尊、彦火火出见尊和鸬鹚草葺不合尊，建立起了一条前后相续的天皇先祖传承的世系，在这一条世系的叙述之中去除了无关诸神的事迹，而这一条线索与《神武本纪》

---

① 《大日本史》第9册，第2—3页。
② 具体可参看[日]井川巴水：《大日本史改造论》，1916年，第55—56页。

所添加的天皇世系又是相同的。

表 4.4 《日本书纪》与《古事记》《日本史记》"造化三神"比较

《日本书纪》		《古事记》	《日本史记》
本文	国常立尊、国狭槌尊、丰斟淳尊	天地始分，生于高天原：天之御中主神，高御产巢日神，神产巢日神	天地剖判，出高天原：天御中主尊、高皇产灵尊、神皇产灵尊
一书曰❶	国常立尊、国狭槌尊、丰国主尊		
一书曰❷	可美苇牙彦舅尊、国常理尊、国狭槌尊		
一书曰❸	可美苇牙彦舅尊、国底立尊		
一书曰❹	天地开辟、具生之神：国常立尊、国狭槌尊。高天原生神：天御中主尊、高皇产灵尊、皇产灵尊		
一书曰❺	国常立尊		
一书曰❻	天常立尊、可美苇牙彦舅尊、国常立尊		

注："皇产灵"与"御产巢日"等汉字在日文中的读法大致相同。

19世纪后半叶，随着明治维新的推进，日本出现"国家神道"，将神社神道与皇室神道结合起来，以宫廷祭祀为基础，为国家神道的形成准备了思想意识根据，随着封建社会瓦解过程的进展而日趋有力的神道复古主义的思潮。① 在这样的大环境之下，《神祇志》对神代故事的记载从"天照大神"上推到了天地开辟时的造化三神，换句话来说此时的《日本史记》编纂者已经彻底接受了全部神代诸神的真实性，将神代故事当作真实发生的历史而记载到史书当中。

本章通过《神武本纪》修订、《大日本史》进献和《神祇志》编纂等三个问题的讨论，可以看到后期史臣们在修史中对既有思想资源的吸收和改造。中国的正统论来源于"天命""天命"又具象化为民心向背，但《日本史记》的编者们对这一正统论进行改造，并运用儒家理论概念和学说对其进行阐释。编者们认为天皇之正统在于继承"天祖之正统"，在不朽的天神庇护之下才有日本"万世一系"之皇统。这一观念支撑了水户后期的国体论，适应了日本社会的发展趋势，进而推动了明治时代"王政复古"运动。

小结

《日本史记》在纪传完成之后经历了长达数十年的停滞，在这一停滞期史馆的

---

① [日] 村上重良：《国家神道》，聂长振译，北京：商务印书馆，1990年。村上指出神社神道的特点是：日本原始社会产生的民族宗教，强烈地保持着原始宗教的特质。

工作主要是对纪传进行润色、校正，但并没有突出的成果，可视为前期以纪传为中心的修史事业的低潮期。这一时期大致是1749—1799年，是水户第五代藩主宗翰和第六代藩主治保统治前期，史馆纪律松弛，社会学风不振，《舜水祠堂留记》说当时人们无心学问之义，参加舜水祠堂讲演的人不断减少。① 在停滞期间有史臣提出对纪传进行润色，受到当时的总裁德田庸（1710—1772）反对。德田是安积澹泊的弟子，主张严格遵守"宁繁勿失于简、宁质勿失于文"的方针，此外这一时期的史馆总裁如铃木重佑（1716—1793）、富田敏贞（1717—1794）等人虽擅文，却更重视枪剑、鸟铳、武技等技艺。② 其结果是纪传的润色工作被取消，讹误也未被校正，到藩主治保问起修史成果时，仍然只有元文年间（1736—1740）校正的纪传。天明六年（1786）立原翠轩担任史馆总裁之后，多次向藩主治保建议大力振兴修史事业，将修史工作导入正轨，因此以立原翠轩上任为界，史馆的编修工作分为前后两大阶段。志表存废、论赞存废和书名修订等"三大议论"是前后期修史分歧的集中展示。后期修史过程中对志表篇目重新整合梳理，将《神祇志》确定为志表之首，删除了涉嫌对天皇大不敬的论赞部分，在获得朝廷许可之后保留了《大日本史》之题名，针对性地削弱了过分突出中国正史编纂特点的部分，加强了能够反映日本文化特色的部分。

在"三大议论"过程中，还出现了立原翠轩与藤田幽谷师徒为代表的两派史臣之分裂，这一分裂背后是水户藩"尊王"思想的发展。从"三大议论"的结果来看藤田幽谷的一方取得了胜利，《大日本史》一度被改称为"史稿"，论赞也基本从纪传正文中删除了。立原翠轩本身并未建立完整的"尊王"体系，他基本上继承了光圀之后发展起来的"尊王"之说。而幽谷最早在《正名论》中较为详细地提出了君臣名分的绝对性，确定了"尊王"之框架，再通过"天祖"概念的讨论，建立了"万古不易"之天道与天皇传承之间的直接联系。幽谷在论证过程中借用了儒家的理论框架和概念，将日本神道的内核融入框架之中，形成了绝对化的"尊王"体系，为19世纪之后会泽等人的"国体论"奠定了基础。

宽政年间（1789—1800）日本国内由于天灾人祸，遭遇了两次历史上最严重的饥荒，其结果是加剧了社会原有阶层矛盾，直接促成了江户后期的幕府和各藩的经

---

① 舜水祠堂的讲演从1713年初代舜水"祠堂守"田代一游时开始设立，担任舜水祠堂第二代"祠堂守"的青山一黎（1701—1756）和第三代一黎之子青山延彝（1728—1801）所开展的祠堂讲演在水户教育史上具有重要作用。引文参考吉田一德：《大日本史纪伝志表撰者考》，第564页。
② 参考[日]雨谷毅：《彰考馆总裁略传》，东京：箒文社，1915年。

第四章 后期修史实践（1786—1906）

济、政治改革。水户藩也是改革中的一员。水户藩从宽政之后就陷入日益严重的财政危机之中，债台高筑，而作为主要收入来源的农业不振，使得水户藩围绕着振兴农村和农业经济多次改革，可惜成效有限。进入19世纪之后，不断加剧的列强侵扰更成为江户后期日本的一大重要问题。但也正是国内外诸多问题之刺激，在水户藩逐渐将"尊王"思想发展为系统的国体论。会泽正志斋的《国体》三篇是水户国体论重要代表作之一。他继承了幽谷的"天祖"之说，以此为核心将儒家的普遍道德与神道的神圣内核相结合，建立起系统的国体论思想，还将幽谷绝对化的"尊王"观念与"攘夷"结合起来，由此明确了日本最大之特性"万世一系"之国体的理论源泉，使水户成为"尊王攘夷"论的起源地之一。安政年间（1854—1859）作为幕府亲藩的水户藩倡导的尊攘论，通过水户乡校、民间私塾的推广① 和吉田松阴等尊攘派义士的改造，② 逐渐转变为"尊王倒幕"运动，在中下层武士中具有强大号召力。

幽谷和会泽等建立起来的水户国体论也影响了《日本史记》的编纂，尤其是在《神武本纪》的修订、进献朝廷的努力和《神祇志》编纂等三个问题中有突出表现。由于幽谷对"天祖"天照大神的重视和强调，由其主导修订的《神武本纪》在开头部分添加了一条从天照大神到天武天皇的天皇传承序列，以此说明日本的"万世一系"何以成立。而《大日本史》成功进献于朝廷，既是后期"尊王"新逻辑的胜利，也实现了本书从"私撰之史"向"天下之正史"的性质转变，从而具备了更为权威的地位。在栗田宽等主持编纂的《神祇志》中，明显继承了会泽所强调的"亿兆一心"民众统合国体思想、"天祖亮天功""口含茧"等利用、厚生和正德思想，而《神祇志》相较于《神武本纪》简单直接的"天祖—天孙—天皇"垂直世系，补充了天地开辟和诸神世代、氏族先祖等传说内容，将神代史当作信史而完整地收入到史书之中，这反过来也赋予了神代史以"事实"的属性。

综上所述，"尊王"是贯穿于修史前后期的核心思想，前期以纪传为中心时以"正闰皇统"为"尊王"之集中表现，判断正统的重要依据是神器这一来源于神道的元素，

---

① 参考 [日] 铃木瑛一：《水户藩学问和教育史研究》，东京：吉川弘文馆，1987年，第433—491页。铃木指出安政年间，随着水户尊攘思想向政治运动转化，乡校也随着发展起来，成为水户尊攘教育和实战训练的基地。

② 参考 [日] 吉田俊纯：《水户学研究——明治维新史的再思考》，东京：明石书店，2016年，第128—133页，第285—315页。该书是在吉田1986年出版的《后期水户学研究序说——明治维新史的再思考》基础上增补而成的。吉田在该书中指出吉田松阴在会泽正志斋和丰田天功的影响下，形成了"皇国"的历史观念，水户后期尊攘派立足于农村也启发了松阴的草莽崛起论，在松阴死后其弟子继承松阴的遗志，长州尊攘派成为全国尊攘运动的中心。

但这一套依据背后所隐藏的根本逻辑却是儒家所主张的名分论和民本思路。到修史后期，在关注神器与皇室正统的关系之外，又加入了"天祖开辟"和天孙受敕降临地上王国的神代叙述，将神器、神敕与天孙降临等要素作为天皇之崇高地位和正统性之根源，儒家学说仍然是论证这一"国体论"的主要理论和概念资源，但儒家学说已由理论内核转变为理论工具。这一转变过程，一是受日本江户时代逐渐发展的荻生徂徕及其后学和国学等学问的影响，二则有欧美列强势力的冲击，使得修纂《日本史记》的史臣所面对的"他者"是包括欧美势力在内的世界各国，因此更加强调日本优于世界各国的"国体"特性。后期修史过程中虽然针对性的削弱了突出中国史学特点的部分，如删除论赞、修改志表等，但《日本史记》整体仍按纪传体编纂，论证国体论的逻辑也是在儒家仁政、王道等学说基础上完成的，因此中国史学元素在《日本史记》编纂后期也依然发挥了作用，只是由于时代背景的变化，《日本史记》后期编纂的文本中凸显日本文化特殊的部分被刻意强调和发挥了。

第五章 《日本史记》之史学思想

对《日本史记》的史学思想①进行讨论时，最先需要注意的问题便是日本从中世到近世的巨大变化。内藤湖南曾经将日本历史划分为"应仁之乱"（1467—1477）前后两大阶段，认为日本自己的历史是从应仁之乱开始的，②坂本太郎更进一步指出应仁之乱是"宣告中世社会终结的社会变动的集中表现"，③另有观点将中世的南北朝时期（1336—1392）视为日本社会结构转向的节点，这都说明从中世开始的巨大变动对于近世思想的形成具有不可忽视的作用。中世是一个充满战乱、动荡的时代，人们的思想世界中充斥着不安、恐惧，被神佛、鬼怪等"超现实"物所包裹，在史学思想上也有悲观、宿命论等表现。而从中世向近世变化的一大趋势，正是从动荡不安走向统一稳定，从超现实的思想倾向走向关注世俗的现实世界，即内藤湖南所说可由"身体骨肉直接触碰"的世界。④

今天日本史的时代划分中，近世包括安土桃山时代⑤和江户时代两个阶段，也被称为后期封建社会，与中世的镰仓（1185—1333）、室町（1336—1573）等前期封建社会相对。1600年德川家康在关原之战中获得胜利，于1603年被天皇敕封征夷大将军，在江户开设幕府，完成了织田信长和丰臣秀吉未完成的统一日本、开府摄政的

---

① 瞿林东将史学思想或理论定义为，"关于史学本身的性质及其与社会的关系，史家之修养与批评的理论。它同史家对客观历史的认识即历史思想有密切的联系，也有明显的区别。"瞿林东：《中国史学史纲》，北京：北京师范大学出版社，2010年，第42页。
② 参考［日］内藤湖南：《谈谈应仁之乱》，《日本文化史研究》，储元熹、卞铁坚译，北京：商务印书馆，1997年版，第166—181页。
③ ［日］坂本太郎：《日本史》，汪向荣、武寅等译，北京：中国社会科学出版社，2008年，第213页。
④ 日本从中世向近世变化的特点可参考［日］田尻祐一郎：《江户思想史》序章，东京：中央公论社，2012年，第3—20页。田尻将中世到近世的变化概括为"世俗性的秩序化"，他具体列举了"家"制度在庶民阶层中确立起来、出版业的飞跃发展、商品的流通与国内市场的形成、"日本"国家意识的觉醒和"世俗力学"基础上"性"的秩序化等五大方面的秩序化表现。
⑤ 安土桃山时代：1568年织田信长奉将军足利义昭之命上洛，导致足利室町幕府的结束，期间丰臣秀吉政权（1573—1598）到德川家康开府之前的30余年被称为安土桃山时代。

目标。在一系列政治、经济和对外政策的实施下，德川幕府实现了日本社会在较长时间中的持续稳定。在这一持续稳定期内，江户时代又可细分为前后两个时期，大致以八代将军德川吉宗统治期为转折。德川吉宗在位期大致为1716年到1745年，以其在位时期为转折可从国内和国外两大方面来具体讨论：从国内形势来看，日本文化在经历元禄年间（1688—1703）的繁荣之后开始进入后期的改革阶段，除德川幕府建立之初的宽永饥馑（1642—1645）之外，几次大规模的饥荒如享保饥馑、天明饥馑、天保饥馑等，亦对日本社会、经济和政治造成巨大冲击，又推动了"享保改革""宽政改革"和"天保改革"等幕府改革，而以幕府改革为标志各藩也纷纷进行藩政改革，幕府初期所确定的诸多政治、经济和文化制度被打破；从国际形势来看，1500年大航海时代的到来让世界各地的联系更为紧密，吉宗本人也非常重视西洋传来的实用技术，在1720年废除了对除基督教书籍外其他西洋书籍的禁令，开始了"兰学"的历史，[①]而18世纪60年代开始于英国的工业革命也逐渐向欧洲、美洲各国扩散，进一步推动了世界化的发展，从18世纪90年代开始就有英国、俄国等势力试图与日本建立通商关系此后西方列强给日本带来的冲击不断加强，更加剧了幕府统治的危机。

德川幕府建立之初，还特别强调文教工作的重要性，即实现"逆以顺守，文武并用，长久之术也"。史籍编纂作为其中的一环，从幕府建立之初就成为朝廷、幕府乃至各大名藩政的一项重要工作而兴盛起来。到距幕府建立约百年的享保、元禄年间，在史籍编纂之外的史论性作品也不断涌现出来，一方面是对过去进行总结、给幕府统治一个准确的定位，另一方面就是希望从对过去经验教训的总结中，为统治寻找一套有效的借鉴和参考。这一时期编纂的史籍、史论等作品既有朝廷或幕府等官方下令或主持的修史，也有儒学者或僧侣等知识阶层的私人修史，其中代表性的作品有《本朝通鉴》《中朝事实》《读史余论》《保建大记》《日本外史》等。

日本国史编纂的起点是从对中国传统史学的模仿和借鉴开始的。[②] 随着佛教和儒学等思想及其典籍的传播，日本史学成为以中国史学为中心的东亚史学圈的一部分，

---

① 享保年间，担任幕府书物奉行的青木昆阳开始翻译荷兰文书籍，以此拉开了日本"兰学"的开端，其后形成以前野良泽、杉田玄白和大槻玄泽等医学者为中心的学问者。

② 可参考[日]清原贞雄：《日本史学史》，东京：中文馆书店，1928年，[日]坂本太郎：《修史与史学》，东京：吉川弘文馆，1989年。清原在《日本史学史》一书中指出在日本现存最早的史籍《古事记》和《日本书纪》之前，日本天皇和贵族们也按照《史记》《汉书》之体裁组织了史书编纂，只是毁于苏我虾夷叛乱之中。坂本太郎在《修史与史学》一书中指出《日本书纪》具有强烈的自他等国际意识，而书名是其一大明证，他说："《古事记》是只关注国内的内向型史籍，《大日本史》则是重视国意义的对外型史籍，且《书纪》之史体，吸收了中国古来之史体，又不盲目追随。"

第五章 《日本史记》之史学思想

在江户时期的日本史学发展脉络中仍然能够看到中国传统史学的诸多要素。《日本史记》编纂时间从江户时代延伸到明治后期,其包含的史学思想在时代转折的大背景之下也具有承前启后的特性。要弄清楚《日本史记》与其前后出现的史籍和史学思想间的关系,需要先对日本近代之前的史学发展进行一个简单的回顾,尤其是与中国史学的互动,有助于更清楚地认识《日本史记》的定位。按照中日史学交流不同时期的特点,可以大致将日本史学发展分为以下三大阶段。

第一个阶段是日本史学系统的发端,大约从公元6世纪开始到12世纪,借助对中国史学传统的模仿而形成了日本自己的史学。日本通过大化改新的改革方式进入律令时代,对唐代的社会、政治、经济和刑法等更领域展开了广泛的学习和借鉴,在刚完成统一的大和朝廷中建立起一整套成熟的社会统治体系。而作为大陆文化的重要组成部分,以《春秋》《史记》等为代表的中国修史传统和思想也一并被介绍到日本,"中国古代史学影响于周边的朝鲜半岛、日本列岛,使之较早地仿从中国而次生相当兴旺的史学……"。[①] 这一时期出现了日本最早的官修史书——《日本书纪》和《古事记》,其后由官方连续编纂了《续日本纪》《日本后纪》等并称为"六国史"的编年体史书,这同时也是日本历史上第一次修史的高潮阶段。

第二个阶段可称为内化阶段,从时间上来看相当于日本中世。前一阶段的史学成果被不断消化吸收,再加上佛教因素的融入,日本文化的特色变得极为突出。这一时期,朝廷主持修史的传统一度断绝,但是幕府及私修史书逐渐盛行。同时这一时期的史学著作所体现的史观和编纂文体更加多样,还由于中世武士势力的崛起,宣扬武士道以及武士精神的史书屡见不鲜,用日语假名和讲故事的方式来编纂历史的做法也逐渐兴盛起来。从这一阶段流传下来的史书来看,其语言、体裁和表达的思想与中国史学传统的区别被扩大。

第三个阶段从16世纪末开始,日本史学逐渐成熟并走向巅峰。随着德川幕府建立,结束群雄争霸的动荡格局,官方修史再次兴盛起来,同时汉文修史又一次成为修史主流,当然幕府与朝廷之外的修史工程仍在继续。这一时期的代表作品有德川幕府主导、林罗山父子完成的《本朝通鉴》和水户藩编写的《日本史记》。《本朝通鉴》记载了神代时代到后阳成天皇时期的日本通史,包括正编40卷(神武天皇—宇多天皇)、续编230卷(醍醐天皇—后阳成天皇)、前编3卷(神代)、提要30卷、附录5卷和首2卷共计310卷。而《日本史记》从篇幅、思想以及影响等多方面都可视为

[①] 乔治忠:《中国史学史》,北京:中国人民大学出版社,2011年,第17页。

日本近代之前史学之巅峰。进入明治时代之后随着西方文化史、社会史等新观念的进入，传统的修史实践逐渐消退。需要注意的是第三阶段再次出现了汉文修史的新高潮，尤其是经历过中世的和文修史高潮之后，这一现象更显得意味深长。相对于第一个阶段全面模仿的汉文修史阶段，第三阶段的汉文修史相同之处在于其明显具有一种国际意识，即用东亚文化圈所通用的汉文为编纂载体，而使其易于被同地区其他国家所了解，不同之处在于第三阶段还吸收了国学和神道学的成果，具有更强的文化自觉意识。

从时间段来看，《日本史记》编纂始于1657年，终于1906年，其编纂主体正处于江户时代并一直延续到明治后期，其思想元素中明显有中世的影响；从体裁来看，《日本史记》是日本第一部以纪传体方式编纂的史书，它不同于"六国史"的编年或实录体裁，也不同于《古事记》及"四镜"的物语、故事形体裁，从德川光圀时代确定编纂纪传书表等各部分，并由安积澹泊完成了论赞的撰写，但是后期在对同时代诸家学派、主张的扬弃之后，完成了志表并删除了论赞；从影响力来看，《日本史记》之后日本又出现了几部纪传体史书，但仍以《日本史记》的篇幅和体裁最为完整，其论赞的写法和内容直接影响了赖山阳的《日本外史》编纂，到文化七年（1810）《日本史记》进献朝廷之后被视为日本国史之代表，其南朝正统论、神器说等都极大地鼓舞了日本近代化进程，乃至成为明治以后的国家意识形态的组成部分。可以说《日本史记》完成了日本国史编纂的新发展，其250年的编纂过程正是日本近世思想变化的缩影。另外从日本史学史来看，江户与中世史学相比，在史学思想、史籍编纂形式等诸多方面发生了明显的变化，但近世的史学又是在中世的基础上变化发展出来的，《日本史记》编纂前期所确立的原则，可以清楚地看到中世史学元素对其的影响。因此接下来将对中世和近世的一些关键概念和争论进行梳理，来讨论《日本史记》编纂与所处各时代的联动性，进而对其编纂方针和特点的形成有更为整体的印象。

第一节　中世历史观念的影响

日本中世[①]是以武士阶层的崛起为开端的。这一时期由于战乱、灾害等频发，社

[①] 中世：20世纪随着欧洲史学思想的进入，日本仿照欧洲的时代划分方式将日本历史分成了古代、中世、近世和近代等几个时段，以镰仓幕府的建立为开端，到1573年织田信长将最后一代足利将军赶出京都为结束。

第五章 《日本史记》之史学思想

会经济和文化发展受到极大影响，在很长一段时间中被学术界视为类似于欧洲中世纪的黑暗时期，思想、文化陷入停滞。随着新的研究方法和视角的引入，尤其是各种古代文书的发现和利用，中世社会、文化和思想的丰富性也逐渐呈现于世人的面前。这一时期的战乱和天灾让民众们倾向于从宗教世界获得安宁和平静，因此各种宗教和神秘主义的发达成为一大时代特点。从整体来说日本中世具有鲜明的佛教色彩，即使作为本土宗教的神道也需要借助"神佛习合"的方式，将神道诸神借助佛教理论的框架形成独立的体系并得到更广泛的传播。同时多种思想的融合交汇也是这一时期的特点之一，对佛、儒、神道等诸家关系的讨论也是当时思想史中的主要话题。

中世时期的历史编纂者多为僧侣，他们希望通过梳理世界的发展过程来体现佛教世界观和价值观，从而达到宣扬佛教的目的。这一时期的史籍多用日文或日式变体汉文进行编纂，代表性作品有用日式汉文编写的《吾妻镜》，①宣扬武家主从精神以及神佛主导历史发展的观点；还有宣扬历史流变的《愚管抄》，以及用日语假名编成的物语风史书"四镜"。②这些史籍所包含的历史观念中有三个重要的要素：一是由佛教世界观发展为对世界构造一般认识的"三国意识"；二是各家学说融合的对《古事记》和《日本书纪》等日本历史的解释，尤其是对《日本书纪》的各种释读；三是与末法思想联结在一起的"百王思想"。

中世的"三国"多指中国、日本和印度，此时的"三国"实际上也等同于当时的全部世界，即由三国构成了中世日本的世界框架。在"三国"的世界意识之下，文学、历史、宗教等各方面都以此为出发点。出现于平安末期的《三国传灯记》（又传名《三国通钞》）是三国世界观下的一大典型作品，主人公为藤原镰足，该书将其当作维摩居士的化身，讲述其在各地的神奇故事或传说。再看慈圆所作《愚管抄》，也是在三国世界观之下完成的作品，作为日本中世的史籍代表作之一，因极力提高日本在"三国"中的位置而被人所知。慈圆指出日本在皇室的传承和民众信仰等方面具有自身的特性，这些特性也是日本的优势之一。由此，慈圆的日本特性思想也成为江户时期主张日本文化优越性的依据之一。江户初期的著名儒者如熊泽蕃山等人也对三国

---

① 《吾妻镜》所使用的汉文并非是纯粹的汉文，而是借用平安时期常用语日记中的日式汉文，在部分语序及用词上有所区别。
② 四镜指的是《大镜》《今镜》《水镜》和《增镜》等四部用物语形式编成的史书，主要借用中国史学中"以史为镜"的传统而得名，其中《大镜》作为其中最早编成的史书，其名一直到镰仓时期才得以确定。

观念有所阐发，熊泽在《三轮物语》中说"国为神国，道为神道。三国为三光之国，天竺为月神所掌之国、故又称月氏国；唐为星神所司之国，故亦称震旦；我国为日神所临之国，故称日本。月、星乃附于日光，故二国当为我国之末流。千界之源，万国之本乃我国也。"① 此外"三国"构造到江户初期，逐渐增加了中国、日本和朝鲜的新内容。中世的"三国"观念实际是当时人对于世界结构的一种设想，到江户初期出现了排佛崇儒的趋势，中国在这一结构中的地位更加突出，为了强调日本拥有不弱于中国的先进文化和悠久历史，如《日本史记》这样用汉文进行的国史编修事业也逐渐兴盛起来。

《日本书纪》是日本真正意义上的第一部正史，它成书于720年，由天武天皇之子舍人亲王主持编纂。当时编纂的主要目的是确立天武天皇朝统治的合法性，因天武天皇之位来得并不正统，他是从天智天皇朝确立的皇太子，也是天武的侄子——天智的正统继承人手中用武力夺取了统治权。因此舍人亲王在史书的编纂中将天武天皇夺位的一些敏感史实去除，更重要的是通过对日本创世神话的梳理，逐渐建立了一条从天神到天武的皇运传承的世系。津田左右吉曾评论神代历史说"不过是作为日本统治者的皇室历史。神代史的中心观念是日神，而日神是日本皇祖神，所以它也是天皇的反映。"② 也就是说在《日本书纪》的编纂者看来，神所存在过去和现天皇统治的当下是直接联系的，两者之间并不存在性质上的差异。

《日本书纪》编纂完成之后成为天皇朝廷的必读书目，曾由天皇主持宫廷讲习由博士定期为天皇和贵族们讲解，每轮释讲结束之后再由天皇赐下筵席，邀请百官共乐并留下"读后感"，收入现在《日本纪竟宴和歌集》之中。由于天皇的重视，《日本书纪》被视为包含不易真理的经典，到中世其经典地位未被动摇，除了宫廷博士之外许多僧侣也加入了释读的行列。中世代表性的释读作品有忌部正通的《神代口诀》、吉田兼俱的《神代抄》、清原宣贤的《日本书纪抄》、一条兼良的《日本书纪纂疏》和卜部兼方的《释日本纪》等书，其中《释日本纪》结合了同时期的各种史料从出典、字音和历史等方面进行了综合研究，是这一时期释读的集大成之作，而《日本书纪纂疏》《神代抄》与《日本书纪抄》等将神道仪式、佛教和儒道经典等各资源融入解释之中，呈现出一种吸收儒释两家思想系统化整理的神道理论，尤其是对《日本书纪》开篇的神代部分的解释，表现得尤为突出。如《神代口诀》说"（神）如明镜之照万

---

① ［日］熊泽蕃山：《三轮物语》，早川纯三郎等编《神道丛说》，国书刊行会1911年版，第47页。
② ［日］津田左右吉：《日本古典研究》上"神代史的性格及精神"，东京：岩波书店，1984年，第639页。

第五章 《日本史记》之史学思想

物不舍一法，不受一尘也。在天者神，在万物者灵，在人者真心也"，其中对神、灵和人的理解显然是源于《淮南子》和《易经》之说。另有一种在中世流产甚广的《日本书纪》释读，是将用佛教中的成、住、坏、空四大劫的往复循环作为世界和历史进程的解释。由此日本自己的历史过程在反复的释读过程中逐渐普及开来，另外以《日本书纪》释读为中心，形成了日本自身文化和思想发展的一个阵地。同时出现了一个问题，即日本以神道为代表的本土文化，与佛、儒等外来思想究竟出于一种怎样的关系之中？

《林罗山文集》中有一段问答："或问：神道与儒道如何别之？曰：自我观之，理一而已矣。……曰《日本纪》神代书与周子《太极图说》相表里否？曰：我未知。呜呼！王道一变至于神道，神道一变至于道。道，吾所谓儒道也，非所谓外道也。外道也者，佛道也。"[1] 林罗山在《神道传授》中还说："人王卅代钦明天皇之时，佛法初渡日本，其后圣德太子好之，谓佛法为花实，儒道为枝叶，神道乃为根本。"[2] 这一说法在中世的吉田兼俱的神道主张可以找到一致的观念。吉田认为"神道，名曰宗源何也？神书曰，掌神事之宗源也。宗者，万法归一谓之宗；源者，诸缘所起谓之源。是故上宫太子曰，神道者儒佛之宗，万法之源也。宗源之旨，于是乎可视焉。盖神者天地也，无天地则四时不行，百物不生，无神则无人生，无人则无万法，亦无一法，毕竟为诸宗之源也明矣。"[3] 另有水户藩的《御国传来之神道》中指出，伊势神道传入水户将糟粕与精华一起带入，"近世神道常常附会易道、或阴阳五行、或宋儒之理学，或以佛语说神事，杜撰之处甚多。居其职而不学、不辨古书之体，以致近世多信杜撰之神书。"[4] 中世神道学家们对诸法的角色定位表现出其对本民族文化的自觉，而将诸法融合、其理为一的思想在江户时期的儒学家、神道家等学者中得到继承发扬，只是江户时期从时政到思想出现的排佛之风，与中世浓厚的佛教色彩有所区别。

以《日本书纪》为首的"六国史"是《日本史记》编纂所依据的主要材料，尤其是《日本书纪》更具有特殊意义。延享（1744—1747）版《修〈大日本史〉例》第一条内容为，"凡纪传之文，根据正史，务遵其旧，不妄改削。本纪神武至持统，全据《日本纪》，故下唯称本书，不注书名。如《旧事纪》《古事记》《类聚国史》《日本纪略》

---

[1] [日]京都史迹会编：《林罗山文集》下卷六十六，京都：平安考古学会，1918年，第360—361页。
[2] [日]林罗山：《神道传授》，图书刊行会编《神道丛说》，东京：图书刊行会，1911年，第32页。
[3] [日]吉田兼俱：《神道大意》，图书刊行会编《神道丛说》，东京：图书刊行会，1911年，第12页。
[4] [日]小川伊织：《御国传来神道》，神道大系编纂会编《神道大系·论说编十五》，东京：神道大系编纂会，1986年，第130页。

等，参取他书者，各注其书名。下至《三代实录》一例也。"① 与茨城县历史博物馆所藏稿本②比较，可发现增加了将《日本书纪》称为"本书"的说法，将其与其他史书区别开来。《日本史记》在纪传部分的"三大特笔"，其中神功皇后和大友皇子两大特殊处理办法，主要是对《日本书纪》进行批判而形成的。中世时期各家对《日本书纪》的释读和考证，为水户藩的史臣们对《日本书纪》进行史料批判提供丰富的材料。同时《日本史记》融合儒家正统观与"天神赐予神器"的神器正统论，也处于中世诸法融合，其理为一的思想延长线之上。

"百王"初传入日本时指的是多王，引申为王室之传承绵延不断的意思，这一用法在平安时代的日本被广泛沿用。但是到了中世初期，由于社会的持续动荡、佛教思想的普及和自然灾害频发等多种因素，使得"百王"一词与悲观、厌世的思潮结合起来，形成所谓的"百王思想"。"百王思想"一般来说指的是天神将护佑百代天皇的皇祚，在第一百代天皇即位之后皇统断绝、日本国灭的末世思想。这里的"百王"不再是平安时代虚指之数，而成为王朝延续时间的具体数字。前文提到了佛家中以中国、日本、印度三国构造为整个世界的结构，而在历史观上佛教有"成住坏空"等四劫的循环论，也有"正像末"三世流转的思想，总体来强调世界和社会都有一个产生、发展到终结的过程。只是中世的日本社会弥漫着一种浓厚的悲观色彩，因此到人们相信平安末期就是像法期即将结束、末法期到来的节点。

这里的问题是，佛教的末法思想如何与日本天皇的国运联系起来呢？前文已经提到，日本中世可被称为佛家的世纪，从佛教传入之后，信崇佛教的天皇和贵族屡见不鲜，佛教逐渐具有了国教的性质，不仅寺院经济在国家经济体制中占有极为重要的位置，寺院拥有大量的田地、劳力和相应的征税特权等，还建立了国家的寺院体系，将僧位纳入朝廷官位系统之中，许多僧侣成为天皇近臣，进而影响朝政运行。平安时期由遣唐使带回的几部佛教经典还具有了超越宗教的价值，如被并称为镇护国家三部经之《金光明最胜王经》《妙法莲华经》和《护国仁王经》，其中《金光明最胜王经》与日本关系极为密切。人们相信念诵《金光明经》就可使四大天王守护国家，日本建立国分寺的最胜会和四天王寺的建立等也都是在《金光明经》教义指

---

① 《大日本史》卷十七，东京：大日本雄辩会，1929年。
② 现日本茨城县立历史博物馆所藏《修大日本史例》稿本，内容稍有不同："凡正史之文，纪传所根据，务遵其旧，不妄改削。本纪神武至持统全据《日本纪》，参取《旧事纪》《古事记》《类集国史》《日本略》等书者，下注所出，全用正史而成者不然。下至《三代实录》一例也。"

第五章 《日本史记》之史学思想

导之下完成的。正因为从天皇、贵族到一般民众生活与佛教之间的密切联系,以及当时的人们对神秘力量的崇信等,佛法与王法对应论成为中世流传甚广的一大观念。这一观念将佛法的衰退与王权的终结联系起来。此外再加上"神佛习合"说的广泛传播,"天照大神=大日如来"的本地权现说成为一种普遍认识,因此日本成为被天照和大日如来所庇护的神国。但是如《谏晓八幡抄·真迹》所说"我乃镇守日本的八幡大菩萨,誓将守护百王",即诸神对日本的庇护以百王为期,在百代天皇之后日本国将毁灭,故从平安末期到镰仓时期的贵族日记或寺社文书等记载中,经常可以看到"百王尽灭""朝家灭亡"等话语,可见人们对于末法时代即将到来的恐惧与不安。

但是在"百王思想"讨论中还需要注意的是,在"百王终结"的悲观思想之外,将"百王"之"百"理解为虚指众多之意的作品和观念依然存在。对"百王"之数保持乐观态度的作品以《愚管抄》和《神皇正统记》为代表。《愚管抄》中有一段对百王的经典解释,即用一百叠纸来比喻百代之天皇。慈圆的解释是:纸张用完了一部分还会有新的纸张添加进来,因此在一定时间段内纸看上去越来越少,但最终却不会用尽,所谓百代天皇也是如此,天皇也会不断生灭,代代相传而不断绝。

成书于南北朝时期的《神皇正统记》则是将百王思想与天皇正统世系结合起来。《神皇正统记》的作者北畠亲房属于南朝重臣,为了宣扬南朝正统论,他参照佛教的判教手法撰写了此书。该书刊行之初,因为与当时主流的北朝正统说直接冲突,还涉嫌对当政的北朝系天皇不敬,因此其说流传范围受到极大限制。但是《神皇正统说》的神器说、南朝正统论等主张在江户时代却有极大影响力,甚至在日本昭和时期的政治、教育等方面发挥了持续的作用。北畠亲房在该书中指出,百王之百不是指十乘以十为一百,而是无有穷尽之意,与百官、百姓等词用法相似。[①] 除了将百王解释为传统虚指无穷之意外,北畠亲房还对"百王思想"进行了发展。他在《元元集》中说,"皇祖天照大神手持三种神器,口传三句要道与日月具悬,与天地不朽者也"。[②] 也就是说天照大神作为天皇之始祖,将作为天皇位份象征的三种神器和天皇统治国土的三句敕语交给天孙,因此地上的国度就成为天孙后裔的领土。天照大神所传下的三种神器和三句神诏,因日神天照大神的赐予而具有了如同日月一般万世不易的特质,由此天皇家族对日本的统治也将是无穷的。

北畠亲房结合了儒家、神道和佛教等思想内容,把神明的旨意、神器的灵验和

---

① [日]北畠亲房:《神皇正统记》,《日本古典文学大系》87,东京:岩波书店,1965年,第66页。
② [日]北畠亲房:《元元集》,正宗敦夫编《日本古典全集之丙》,第178页。

彰往考来：《日本史记》之编纂与史学

天皇的皇祚延续三者紧密联系起来，形成一个完整的逻辑链条，对镰仓中期出现的悲观的"百王思想"进行批判。其在思想倾向上与进入"太平天下"的江户时期的人们更为接近，而南朝正统、儒学式的神器解释等具体主张则被江户初期水户的德川光圀、三宅观澜等编纂《日本史记》的学者团体所继承和发扬。

日本江户时代的各种思想，是在中世深具佛教色彩的世界观和历史观基础上，或正面继承、或反面批判而形成的。如江户初期两大主要儒学流派的创始人之一山崎暗斋就是僧人出身，因推崇朱子学而还俗，兼研儒学和神道。另有幕府的官方学者林罗山等人也继承了中世以儒学解释神道的做法，不同的是他尽可能淡化神道教育中的佛教色彩。《日本史记》的编纂者们也是在中世的思想资源基础上开创自己的事业，其中史臣们对北畠亲房的主张极为推崇。在《日本史记·源亲房传》中，史臣们有如下记载：

> 世以其博洽，与藤原宣房、源定房，并称为后三房。尝读宋人司马光《资治通鉴》，于大义有所见。方帝即位行在，亲房深叹中兴不终，皇统垂绝，乃推本皇祖建国之意，著《神皇正统记》，上起于神代，终于兴国初，揭皇统于已微，以明神器之有归，其明微扶正，诚有合于《春秋》遗旨云。①

《日本史记》的列传中对北畠亲房之学识大加赞赏，称其所著之《神皇正统记》，受《资治通鉴》之"大义"的启发，而远承《春秋》之宗旨。对这一点《论赞》中更进一步强调：

> 《正统记》之作，辨核正闰，扶植纲常，雄深该博，足以攘斥僭伪。则其所学从可知也。岂非所谓通儒者耶。王臣蹇蹇，匪躬之故。辅佐幼主，屹为南朝元老，盖有诸葛亮之风焉。②

在《日本史记》的编纂者来看，北畠亲房正是儒者的代表人物，是当世的学人们都应当学习和效仿的对象。北畠亲房所著之《神皇正统记》更对《日本史记》的编者们产生了非常大的影响。其一是《神皇正统记》所主张的南朝正统论。第二章已经提到过，《日本史记》中的"南北朝正闰说"正是在《神皇正统记》等书的"南朝绝对正统"基础上发展起来的，《日本史记》以南朝为正统，但同时将北朝诸天皇

---

① 《大日本史》卷一百六十五，第18册，1912年德川家藏版。
② 《大日本史赞薮》，日本思想大系48《近世史论集》，第291页。

的事迹也记录在本纪之中，而不是存一废一。其二是《神皇正统记》提出的"神器"说也启发了《日本史记》的"神器正统说"。《神皇正统记》将天神赐下的三种神器对应于天皇执政必需的"正直、慈悲、智慧"等品德，将日本朱子学与神道学说融合在一起，发展出天皇正统判断的标准。《日本史记》的神器说在前述论述逻辑的基础上，进一步综合儒学和神道学说，来系统阐述"神器正统说"，在前期的《日本史记》编纂中以神道之神器说为表，却以儒家之伦理道德为里，只是到了编纂后期神道的成分更为突出，而成为正统理论之里。

总体来看，《日本史记》显然受到中世时期的思想元素的影响。中世盛行的各种《日本书纪》注释书为《日本史记》的史料批判提供了丰富的资料。尤其是以北畠亲房为代表的积极的"百王精神"和"神器正统说"，更成为《日本史记》"南北朝正闰说"和天皇世系延续的理论基础。

第二节　泰伯说：对日本历史起点的讨论

从16世纪末到18世纪上半叶属于近世前期，14世纪以来动荡不安的社会形势到这一时期逐渐稳定下来，崩坏的社会秩序得到重建。中世盛行的各种思想观念也延续到了这一阶段，而未完全消失。从一定程度上来看中世可被称为佛教的世纪，神秘主义和宗教情绪贯穿了整个时代，也是社会各阶层所共有的思想倾向。中世的许多作品中除了对末法时代的悲观情绪之外，还包含相信命运不可变易的观点，如《大镜》《水镜》《今镜》等，这些史籍编纂时多使用日文假名创作且带有传奇故事色彩。

1590年丰臣秀吉用武力、财力等统一了日本，他还施行了"检地"、颁布了"刀狩令"等措施巩固统一之成果。1592年丰臣秀吉出兵朝鲜，直指中国明朝，被应邀出兵的明朝军队打败，退到朝鲜半岛的南部，1597年丰臣秀吉发动第二次进攻，结果1598年丰臣秀吉去世，日本陷入内部权力争斗而匆忙撤军。1600年以德川家康为首的势力获得了胜利，并于1603年在江户城中开设幕府。日本前后经过织田、丰臣和德川三家的统一战争，以德川幕府的建立结束群雄争霸的动荡格局。幕府建立、政治稳定之后，社会阶层逐渐被固定为士农工商不同等级身份，此外在中世时期拥有较强势力的宗教教团，由于频发的"一揆"运动被新建立的德川政权严格禁止，从海外传来的基督教等势力也被限制，因此相较于中世对宗教等超越性因素的重视和狂热,此时的人们逐渐将关注点放到了现实生活之中。作为对现实生活中过去的总结、现在的借鉴和未来的预测,修史事业又兴盛起来,其中无论官府敕修还是私人撰写都出现了不少代表作,如作为幕府的官方学者,林罗山及其子林鹅峰等江户儒学者吸收并改造儒家的名分论,仿照中国宋朝司马光《资治通鉴》主持修撰了正史《本朝通鉴》;各藩也积极进行修史事业,如尾张的《神君年谱》,纪伊的《创业记考异》,山鹿素行的《中朝事实》等。总体而言,为现实寻找一个合理的依据,并借此对未来进行规划,是近世前期的一大思想倾向,具体来说则有为现实的德川政权寻找合理性,进而讨论当下的稳定局面是否可以长久地维持下去的问题。

在上述的背景之下,近世前期对日本历史起源的问题进行了讨论。需要注意的是,此时的日本起源讨论又与当时的对外认识和对外政策等联系在一起。德川幕府建立之前,刚经历过两次对明战争的失败,德川幕府一改丰臣时期的战争策略,重开与中国的商贸往来,江户初期的对外政策变化的同时,也让中世强化的"神国"观念受到一次较大冲击。此时借用儒家的伦理道德和祖宗佑护等观念对日本的历史和文化进行"合理化"解释,即"泰伯说"不仅在中世的僧侣中获得肯定,也在近世前期的一些儒学者中引起了共鸣。另有一些儒学者或神道学家等则基于对"泰伯说"的批驳发展了自己的历史观点。从总体上来说,随着江户时代文教事业的复兴,儒家在经过江户学者的改造之后成为官方学问,无论是支持还是反对,"泰伯说"的影响力也随之扩散开来。

一、近世前期的泰伯说

"泰伯说"认为日本皇室始祖为吴泰伯(也作太伯)。吴太伯相传为古公亶父的长子,古公亶父欲传位于三子季历及其子姬昌,为此泰伯与古公亶父次子仲雍避让于江东。按"泰伯说",泰伯实际上远渡日本泰伯,成为日本皇室的先祖,泰伯自身德行出众,因此作为其后裔的皇室成为长期统治日本的天皇。在《后汉书》《太平御览》《梁书》《续文献通考》等中国典籍中都有日本为吴泰伯之后裔的记载,这一说法随着汉籍及其思想的传播也被部分日本学者接受。如在中世的僧侣所做的年代纪或国史中就能看到"泰伯说"的记载,藤田幽谷也曾经在《与校正局诸学士书》中提到"后醍醐帝之世,释圆月作日本史,以吴太伯为始祖,献其书于朝。"而在近世前期,有林罗山父子和熊泽蕃山等人继承"泰伯说",并对其进行了发展。

第五章 《日本史记》之史学思想

熊泽蕃山在解释日本国家性质的神道书籍《三轮物语》①一书中，对"泰伯说"进行了较为集中而详细的阐述。他在《三轮物语》中借社家之语说："日本帝王先祖为姬姓，中国圣人泰伯之苗裔也。"②泰伯泛舟至日向之海滨，见到当地未开化之状心有不忍，而献牲祭、斩大蛇、退魑魅魍魉、教化民众，国民怀其仁义奉为国主，更尊其子女为天神子孙代代为国之主。熊泽在文中还说：

> 其人为神之用，因天神化生故，以无穷氏、水神氏、有木氏、有金氏、有土氏、象形氏之次第，而成天生七代。此神之始，名为天照太神宫。……天照大神的神体，由雨宝童子作奉，正似泰伯遁吴之形。③

蕃山将泰伯视为天照大神之化身，还指出天照大神之神体正是按照泰伯遁吴越时的形象而塑造的，泰伯是为大和国带来礼仪仁义之圣人，"天照皇"将智、仁、勇三德化为三种神器，用以象征政道至极，当周之王道衰微，则进入武家之天下。④熊泽进一步解释说日本本为姬氏国，但是由于神道家的误会而不传，神道家们的积极之处在于提出"人皆为天地子孙，因来于太虚天地之神，故人宜皆为神孙，当知德义"的观点，点明了神道与儒学的本质关系，⑤蕃山将天照大神、三种神器与吴泰伯、易经之阴阳相对应，还称后稷为天照大神之祖神，为日本的历史嫁接了一段符合儒家道德观念和历史逻辑的"开国史"。

林罗山及其子林鹅峰所传承的朱子学，在德川幕府建立之初被幕府将军所重视，两人受将军之命编修国史。林罗山将多年的成果整理为《本朝编年录》，后在明历三年（1657）大火中被烧毁，林罗山不久后抱憾病逝，由其子鹅峰继续这项国史编纂工作。林鹅峰在林罗山的手稿基础上成了编年体的《本朝通鉴》书。林罗山父子也将泰伯作为日本之始祖而编入国史之中，只是这一说法目前仅见于水户的相关史料之中，而现在通行的《本朝通鉴》开篇是与《日本书纪》等一致的神代史并未有泰

---

① 熊泽蕃山将《三轮物语》设定为在中秋赏月之夜，和三轮山的神主和几位社人进行座谈。座谈的话题是讨论在政治、文化的倾颓之下如何振兴作为文化基础的朝廷。
② [日]熊泽蕃山：《三轮物语》，图书刊行会编《神道丛说》，东京：图书刊行会，1911年，第52页。原文为：社家云、日本の帝王の御先祖は姫姓にて、中国聖人泰伯の御苗裔也。
③ [日]熊泽蕃山：《三轮物语》，《神道丛说》，第52—53页。
④ 参考[日]熊泽蕃山：《三轮物语》，《神道丛说》，第61页。
⑤ [日]熊泽蕃山：《三轮物语》，《神道丛说》，第62页。

伯说的内容,① 与"泰伯说"相关的内容主要在林罗山的《神武天皇论》和林鹅峰的《东国通鉴序》《泰伯国祖论》等文章中。林罗山也是将泰伯作为日本之始祖,因泰伯传播教化的德行而泽被后嗣子孙。林罗山认为:

> 姬氏孙子本支百世可至万世而为君不亦盛乎?彼强大之吴虽见灭于越,而我邦之宝祚与天地无穷余。于是愈信太伯之为至德也。……古天子班五瑞于群后,想太伯何不执圭璧以为信乎?然则所谓三神器,与赤刀弘璧瑞玉类也耶。……天人一体,道器无间,故有理则有物,有物则有形,有形则有器。夫物之有成也,本乎自然。……且余尝推神书之意,则三器者三德也。②

从熊泽和林罗山的相关论述可以看到,尽管在"泰伯说"中赋予了一定的神道色彩,但是天皇家族的永续传承根本来源于"天照皇"或始祖泰伯之启蒙民众、传播礼仪教化的人伦道德因素,而不是神秘的宗教信仰之力。

在以儒家伦理和报应观念等构建"泰伯说"为日本历史起点的学者之外,还有一些人则以批判"泰伯说"为起点来编纂日本历史。其中的代表就是江户初期非常有特色的朱子学者山崎暗斋(1618—1682)及其门人。山崎暗斋在《拘幽操附录》中多次讨论泰伯问题,其评价说:

> 问泰伯事。曰这事便是难,若论有德者兴,无德者亡,则天命已去,人心已离,便当有革命之事。毕竟人之大伦,圣人且要守得这个,看圣人反复叹咏泰伯及文王事,而于武又曰,未尽善,皆是微意。
>
> 问泰伯之让知文王将有谈下而让之乎?抑知大王欲传之季历而让之乎?曰泰伯之意却不是如此。只见大王有剪商之志,自是不合他意且度见自家做不得此事,便掉了去。《左传》谓泰伯不从,是以不嗣不从,即是不从大王剪商事耳。③

---

① 松本纯郎在《水户学源流》考证过为何在《本朝通鉴》开篇没有见到泰伯说。他指出《本朝通鉴》开篇有泰伯说实际是水户史臣们的误传,将《本朝通鉴》和《东国通鉴》两书混淆,两书的区别在于前者为敕修公开的官方史籍,而后者是林家私人典籍表达私人观点。松本纯郎之说与林家的"泰伯说"主张并不冲突,只是在讨论林家的观点时需要更加注意具体的语境。
② [日]林罗山:《神武天皇论》,京都史迹会编《林罗山文集》上卷二十五,京都:平安考古学会,1918年,第281页。
③ [日]山崎暗斋:《拘幽操附录》,[日]丸山真男、[日]阿部隆一等编《日本思想大系31·山崎暗斋学派》,东京:岩波书店,1980年,第203页。

第五章 《日本史记》之史学思想

在暗斋看来泰伯和文王才可称为真圣人,周武王身为臣子翦商自立为王,在德行上未为尽善。暗斋主张的是臣下对天皇的绝对忠诚,第三章中曾讨论过暗斋用宗教性的崇信来解释尊王之说。需要注意的是,暗斋对泰伯的德行并无太大异议,有问题的是将泰伯视为皇室先祖这一做法。暗斋认为泰伯始祖说是陋儒的误解,因为最早传播的信息不过出自商船僧侣之口,年代有误,名实有失,当为无徵之言。暗斋还认为这是古今学者都存在的一种崇外心理,认为本国为小国,诸事多不及外国,圣人也出于外国,这实际上是一种数典忘本的做法,是对本国历史风土的无知。他进一步提出"我神代亦古矣,犹三皇之世也。神武之皇国,则如唐尧放勋之时也。"[①]暗斋及其门派师承自被称为日本最早儒学者的藤原惺窝,暗斋主张严格按照朱子学说来生活并指导学生,但他同时也是一名神道家,开创了儒学与神道高度结合的"垂加神道"流派。从暗斋对日本历史和中国历史阶段的类比中也可以看到,暗斋肯定了儒家道德观念的普遍性,但是他认为对于"异朝"可以并且应当学习其思想学说,而不是盲目崇拜异朝的一切或个别的人物。在这一逻辑之下,暗斋用"中国夷狄非一定"之论发展出一套"中国论",即"中国"只是本朝、本国的自称,而并非独属于某一国家或某一朝,日本的许多儒学者自称东夷或夷人,既是对经典的食古不化,也是对本国历史的不了解。相对于后期本居宣长等日本最优越之观点,暗斋更加强调的是日本应当与中国处于平等地位,但在主张提高日本之文化、国际地位的同时却并不否认中国的先进之处。

二、水户对泰伯说的批判

《日本史记》的编纂者,是除山崎暗斋之外,另一群对"泰伯说"进行批判的代表者。《日本史记》编纂前期,其史臣多为林罗山父子或山崎暗斋之弟子或再传弟子。在《义公行实》等水户藩史料中都记载,正是由于德川光圀对《本朝通鉴》草稿以泰伯为日本天皇始祖的说法表达严厉的批判,才导致了这一部分被删去,不见于通行的《本朝通鉴》之中。根据松本纯郎《水户学源流》一书的考证,以德川光圀收藏版刊行的《东国通鉴》中收入了林鹅峰序文,其中并不否认吴太伯为日本之

---

① [日]山崎暗斋:《二程治教录序》,转引自[日]大桥长一郎:《山崎暗斋》,内外出版协会,1909年,第70页。原文为:闇斎嘗て、二程治教余の序に論じて曰く、抑々我神代の古や、猶ほ三皇の世の如きなり。神武の皇国や、猶ほ唐尭の放勲の如きなり。疑"二程治教余"为"二程治教录"之误,改为《二程治教录序》。

祖,此外再据安积澹泊《答寒川辰清问》中对泰伯论进行否定,由此从正反面说明水户藩在计划编纂《日本史记》的初期,基于儒家普遍道德的基础并未否定泰伯说,认可林家"泰伯至德而我王迹"的说法。但是德川光圀、安积澹泊等修史的发起者和实际主导者从强化日本独立性的角度批判泰伯说,并逐渐成为水户之主流。在小宫山枫轩所编《水户义公年谱》中记载:"(宽文十年庚戌)会弘文院林恕上本朝通鉴,请上木。公翻阅数纸,读日本始祖吴泰伯之后也。大骇曰,此说出后汉书等,彼传闻之讹,而我正史所不载。昔者后醍醐帝时有妖僧持此说。诏焚其书。今也天下文明,远超昔时。而使此说一行,则我神州之大宝,永为外国之附庸。是可叹也。"① 该条内容也出现在藤田幽谷所著《修史本末》中,幽谷对此评论说"天朝通聘西土,日出处天子,日没处天子,称谓用敌国礼,如称曰勾吴之后,则神州大宝,不免为异域附庸,岂不悲哉。"②

这里想要讨论的问题是,前期水户的修史者既有支持"泰伯说"的林氏弟子,又有反对"泰伯说"的山崎之门人,为何《日本史记》在德川光圀的时代确定选择了反对的一方,一直延续下来,并被藤田幽谷、会泽正志斋等后期修史代表人物所继承?

作为水户藩前期修史者的代表人物,栗山潜锋在《保建大记》中指出:

> 华夷何常之有。华而用夷礼,则夷也。夷而进于华,则华之。古之制也。聊尝论之。夫地者,天根之凝聚于中也。天乃地气之游环于外也。天地之间,何往而不中。又何往而不天下。故彼此皆自称曰中国。盖对外国之通称,而固非言此土在堪舆之正中也。至其或为神州、或为神国,且海内为天下,而外为夷为蕃,则虽俱非九九总域之通言,亦各国自称,彼此无相害。是以淡海公奉敕撰职员,掌远人,谓之玄蕃。万多亲王区别姓氏,秦汉之裔,收之诸藩。源亲房亦曰,彼以我为东夷,犹我以彼为西蕃也。近学堕乎市井,文不振乎搢绅。懵乎旧典,而不之顾。或呼元、明为中华,自称为东夷。殆几乎外视万世父母之邦,而无蔑百王宪令之著矣。③

从引文可以看到,栗山潜锋首先认为"(华)夷"与"中国"是一组相对概念,"中

---

① 《水户义公年谱》,水户史学会、常盘神社等编《德川光圀关系史料》,第295—296页。
② [日]藤田幽谷:《修史本末》,日本史籍协会编《藤田幽谷关系史料》一,第66页。
③ [日]栗山潜锋:《保建大记》,[日]松本三之介、[日]小仓芳彦编《近世史论集》,第380—381页。

第五章 《日本史记》之史学思想

国"是针对外国的通称，各国皆可以"中国"自称。在这一基础上，潜锋认为日本是"万世父母之邦""百王宪令之著"，由此批评了自称"东夷"的说法。前面第二章在讨论神功皇后时已经提到过在《日本史记》的纪传编纂过程中，有明确的"自他""内外"的意识，明确主张"我国"史籍不载、仅见于外国史籍者不取，而1810年修订之后的《日本史记》更将"外国传"改为"诸蕃传"，1929年前后陆续刊刻的《日本史记》再进一步，将原本放在《外国传》之首的中国诸朝之事改放到《诸蕃传》的最末。"泰伯说"被水户藩诸学者批判的核心理由正在于此，"泰伯"作为"西蕃"之人，如何能够成为绵延不绝的皇室之先祖？

此外还可以注意到一点，栗山潜锋的议论与山崎暗斋的"中国论"极为相似。实际上潜锋年少时曾入京都的山崎暗斋门下桑名松云①师门，后被鹈饲真昌推荐入水户藩史馆之中，得到藩主的器重，于27岁时担任史馆之编修总裁，宝永三年（1706）病殁，年仅35岁。在强调日本相对于中国的独立和平等地位之上，栗山潜锋受到山崎暗斋师门的强烈影响，并将其运用到史籍编纂之中。②而栗山潜锋的上述观点不仅继承了山崎暗斋等人对泰伯说的批判，还启迪了水户藩的后辈学人。如活跃于18世纪末、19世纪初的水户史臣藤田幽谷称潜锋的《保建大记》"正大之论，雅健之辞，使人推服不能自己"。幽谷在《正名论》中也指出"泰伯说"的问题，"中世以降，史官失职，然方外之徒，私作国史，既非其宜，况其祖太伯之说诬妄无污神明之统，尤义公之所深愤而痛斥者，岂复刻袭其私造之名乎？"③栗山潜锋所代表的水户前期之内外认识，又被以幽谷为开端的水户"国体"思想继承和发展，以日本为延续"神明之统"的神圣国度，由此形成其"国体论"观点：对内天皇是"天祖"天照大神之"日嗣"，而绝不是"西蕃"吴太伯之后裔；对外日本作为"日域"，不只拥有与中国平等的地位，更超越于包括中国在内的"万国"之上。

"泰伯说"最早在中国的史籍中出现，后因中日两国越加密切的文化和思想交流，中国的圣人"泰伯"为日本历史的源头提供了一个符合儒家道德的说法。延续了中

---

① 桑名松云：仙台藩儒者，师从山崎暗斋学习儒学和垂加神道，著有《十二支训传》，在文中提出"十二（地）支，人皇之初已有志，当有我国之训，然垂加不取之。"
② 关于《日本史记》与山崎暗斋流派之间的关系可参考[日]鸟巢通明:《〈大日本史〉与崎门史学的关系》，日本写协会编《〈大日本史〉研究》，第235—280页。鸟巢在该文中重点讨论了鹈饲真昌作为水户与山崎学派中介人发挥的作用，还通过山崎学派的弟子或再传弟子鹈饲真昌、栗山潜锋和三宅观澜等人与《日本史记》"三大特笔"之间的关系论证了《日本史记》与山崎暗斋学派之史学思想间的密切联系。
③ [日]藤田幽谷:《与校正局诸学士书》，[日]今井宇三郎、[日]濑谷义彦德国编《水户学》，第373页。

世佛、儒、神道融合的思考框架,近世前期的一些儒学者接受了泰伯说。如熊泽蕃山、林罗山等人还对泰伯说进行改造,将代表儒家道德的圣人泰伯视为象征日本至高伦理的天照大神的化身,将三种神器视为泰伯之至德的器物象征。在水户藩的一些儒生当中也曾流行过泰伯说,但是德川光圀、安积澹泊、栗山潜锋等《日本史记》编纂主导者虽然主要为林罗山父子门人,部分为暗斋弟子,却继承了暗斋基于其"中国论"对泰伯说的批判。林罗山父子的泰伯说,是在肯定儒学作为普遍价值的前提下,将源于神道的"神—皇"传承嵌入儒家的"王道"说之中,以"我邦之宝祚与天地无穷"来反证泰伯之至德。《日本史记》的思考方向则与此不同,相对于儒学价值的普适性,他们更强调日本国家和文化的特性,还吸收了暗斋的"中国论"主张,《日本史记》编纂者反对将异国的圣人移植到日本的历史中来,因此斥泰伯说为妄语。进入修史后期这一倾向则越发明显。从整个江户时代的历史发展来看,《日本史记》的反"泰伯说",与日本特性的强化趋势一致而成为社会的共同认识,"泰伯说"逐渐失去进一步发展的土壤。

第三节 正统辨:朝幕之争

公武关系,即天皇朝廷和将军幕府之间的关系问题,是江户时代社会变迁的一大内在动因。朝廷与幕府之间的主导权之争由来已久。从 12 世纪镰仓幕府建立之初,以天皇朝廷为首的公家和以将军幕府为代表的武家之公武争斗史就开始了。幕府将军以武力掌握实际统治权,却并不否定天皇的权威性,甚至在特定时期还需要借助天皇来达到"挟天子以令诸侯"的目的,同时天皇也未放弃集合贵族和部分武士推翻幕府、成为国家真正统治者的意图,双方的矛盾成为日本中世战乱的主要原因之一,如应仁之乱、承久之乱等都是由此引起,日本历史上的南北朝并立也是一大典型案例,当时的后醍醐天皇因倒幕失败被流放后另立南朝,与足利幕府所立之北朝共存。

德川幕府建立之后,公武双重体制继续存在,朝廷与幕府之间的关系仍然是社会结构中的一对主要矛盾。一般以江户初期的"猪熊事件"[①]为标志,朝廷内部的人

[①] 猪熊事件:庆长十四年在京都发生了一件宫廷侍卫猪熊氏与女官的私通事件,事件曝光之后,如何处理成为朝廷和幕府权力争夺的一次契机。德川家康认为朝廷之处置不当有损天皇威严,天皇后委任家康裁定具体处罚措施。原本是宫廷内部的普通风纪问题,却有幕府的涉入,后来成为惯例,这意味着幕府的权力开始深入朝廷内部的进退黜陟等领域。

第五章 《日本史记》之史学思想

员黜陟和生杀予夺为幕府所掌握，幕府的权力凌驾于朝廷之上。实际上在"猪熊事件"之前，德川家康就已涉入皇位更替的争论之中，参与了庆长十四年（1609）正月开始的后阳成天皇退位问题，使后阳成天皇推迟退位并迫使丰臣秀吉确定的天皇继任者良仁亲王剃度出家。在时局稳定之后，家康于1615年公布了天皇和公家贵族的行为规范，即《禁中并公家诸法度》，① 内容包含17条沿用至幕府末期。该法度第一条明确提出，"天子诸艺能之事，第一御学问也"，即天皇的重要工作和职能是进行"艺能之事"，也就是学问、教养等，这一条明确了天皇的基本职能当中不包含处理政务之内容。② 第2条到第5条则涉及朝廷的公卿任免问题，以"器用"作为三公摄关的任免标准，但将军显然有能力干涉"器用"有无的判定，也就是将一部分朝廷重臣的任免权收入幕府掌握之中。从第13条到第17条则是关于僧侣位阶包括紫衣僧位的授予等问题，僧侣的官位在平安后期之间演变为散位官阶和赠位从而纳入朝廷官位体系，且僧侣在日本历史上一直有重要作用。从《法度》的几条具体内容可见家康为了稳定国内形势、强化武家统治而作的各种努力。宽永六年（1629）后水尾天皇恢复了中断数百年的册立中宫③仪式，以此为契机，幕府针对宫廷进出等各事项制定了严格的规定，提高了中宫在朝廷中的影响力，将其发展为协调朝廷和幕府关系的一大中心。同年"紫衣事件"的发生④，真正使幕府颁布的《诸法度》成为社会公认的成法，具有强大的效力和权威性。总体来说，到了德川幕府的第三代将军德川家光（1604—1651）的时期，家康和其子秀忠所设计的统治模式基本确定下来，日

---

① 《禁中并公家诸法度》的部分条目早在1613年前后陆续颁布过，后统一整合到1615年德川家康、德川秀忠和关白二条昭实公布的法度之中。书写该法度的文本于1661年毁于大火之中，1664年重抄副本，之后没有改动。其中1664年抄写的副本在第1条增加了"而能致太平者，未之有也"等语句。

② 关于这条可详见桥本政宣著《近世公家社会研究》，东京：吉川弘文馆，2002年。书中指出第1条的内容原本出自1221年顺德天皇所著《禁秘抄》，其意思指的是为人君者应该具备的学问技能，并未排除天皇的政务职能。但是德川家康主导颁布的法度与顺德天皇所颁布的《禁秘抄》，相同词句所处的语境并不相同，德川家康作为实际掌权者当然不会主动将政务让于天皇，因此这里的第1条实际是明确天皇和将军的职能范围，即天皇有君主之位，但实际权柄则让于将军。

③ 中宫：根据《令义解》为太皇太后、皇太后和皇后的总称，奈良时代主要指天皇之母、皇太夫人，平安时代成为皇后的别称，一条天皇时期始创皇后与中宫并立之例并成为定制直至村上天皇时期。明治以后，废除了中宫的称呼和职位。

④ 紫衣事件：被视为江户初期幕府压制朝廷的标志性事件。紫衣是朝廷赏赐的紫色法衣，代表的是朝廷对高僧大德的肯定。1629年在未征询幕府许可的情况下，后水尾天皇按照朝廷惯例赐予十余位僧侣以紫衣，幕府依《禁中并公家诸法度》的规定认定这是违法行为，直接宣布天皇所赐紫衣无效，并对表达抗议的僧侣判处流放之刑。此次事件也促成了后水尾天皇的退位，成为江户初期幕府与朝廷影响最大的一次冲突。

本近世社会进入一个稳定发展时期。

近世前期，围绕朝幕关系问题，德川幕府采取了上述措施来提高、巩固自身的权威地位。在思想理论上，为了解释现实政权合法性问题，拥有完整统治理论的儒家学说再一次成为日本社会的选择，经过数代人的本土化努力后成为德川幕府的官方学问。但是有一个重要问题——朝幕关系问题却无法从儒家学说或典籍中获得直接答案。按照儒家的正统学说，实现了国家统一、拥有使国家太平之德行的统治者就是国家的正统之君，从这一意义来说幕府将军可视为日本之君。但同时天皇一直是日本国家之象征，掌握国家祭祀权力，且将军之位也需要天皇敕许，如此看来天皇才是日本之君。江户时期各种"尊王论"的一大目的正是解释这一问题。

一、近世的尊王思想

尊王论，简单来说就是在朝幕关系讨论中主张尊崇天皇的观点。尊王论的出现时间实际可上溯到中世时期。整个中世时期，天皇多处于统而不治的状态，并不直接参与政务处理，民众多知将军而不知有天皇或朝廷。对此有学者提出疑问：

> 神武帝天皇以来已至百王，期间无论何事，玉体得保无恙。王位未有旁落。即所谓等觉菩萨不夭，圣人无有横死。何故彼四王，不仅王位被追讨、国家被夺，乃至于流放外岛、殒命海中？[①]

中世时期武家权力最盛之时，天皇不仅没有参政权力，其生杀予夺也被武家控制。天皇也多次试图改变这一状态，推翻幕府的统治，只是一直到中世结束为止这一意图都未实现。

在德川幕府建立之后，德川家康对天皇朝廷基本采取限制其权力和影响力的总体方针。

江户初期是朝廷与幕府关系讨论的一大高潮期，也是最早系统整理尊王论的阶段。刚夺取了天下的德川家为了区别于其他武士团体，需要借助天皇之权威，因此当时不论以朝廷还是幕府为立场，其基本观点都是对天皇朝廷的尊崇，也即以"尊王"为基调，只是推出尊皇的逻辑有所不同。[②] 其中具有代表性的两条路径分别是山崎暗

---

① [日] 日莲：《神国王书》（抄），[日] 有马祐政编《勤王文库》第一辑，东京：大日本明道会，1919 年，第 32 页。
② 尊王与尊皇两词，当其崇敬的对象都为天皇时是一致的。"尊王"的逻辑最初来源于中国的"王霸"之辨，当天皇代表王道，而将军代表霸道之时，"尊王"与"尊皇"具有相同的意义。

斋所代表的宗教式虔信，以及山鹿素行所代表的以武家为本的道义要求。

山崎暗斋作为日本朱子学的代表人物，暗斋受《大学》修齐治平的逻辑链条启发，认为每个人的最大之义就是保卫国家之自主。① 其主张的尊王之道是儒家普遍道德和宗教信仰的结合，即在天理的根本原则之下对"王"的绝对忠诚。山崎暗斋从"一理为万有共同之源，一气为外形异质之源"的朱子学为起点，指出理之活动变化为神，天神为天皇之祖，由此天皇为万民之主，"天地之间，而我独守日德"严守君臣之忠义。② 因此暗斋认可的正统是能够延续日德之天皇，但是他并不否定幕府之功绩，将德川幕府比作平定了地上世界的"素戈鸣尊"。需要注意的是，这里的"王"并不是具体的天皇个人，而是超越了个体与日本国家象征相一致的天皇。

山鹿素行则明确站在幕府的角度，为幕府设计统治之策略。他在《中朝事实》中梳理了日本的历史、风俗和礼仪传统等，以《日本书纪》为主要有勾勒了皇祖高皇产灵尊敕令子孙统治地上国度，天照大神赐予三种神器作为象征以保日本皇室之延续的线索。山鹿素行从武家掌握天下的实际情况出发对其进行肯定，他提出"然乃武朝之治，武将非获焉，王者与之也。王者与之者，天与之也。王道之沉沦者，王者所自取，而非武将所为也。人君之道当奉天，天以苍生为心，人心所归，即帝命以临焉"，③ 即幕府将军作为现实之君是天命所归、人心所向，但由于时势变化，天皇作为王道象征不可废。山鹿还将"王朝"与"武朝"并举，他在《谪居随笔》中写道：

> 夫武将乎天下，指麾于四海兆民，草偃风从，官位名望悉在握里，此间居谦以勤王，宽简以临下者，君子之知也、德也，百世以祀之盛也，万邦惟则之仪也。官位超越，冠盖相望，则上下之分，尊卑之饰，不可混一。④

山鹿认为无论王朝还是武朝都应顺应民心，在这一基础之上提出作为日本实际掌权者的将军也当尊皇崇朝。山鹿的"尊王"逻辑是从维护幕府的统治着眼，也即从实际政治的需求出发而得出的。

---

① 可参考[日]尾藤正英:《尊王攘夷思想的源流》，《日本的国家主义——"国体"思想的形成》第一部，东京：岩波书店，2014年。
② [日]山崎暗斋:《伊势太神宫仪式序》，转引自[日]法贵庆次郎编《山崎暗斋派之学说》，[日]佐藤政二郎出版，1902年。
③ [日]山鹿素行:《谪居随笔》，国民精神文化研究所编《山鹿素行全集》第1卷，东京：目黑书店，1943年，第169页。
④ [日]山鹿素行:《谪居随笔》，《山鹿素行全集》第1卷，第173页。

到了宽政年间（1789—1800）随着内外因素的综合作用，幕府统治出现危机，江户社会出现了一次明显的转折。尊王思想也发展到新的阶段，甚至加剧了幕府统治的危机，并成为幕府大肆镇压的对象。在宽政之前的宝历事件①及明和事件②，正是幕府打压鼓吹尊王论的学者、武士，限制尊王之论的两次典型活动。两次事件的关联人物为山县大贰（1725—1767），他跟随暗斋流学者加贺美樱坞学习国学，跟随荻生徂徕弟子太宰春台学习儒学，1754年山县大贰出仕于幕府若年寄③大冈忠光④。宝历、明和事件之后，山县大贰被处死，其他相关人员也被分别处罚，社会的尊王之议被一时压制下去了。

到了天明饥馑发生之后的1787年，朝廷要求幕府对遭遇大饥荒的民众给予救济。围绕着这一要求，朝廷与幕府之间进行了反复的交涉，这也成为江户后期朝廷着手参与实际政务的一次有效尝试。⑤在这次讨论之中，辅佐将军的松平定信提出了委任说，这也成为幕末"尊王"和明治初期"王政复古"等运动口号的理论基础。1788年，松平定信⑥辅佐当时年幼的将军德川家齐进言，提出了"心得十五条"。在这一建议中，松平定信指导将军说，将军被任命统治天下，由朝廷手中接过天下60余州的管辖之权，即将军受天皇的委任而处理天下之政务。但是松平的委任说中，相对于尊王之说更重视的是将军在得到天皇的委任之后，拥有了处理包括天皇在内的国家一切事物的权力，即通过推崇天皇而达到肯定幕府统治的目的。自此之后，这一委任说成为学者们讨论朝幕关系的主要路径之一。如本居宣长在《古事记传》中发展出

---

① 宝历事件：信奉山崎暗斋学说的竹内敬持，以大义名分为基础向天皇的近臣德大寺公城、久我敏通等人讲解神道和儒学典籍，不满幕府专制和摄关家把持朝廷的状况，希望通过天皇近臣向天皇宣传尊王之说，并组织贵族和部分武士计划倒幕。该计划被当时的关白一条道香所制止，参与的中心人也多被判处流放、幽禁、罢免等处罚。这一事件也引发了天皇与摄关之间矛盾的激化。
② 明和事件：江户中期太宰春台的弟子山县大贰因鼓吹尊王学说，更著《柳子新论》等尊王典籍，收留宝历事件的参与者，于宝历四年（1754）被弟子告发谋反，幕府以大不敬之罪判处死罪。
③ 若年寄：德川幕府的官职之一，主要负责旗本和御家人等将军近臣相关政务，一般定员4人，从谱代大名中选任，资历足够之后可担任幕府最高官职老中等职务。
④ 大冈忠光，1712—1760，是第九代幕府将军德川家重的侧用人，任若年寄之职，因当时的将军家重口齿不清需要大冈忠光从旁转达意思，逐渐成为将军最倚重的宠臣。
⑤ 关于1787年朝廷与幕府之间的交涉，可参看藤田觉发表于593号的《历史学研究》的文章《宽政期的朝廷与幕府》一文，文章主要借助于当时发现的具体参与双方交涉的使者之日记，结论为朝廷以此为契机为后来的天皇亲政等打开序幕。
⑥ 松平定信，1759—1829，江户中期的幕府重臣，曾任德川幕府老中之首，将军辅佐，辅佐第11代将军德川家齐。主导了宽政改革，废除了前人田沼意次的重商主义改革和虾夷地的开发政策，禁止异学、排除兰学。

第五章 《日本史记》之史学思想

了一整套委任理论，提出天照大神委任天孙琼琼杵尊为日本的统治者，琼琼杵尊受命之后认真"奉仕"（履行职责）。同理天皇作为琼琼杵尊的继承者成为日本的统治者，再将具体的政务委任于臣下，从而确定了以天皇为中心的社会秩序。到了1863年第14代幕府将军德川家茂到京都朝见孝明天皇，对天皇将政务委任于将军的敕命进行答谢。需要注意的是，孝明天皇与德川家茂的合作并不是由"大政委任论"所直接导致的结果，促成双方合作的直接原因是当时以萨摩藩和会津藩为主力的"公武合体"之说。公武合体论是在日本面临西方列强入侵等外在压力之下发展出来的，主张将拥有神圣地位的朝廷与掌握国家大政的幕府双方的力量联合起来，用来对抗外来势力的侵扰。1861年在幕府老中安藤信正等人的推动下，孝明天皇的妹妹和宫亲王嫁给将军家茂，即是"公武合体派"的一大胜利。

二、《日本史记》的尊王思想

尊王思想是《日本史记》在思想上的一大特色，也是濑谷义彦所说的贯穿编纂全过程的"义公精神"的主要内容。① 尊王思想在前期编纂过程中，具体通过纪传上的"三大特笔"和论赞等内容展现出来，在后期则主要由志表编纂来呈现。

近世前期，常常与尊王讨论联系在一起的是公武易代问题。人们用时代变化来解答幕府的现实统治与京都天皇并存的问题，这种解释方式与中国的儒家学说相结合就产生了公武易代的讨论。以山鹿素行和新井白石为近世前期的代表，他们认为武家政权的建立实际就是一次公武间的易代革命。山鹿素行将天皇朝的相关历史记录在《中朝事实》之中，另有《武家事纪》专记武家相关历史。山鹿素行在《谪居随笔》中指出："天下之治，有时势。王有王之治，武有武之治，古有古之治，今亦然。古今王武一其本，而其时势异也。……武代王而治，殆五百有余岁，时势土宜，人物辐凑，依倚于此。"② 同样的，新井白石也将朝廷和武家的历史分别记录于《古史道》和《读史余论》之中。两者不同的是，山鹿素行从时势变化的可能性基础上，主张幕府将军要保证长治久安需要尊崇代表王道的天皇，而新井白石则认为从丰臣时代开始天下人皆知将军而不知天皇，提出天皇无用论。新井白石首先否定了天皇的神圣之源——天神的神秘性，指出神也是人。再进一步论述说南北朝的结束就是

---

① 参考 [日] 濑谷义彦：《水户学的历史性考察》，东京：中文馆书店，1940年，第7—16页。
② [日] 山鹿素行：《谪居随笔》，《山鹿素行全集》第1卷，第170页。

彰往考来：《日本史记》之编纂与史学

公家和武家之间的易姓革命，新井以南朝为正统，将南朝的结束视为天皇时代的结束，由将军扶持的北朝不具备延续皇统的资格，将军可行王道实现武家统治的延续，从名实相符的理论来说，将军作为日本对内对外的实际代表应被叫作"日本国王"。新井白石在对足利义满的评论中说："王朝既已衰，武家治天下，立天子世以其为君。其名虽为人臣，其实与其名正反。"① 新井白石还指出将军作为日本的君主，还需要非常注意后嗣的继承问题以及嫡庶之风，他在《读史余论》中曾经总结说镰仓幕府和北条家正是在后嗣上出现问题，才导致了王室的衰微和摄关政治等支流的出现。

近世前期的治史者或为政者在为现实的统治寻找依据时，从合理性解释出发，将南北朝视为天皇治世的公家和幕府治世的武家的更替节点，开创太平之世的德川将军继承了武家之正统。水户藩的《日本史记》无论是否赞同公武易代的革命说，但显然是受到当时的南北朝革命论的讨论影响。安积澹泊曾评论说：

> 元弘建武之兵革，英雄并起，州郡瓜裂。忠臣义士，肝脑涂地而不顾；猛将骁兵，勇略盖世而间出，机务之殷，事业之伟，不可以承平无为之人物例之。则邪正顺逆之辨，抑扬与夺之权，固有所存，而史笔之重，盖在于斯。若源平之战，则水馆之士，厘正而修饰之；南北之争，其责归于江馆，而义公之精神胆识历千载而不湮没者，盖在于斯。②

虽然主要是讨论江户和水户两地史馆的分工，但是他重点提出了"源平之事"和"南北之争"两大特殊事件，将对这两大事件的论断视为义公精神胆识的重要体现。"源平之事"和"南北之争"对应于《日本史记》的公武双重体制的开端和南北朝分裂时代，在史观上表现为公武、南北天皇孰为正统的问题。《日本史记》将天皇列入本纪，将幕府将军放入列传之中，正是用中国正史编纂方式来肯定天皇在日本社会中的正统地位。但是《日本史记》单列了《将军传》《将军家臣传》等篇目，又突出了将军在诸臣中的特殊地位。"南北朝正闰说"是《日本史记》"三大特笔"之一，还将南北朝的结束作为全书编纂的时间下限，这些都是对南北朝问题进行的历史评价。对公武、南北朝两大问题的思考，形成了光圀"天皇为君，将军为宗"的公武调和的尊王主张，又被安积澹泊等人继承吸收，③ 融入《日本史记》的纪传编纂之中。

---

① 参看［日］新井白石：《读史余论》，东京：岩波书店，1936年。
② ［日］安积澹泊：《送村篁溪之江户序》，《澹泊斋文集》卷一，收于《续续群书类从》第13《诗文部》。
③ 参考本书第二章对论赞和南北朝问题讨论的部分。

第五章　《日本史记》之史学思想

在近世后期，对朝廷和幕府君臣关系的思考逐渐发展出"正名论"思想，即根据儒家"君君、臣臣、父父、子子"的伦理道德主张而引出的天皇与幕府的君臣正名之辨。代表性的是荻生徂徕弟子山县大贰（1725—1767）的《正名论》和藤田幽谷的《正名论》。山县大贰在《柳子新论》中说"今之人，闻妇有二心，则必曰淫矣。臣而有二心，其如之何"，将天皇和将军两头授官状态形容为"有二心"，站在尊王的立场上批判幕府。幽谷的《正名论》如前文所述，具有将朝幕君臣之别绝对化的倾向。幽谷认为自己的尊王思想是在遵循光圀之意志，反过来说正是在对义公尊王精神的阐释中形成了《正名论》的核心主张。①藤田幽谷的这一主张又被藤田东湖、会泽正志斋、栗田宽等人所继承，在《日本史记》的后期文本中得到展现。②与修史前期"尊王"思想的差异在于所强调的元素不同，前期强调的是从人心向背、君王德行等儒家伦理标准来解释"尊王"，而后期则主要是用"天神—日嗣"的国体论解释君臣名分的绝对性，再借本居宣长的"奉仕"之说论证了将军接受天皇的委托履行统治义务。③

江户时代印刷事业和商品流通、教育发展也带来了思想和学问的流动。④如新井白石与荻生徂徕都与水户藩的修史工作产生了直接的联系，其中新井白石与安积澹泊之间通过三宅绯明的介绍，有不少书信往来，安积澹泊更将新井白石的《古史通》称作开辟以来第一之史书。编纂《日本史记》的水户藩诸人确定以南朝为正统，却没有如新井白石和荻生徂徕一般否定天皇是日本的君主，而是在承认将军为实际统治者的事实基础上，提出了天皇为君、将军为宗的调和主张。本居宣长的《古事记传》等刻本的快速流通，还对藤田幽谷产生了直接影响，幽谷将《古事记传》的中一些观点运用自己的作品之中。安政年间（1854—1859），会泽正志斋的《新论》成为水户尊攘思想中最有影响力的一大作品。

综合来说，水户的尊王思想贯穿于《日本史记》编纂的整个过程，因时代背景和编纂内容的变化，在不同的阶段有不同的表现形式。一方面因为其兼容并包而具有杂糅、折衷的特点；另一方面因其具有超越现实的一面，不以一时一地的形势判断

---

① 参考［日］濑谷义彦：《水户学的历史性考察》，第80—81页。濑谷认为《正名论》中的"上议皇统之正闰，下辨人臣之贤否，尊帝室以贱霸府，内天朝以外蕃国"正是在对义公精神的详尽了解基础上才能提出的高论。
② 参考本书第三章第四节的内容。
③ 参考《弘道馆记述义》，［日］今井宇三郎等编《水户学》，东京：岩波书店，1973年。
④ 参考［英］R.P 多尔：《江户时代的教育》，东京：岩波书店，1970年。

主次,即不以成败论英雄,而与各派主张都不同。无论是修史前期南朝正统论与现实的北朝天皇的矛盾,还是修史后期理论化的"天祖"说,《日本史记》的尊王思想表现出"脱离"现实的"历史主义"①特点。

第四节 神代史重构与国学

近世后期(1716—1867)与近世前期相比,日本社会具有以下几个特点。政治上进入改革的循环,从享保改革到幕末的藩政改革,出现一种固定模式,即"奢侈盛行—财政困难—改革提倡节俭—财政困难缓解—新一轮奢侈之风",而伴随这一模式的是商业发展被抑制。经济上从1700年代的顶点走向平稳,但作为经济基础的农民日益贫困、农村逐渐凋敝。社会方面,从享保开始几乎每50年就有一次大饥荒,给社会基础带来巨大冲击。对外关系方面,继续执行锁国政策,但同时代的世界形势已经发生变化并波及日本。思想上,由于藩校的增多、商业出版的发展等因素,儒学教育得到迅速传播不断深入渗透日本社会,在1790年"宽政异学之禁"后朱子学被确定为正统学说。但是反朱子学的各派也不断发展壮大起来,尤其作为古学一派的徂徕学成为18世纪的主流学派之一,而本居宣长等为代表的国学派也具有越发强大的影响力,源自西洋的兰学也渐成一派。而在整个近世后期阶段中,宽政年间又是一大转折点。宽政之后幕府所面临的各种问题和危机加速发展,尤其是来自西方列强的压力迅速增强,促使日本人认识论中的"自他意识"由东亚转向世界。

进入近世后期,《日本史记》在近世前期所确立的尊王论、正统观和对外意识等基础上保持"滑行",在1715年《日本史记》的纪传清样完成之后,进入了《论赞》的编纂和进献朝幕的准备阶段。有意思的是,1790年幕府颁布异学禁令之后,被水户史臣斥为"异端"的立原翠轩,将列入"异学"的徂徕学引入《日本史记》的编纂工作中,此后徂徕学在水户的影响力一直延续到19世纪中期,而此时徂徕学已转向或分割不再流行于世。水户的尊王论在吸收了近世后期的变化元素之后,逐渐走

---

① 这里的"历史主义"借用卡·波普尔在《历史主义贫困论》中的定义,即"一种社会科学的研究途径,它认为历史预言诗它的主要目的的,并认为通过揭示隐藏在历史演变之中的'节奏''类型''规律'和'趋势'就可以达到这一目的。"卡·波普尔:《历史主义贫困论》,何林、赵平等译,北京:中国社会科学出版社,1998年,第7页。《日本史记》前期的"历史主义"主要指其根据"神器正统论"来评论并预测历史的发展,且不避讳由这一"正统论"推导出与现实矛盾的结论。

向了历史的前台,《日本史记》的影响力也逐渐显现出来。近世后期的思想对《日本史记》编纂的影响集中体现为史臣们对日本特性的深入探讨,具体可从国学带来的影响和尊王攘夷论的提出这两大问题来讨论。

一、近世后期的国学

近世后期的日本特性论倡导者首推国学。国学并不是当时常用的说法,其最初是出于"和汉之别"的角度而有"和学"之称,后"和汉"之别淡化,强调其普遍性,故称"学问"。国学从内容来看与日本神道之间关系密切。中世神道的一大特点,就是用佛教理论来解释"记纪"的神代故事,形成以"本地垂迹"为特色的神道说,但此时的神道只有各种祭祀仪式而无明确的教义或理论体系。到了近世前期,随着统治者发布的宗教限制命令,儒学元素上升并不断提出"排佛""斥佛"的主张,吉田神道、垂加神道和林罗山等神道论都是用儒家经典重新解释神道的代表。江户时期的国学最早由契冲(1640—1701)等人提倡,后被稻荷神社的神官荷田春满(1669—1736)、春满的弟子贺茂真渊(1697—1769)、真渊的弟子本居宣长(1730—1801)、宣长的弟子平田笃胤(1776—1843)等发展兴盛起来,其中契冲和本居宣长与水户藩的修史工作关系尤为密切。

契冲曾受德川光圀之邀完成了《厚颜抄》《万叶代匠记》和《古今余材抄》等多部古典注释书籍。《厚颜抄》一书,内容为近世前期的记纪歌谣的注释书,《万叶代匠记》则是对《万叶集》歌谣的解释,两书批判旧说,成为古代歌谣注释的基础读物。契冲非常注重从历史的角度去考察字音、字义、字形的变化,其文献学的研究方法和实证态度奠定了近世国学的基础,因此本居宣长在《初山踏》中称契冲为"古学始祖"。契冲在和歌研究中指出,"以神道为本,兼对儒佛取舍",其一方面指出神道与儒佛之道具有不同的性质,同时又指出如不综合儒佛之道就无法真正把握和歌之精髓。这也是契冲与本居宣长的和歌研究中极为不同的一点,本居宣长的歌论和神道学说都是要将儒、佛等外来元素彻底排除。契冲的神道理论实际上也是各派学问之融合,尤其是对真言宗神道观和《神皇正统记》神道观的融合。① 契冲本人仍然是

---

① 契冲的神道观可参考[日]井野口孝:《契冲学的形成》,和泉书院,1996年,第159—185页。其中《契冲与神道之一斑》一节,详细论述了契冲的神道观如何将真言宗的神道观(即两部神道)和《神皇正统记》神道观融合,形成自身的神道理论的双重性特点,即两部神道所主张的"神道与儒佛的同一性"和《神皇正统记》所主张的"神道与儒佛的差异性"。

彰往考来:《日本史记》之编纂与史学

赞同两部神道的"本地垂迹说",即将天照大神视为大日如来之化身,并且北畠亲房所说的"神国"在契冲看来也是"佛国"。契冲的神道观念之中存在着一些不可调和的矛盾,但是他并不认为这是一种矛盾,契冲主要还是延续着中世以来"本地垂迹说"的路径,将和歌等同于佛教之真言,相信其具有真实的力量,因此契冲的国学研究止于厘定字音、字音和字形等具体问题,而并不将追寻神道之根本作为学问之目标。

本居宣长与其师贺茂真渊在思想渊源上,与契冲或荷田春满都有所不同。真渊与宣长两人都受到徂徕学的影响,从学问方法的角度来看古学与国学是一致的,都主张通过字词本义的追溯而回归"古义",徂徕学是想要通过去除儒学经典中的"宋学"成分而回归孔孟之古,而国学则是要去除日本典籍中的"唐心""汉意"恢复"和心"之古。真渊非常重视学问之"习",即重视风俗或习俗等,他认为要真正了解古代学问,就要全身心地投入到古代式的学习、写作和生活中,因此他倡导唱日本古代之歌,施行古代的仪式和生活样式。真渊的古代特指的是日本的古代而不是近世前期如伊藤仁斋、荻生徂徕等人所依然认可的中国三代之治或圣王之治世等。此外,真渊在统治论上反对儒家式的教化和知识教养,认为这些知识是恶之始,①他在《国意考》一文中说"虽说其(周代)荣有八百年,最初二代(武王、成王)也仅止四十年而已",质疑文武之道是否能够导向长期之治世。他还说日本自古就是质朴之国,少教化而能顺天地之意志,②更进一步提倡重武之思想,将其与国学思想合并。

本居宣长的基本思路是排除"唐心",主张从日本的古代来寻找"和心"。上述国学主张主要是通过对文学艺术的讨论而呈现出来的,如他在《紫文要领》中说物语就是让人了解物哀的东西,将其视为"和心"。③但是本居宣长的国学理念影响力得以扩大、深化的原因之一,是他用考证的方法考察了日本的古代历史,即本居宣长花费近40年时间完成的《古事记传》一书。该书包含了宣长的音韵学、文献学等考证研究的综合成果,将《古事记》所记载的神代历史当作真实存在的事实进行了实证性的研究。宣长主张神代历史真实存在的理由有以下几点。一是神代时期的各种遗物、遗迹等仍然大量存在。如三种神器就被供奉于现存的神社大庙之中,其中

---

① 贺茂真渊:《国意考》,原文为:かたみに其さときをかまふるにつけて、よりよりによこしまのおこれるなり。
② 以上引文都出自贺茂真渊:《国意考》,原文为:そのさかえは八百年とかいへど、初二代にて四十年ばかりは治れりといはんか。
③ 《紫文要领》,原文为:(『源氏物語』は)大方の世の風儀人情をつまびらかに書きあらはして、人をして物の哀れを知ること深からしむること、和漢古今に並びなし。

第五章 《日本史记》之史学思想

八咫镜供奉于伊势神宫、草薙剑供奉于热田神宫等；神武天皇以来历代天皇的陵墓也依然可以找到；神代以来的祭祀仪式被天皇朝廷所继承下来，大尝祭、新尝祭等就是其代表；同时担任专项祭祀的神职家族传承至今。二是从逻辑上思考，如果是伪造的历史的话，其内容应该更加无懈可击而不是保留了如此多的原始痕迹和不自然之处，这些不自然之处正是其为真实历史所不可磨灭的证据。

除将神代史作为真实历史看待之外，宣长的历史观念还有以下几个特殊之处。首先是他认为历史的进程都是由"神"掌握的。他认为日本之"神"不论善恶，都具有神秘力量，是令人敬畏或恐惧的东西。他在《古事记传》中解释"カミ（kami）"一词时说，它不仅指天地之间诸神，还包含人、鸟、兽、草木等拥有非常之德或令人敬畏之对象。① 他还将人间世界的运转视为好神与恶神共同作用的结果，当恶神处于主导时就会带来战争、疫病等恶果，而好神主导之时就是太平治世。他还认为当下正是恶神当道的时代，从中国大量涌入的"汉心""汉意"等使日本原本清洁澄澈之心变得不明。其次是他对中国和日本文化阶段的评价，他认为日本是复古的武之国，而中国是过繁的文之国，日本以武勇为强、中国因文柔而弱。最后是他将为"政"视为一种奉仕和委任的关系，这一关系贯通了人世和神世。他在《直毘灵》中说：

> 不仅天津日嗣（天皇）是这样，至臣连伴等氏姓大族，子孙代代继承其家业，与祖神无异，始终如初始一般遵神代之奉仕之务。②
>
> 今谓御代，先是天照大神之处置，委任朝廷，朝廷委任东照宫祖神（德川家康）代代相承天下政务，故遍行于世。为政之事，纵分为一国一郡，各大名仍按此行政事。③

宣长将神代故事中的男神女神创造国土的故事解释为，男神女神接受别天神之委任以创造国国土奉仕天神，④ 同理男神女神委任天照大神统治高天原，天照大神委任天孙统治日本，天皇继承天孙之统治事业，委任臣下担任具体职务，臣下则奉仕

---

① ［日］本居宣长：《古事记传三》，《校订古事记传》乾卷，东京：吉川弘文馆，1935年，第135页。（译文为笔者所作，下同）
② ［日］本居宣长：《直毘灵》，东京：田中正太郎，1890年，第2—3页。
③ ［日］本居宣长：《玉匣》，本居清造再订，《增补本居宣长全集》第六卷，东京：吉川弘文馆，1926年，第13—14页。
④ 男神女神创造国土主要指的是男神伊奘诺尊和女神伊奘冉尊出现之后降于天浮桥上，经过绕柱、对唱、交合等诸多仪式诞生了大八洲。在《古事记》和《日本书纪》中都有记载，两书的具体细节和描写方式有所不同。《日本书纪》将男神女神称为伊奘诺尊和女神伊奘冉尊，《古事记》则将表记为伊邪那岐命和伊邪那美命，两种表记的日文发音大致相同。

于天皇。从上可以看到宣长的委任说是将徂徕崇拜先祖的宗教观和山鹿素行的勤王观念进行了结合。需要注意的是，山鹿素行是将尊王视为将军个人之道，而宣长将尊王视为全社会的共同准则。最后，宣长将日本的政体视为优于世界万国之制度，理当支配万国。宣长极为强调天孙降临故事中的神敕之语，并由对日本文化、风土、历史等研究成果证明日本万世一系的天皇制度和从未出现易姓革命的历史进程就是"日本第一"的明证。

二、神代史重构

日本最早的史籍《古事记》和《日本书纪》都是以神代，即开天辟地以来诸神的记载为开端，再以天孙降临和神武天皇的记载实现从神世向人世的转向。自记纪之后，神代就被确定为了日本历史的开端，各种官方敕修通史一般都从神代史开始历史叙述，江户时期幕府主导的编年通史性质史书《本朝通鉴》也是如此。德川光圀计划编修《日本史记》时，也专门对神代部分进行了讨论。《御意觉书》用日文光圀的意见，后来这一段记载被藤田幽谷转成汉文放入《修史本末》之中，其内容如下：

> （1684年）四月三日，公谓宗淳、元常曰，神代之事，率皆怪诞，难载神武纪首，宜别作天神本纪、地神本纪。①

从上述记载来看，光圀对神代部分应当放入历史记载之中是持肯定态度的，但对现有的各种神代记载存在疑问，即"率皆怪诞"，因此不能将神代部分放在神武天皇本纪之中，但是可以单独编《天神本纪》和《地神本纪》。实际上从现代实证性的角度来看，神武天皇、神功皇后等文字出现之前的天皇谱系记载都存在怪诞的成分，如各种"神讬"等神秘现象，但这些部分也被载入《日本史记》之中，因此光圀时期的修史显然是将神代和神武开始的人世进行了区分，而区分的真正标准可能并非记载是否怪诞神秘。光圀时期是纪传体的《日本史记》初创时期，在编写体例上主要从中国丰富的正史中吸收经验，重视对人世的考察。《修史本末》中的"率皆怪诞"应当理解为"神世"与"人世"的区别，即"天神本纪""地神本纪"与天皇本纪分开编纂。但是到1803年藤田幽谷等人对《神武本纪》进行修订之前，神代史几乎未出现在《日本史记》的纪传之中，光圀所主张的天神、地神本纪也一直未完成。造

---

① ［日］藤田幽谷:《修史本末》，日本史籍协会编《藤田幽谷关系史料》一，第71页。

第五章 《日本史记》之史学思想

成这一结果的原因之一,是前期修史过程中将重点工作放在"三大特笔"、以人为中心的纪传编纂与修订和论赞编纂之上,更重视按照中国正史编纂方法和儒家道德伦理来梳理日本历史中"合理"[①]的人世部分,神代部分因材料众多、记载不详,导致神代相关的本纪部分被搁置了。

1803年在藤田幽谷、高桥广备等人的主导之下,神代中的"日神—天孙—天皇"传承的谱系被加入到《神武本纪》之中,之后完整的神代历史又被收入《神祇志》之中,而这都是前期修史阶段所没有的内容。《神祇志》开篇如下:

> 开辟之初,三神作造化之首,二灵为群品之祖,皇统与天地其始。而所谓八十万神,皆本乎一祖,或亮天功,而天祖膺天之正统,怀柔神祇,以图皇基于亿载。及至太祖以命世之英,赖神祇之灵,扫荡妖氛,光宅天下,首修祀典以昭报本反始之义。天下皆知神威之可畏,而神孙之可尊,万世一统之业,于是乎定矣。但古史所传,神代之事,灵妙神异,不可得而测焉。学者虽各有其说,要不过臆度耳。盖上古未有文字,贵贱老少,口耳相传,虽云前言往行存而不遗,然年纪之久,传闻异辞,不能无谬,况于神圣功德不可测者?……斋部广成有言曰:"神代说似盘古疑冰之意,取信实难。然我国神物灵踪,今皆见存,触事有效,不可谓虚。"[②]

根据第三章的表4.4对《日本书纪》《古事记》和《日本史记》对天地开辟部分的记载,《日本史记》的《神祇志》开篇内容更接近《古事记》的诸神结构,而不是《日本书纪》本文的三"独神"结构。由于本居宣长《古事记传》的巨大影响,在展现"和心"的标准上,将《古事记》发展为超越《日本书纪》的经典。幽谷作为水户国体论的首倡者,其治学经历和文本内容中都可以看到《古事记传》的影响。一是宽政年间的《往复书案》等史料中,有史料证明幽谷接触过《古事记传》并对其非常重视,他在繁忙的史籍校订过程中还专门组织了人员抄写《古事记传》;二是《与校正局诸学士书》的核心问题是《日本史记》不可"书名"的四大理由,这也是幽谷国体主张的代表作之一,而四条理由中的第一、第三条都可从《古事记传》中找到极为相近的论述,且理由本身存在明显逻辑不通之处,若将其视为对《古事记

[①] 这里的"合理"指的是符合人世的一般规律和原则,能够用归纳、推理等逻辑方法来进行分析和理解。
[②] 《大日本史》第9册,第2—3页。

传》的援引，则不通之处就有了根据。① 国学者尤其是本居宣长对神道教的改造，将对神代史的研究中心从《日本书纪》转为《古事记》，推广了日本优越论的主张，使其在近世末期发挥了越来越重要的作用。本居宣长用实证的方法考察了日本的神代史，为日本优越论提供了一个坚实的历史依据，其日本优越论的论证逻辑被藤田幽谷、会泽正志斋后期水户学人所吸收，与儒家学说融合形成国体论。《日本史记》的《神武本纪》增加天照大神降神敕等天孙降临的片段，到明治时期栗田宽《神祇志》加入了完整的神代史部分，正是在这一思想发展线上所出现的自然结果。②

《日本史记》编纂前期基于儒家的伦理道德的"尊王思想"，到了修史后期发展为"天祖—日胤"的国体论。需要注意的是，幽谷在《古事记传》的国学影响之下，将神代史引入《日本史记》之中，但是幽谷及其之后的水户史臣并不排斥充满"汉心""汉意"的儒学，反而借用儒学之理论和概念重新整合了修史方针。实际上幽谷的"天祖"论正是将儒家的"天不变、道亦不变"的天道主张与"皇祖"天照大神融合而成，再被会泽正志斋发展为以施行"仁政"为基础的系统国体论。

此外，国学者所主张的"日本第一"逻辑，也被后期水户史臣所吸收，从前期史臣们所主张内外有别的、相对平等的日本特性说，转为神夷有别的日本优越论。《神祇志》的开篇指出"君之视民如赤子，民之视君如父母，亿兆一心，万世不渝，莫不各献其力以致忠诚，海外诸蕃之所绝无者，故以神祇为首"，即认为日本是"日嗣"传承之国，优于其他诸国。

总体来说，水户诸生从近世后期本居宣长等国学者身上吸收不少养分，本居宣长的《古事记传》影响尤大。《古事记传》一书，对"年代久远、牵强附会"的神代史诸说进行整理和考订，确立了神代史的真实性，这些被水户学者吸收和运用到《日本史记》编纂之中。贯穿《日本史记》编纂整个过程的尊王思想，其表现从前期修史的"道器不二"之神（道）表儒里的正统论，发展为后期修史"天神立极垂统"的神道为里之国体论。《日本史记》的文本内容也由"修史始于橿原朝（神武）"一变，

---

① 参考 [日] 吉田俊纯：《宽政期水户学研究》，东京：吉川弘文馆，2011 年，第 188—193 页。
② 明治时期人们对《日本史记》的讨论增多，尤其是对其中神代部分的讨论意见尤多，这些意见常常批评《日本史记》对神代记载过于简略粗陋。这样的舆论和思想环境，也促使栗田宽在《神祇志》中添加了完整的神代记事。参考 [日] 田口卯吉：《答仓持治休氏》，《鼎轩田口卯吉全集》第一卷，东京：[日] 大岛秀雄，1927—1929 年，第 30 页；[日] 井川巴水：《〈大日本史〉改造论》，东京：远藤春吉发行，1916 年。

改"揭神代大要于卷首,以明皇统之所本",① 完整的神代史也全部收入《神祇志》之中。

第五节 尊王与攘夷

上节已经提到,从近世前期开始尊王就成为社会的一大共通观念,而攘夷则是19世纪之后的时代主题之一。水户藩最早提出"尊王攘夷"的主张,以第九代藩主德川齐昭、藩士会泽正志斋和藤田东湖为代表的水户尊攘派的各种理论著作,成为其他各藩尊攘派的重要指导。

从18世纪开始外国势力频繁进出日本国土,成为一大时代特点,随之而来的西洋学问也逐渐渗入江户时代的社会生活之中。需要注意的是,对外压力的增强不一定导出攘夷的必然结果,江户时代的人们对西洋的认知并非一味被迫接受,还有主动学习、吸收的一面,当时的儒学者中也有人积极吸收并对西洋之学做出正面评价。如横井小楠(1809—1869)在《国是三论》中评价美国的政治符合了三代之治教,弘扬仁义之风。还有古贺侗庵的弟子等人主张"欧汉一致"。泷鹤台②(1709—1773)在《鹤台遗稿》中说:

> 宇宙之大,邦域之多如此。而其国各有其国之道,而国治民安也。乾毒(印度)有婆罗门法,与释氏之道并行。西洋有天主教。其他如回回教啰嘛法者,诸国或皆有之。夫作者七人,皆开国之君也。继天立极者也。立利用厚生之道,立成德之道,皆所以代天安民也。国治民安,又复何求。何必中国之独贵而夷教之可废乎。③

还有天愚孔平④称赞西洋之学"必据实物以研精,未尝虚说而空论,大异乎殊庭(中国)史悖(空疏)。兰书万册精详务无比,大异乎诸邦无文。盖叩喝兰质而不野,文而不史,不复文质彬彬乎。"⑤

---

① [日]井川巴水:《〈大日本史〉改造论》,东京:远藤春吉发行,1916年,第423页。
② 泷鹤台,长门(今属山口县)人,江户中期儒生、医师和歌人。曾经随荻生徂徕的传人山县周南、服部南郭等学习儒学。
③ [日]泷鹤台:《鹤台遗书》"朝鲜南秋月、成龙渊、元玄川 裏问数条附"。
④ 天愚孔平,?—1817。本名荻野信敏,通称喜内,号鸠谷,又号天愚斋。松平藩武士,自称孔子之子孙,好做怪行。
⑤ [日]天愚孔平:《题兰学阶梯首》,[日]大槻玄泽:《兰学阶梯》篇首。

与上述开放态度相对，另有不少学者主张提高对西方的警惕，先有强调武力对抗的加强海防提议，后有思想、文化对抗，即以本国之文化传统驱逐西洋宗教、文化的倡议。前者代表有开国论者古贺精里之子古贺侗庵，著有《海防臆测》，他主张恢复战国时代之武勇，对外国列强发起主动攻击，发展海军实力。后者则有会泽正志斋为代表，作为幕末尊攘理论的奠基者之一，会泽将世界以太平洋为界分为东西两部分，说日本处于最东面的位置。他对东西方文化的理解还借用了伊藤仁斋的儒学异端批判概念。伊藤仁斋将老庄和佛教等批判为"静、死"之物，正与儒学之"活生生之物"相对立。会泽则认为东方代表者"生"和"活物"，西方则是"死"或"死物"。另外会泽还称西洋人为夷，称"夷之事胡神，与圣人之事天，虽其意相背驰，而其所施为之事，稍相近似。故亦足窃圣人礼乐之微权也"，① 西洋人五伦不存，将祸乱中原。因此会泽在《新论》中提出了攘夷之论，但需要注意的是会泽对东西实力对比有较为清楚的认识，他的攘夷论并不是一味主张用武力强硬驱逐西方势力，而是强调要警惕基督教等宗教势力的侵入，即在明确和强化内在国体的前提之下再行攘夷之事。

19 世纪 40 年代之后尊王论与攘夷运动结合的关键，在于幕府权威的瓦解和朝廷地位的急速上升。在 1825 年发布外国船只禁令之前施行的政策，总体来说是以隔离或避免直接冲突为主，这一做法在一些大名看来显得过于软弱，水户藩主德川齐昭就曾经建议幕府对西洋诸国采取更为严厉的驱逐政策。19 世纪 40 年代以后中国诸如鸦片战争、中法战争和第二次鸦片战争等战争遭遇，使日本社会各阶层人士对西方列强的压力有了直观的了解，自此之后对外国列强采取更为积极有效的对策逐渐成为社会之共识。1853 年美国舰队在江户口岸展示一番武力之后离开，约定次年再订通商条约之事。1854 年即安政元年，幕府向朝廷申请批准日美通商条约，天皇朝廷在攘夷论和水户藩士的一番运作之下驳回了幕府的申请。到安政五年（1858），井伊直弼担任幕府大老，当时的幕府正陷于将军继嗣争端，在未获得朝廷敕许的情况下与英、法、美、荷和俄五国签订了通商条约。井伊直弼主张开国与西洋各国建立关系，在掌握幕府大权之后对攘夷派等进行了镇压，其中包括将军继嗣另一派的主事者、前任水户藩主德川齐昭，以及现任水户藩主德川庆笃等。因此井伊直弼被主张攘夷武士们视为国之大贼，萨摩、长州、水户等藩攘夷武士策划了"除奸"计划，

---

① ［日］会泽正志斋：《岂好辩》，玉严书堂，1857 年。

第五章 《日本史记》之史学思想

最终于1860年在樱田门外,由水户和萨摩两藩的脱藩浪人对井伊直弼执行刺杀行动,这一事件被称为樱田门外之变,也是江户末期幕府权威渐失不得不向"公武合体论"转向的契机。最后,1866年幕府发动第二次长州征伐战,却以失败告终,彻底将幕府虚弱的统治状态暴露无遗。

幕府权威下降的同时,朝廷在社会各阶层中的地位与影响力则不断上升。首先,朝廷一直以来作为古礼和古代风雅文化的传承者,是众多儒者和国学者憧憬的对象。其次,随着国学、神道等学问影响力的扩大,一般民众对朝廷的认识和崇拜也不断提高。随着近世后期社会的不断发展完善,各种私塾、学问所等教育机构日益增加,同时出版事业也有极大的进步,出现不少私人书商,书籍印刷和出版发展迅速,民众的受教育程度得到很大提高,原本与普通民众存在极大距离的汉文、汉诗等朝廷盛行的文化样式也渐渐为民众所知。朝廷在民众中地位的提高还与当时流行的各种形式的武士故事有关,其中就有南北朝时期的忠臣楠木正成和新田义贞等人的故事,透过他们的故事,朝廷作为"风雅"之象征被一般民众接受并认可。更重要的是,神代史经过反复讨论、验证,被确认为真实发生的历史,由此天皇作为天神之后裔得以维持皇统之绵延不断,而反过来皇室的存续又强化了人们对神代史的信赖。

正是江户末期幕府权威的不断下降和朝廷存在感的不断上升,中下级武士对幕府的不满日益加剧,而幕府严重的财政危机更加剧了这一趋势。中下级武士们对于破除现有的身份制度和固化的社会秩序有着强烈的渴望,19世纪50年代之后幕府的对外策略成为其寻求朝廷支持破除现有秩序的契机。在"尊王攘夷"的主张从理论落实到实际行动的过程中,典型代表之一正是吉田松阴(1830—1859)。吉田松阴年轻时曾经游学经过水户,对水户藩藤田东湖、德川齐昭等人的主张极为推崇,将水户藩的尊攘说发展为草莽崛起论。在松阴看来,通过上层武士公卿的道路,无法解决日本的根本问题,因此发掘其他力量成为国家中兴的重中之重,有鉴于此,松阴提出天下有志之士应联合起来,主动参与到挽救国难的事业当中

在本居宣长《古事记传》的影响之下,神道理论进入到《日本史记》的编纂之中,对神代史的处理原则发生了重大变化。前期修史阶段认为神代史"神异不可测,宜别立天神地祇本纪",即需要采取特殊处理原则。后期修史者将"神异不测"的神代部分历史加入到《神武本纪》开篇之中,这意味着修史者确定了神代史的信史属性,可按一般原则操作而不再需要特殊对待。而神代史被确定为信史之后,日本天皇万世一系的根源也有了可靠的依据,同时天皇万世一系正是日本优越于其他诸国的原

因所在。幽谷在《正名论》中提出:

> 自古至今,未尝一日有庶姓奸天位者也。君臣之名,上下之分,正且严,犹天地之不可易也。是以皇统之悠远,国祚之长久,舟车所至,人力所通,殊庭绝域,未有若我邦也,岂不伟哉?①

幽谷在君臣名分绝对论的基础上,得出了"殊庭绝域未有如我邦"的日本优越之所在。而将幽谷的正名论思想发展为尊攘思想的代表,则是藩主德川齐昭和藤田东湖,藤田东湖对德川齐昭所写致《弘道馆记》进行注释而有《弘道馆记述义》,其中详细阐述了尊攘的观点。《弘道馆记》载:"我东照宫拨乱反正,尊王攘夷,允武允文以开太平之基。……抑夫祀建御雷神者何?以其亮天功于草昧,留威灵于兹土,欲原其始、报其本,使民知斯道之所由来也。"②对"尊王攘夷"一句,东湖的解释是:

> 堂堂神州,天日之嗣世奉神器,君临万方,上下内外之风,犹天地之不可易焉。然则尊王攘夷者,实志士仁人尽忠报国之大义也。……外夷妖教之毒,不啻戎狄荆舒,则膺惩之典,尤不可不明。而无识之徒或指幕府曰朝廷,甚则以王称之。近时又有兰学者流,或唱说曰:西洋教法,其流非一,今彼之所奉,与国家所禁不同。呜呼是不惟皇家之罪人,亦幕府之罪人也,抑亦周孔之罪人也。③

东湖首先根据"天祖—日嗣"之"神—皇"传承思路,提出尊王攘夷是志士仁人"尽忠报国"之大义。接下来重点对尊攘的内容对象进行解释,在他看来不仅西方列强的坚船利炮是列强以夷犯夏的武器,其宗教、科学技术和思想也是国家之大害,必须高度警惕。东湖的这一提法与会泽正志斋在《新论》中所提的尊攘之策略大体一致。以水户提出的"尊攘说"为旗帜,各地的仁人志士聚集在一起掀起了尊攘运动的风潮。1834年始建的弘道馆,与水户前期建立的彰考馆一并成为水户学问的阵地,比较来说,彰考馆可视为前期以《日本史记》编纂为中心的水户思想的象征,弘道馆则是后期尊攘思想的代表。从《弘道馆记》中选出的"尊攘"二字牌匾现在仍挂在水户市弘道馆的大殿内,象征着水户藩在日本近代化中的作用。但是幽谷对君臣名

---

① [日] 藤田幽谷:《正名论》,《水户学》,1973年,第370页。
② 《弘道馆记述义》,[日] 今井宇三郎等编《水户学》,东京:岩波书店,1973年,第434—441页。
③ 同上书,第434—435页。

分的绝对化倾向,与东湖等人"以死殉国,杀身成仁之为大孝"[①]忠孝不二观点相结合,潜藏了推翻幕府统治的可能。

还需要注意的是,会泽正志斋和藤田东湖虽然都是水户尊攘派的代表,但两人的尊攘主张也存在着差异。会泽的尊攘主张,主要体现于《新论》一书,强调的是实现国民的思想统合,以防止外夷的思想毒害;藤田东湖的主张更强调通过民众教育和实际训练来达到攘夷的目的。相对来说,会泽的尊攘主张更为理想化和理论化,而东湖的主张更有操作性。因此幕末尊攘派的代表吉田松阴对会泽的《新论》提出批评。[②]

综上所述,进入 19 世纪之后,日本外部压力加剧,使尊王观念与攘夷主张结合在了一起。以《新论》为代表的水户尊攘一派较为温和,强调对内的思想统合,而不是与列强发生直接的武装冲突;而以《弘道馆记》为代表的水户藩尊攘主张,在中下层武士的参与下,从理论落实到实践行动之中。但是两派尊王攘夷的依据主要还是《日本史记》对神代史的重构,通过将神代史编入史书之中来确定"神代史"的信史性质。以《日本史记》神代史重构为起点的尊攘思想,在水户藩校教育和其他尊攘派人士的推动之下发展为政治运动,以 1858 年幕府发起的安政大狱、1860 年樱田门外之变和 1866 年第二次长征征讨为契机,幕府与朝廷在民间的权威性呈现此消彼长的态势,至此当幕府统治无法满足人们期望时,尊王攘夷变为"尊王—倒幕—攘夷"。

小结

尽管《日本史记》编纂前后两个阶段的具体任务和代表人物不同,人物的主张和思想也存在着差异,但是史臣的不同主张必先经过讨论、调和,才能呈现为一定的文本,这就为通过各阶段的编纂文本,来讨论《日本史记》的史学思想及其变化提供了可能。

日本近世思想是在中世的基础上发展起来。如果说中世是一个佛教的世纪,那么近世就是一个佛教向儒家转移的阶段,儒家思想在整个近世阶段不断向日本社会

---

① 《弘道馆记述义》,[日]今井宇三郎等编《水户学》,东京:岩波书店,1973 年,第 444 页。
② 参考[日]吉田俊纯:《水户学研究——明治维新史再思考》,东京:明石书店,2016 年,第 285—315 页。

的深处渗透。《日本史记》的思想中也包含着明显的中世元素，表现在如下三个方面。第一，日本佛教世界中的震旦、天竺、日本之三国构造被普遍化为对一般世界构造的理解，即当时的日本人认为由上述三国及隔于其间的诸多小国构成了已知整个世界的全部空间。在对三国的文化、风土、历史等各要素的反复琢磨后，对日本文化的特性的自觉成为中世后期一大问题，并对近世日本的对外认识和自我定位有极大启发。第二，中世时期各家对《日本书纪》的释读和考证，为水户藩的史臣们对《日本书纪》进行史料批判提供了丰富的材料。同时《日本史记》融合儒家正统观与"天神赐予神器"的神器正统论，也处于中世"诸法融合，其理为一"的思想延长线之上。第三，以北畠亲房《神皇正统记》为代表的"百王思想"和正统意识的影响。北畠亲房结合了儒家、神道和佛教等思想内容，把神明的旨意、神器的灵验和天皇的皇祚不断三者紧密联系起来，形成一个完整的逻辑链条，对镰仓中期出现的悲观的"百王思想"进行批判。但北畠亲房独特之处在于，相较于同时期由僧侣所著的史籍，他将佛教因素与儒、神道进行了分别，再提出儒学与神道之间的一致性，借此解释南朝正统问题。北畠亲房儒学式的神器解释和南朝正统等主张被水户的学者团体所继承和发扬，成为《日本史记》"南北朝正闰说"和天皇世系延续的理论基础。

从16世纪末到18世纪初的近世前期，完成了从中世的战乱动荡向太平稳定的转变，德川幕府建立之后再次确立了武家的实际统治者地位。从史学角度对武家政权合法性的讨论，出现了"泰伯说"和尊王论等具体理论，分别解释日本天皇的起源、朝廷和幕府孰为正统等问题。其中在公武双重体制长期存在的既定事实基础上，通过不同思考路径推出的尊王论成为各家的共通观念，贯穿了整个近世时期。在宗教虔信式尊王思想的前提下，山崎暗斋等人提出了明朝、日本同为中华的"中国论"，由此导出了对"泰伯说"以异国圣人为天皇始祖说法的批判，而这一对日本历史起点的思考被水户的史臣继承和发展。德川光圀、安积澹泊等修史主导者都对"泰伯说"持批判态度，即反对将异国的圣人移植到日本的历史中来，追求一个更为日本化的源头。近世后期，随着外国势力的进入、自他意识的强化，以本居宣长等为代表的国学派具有越发强大的影响力，藤田幽谷、会泽正志斋和栗田宽等人吸收了本居宣长的神代史考证成果，通过1803年修订《神武本纪》、1893年完成《神祇志》，实现了神代史的重构，为日本历史和文化提供了一个独立的源头。水户的尊王思想贯穿于其编纂的整个过程，因时代背景和编纂内容的变化，在不同的阶段有不同的表现形式。《日本史记》编纂前期表现为"道器不二"之神表儒里的神器正统论，后期则

第五章 《日本史记》之史学思想

是"天祖—日嗣"为里之国体论。《日本史记》之文本也由人皇神武开篇之历史,变为以天照大神开辟天地为始之国史。

无论是《日本史记》编纂的前期还是后期,除尊王这一贯穿始终的核心观念之外,还有一大整体特点就是儒学的本土化,具体来说就是儒家史观的日本化。《日本史记》编纂前期的主要人物多是朱子学者,且之中多有林罗山父子的门生弟子,他们在修史过程中也常常向林家进行请教,但在"泰伯说"问题上。而在朝幕关系问题之下,《日本史记》的编纂者由于处于一个极为特殊的位置,他们综合了山崎暗斋、山鹿素行和新井白石等人的主张,一方面以南朝为正统、将南北朝结束作为一大历史分期节点,又未明确肯定公武之间的易姓革命关系,而是站在"尊王敬幕"的立场上试图调和朝幕之间的矛盾。18世纪20年代前后为了将已经完成的《日本史记》纪传部分进献给幕府,安积澹泊等人不得不对本纪列传的一些部分进行调整,在进献幕府的目标完成之后,"南朝正统论"又使进献朝廷这一目标变得遥遥无期。一直到1810年,史馆才完成了将《日本史记》纪传部分进献朝廷的目标。以藤田幽谷等人为代表的水户修史者,接受了当时被斥为"异学"的徂徕学和本居宣长的国学主张,开始对《日本史记》已完成的部分进行修订,同时加快未完成的志表部分的编纂。但无论是立原翠轩、幽谷还是后来的东湖、会泽等人,他们在进行理论探索时所借助的基本框架,仍然是儒学式的。如藤田东湖注释《弘道馆记》时指出:

> 读古典者,诚宜本诸天地神祇,参诸古言旧事,征诸流风遗俗,验诸世道人心,揭其昭然无疑者而奉之。读经籍者,亦宜沂洄洙泗,参以后人之说,舍短取长,汰糟粕,撷精英,举醇乎醇者而资之。以之修己,以之治人,达则与民由之,穷则独乐其道,不亦可乎?①

可以看到藤田东湖对古典和经籍进行了区分,强调古典侧重于日本的"古言旧事",始于"天地神祇"的神代故事,而经典则着重指儒家经典,对包含宋学在内的后人注释采取"舍短取长"的态度,将具有日本特性的古典之学和源自中国的经籍志学相结合,用以"修己""治人",可以实现"达则与民由之,穷则独乐其道"的效果。

---

① 《弘道馆记述义》,《水户学》,第443—444页。

第六章 "东亚"① 视野下的《日本史记》

中日之间无疑存在着密切的联系，无论从地理区位关系、交流沟通历史还是文化知识的关联来看都是如此。秦末汉初，大量秦移民为避战乱，经由朝鲜半岛进入日本列岛，传播耕织、水利、冶炼等技术，带来中日交流史上第一次高峰。6—7世纪，日本的留学生和留学僧们将中国的典章制度、礼仪服饰、诗文歌谣等文化带回日本，日本进入律令时代，直至9世纪末菅原道真谏阻遣唐使为止，近300年间日本派出遣唐使十余次，中日之间的文化联系更加紧密。进入17世纪后，中日都曾施行海禁之策，双方之间的交流受到一定限制。但明清易代时进入日本的明朝遗民仍给当时的日本带来新的文化资源，一定程度上推动日本近代化变革进程。中日之间漫长的交流史、广泛而深入的交流往来，使日本成为以汉字、儒学等为主要特征的东亚文化圈的重要成员。

第一节　江户初期为何编纂《日本史记》

日本古代的贵族阶层作为文化特权的享有者，将习汉字、作汉诗作为自己的文化特权，展现其优越和风雅的文化标签。虽然到了中世，随着文化在不同阶层中的渗透和流动，用假名、作和歌逐渐成为主流，但是汉学作为华夏文化的基本载体，

---

① 许多学者指出了"东亚"这一概念存在局限性。近期，学者葛兆光在《文史哲》杂志上发表的文章进一步概括提出，"东亚"概念明显不适用于14—15世纪之后的区域讨论，这一概念忽略了蒙古时代之后越来越成为一个整体的东海、南海诸国和族群。本章节讨论以汉文修成的《日本史记》在日本国内外的位置和影响，故此仍使用"东亚"一词。但作为一部横跨近世和近代的集体编纂作品，要辨明其连续性和断裂性的属性，还应该注意欧亚大陆东西和南北两大方向的区域思考，这将是笔者今后进一步讨论《日本史记》的重要课题。参考葛兆光：《作为一个历史世界——蒙古时代之后的东部亚洲海域》，《文史哲》2022年第4期。

第六章　"东亚"视野下的《日本史记》

即使到了德川幕府时期仍然是贵族及上层武士的必修课程。到明治维新时期，中国文化依然对日本产生着持续影响，汉文传统依然是日本社会不可忽视的一支文化力量。这使得《日本史记》的编纂有其文化可能性和必要性。

再聚焦到《日本史记》编纂开端的江户初期，《日本史记》的编纂是这一时期汉文修史复兴潮流中的一员。从8世纪起日本已经陆续出现了被并称为"六国史"的汉文纂国史。在整个东亚，用汉文编修国史的现象也先后出现在朝鲜、琉球和越南。然而从日本历史来看，在"六国史"之后，进入中世时期，和文修史成为主流，汉文修史传统走向式微。纯粹的汉文历史写作经历了从镰仓时代到安土桃山时代漫长的低潮期，到江户时代又重新进入了高潮，先后出现了《本朝通鉴》《中朝实录》《保建大记》《日本外史》等诸多汉文历史著作。因此还需要回到这一潮流之中思考《日本史记》出现的原因。综合日本内外形式来看，这一汉文修史风潮出现的原因至少有二。

第一是因为江户初期的时代特殊性。从国内方面来看，江户时代结束了中世以来的征战与混乱状况，重新建立起一套较为稳定的社会秩序，文教之风大兴，整个社会的修史之风也兴盛起来。《日本史记》虽然不是朝廷或幕府直接下令编修的史书，但却以中国正史为模仿对象，并进献于幕府，为其统治正统性提供历史解释。此外，江户初期中国刚刚经历明清易代，少数民族入主中原对整个东亚文化思想带来了巨大的冲击。华夷观念，特别是"华夷变态"观念出现在当时许多人的著作中，成为兴盛一时的话题。在江户初期的汉文历史写作背后，不难看到日本人试图通过行华夏之礼而为华夏的念头。[①] 此外，汉文作为东亚文化圈的通行语言，选择用汉文修史还有一定的国际宣传的意味，事实上在19世纪《日本史记》也被传入中国，成为黄遵宪、王韬等晚清最早接触日本的有志之士了解日本的重要参考。[②] 因此《日本史记》的编纂适应了江户初期稳固对内和对外统治的需要。

第二是因为主导修史的水户藩的特殊位置。从政治立场看，德川光圀作为"御三家"的藩主，他的身份与尊王主张之间看似矛盾，但恰恰在这一点上显示出水户藩在公武双重政体之下寻求自身定位的努力探索。《日本史记》整个编纂过程依靠对

[①] 参考韩东育：《朱舜水在日本活动新考》，《历史研究》2008年第3期。
[②] 黄遵宪在《日本国志》一书中数次提到水户德川光圀和水户之《日本史记》等相关记录。记载了德川光圀读到《史记》的伯夷叔齐故事而发奋著史，称赞《日本史记》修史之完备。另有李鸿章书信中也曾经提到过得到水户修史相关人员所赠之《日本史记》。

彰往考来：《日本史记》之编纂与史学

历史的解释力和文化的塑造力，使得水户藩的地位被不断巩固。水户藩与幕府将军属于同宗，尤其需要处理好天皇朝廷和幕府将军之间平衡，因此《日本史记》与朝廷、幕府或私人主导的修史都有不同。正因如此，《日本史记》明确提出修史目标在于"正闰皇统"，被传抄流通之后，成为"尊皇"观念的一大主力；与此同时《日本史记》不回避矛盾，在现实当政的天皇出生北朝皇统的形势之下，坚持以南朝为正统。这一坚持随着江户后期尊王思想的发展，逐渐获得了广泛的社会认可，到明治末期还成为教科书指定内容。[①]

接下来还需要思考作为纪传体史书的《日本史记》是如何确定的。《日本史记》是日本历史上最早以纪传体编写的史书，其编纂过程是水户藩独立历史观念的形成过程。《日本史记》在一个特殊的时期、出于特殊的编纂目的、由一群身份特殊的人进行编纂，因此没有采用日本自古沿袭的编年体或者故事体的修史体例，而是模仿《史记》编成了日本历史上第一部纪传体史书。这一体裁选择并不是一蹴而就，而是经过史臣们的反复思考和讨论完成的。首先，在《日本史记》编纂之前，已经出现了模仿《资治通鉴》的编年体史书《本朝通鉴》，而且是由幕府将军亲自下令编修，相对来说更为官方和权威。但是在《义公行实》等资料中，都可看到德川光圀批判林家修史以吴太伯为日本皇室之祖、对南北朝的说法模糊等记载，可以看到水户藩的修史者对于林家之史的对抗意识。其次，纪传体的指向性与水户藩的文化意图有较好的适配性。《史通》载："迁之以天子为本纪，诸侯为世家……纪之为体，犹《春秋》之经，系日月以成岁时，书君上以显国统。"[②] 对内对外皆能"显国统"的纪传之体裁与光圀"正闰皇统"的目标具有极高的契合度，由此《日本史记》选择汉文纪传之体来编纂就是合乎情理的做法了。所以《本朝通鉴》最初是《日本史记》的学习对象，但随着双方在历史重要问题上出现分歧，《日本史记》逐渐在自身编纂方针的指引之下，形成了自己独立的史学观念，发展为一项庞大的事业。

[①] 1911年，有议员在当时的众议院中对南北朝并立说提出质疑，主张以南北朝正闰说取代并立说，《日本史记》作为该问题讨论的主要依据之一再次被检讨。同年7月21日文部省确定将南朝正统论收入小学历史教科书之中。

[②] 刘知几：《史通·二体第二》，上海：上海古籍出版社，2008年，第28—29页。

第六章 "东亚"视野下的《日本史记》

第二节 《日本史记》编纂的特点

"时间是历史的素材，历史首先是连续的。但是它也被很多变化所左右"，勒高夫以文艺复兴为例讨论历史分期问题，他指出，"人们将时间切割成时期的理由常常来自于某些定义，这些定义强调了人们赋予这些时期的意义和价值"。① 在《日本史记》编纂的漫长过程中，应该看到其编纂方针、体裁、体例等大框架和方向保持了较高的稳定性，但期间又能看到持续的调整变化。为了更好地把握《日本史记》的编纂特点，有必要将其修纂工作划分成不同阶段，从而深入把握其整体的连续性和变化性。在具体应该以何标准、如何划分的问题，学者们提出了不同的看法。以往的研究特别重视系统提出"国体论"的"后期水户学"，近期学者从前后期过渡的视角提出了"中期水户学"的说法。综合考察《日本史记》的编纂特点，应当根据其阶段目标和工作内容进行时代划分，但在分期的同时也不忽视不同阶段当中所包含的史学思想等方面的一致性。

一、《日本史记》编纂过程的特点

《日本史记》的编纂长达250年，整个修史过程与水户藩的发展紧密联系在一起。在水户藩设立之初，第二代藩主德川光圀是修史事业的发起者和主导者，其在位时期确定了修史的组织架构、修史方针、编纂体例和目标。整个修史期间，藩政上的拮据也直接影响到修史的进程，导致修史数度中断，但德川光圀的继任者最终延续了修史工作，甚至在废藩置县之后水户藩的史馆旧臣仍然完成了最后的工作，编成了这部纪传体通史性巨著。

彰考馆建立之后就一直是修史的主要阵地，馆员们有水户藩出身的儒生，也有从各地"高薪"招募来的学者，由彰考馆总裁总揽修史事务，其下设置不同部门主管负责侍讲、训练、抄书、访书和修史等各项工作。在彰考馆分为两处之后，两馆分工、交流、配合的工作模式成为常态。在与史臣们的反复讨论和交流中，光圀确定了《日本史记》的编纂目标是"正闰皇统，是非人臣"，同时明治乱盛衰、经世以济民，也是在集体讨论之下，确定了《日本史记》编纂的体裁、义例、文字和断限

---

① ［法］雅克·勒高夫:《我们必须给历史分期吗？》"前言"，杨嘉彦译，上海：华东师范大学出版社，2018年，第1—2页。

彰往考来：《日本史记》之编纂与史学

等总体框架和基本标准。

不过由于时间漫长带来人员变动、学风变化和编纂任务的不同，编纂的具体过程可分为前期和后期两大阶段。

前期修史的时间大致是1657—1786年，这一时期的中心工作是纪传的编纂、修订和刻印。在这一阶段中，《日本史记》编纂尽管有明显的日本主体意识，修史者们仍在积极主动地向中国修史传统靠近，以中国史学传统为圭臬建构了一整套天皇传承的系统，对于记录不详的神代故事，将其与神武开始的人世历区别开来，计划另立《天神本纪》和《地神本纪》单独处理，但前期并未完成天神和地神本纪的编纂。从《日本史记》的编纂成果来看，中国的史学思想和理论存在于其编纂底色之中，支撑了早期的历史编纂。具体表现为以下几个方面。

第一，论赞的编纂。经过彰考馆众人的审阅、由安积澹泊执笔所完成的论赞具有"秉笔直书"、兼顾历史伦理之普遍性和"时势"等特殊性的特点，在内容和思想上以中国之史学典籍、圣人典故为对照、对比之主要对象，在以儒家之伦理道德式历史观念基础上发展出了与中国存在差异的观念系统，其将君臣大义、父子之孝视为绝对不移的原则，发展出贯穿论赞始终的"尊王"之主张。

第二，纪传中的"三大特笔"。"三大特笔"的处理依据，主要是天皇在位与否，以此来展现皇室正统的传承。在将神功皇后从天皇世系中撤出的处理中，修史者强调以在位与否为判断标准。神功皇后虽然总理政务达数十年，但仍只掌摄政之位而无天皇登基之仪式，因此不可记入天皇本纪而退入后妃传之中。同样的道理，大友皇子行即位之仪式，应当列入别入本纪。《日本史记》的"南北正闰说"主张南朝为正统，但通过对修史断限的调整和正闰辨析等方式对现实统一政权（北朝）进行了肯定，正符合中国传统史学的正统论的两大要素：君主治国大德和"九州合为一统"的大一统实现。

后期修史的时间范围是1786—1906年。立原翠轩上任之后提高了藩主对修史工作的重视，积极推动志表的编纂以完成光圀修史之志，将修史工作导入正轨，因此以1786年立原翠轩担任史馆总裁为后期修史的起点。与修史前期相比，这一时期针对性地削弱了强调中国史学传统的部分，加强了能够反映日本文化特色的部分，主要的编纂内容包括以下几个方面。

其一，"三大议论"，即志表存废、论赞存废和书名修订等三个问题。1803年藤田幽谷在与立原翠轩的争论中取得胜利，确定了保留并加快志表编纂的决定，同时志表之编纂意义发生变化。志表原本是仿中国正史的必备部分，但是经过后期史臣争论之后，转变为"明神圣之大道，建皇国之学规"的必需之书，在具体篇目的设置上更加注意展现日本在政治、经济、文化等各方面的特色和优越之处，如1783年之后《神祇志》提升为志类之首，确定刊行的《日本史记》删除了仿《辽史》之皇子、公主、皇族等三表的《皇亲表》，仿《明史·七卿年表》而定的《八省长次官表》和仿《史记·秦楚之际月表》编纂的《南北之际月表》。1806年经过高桥广备、藤田幽谷等人的提议删除了涉嫌对天皇大不敬的论赞部分，而论赞的删除，反映出此时对日本"百王一姓"特点的强调逐渐超越了对纪传体正史之体裁完整的追求。1797年藤田幽谷提出《大日本史》命名不当，应改成《史稿》的建议，被升任总裁的高桥广备所采纳，一直到1809年，在获得光格天皇保留《大日本史》旧名的意见之后，《大日本史》之题名得以恢复。

其二，增加神代部分作为日本历史的起源。藤田幽谷吸收本居宣长等国学元素发展了尊王思想，即先确定君臣名分的绝对性，再通过"天祖"概念的讨论，建立了"万古不易"之天道与天皇传承之间的直接联系。幽谷在论证过程中借用了儒家的理论框架和概念，将其与日本神道系统融合而形成了绝对化的"尊王"体系。在这一理念指导之下，以藤田幽谷和高桥广备为主导，在《神武本纪》的开头部分添加了一条从天照大神到天武天皇的天皇传承序列，以此说明日本的万世一系何以成立。藤田的主张被会泽正志斋、栗田宽等继承和发扬，在会泽、栗田等人的主导下，在《日本史记》志类的总序和《神祇志》开篇中添加了完整的神代谱系，补充了天地开辟和诸神世代、氏族先祖等传说内容，将神代史当作信史而完整地收入到史书之中，这反过来也赋予了神代史以"事实"的属性。

其三，完成向朝廷的进献。宽政年间（1789—1800）之后，面临内忧外患的巨大危机，幕府未提出有效的解决措施，各种"尊王论"获得了发展空间。《日本史记》以"神器"或"天祖"等超越标准确定正统的做法，为天皇亲自理政提供了有效工具，于1810年被成功进献于光格天皇，完成了光圀时期以来进献朝廷的夙愿。这一进献是水户尊王思想的胜利，也实现了《日本史记》从"私撰之史"向"天下之正史"的性质转变。

二、《日本史记》的史学思想特点

由于日本国内外形势的变化和思想文化的发展，水户藩的修史前后期确实存在明显的差异，但是水户藩的修史主体始终为儒学者，儒家的基本概念也被运用到具体的修史实践中，从前期到后期的转变，是在一个统一的大逻辑下做出了适应社会的调整。具体来说这一统一逻辑包含以下几点。

首先，德川光圀所确定尊王思想贯穿于整个修史过程。德川光圀提出《日本史记》的核心理念为"正闰皇统，是非人臣"。在以往的研究中，多将这一共同点概括为以朱子学"大义名分"为中心的修史特点，尾藤正英、玉悬博之也曾经提出对于形式上的名分过于重视，反而导致其在批判现实或以史为鉴上的削弱。这一结论需要从三个方面进行检讨：一是《日本史记》的"大义名分"具体如何表现；二是"大义名分"是否是朱子学的主张；三是水户学的修史是否因追求形式而妨碍了其实际作用。前面两个问题可以归结为"大义名分"说的定义解释，已有土田健次郎等日本学者明确指出，"大义名分"既不直接出自朱子典籍，也与朱子所主张的正统论有很大区别。① 德川光圀所主张的"大义名分"究竟是什么意思？德川光圀曾提出要坚持真正的学问，就是尊"人伦大义"、行"好古之风"。② 这里所说的好古之风，包括光圀所说的"先王之道"，还包括神道所依据的神代之古，即排除神儒附会佛老等不实之言回归神儒之本。而在"人伦大义"之中，忠孝两大观念是最重要的部分，忠之极就是对天皇的忠诚，孝之极是对先祖之孝亲，这也是光圀所谓的"大义"。③ "名分"一说则主要是借鉴孔子"君君、臣臣、父父、子子"之思想，只是在儒家典籍中因"必也正名乎"一篇而多以"正名"为号。与"正名"相比，"名分"的重点在于"分"所代表的差异，④ 即君臣父子之间地位、行为要求、品德等各方面的差异。因此"大义名分"总结来说就是以忠孝为核心的正统论。第三个要检讨的方面是《日本史记》的影响力如何。《日本史记》修史时期要解决的问题一个是为现实提供合理解释，另一个是为未来发展提供可行的计算规律。德川光圀在处理朝廷和幕府两者关系时，主张"天皇为吾君，将军为宗庙"的说法既是忠孝之"名分大义"之体现，又为日本天皇存在的历史和幕府掌握政权的现实提供了一种调和的可能，尽管有"南朝正统论"等乍看与现实不符的说法，德川光圀等人也用伦理与神道结合的神器说，为统一后的北朝系天皇

---

① 参考[日]土田健次郎：《〈神皇正统记〉与宋学》，《大仓山论集》第42辑，1999年3月。
② 《西山公随笔》，[日]高须芳次郎编《水户学全集》4，第14页。
③ 参考《义公遗事》《西山遗闻》和《玄桐笔记》，《德川光圀关系史料：水户义公传记逸话集》，东京：吉川弘文馆，1978年。
④ 参考[日]尾藤正英：《水户学的特质》，《日本的国家主义——"国体"思想的形成》第二部分，第254—266页。

第六章 "东亚"视野下的《日本史记》

提供了现实与理论调和的解释。《日本史记》及其论赞称，后小松天皇等北朝天皇之先祖为后深草天皇，他道德出众堪比周文王，拥有灵性的神器虽然因时势之变化等缘故一时掌握于南朝天皇之手，但终究回归于北朝，并使北朝之君完成统一之伟业。这一逻辑在神功皇后、大友皇子等本纪和后期志表的编纂处理中也发挥了作用。总体来说，德川光圀相信儒学的普适性，认为它并不是中国所特有的学问，他从儒家的人伦道德论发展出特别强调忠孝二伦的正统论，应该说这是江户儒学本土化的结果，其特殊之处在于德川光圀将其运用于历史编纂之中，以"秉笔直书，劝惩自现"的原则勾勒了天皇传承不绝的日本历史。

其次，《日本史记》是在东亚国史编纂逻辑下完成，这一逻辑一言以蔽之就是"通古今之变，究天人之际，成一家之言"的历史思想。① 前后期的水户学以藤田幽谷为分界，在尊王思想的表现上出现差异，后期虽不再是以儒家道德的普遍性为中心，而代之以日本特性的国体论，但是前后期的史籍编纂仍然是建立在儒家的史学观念基础上、以儒学理路和概念为解释手段。《日本史记》以纪传志表的体裁，从天皇的世系传承、社会风俗的古今不易、典章制度的损益沿革等不同方面综合体现了日本历史乃至日本文化的特点。而通古今之变的结果是：与中国易姓革命频发、甚至明清易代以夷移夏的历史过程相比，日本天皇的血统未曾断绝，尽管有摄政或关白等院政、武家政权等特殊政治形态，但日本天皇作为一国之君的位置没有被动摇、君臣之名分始终分明。中日两国之所以会有如此大的不同，水户史臣也从"天""天命"和"鬼神"等形而上的层面去寻找原因。这些形而上的层面不同于日本中世神秘主义的解释，而是基于人世现实、符合理性思维的说法。《日本史记》的编纂者们认为由于日本是天神后裔所统治的国度，天神降下代表天皇之位份的三大神器传承至今，从神武到南北朝结束时的历史都实证地证明了上述观点，因此日本才是真正符合儒家之伦理道德的"华夏"之国。这一基本观点也是在德川光圀时期已经基本确定，而在对上述问题的追寻中水户的学问也有新发展，到修史后期有藤田幽谷对德川光圀另立"天神地神本纪"主张的努力，他将神代故事中"天孙降临"的部分放在了本纪之首，作为日本历史开端。还据此将"神祖""天祖"等儒家道德之"天"和天照大神崇拜结合的词汇引入历史叙述之中。后有藤田幽谷的学生，会泽正志斋进一

---

① 根据瞿林东在《中国史学史纲》中对"历史思想"和"史学思想"进行的区分定义。历史思想概括来说就是解决历史是什么、有什么性质的相关思考，具体包括天命与人事的关系、古与今的关系、多民族同源共祖问题等。史学思想则是讨论历史解释的相关思想，如历史应该秉笔直书还是曲笔隐晦、以史为鉴思想等。

步系统发扬了"天祖"的观念。明治时期在丰田天功和栗田宽等主持编纂的志表当中，会泽正志斋强调"亿兆一心"的民众统合国体思想，"天祖亮天功"，口含茧等利用、厚生和正德等化用儒家和神道经典的思想，更是进入志类总序和《神祇志》之分序。从德川光圀到藤田幽谷、会泽正志斋和栗田宽，《日本史记》的文本和尊王思想的具体表现方式都发生了变化，但这都是在"通古今之变、究天人之际"的过程中，所成的"一家之言"，并通过将"一家之言"进献给天皇而使其具有了敕修的性质。

最后，《日本史记》的编纂中也包含东亚历史编纂中"以史为鉴"的史学思想。在历史编纂中发现总结社会变动的规律、日本风土文化的特点等，才使得《日本史记》的"三大特笔""尊王思想"等内容具有说服力和生命力，并最终在江户幕府末期这一时代变革的特殊时期形成社会变革的力量。江户末期洋学的涌入促进了日本优越性思想的发展，使得儒学在国学和洋学夹击之下不断式微，《日本史记》仍然是以儒家的普遍道德观念为框架进行历史编纂，似乎显得有些不合时宜。然而也许正是这种不合时宜，让《日本史记》成为明治时代对抗洋学的重要阵地之一，①也成为明治维新之"复古"逻辑之一环。在东亚王朝变动与正史编纂的逻辑之下，1869年明治天皇颁布《修史御沙汰书》开始了政府修史事业。1875年太政官正院历史课改组为修史局，后重野安绎（1827—1910）和久米邦武（1839—1930）主导了国史编修。两人主张根据《日本史记》续修后小松天皇之后的国史，在全国范围内重点收集古文书。最终该项目以重野、久米两人被撤职，史馆并入帝国大学史籍编纂所，国史编修改头换面为《大日本史料》和《大日本古文书》编辑出版而终止。

第三节 《日本史记》的影响

《日本史记》纪传志表四部分全部完成并刻印出版于1906年，而早在1720年纪传部分便已完成，献于幕府，被赞为"邦家之鸿宝"，并于1734年获得幕府的刻印许可。到1810年《日本史记》纪传修订后献于朝廷，被光格天皇称赞为"昭代之美事"，②成为获得朝廷和幕府公认的国史。《日本史记》编纂时间较为漫长，在全书未完成时，曾数次向幕府、朝廷进献阶段性成果，使其名渐为天下人所知，但因"藏

---

① 参考[日]吉田一德：《大日本史纪传志表撰者考》，东京：风间书房，1965年，第534—541页。
② [日]栗田勤：《水藩修史事略》，第221页。

第六章 "东亚"视野下的《日本史记》

于秘府而不见其书"。一些藩士、儒生从幕府或水户处借得其书,加以传抄,成为江户时代《日本史记》传播的主要方式,如1746年仙台藩士高桥以敬就曾对《日本史记》极为推崇,从幕府处借得书后,"命内相田希文氏总宰之,俾诸臣誊写之,儒臣校雠之,阅数月,而其功已成焉",① 之后还有赖山阳记载其父抄得《日本史记》数卷藏于家中,赖山阳自幼学习并称该书为"开辟以来第一大典"。② 这些传抄者除誊写原文之外,还摘录书中的重要观点、史实记载或章节部分另成便于阅读、查抄的简册,由此《日本史记》影响力随着各种抄本或简本的扩散而不断扩大。到了幕府末期,水户率先提出"尊王攘夷"之口号,水户的《日本史记》及其尊王理念随着尊王攘夷运动的发展而具有了更加广泛的影响力,它与明治时期的"王政复古"趋势相结合,成为明治之后近代天皇制、皇国史观等思想制度的理论基础和历史鉴戒。

《日本史记》不仅是一部日本人编纂的国史,还是东亚文化圈修史传统的组成部分。《日本史记》用东亚圈通行的汉字为载体,按照中国正史之纪传体例和规范编纂完成,与同时代用日文或和训汉字等编纂完成的史书"内向"风格不同,它明显具有国际视野。尤其是19世纪随着西方列强势力的到来,东亚传统的秩序和体系被打破,一方面大量涌入的西方科学、技术和思想文化等冲击了东亚原本的思想和文化世界,另一方面这也促进了东亚内部的沟通和交流方式的多样。如1877年清朝派遣官员常驻日本,中日之间的官方直接接触增多,许多驻日官员、旅日中国人留下了不少旅日见闻、感想或日本介绍等,《日本史记》随着这些作品的介绍也逐渐为中国的有识之士所了解和熟知。《日本史记》所呈现出来的东亚文化圈的共性,在甲午战争之前,加强了许多中国人试图通过东亚内部的联合以对抗西方势力的信心,从而影响东亚地区的国际关系变化。

因此接下来将从日本国内和国外两个方面来看《日本史记》所带来的影响和冲击,由此了解这样一本用汉文纪传体编纂、完成于日本近代变革过程中的史书所具有的地位和价值,进而有助于了解东亚史学传统的意义。

一、对日本的影响

对于《日本史记》的意义和影响,以往的研究多强调其尊王精神对日本近代化

---

① [日]高桥以敬:《大日本史赞薮后叙》,《近世史论集》,第319页。
② [日]赖山阳:《书大日本史赞薮后》,同上书,第319页。

的积极作用,尤其是后期水户学"尊王攘夷"主张对明治维新"王政复古"的直接推动作用。也有学者对德川光圀等人对学问意义进行讨论,考察《日本史记》《扶桑拾叶集》《礼仪类纂》等各项编纂事业对日本文化发展的作用。但是总体来说,对《日本史记》的意义讨论多是从"水户学"、德川光圀或藤田幽谷、栗田宽等水户代表人物的影响和价值讨论的组成部分角度来进行的,对其本身的价值和意义还缺乏系统整理。要讨论《日本史记》的价值,应当先将其作为一部史书来进行考察,在了解其编纂特点和意义之后,再进一步考察其内容和思想所带来的社会风气、思想运动其他方面的影响。

《日本史记》是一本体例完备的史书。它不仅是日本历史上第一部明确提出用纪传体编纂的史书,其中还加入了史臣们的理解和创造,成为日本史学史上的一大重要成果。具体来说,《日本史记》在史学编纂上取得的成果可包括以下几个方面。

第一,史料处理上的成果。既有史料范围的扩大、史料处理原则的创新,也有史料考证上的新成果。

《修〈大日本史〉例》第一条指出了修史所依据的主要史料是正史,即包括《日本书纪》在内的"六国史"。但是"六国史"的最后一部《三代实录》至光孝天皇时为止,其后的历史则散见于各种军记、物语或诗文之中,另有史籍记载不明的时期还需要借助其他的史料支撑。在《日本史记》开始编修之后,1680年德川光圀派遣鹈饲真昌、板垣宗憺到京都和吉野收集史料,1681年再命佐佐宗淳、吉弘元常等人到奈良古寺庙搜集古书,编成《南行杂录》,1685年佐佐宗淳和丸山可澄到山阴、山阳、西海和北陆等地搜集史料,编成《西行杂录》,期间还寻求了各地国主、城主等协助,访名山、巨镇,探古祠、旧刹,此后还有多次史料寻访工作,不仅将史料收集的范围扩大至全国各地,史料种类也增加了寺社、碑铭、石刻等多种形式的史料。大串元善[1]曾记:

> 立言垂不朽之盛事,独慨正史有阙,彰往考来,犹幸斯文足徵。拾遗补逸,悬赏厚购,报答之礼有加,遣使旁搜,行李之命不绝。未见随求便得,至诚有感则通。天禄石渠,降秘府之册,南都西海,发名山之藏。[2]

这正是描述修史之初,史臣们为了尽可能收集全各种史料,而奔赴全国各地或

---

[1] 大串元善,生年不详,卒于1696年。字子平,称平五郎,号雪兰。长于修史,旁通皇朝典故,1696年十月担任彰考馆总裁,同年十二月病逝。

[2] [日]大串元善:《彰考总目序》(元禄四年,即1691作),《彰考馆图书目录》,东京:八潮书店,1977年,第1页。

第六章 "东亚"视野下的《日本史记》

抄写、或购买,用各种方式将资料带回。大正时期出版的《彰考馆图书目录》中记载,彰考馆全馆共收集书籍七万余册,其中三分之二都是抄本。[①]南北朝时期史料是史臣们史料收集的一大对象,北朝系天皇统一之后,作为与北朝对立的南朝一系的诸多史料则或毁于战火、或毁于派系之争,因此南朝的许多事情无法在文献中找到足够的记载。从延宝八年(1680)开始佐佐宗淳等人到吉野、奈良兴福寺等地收集南朝史料.《日本史记》南朝相关纪传的编写,就采用了从神社寺院等收集到的古文书、古记录,地方遗存的南朝记录、部分碑刻铭文等资料。因此《日本史记》的编纂,补充和梳理了以往正史缺漏或不足的史料。

另外在史料处理原则上和史料考订上,《日本史记》的编辑者们也做出了突出贡献。在选用史料时,史臣们通常先对史料的各种版本进行考证和修订,完成可供参考的底本之后再用于史书编纂。如对军记、物语的使用,史臣们非常注意对材料的考证,如《修史往复》中记载:

> 若教经之事,探究《盛衰记》《平家》所记之事为虚妄时,其余之事不见于诸实录之中,《盛衰记》《平家》所记之事当视为妄说。更不用说《盛衰记》《平家》有误之处,当质于《东鉴》等书。……《盛衰记》《东鉴》等相应之书都有讹误时,可对读质之,此时则由撰者自行斟酌取舍。[②]

引文以源平时期的平教经[③]记载处理为例,史臣们提出以《玉海》《东鉴》等正史、实录为第一等可据之史料。当实录正史有缺之时,再考察记载同时之事的《盛衰记》等军记、物语,但在使用次一级史料时,还需要对《盛衰记》等内容整体梳理剔除内在矛盾之事。在遇到上述原则无法解决的问题时再由史臣根据自身素养进行裁断。1683年光圀检阅已完成的纪传部分时要求重新编纂纪传,同时要求史臣们在引用史料时,必须将材料的出处标记在文中。因此在《日本史记》编纂过程中同时出现了不少史料考证、校勘的成果,如判定平安之后被视为经典的《先代旧事本末》为后人伪作,还完成了《参考太平记》《太平记方域考》《参考保元物语》《参考平治物语》《参考源平盛衰记》《东鉴集要》和《东鉴脱文抽纂》等多部考证勘误类书籍。

第二,《日本史记》在"史意"和"史法"上的成果。"史法"主要指史书编纂;

[①] 《彰考馆图书目录》凡例,第8页。
[②] 《往复书案》元禄十五年,第39—40页。
[③] 平教经,1160—1185,平安末期武将,平教盛之子,平清盛之侄,以武勇著称,被誉为平家第一武士。

"史意"则是讨论史学思想与见解。① 除按照纪、传、志、表四大部分编排史料之外，《日本史记》在"史法"和"史意"上的最大成果一个是纪传部分的"三大特笔"，另一个则是其志表的完成。

"三大特笔"主要指的是将大友皇子列入本纪、神功皇后退入列传、以南朝为正统等三个与天皇世系传承密切相关的问题。有学者曾经指出，被水户藩认为是光圀独创的"三大特笔"，实际上在山崎暗斋及其弟子的著述中已经出现过，且水户前期的重要修史者与暗斋弟子门人关系密切。② 考察山崎暗斋的各种著述，可以看到山崎暗斋也认为不应将神功皇后列入天皇世系，并且也以正统为正统，但是却未见对大友皇子当为天皇的讨论。另从《日本史记》前期修史者的史臣编纂工作分工及其师承来看，《日本史记》与山崎暗斋学派之间确实存在着相互影响，但这并不影响"三大特笔"是《日本史记》的主要成果之一。其关键在于《日本史记》对"三大特笔"的具体处理方式。

"正闰皇统，是非人臣"是《日本史记》编纂的主要目标，为了实现这一目标以本纪、列传等分撰的方式，将作为正统的天皇世系以本纪前后相继的方式清晰展现出来，而将军、贵族等各阶层则作为臣下进入列传，尽管《日本史记》专门创设了《将军传》这一实质上近似于《史记》世家的门类，但从名目上来看，将军仍然是臣下，这一君臣之别是确定无疑的。同时日本的天皇世系进入本纪，而日本周边国家如中国各朝、朝鲜、越南、琉球等国则进入列传也用了纪传体之体区分内外。在《日本史记》之前，日本的正史主要以编年、实录的方式编纂，两体相比，编年体长于线索脉络、考察时代之大势，而短于委曲琐细、不能详备；纪传长于记述完备、别夷夏异统，短于同事分述、编次不求年月。③ 山崎暗斋虽然提出了将神功皇后从天皇世系中删除的意见，却未能更好地处理神功皇后相关记事。其次是以南朝为正统的问题，南朝正统论本非《日本史记》之原创，在该书编纂之前已经有此议论，所不同的是《日本史记》并未采取"南朝绝对论"做法，即只录南朝天皇之事而删去北朝天皇之事。《日本史记》贯彻的"南北正闰说"，在肯定了南北朝同为天皇血统的前提下，以拥有神器者为正、另一支则为闰，这样的做法最大程度保留了天皇世系的合理合法性，

---

① 章学诚在《文史通义》中曾说"刘言史法，吾言史意；刘议史馆纂修，吾议一家著述"，用"史法"和"史意"来表现史家的不同取向问题。
② 参考 [日] 鸟巢通明：《大日本史与崎门史学的关系》，《大日本史研究》，第 235—279 页。
③ 参考刘知几：《史通·二体第二》，上海：上海古籍出版社，2008 年，第 21—25 页。

第六章 "东亚"视野下的《日本史记》

也成为日本社会"尊王"思想的一派重要力量。《日本史记》的南朝正统论，作为一大"特笔"的价值在于一反当时之主流观点，并将其发展为被大众广泛接受的观念。而以大友皇子为天皇的做法，在明治时期由天皇认可，正式进入皇室世系之中。

《日本史记》志表的编纂也是其"史法"和"史意"上的一大成就。中国正史虽然已经有比较成熟的志表编纂凡例，但是日本却没有可参考的先例，也没有可直接援引的史料。《水藩修史事略》中所载栗田宽对藩厅的上书中说：

> 本纪乃书帝王之事，列传则记诸臣事迹，志当录国体制度。故虽有纪传，而无志表之时，国体制度不可知也。治乱盛衰之本源，不可详得。虽然，修史之难，未有难于修志者。①

第四章已经讨论过志表编纂的过程，从志表之目录和排序等方面可以看到其中对日本本土因素的强调，总体来说，志表的编纂实际上是《日本史记》的史臣们将中国正史之编纂法"日本化"的结晶。如1869年栗田宽提议将本纪中删除的"姓尸（うじかばね）"重新收入志类之中，他认为："姓尸是每家的职业，由氏可分尊卑，此为上古圣王所定，延于后世。"② 由此，志表作为回顾日本古代各种典章制度的重要工程，有助于为明治成立的"王政复古"新政府提供借鉴参考，从明治元年开始水户藩每完成一部分志表清稿都专门进献于天皇朝廷，并获得朝廷的各种嘉奖和表彰。

第三，《日本史记》之尊王精神的时代影响。进入明治时代之后，水户藩以《日本史记》编纂为阵地聚集起来的修史者，成为明治初期国史编纂、教育等领域的重要成员，如栗田宽、津田信存等人都被明治政府征召成为专门官员。明治初年的国史编纂最初也是以《日本史记》的体例和内容为标准，只是由于修史中的具体困难和新史学观念的流行等因素，这一修史工作未能完成。另外，为了表达对《日本史记》的肯定，除前述接受志表编纂的不定期进献之外，1872年明治朝廷还通过了建立常盘神社的提议，该神社是为了表彰"义烈二公，修史和勤王之勋绩"，请"永为朝廷之祝典"。③ 1883年朝廷派遣使者参加常盘神社祭祀时，传达天皇之圣意说：

> 义公修史之功，烈公继述其业，奖励文武，追赏其以正义倡导天下之功。今日大政得复上古之隆，皆二公忠诚忧国之勋绩。④

---

① [日]栗田勤：《水藩修史事略》，第226页。
② [日]栗田勤：《水藩修史事略》，第229页。
③ [日]栗田勤：《水藩修史事略》，第246页。
④ [日]栗田勤：《水藩修史事略》，第257页。

此后"义公修史之功绩、烈公述之",出身于水户的第十五代将军德川庆喜受到水户藩"尊王"传统之影响,实现了"大政奉还"叙述模式,就成为战前各种国家宣传或《日本史记》研究的标准结论之一。

需要注意的是,《日本史记》的尊王精神不论是在前期还是后期,其修史之事业都以解决现实问题为目标。幕府建立之初,为了解决幕府的合法性和德川先祖的道德合理性等问题,《日本史记》提出了以神器正统说为中心的尊王理论。虽然这一理论与现实的北朝天皇有冲突,却从伦理道德和理论的高度肯定了后小松统一之后北朝天皇之正统性,而其主张中不以一时成败论为标准的特点,也使得其尊王主张与江户后期的尊王潮流相适应,更成为明治"王政复古"的理论支撑之一。

二、在日本之外的影响

《日本史记》主要是仿照中国正史的写法而成,在对日本国内产生一系列作用之后,它还对甲午战争之前的中国产生了一定的影响。1877 年中国向日本派驻公使,中日之间的官方往来更加频繁,此后大量的留日或旅日人士带来了不少日本见闻,修正了中国正史中对日本的许多错误记载和描述。到甲午战争之后,中日关系更发生根本性变化,日本一跃成为中国效仿和学习的对象,如黄遵宪的《日本国志》,何如璋、王韬等人的日本游记等都大大开阔了国人的眼界。但是在此之前,《日本史记》作为日本文化水平的象征和了解日本的重要方式,已经被带到中国,其中的一些读者因自身的特殊身份,从中获得的对日认识还影响了甲午战争之前的中日关系走向。接下来将以李鸿章与《日本史记》之关系为具体案例,来讨论《日本史记》的对外影响。

在调查史料过程中笔者有机缘发现了一篇 1877 年李鸿章所作《国史纪事本末序》。该序文图片现收于日本《续神道大系》版《国史纪事本末》的解题中,文字疑为李鸿章手书。该序文未被收入吴汝纶所编《李文忠公全书》,2008 年版《李鸿章全集》亦未收入。李鸿章所作序文的过程大致如下:在朝鲜"云扬舰"事件①之后森有礼担任驻华公使,与李鸿章就朝鲜以及学习西方等问题进行了沟通。光绪三年(1877)八月二十八日青山延光之子青山勇通过森有礼致信李鸿章,附上延光所著《国史纪

---

① 云扬舰事件:1875 年日本"云扬号"等三艘军舰进入朝鲜,并进行炮击,与当地守军发生武装冲突,最终以日朝签订《江华条约》、朝鲜开放国门为结果。而在日朝冲突期间,朝鲜曾向作为宗主国的中国求助并征求签约意见等,是近代史上中、日、朝三国向新的国际关系变化过程中的重要事件之一。

第六章 "东亚"视野下的《日本史记》

事本末》一部。青山勇原信未见,但根据李鸿章于光绪三年(1877)十月十五日复信可知,青山勇当在原信中请求李鸿章为该书作序。十月十五日李鸿章回复森有礼,并请其转交回复青山勇的信函及附序。《国史纪事本末》一书作者为水户藩史臣青山延光,成书于文久元年(1861)春。李鸿章在给青山勇的回信中说:

> 九月间由贵国森大臣寄到八月二十八日惠函,并尊甫博士所著《国史纪事本末》一部,复饰溢量,非所敢承。敝处昔得《大日本史》,每以卷帙浩繁,未易卒读为憾。兹观尊甫大著,贵国两千年来政教得失,若网在纲,有条不紊,洵所谓贯串百氏,兼擅三长者。阁下善读父书,刊以问世,崇文巨制,足以照耀东瀛,诚不仅为家乘之光。披诵再三,良深敬佩,不揣固陋,辄为弁言一通,仍由森大臣处转寄,即希察收补刻为荷。专泐,复颂著祺。①

其中提到"敝处昔得《大日本史》,每以卷帙浩繁,未易卒读为憾"。关于李鸿章何时获得《日本史记》一书,今天尚无法找到准确时间,但是根据其年谱和全集来看,从同治九年到光绪元年(1870—1875)这几年中,中日双方就定约及台湾问题多次照会并反复辩论。为了更好地与日商谈、增强朝廷对"联日"的肯定,于此时多方搜集日本信息及资料应属当然之举,因此李鸿章获得《日本史记》一书很可能就在这几年间。李鸿章表示自己没有完整读完《日本史记》,但却了解过可视为其简本的《国史纪事本末》一书,《日本史记》和《国史纪事本末》两书都是日本在东亚传统文化的影响之下所完成的作品,它们代表的是明治日本"复古"的一面。这篇序文对了解甲午战前李鸿章对日本的认识以及晚清对日政策制定有极高的参考价值。该文所体现出来的李鸿章的对日认识,直接有助于理解其"联日"主张为何能一直持续到中日就台湾、朝鲜问题交涉之后。以下拟以《国史纪事本末序》为线索,对19世纪70年代李鸿章的对日认识做一探讨。

《国史纪事本末序》一文主要内容释读如下②:

> 史之作也编年以知世,纪传以知人所为。欲知世与人者,将以治事也。一事而分诸数年或数十百年,一事而分纪与传,又分数传,观之弗能备也,

---

① 《复日本青山勇》光绪三年十月十五日,《李鸿章全集》信三,合肥:安徽教育出版社,2008年。
② 李鸿章:《国史纪事本末序》,[日]青山延光著,神道大系编纂会编:《续神道大系·国史纪事本末》(一)。全文的汉字简化和标点为笔者所加。

彰往考来：《日本史记》之编纂与史学

其于古今是非得失成败之故，不能以审，则众矣以鉴诫而使然于所行。予尝论以为史之有编年纪传出于《春秋》，史之有书志出于《尚书》，若《河渠书》《地理志》之本《禹贡》，《五行志》之本《洪范》，《百官志》之本《立政》《周官》，皆《尚书》中之一体。其全书类乎《尚书》括史志之要，合纪传而会而通之者，则莫如纪事本末。纪事者以事为主，不专系乎人，不论时之远近，举凡事之散见纪传与他书者，类聚而备书之，综括而条贯之，创于宋袁枢之《通鉴纪事本末》，宋元迄明，迭相纂述，学者便焉。

日本青山博士当总裁，校勘国史，复纂纪事本末一书，可谓勤而知要者矣。顾袁氏之书，虽依通鉴而事则分代为纪，其书较易；日本之纪，百王一姓，年代攸邈，其书较难。博士旁搜群籍，折衷纪传，自其国神武开基，迄于近代二千余年。神功之武、显宗之仁、天智之中兴、大宝元明元正之治，以及大津、押胜道境之变乱、出羽虾夷之叛服、平源臣族之专横，莫不考起治乱之迹，推其致治致乱之由。而且纪游幸则陈荒嬉之戒，纪好佛则识僧徒之乱，纪刑法则著宽弛之讥，纪外戚则述废立之祸，至于吏治、兵政、盛衰、文学、兴废、民政、源流，纲举目张，劝戒并立。予昔观日本史纪传，疑其志体未备，今读是书，诚是以得纪传之贯穿，而补史志之缺略矣。海表诸邦莫不有史，取其体裁完备而文笔粹美者，则莫如日本。盖与中华同处一洲，自通使隋唐，崇尚儒术，推尊孔子，庠序之间，经史璨列，渐摩既久，人才奋兴，故其国史记虽经苏我、虾夷之焚劫，而访之耆儒，稽之故籍，犹得借以纂成全史。撮其精华，备纪本末，使后之治事者，如断狱之有律令格式焉。观书中纪其国历朝崇文之盛，尤不禁为之神往也。博士子勇剞劂既竣，奉其书介公使森君贻予，因诺其请为之序。

大清光绪三年　岁次丁丑十月既望

钦差大臣文华殿大学士太子太保直隶总督一等肃毅伯加骑都尉世职合肥李鸿章　撰

概括来说，序文内容可分为以下几个部分："一、追溯中国各种史体的根源，指出纪事本末体的优越之处，'括史志之要，合纪传而会而通者，则莫如纪事本末'；二、称赞青山延光纂史之功绩，概括该书内容及日本自神武天皇起2000余年历史；三、高度肯定日本的修史水平和影响，称'取其体裁完备而文笔粹美者，则莫如日本'；四、指出日本与中国文化的密切关系，称'其国历朝崇文之盛，尤不禁为之神往也'。"

第六章 "东亚"视野下的《日本史记》

上述内容亦可从以下三个方面来进行具体分析,即李鸿章对一般史体的认识(论史体)、对日本历史的认识(论史事),以及中日历史关系的认识(论"同洲")。

第一,论史体。李鸿章作文的首要目的是为青山延光所著《国史纪事本末》作序,因此开篇很明确提出了纪事本末体的由来及其优越之处。关于史体的讨论是中国传统史学中重要问题之一,本序文指出"予尝论以为史之有编年纪传出于《春秋》,史之有书志出于《尚书》",而纪事本末体"类乎尚书括史志之要",这与《文史通义》所载"文省于纪传,事豁于编年,决断去取,体圆用神,斯真《尚书》之遗也",即纪事本末出于《尚书》的观点基本一致。① 对作文时的李鸿章来说,要了解日本的国情,其历史沿袭也不可谓不重要,但更为急迫的是对日本现实的社会制度沿革演变的了解,因此序文提到:"予昔观日本史纪传,疑其志体未备,今读是书,诚是以得纪传之贯穿,而补史志之缺略矣"。李鸿章站在中国史学编纂角度来看日本的史学编纂,对日本的修史工作表示赞赏。

第二,论史事。序文对于日本2000多年的历史有一段高度概括的总结:"自其国神武开基,迄于近代二千余年。神功之武、显宗之仁、天智之中兴、大宝元明元正之治,以及大津、押胜道境之变乱、出羽虾夷之叛服、平源臣族之专横,莫不考起治乱之迹,推其致治致乱之由。而且纪游幸则陈荒嬉之戒,纪好佛则识僧徒之乱,纪刑法则著宽弛之讥,纪外戚则述废立之祸,至于吏治、兵政、盛衰、文学、兴废、民政、源流,纲举目张,劝戒并立。"其中所列举的天皇世系有日本历史上第一位天皇——神武天皇,第一位耀武功于海外的神功皇后,以及让国相继的显宗、仁贤天皇,中兴的天智天皇和大宝元明元正的三朝治世。"荒嬉""外戚""兴废"和"民政"都是《国史纪事本末》中的具体条目。

对照序文所列举的各个条目和《国史纪事本末》的内容,可以发现序文所列的各个条目并非随意选取,而是建立在中日历史文本框架的互文性基础上的有意识的选择。李鸿章对于中国传统史传的知识,嵌入他对日本史的评论之中。首先"显宗之仁"突出的"仁",是"让国之仁"。其价值判断的嵌入背景无疑就是古代中国的"泰伯让国"。对两次叛服事件的选择中"押胜道境(镜)变乱",《国史纪事本末》记载云:"方押胜之专权也,群臣往往谋除之,至道镜,则天下畏缩,莫敢抗,何也?盖自圣武佞佛,自称三宝奴,而天下莫不归佛者。孝谦所为,亦无非所以继圣武之志者,

---

① 章学诚撰:《文史通义校注上·书教下》,叶瑛校注,北京:中华书局,2014年,第61页。

故崇道镜为法王,此乃圣武称奴之意,天下孰敢非之。"① 这与中国历史上曾经出现过的灭佛排佛的思想和经验无疑有共鸣之处。

从李鸿章对日本历史的概括中可以看到,他对日本历史中具有代表性的人物和事件有很深的了解,对其治乱兴替线索的陈述,则根植于中国正史的认识背景而有所选择。另一个值得注目的知识点是李鸿章指出青山延光著述困难之处,是"日本之纪,百王一姓,年代攸邈,其书较难"。这是很难得的史眼,看到的是中日历史根本的不同之处。"百王一姓"可以说是日本历史演进的特殊性所在。

第三,论"同洲"。李鸿章在回复青山勇的信函以及序言中,站在一个文化高位上对青山延光所做的《国史纪事本末》表示赞赏,认为其补充了日本国史的史体且"文笔粹美"。追其原因,"盖与中华同处一洲,自通使隋唐,崇尚儒术,推尊孔子,庠序之间,经史璨列,渐摩既久,人才奋兴,故其国史记虽经苏我、虾夷之焚劫,而访之耆儒,稽之故籍,犹得借以纂成全史。"李鸿章还说"观书中纪其国历朝崇文之盛,尤不禁为之神往也"。礼貌的称赏在这里已经内在转换为文化的认同。从上述叙述可知"同洲"和"同文"两大观点,是李鸿章对中日关系的一个基础判断。

"同处一洲"的说法非常有趣,这明显不同于"天下"和"华夷"观念之下的中日认识,而具有西洋近代知识的色彩。意大利耶稣会传教士利玛窦在明万历年间曾制作《坤舆万国全图》,将亚洲东部置于世界地图的中央,各洲以不同颜色进行区分,这让当时的中国士人对世界有了一个较为完整的认识。到了清代,尤其是在鸦片战争之后,"中国近代出现了第一批介绍和研究世界历史、地理和现状的著作。"② 序文指出中国和日本同处一洲应是指两国同属亚洲,显然是相对于处于欧洲和美洲的英美法等西方国家而言的。另李鸿章在复函以及序文中所提到的《日本史记》《国史纪事本末》两书都为汉文写成,且编修体例也借用中国史例。相对于西洋各国完全不同于中国的发音和书写方式,此二书展现了日本人高明的汉文水平,更加凸显日本与中国在文化上的相通之处。

通过以上对这篇序文文本的分析可以看出,19世纪70年代李鸿章对于日本历史、日本史学、日本与中国的文化交流等诸方面都有较为深入的了解。不过这些知识主要来源于古代日本用汉字书写编撰的日本史书籍,正展示了日本文化中受到中国文

---

① [日]青山延光著,神道大系编纂会编:《续神道大系·国史纪事本末上》卷十六,神道大系编纂会1997年版,第278页。
② 王晓秋:《近代中日文化交流史》,北京:中华书局,2000年,第25页。

第六章　"东亚"视野下的《日本史记》

化强烈影响的部分，这也是使李鸿章对日本感到亲切和熟悉的原因，尤其是相对于欧美等西方国家和文化来说更是如此。他可以用中国传统的史学理论和观念去理解和学习日本历史和制度沿革，而且由于文字上的便利，甚至不需要借助译介手段便直接阅读日本本国的著作。从上述我们对史体、史事与"同洲""同文"这三部分的分析可以看到，对中国古代经史烂熟于心的李鸿章，阅读这些以汉文按照中国古代史学传统写作的历史，产生了互文性的知识嵌入和内在转换，最后达到一种深层的文化认同。

实际上，中日历史和文化上的区别也很明显，比如日本传统中神国观念的深入和普及。但该序文作者有意无意地忽视或搁置了这些区别，着重突出了中日之间的相通之处，这与19世纪70年代李鸿章的联日方针是一致的。从另一个层面上看，19世纪70年代的李鸿章非常注意学习日本的历史，但是这些知识大多来自《日本史记》《国史纪事本末》这一类以中国传统史学范式为标准写作的汉文著作。然而这只是日本历史写作最接近中国的一部分，实际上日本的历史认识、编纂及相关知识系统一直不断地发生着变化。19世纪80年代，日本知识背景中的日本本位色彩和西洋色彩都越来越浓厚，明治初年日本的亲中国、亲朝鲜观念，正逐渐向对亚洲人民的偏见和蔑视的侵略思想转变，[①]因此李鸿章凭借《国史纪事本末》和《日本史记》所认识的日本，已经与当时的日本社会发展间出现了微妙的错位。这一定程度上使得李鸿章乃至晚清政府的对日政策的落实滞后于两国形势的发展，直到甲午战争之后，中国的对日本的认识才出现根本性变化。

第四节　回顾与展望

《日本史记》全书篇幅长、编纂时间久，且由水户一藩之力完成，这在日本历史上并不多见。本书以《日本史记》为研究对象，从史学史的角度对其编纂过程及其特点、史学思想进行了梳理和讨论。其编纂过程可分为两大阶段，即以纪传编纂为中心的前期（1657—1785），和以志表编纂为中心的后期（1786—1906）。需要强调的是，两个阶段虽然各有任务和重心，但无论纪传还是志表都是按照修史之初确定的修史体例在推进，总体上仍属于东亚文化圈传统修史实践的组成部分。从史学思想上来看，

---

① 参考［日］依田憙家：《战前的日本与中国》，东京：三省堂，1976年。

彰往考来:《日本史记》之编纂与史学

《日本史记》在一定的社会、文化和经济结构中,在对客观历史认识的基础上,形成了一些贯穿前后的关键概念和史学思想。

相较于以往多从日本近代化过程、"水户学"或朱舜水研究组成部分的角度讨论《日本史记》的研究视角,本书试图以《日本史记》编纂本身为对象,从史学史的角度考察其编纂过程特点和史学思想。通过对其编纂过程的系统梳理,修正国内部分研究成果在相关事实叙述上的讹误,再根据搜集到的各种史料制作年表、图表等来凸显《日本史记》的编纂特点,希望为后续研究提供参考。在讨论《日本史记》的编纂过程时发现,《日本史记》在不同时期的文本变化,包括"旧纪传"的废弃、"三大特笔"的完成、论赞的编纂与整体删除、纪传的修订、志表的编修等,反映了《日本史记》编纂前期以中国史学传统为圭臬建构日本天皇传承的编纂特点,和后期以儒学概念和理论框架阐释国体论、集中强调日本文化优越性的编纂特点。需要注意的是,上述不同阶段在史学思想上存在着共通性,即都展现了中国史学传统如何在日本历史编纂中发挥作用,同时还可以看到日本如何在修史过程中提炼和强化自身文化特性。在具体的讨论中,除转换研究视角之外,还通过研究方法和材料的"再发现",如对"梅里先生碑"再解读、论赞特点的对比梳理、修史断限与南北朝正闰说之间的关系分析、藤田幽谷"天祖"观念的形成和发展讨论、李鸿章《国史纪事本末序》的发现与解读等,在前人的基础上发展了《日本史记》的相关研究,探索了中国传统文化之海外影响力和日本文化特性等研究的新思路。

综上所述,《日本史记》不仅是日本史学史上的重要作品,也是东亚史学传统的代表性作品之一。它篇幅庞大、体例完整、编纂时间漫长、参与人物众多,在不同的历史阶段有不同的编纂特点,大致以1786年为界可将其编纂过程分为前后两大阶段。通过《日本史记》前后两阶段的代表性成果,可以发现中国传统史学因素始终在发挥作用,但整体来看其重要性被不断弱化,而对日本特性和优越性的强调逐渐成为主要特征。德川光圀所提出的"正闰皇统,是非人臣"的修史目标和尊王思想,贯穿于修史全过程,后期修史阶段的藤田幽谷、会泽正志斋等人以综合儒家"天""道"学说和神道思想的"天祖"概念为纽带,将尊王思想系统化和理论化为国体论,在幕末变革中发挥重要作用。

在当前的日本史研究中,得益于东亚和世界历史研究观念的变化、国际学术交往的密切、文献材料获取方式的多样化等原因,区域史研究的重要性和可操作性变得更为突出。东亚作为一个区域文化整体,其共通的史学传统是东亚传统的一大组成部分。在今后继续对《日本史记》等"东亚史籍"进行研究,应当进一步推动以下几个方面的讨论。第一,如何把握日本史学史的变迁。日本近代史学的形成和发展中,如《日本史记》这样的传统史学究竟发挥了怎样的作用?这不仅仅是日本史学史的重要问题,也是讨论中国近代历史学形成的重要参考。第二,《日本史记》仿照中国正史的编纂体例,以日本天皇列于本纪之中,而同时期朝鲜、琉球等官方史书奉中国王朝之正朔,一般都没有类似于本纪的部分。中国形成的正史书写风潮对于周边各国的影响程度有何差异,接受这一风潮的各地又如何将其本地化,应当是一个重要问题。第三,如何更好地认识东亚之传统,推动东亚文明之间的对话与交流。东亚地区在历史上形成了一个以中国之传统史学为中心,得到周边国家回应和反馈的联动系统。从日本最早的正史《日本书纪》到江户时期的《日本史记》,都可以看到中国史学传统的影响是持续而深远的。由这一史学交流推至其他传统文化元素,将有助于今天用和平、对话的方式来实现东亚不同文明之间的交流。

参考文献

一、中文文献

[1] 班固，2005，《汉书》，北京：中华书局。

[2] 坂本太郎，2008，《日本史》，汪向荣、武寅等译，北京：中国社会科学出版社。

[3] 卜部兼方，1898，《释日本纪》，《国史大系》第七卷，东京：经济杂志社。

[4] 布罗代尔，1987，《历史和社会科学：长时段》，《史学理论》第 3 期。

[5] 常磐神社、水户史学会编，1978，《德川光圀关系史料》，东京：吉川弘文馆。

[6] 陈来，2009，《古代宗教与伦理：儒家思想的根源》，北京：生活·读书·新知三联书店。

[7] 陈连山，2014，《论神圣叙事的概念》，《华中学术》第 4 期。

[8] 陈寅恪，2001，《元白诗笺证稿》，北京：生活·读书·新知三联书店。

[9] 村上重良，1990，《国家神道》，聂长振译，北京：商务印书馆。

[10] 戴逸主编，2008，《李鸿章全集·信函三》，合肥：安徽教育出版社。

[11] 德川光圀，1929—1931，《大日本史》1—17 册，东京：大日本史雄辩会。

[12] 费正清，2002，《中国：传统与变迁》，张沛译，北京：世界知识出版社。

[13] 葛兆光，2014，《想象异域——读李朝朝鲜汉文燕行文献札记》，北京：中华书局。

[14] 韩东育，2008，《朱舜水在日活动新考》，《历史研究》第 3 期。

[15] 韩东育，2009，《日本"古学"与"国学"各自分工与学理联系》，《求实学刊》第 36 卷第 1 期。

[16] 韩东育，2009，《朱舜水在日活动再考》，《古代文明》第 3 卷第 3 期。

[17] 韩东育，2010，《日本近世学界对中国经典结构的改变——兼论朱舜水的相关影响》，《社会科学战线》第 11 期。

[18] 韩昇，2009，《东亚世界形成史论》，上海：复旦大学出版社。

[19] 黄永年，2013，《古籍整理概论》，上海：上海书店出版社。

[20] 黄遵宪，2016，《日本国志》，李绍平整理，长沙：岳麓书社。

[21] 蒋观云，1994，《神话、历史养成之人物》，马昌仪编《中国神话学文论选萃》，北京：中国广播电视出版社。

[22] 金程宇，2010，《近十年中国域外汉籍研究述评》，《南京大学学报》（哲学、人文科学、社会科学版）第3期。

[23] 金洪培、黄文日，2007，《万历朝鲜役及其对东亚政治格局的影响》，《东疆学刊》第24卷第4期。

[24] 卡·波普尔，1998，《历史主义贫困论》，何林、赵平等译，北京：中国社会科学出版社。

[25] 卡尔·雅斯贝斯，1989，《历史的起源与目标》，魏楚雄、俞新天译，北京：华夏出版社。

[26] 柯林伍德，1986，《历史的观念》，何兆武、张文杰译，北京：中国社会科学出版社。

[27] 孔丘，《论语》，1983，朱熹：《四书章句集注》，北京：中华书局。

[28] 堀敏一，2010，《隋唐帝国与东亚》，韩昇、刘建英译，兰州：兰州大学出版社。

[29] 李卓，2004，《中日家族制度比较研究》，北京：人民出版社。

[30] 李卓，2013，《"儒教国家"日本的实像》，北京：北京大学出版社。

[31] 梁启超，1981，《明末朱舜水先生之瑜年谱》，台北：台湾商务印书馆。

[32] 梁启超，2015，《中国历史研究法》，北京：中华书局。

[33] 林和生、李心纯，2012，《朱舜水与德川光圀》附录，太原：山西出版传媒集团。

[34] 林俊宏，2004，《朱舜水在日本的活动及其贡献研究》，台北：秀威资讯科技。

[35] 刘嘉，2013，《〈史记〉论赞研究》，硕士学位论文，华东师范大学。

[36] 刘劭，2016，《人物志》卷上，梁满仓译注，北京：中华书局。

[37] 刘泰廷，2017，《中国近五年域外汉籍研究述评》，《图书馆理论与实践》第1期。

[38] 刘知几，2008，《史通·论赞第九》，浦起龙通释，吕思勉评，李永圻、张耕华整理导读，上海：世纪出版集团、上海古籍出版社。

[39] 吕玉新，2004，《有关朱舜水文献目录》，《汉学研究通讯》第23卷第4期。

[40] 吕玉新，2011，《水户〈大日本史〉编纂方针之确立与朱舜水》，《国际汉学研

究通讯》第 3 期。

[41] 吕玉新,2011,《尊皇敬幕:朱舜水、德川光圀之水户学》,《政治思想史》第 2 期。

[42] 内藤湖南,1997,《日本文化史研究》,储元熹、卞铁坚译,北京:商务印书馆。

[43] 帕·伯克,2006,《新史学:自白与对话》,彭刚译,北京:北京大学出版社。

[44] 乔治忠,2011,《中国史学史》,北京:中国人民大学出版社。

[45] 青山延光,1997,《国史纪事本末》神道大系编纂会编:《续神道大系》,东京:神道大系编纂会。

[46] 瞿亮,2012,《日本近世的修史与史学》,博士学位论文,南开大学日本研究院。

[47] 瞿林东,2009,《中国史学史纲》,北京:北京师范大学出版社。

[48] 饶宗颐,1996,《中国史学上之正统论》,上海:上海远东出版社。

[49] 舍人亲王,1897,《日本书纪》,《国史大系》第一卷,东京:经济杂志社。

[50] 神道大系编纂会编,1997,《续神道大系·国史纪事本末》,东京:神道大系编纂会。

[51] 盛邦和,1996,《日本的中国史学》,《华东师范大学学报》(哲学社会科学版)第 5 期。

[52] 宋成有,2018,《从幕末改革到明治维新:连续性与变异性的互动》,《日本问题研究》第 32 卷(197 期)。

[53] 孙卫国,2012,《中国史学对东亚史学的影响与交流》,《历史教学问题》第 4 期。

[54] 田旭东,1997,《从〈史记〉到〈大日本史〉——日本茨城参观所感》,《西北大学学报》(哲学社会科学版),第 27 卷第 4 期(总第 97 期)。

[55] 丸山真男,2009,《日本的思想》,区建英、刘岳兵译,北京:生活·读书·新知三联书店。

[56] 王家骅,2014,《中日儒学:传统与现代》,北京:人民出版社。

[57] 王晓秋,2000,《近代中日文化交流史》,北京:中华书局。

[58] 王勇,2011,《从"汉籍"到"域外汉籍"》,《浙江大学学报》(人文社会科学版),第 6 期。

[59] 王中江,1999,《华夷观念与神夷观念的比较——中日东西文化论模式》,《中国青年政治学院学报》第 5 期。

[60] 邢永凤,2011,《江户时期日本史籍中的中国观研究——以〈大日本史〉〈本朝通鉴〉为中心》,博士后报告,山东大学。

[61] 邢永凤，2012，《〈大日本史〉中的中国要素》，《日语教育与日本学研究——大学日语教育研究国际研讨会论文集》(辑刊）第 00 期。

[62] 徐林平、孙晓，2011，《近三十年来域外汉籍整理概况述略》，《形象史学研究》(辑刊）第 00 期。

[63] 徐兴庆，1992，《朱舜水研究参考文献》，《朱舜水集补遗》，台北：学生书局。

[64] 徐兴庆，2016，《〈大日本史〉史观与日本"水户学"重建》，刘岳兵编：《日本儒学与思想史研究：王家骅先生纪专辑》，天津：天津人民出版社。

[65] 续群书类从完成会编，1997，《国史馆日录》，东京：平文社。

[66] 雨谷毅编，1915，《彰考馆总裁略传》，东京：筹文社。

[67] 张伯伟，2003，《域外汉籍与中国文学研究》，《文化遗产》第 3 期。

[68] 张伯伟，2016，《新材料、新问题、新方法——域外汉籍研究三阶段》，《史学理论研究》第 2 期。

[69] 张大可，1983，《简评史记论赞》，《青海社会科学》第 6 期。

[70] 张立文、町田三郎主编，1998，《中日文化交流的伟大使者——朱舜水研究》，北京：人民出版社。

[71] 章学诚撰，2014，《文史通义校注上·书教下》，叶瑛校注，北京：中华书局。

[72] 赵彩花，2008，《前四史论赞研究》，广州：中山大学出版社。

[73] 周斌，2009，《日本汉文纪传体史书综述》，《史学史研究》第 3 期。

[74] 周一良，1935，《大日本史之史学》，《史学年报》第二期第二卷。

[75] 朱坤容，2016，《幕末勤王思想对明治维新的影响——以水户学为中心》，《世界历史》第 4 期。

[76] 朱谦之，2000，《日本的朱子学》，北京：人民出版社。

[77] 朱谦之编，1981，《朱舜水集》，北京：中华书局。

[78] 朱熹，1983，《四书章句集注》，北京：中华书局。

二、外文文献

[1] Bito Masahide, 1991, "Thoughts and Religions,1550—1700", trans. by Kate Wildman Nakai, John Whitney Hall(eds.), *The Cambridge History of Japan, Vol. 4 Early Modern Japan*, Cambridge: Cambridge university press.

[2] Clement Ernest Wilson, 1898, Instructions of a Mito Prince to His Retainers, TASJ26.

[3] Clement Ernest Wilson, 1986, Chinese Refugees of the Seventeenth century in Mito, TASJ24.

[4] Herschel Webb, "What is the Dai Nihon Shi?", *The Journal of Asian Studies*, Vol. 19, No. 2 (February 1960).

[5] John S. Brownlee, 1999, *Japanese Historians and the National Myths,1600—1945: the age of the GODS and Emperor Jinmu*, Vancouver: University of British Columbia Press.

[6] Quentin Skinner, 2002, *Visions of Politics*, Vol. I, *Regarding Method*, Cambridge: Cambridge university press.

[7] R.P.多尔，1970，《江户时代的教育》，东京：岩波书店。

[8] 安川实，1958，《〈本朝通鉴〉与〈大日本史〉——以编年体为中心》，历史教育研究会编《历史教育》第6卷第11号。

[9] 安川实，1980，《〈本朝通鉴〉研究》，安川实遗著刊行会编，东京：言丛社。

[10] 安积澹泊，1846，《澹泊史论》，早稻田图书馆藏弘化三年版。

[11] 安积澹泊，1906—1909，《澹泊斋文集》卷一，《续续群书类丛》第13《诗文部》，东京：国书刊行会。

[12] 安见隆雄，2000，《水户光圀与京都》，东京：锦正社。

[13] 坂本太郎，1958，《日本的修史与史学》，东京：至文堂。

[14] 坂本太郎，1989，《修史与史学》，东京：吉川弘文馆。

[15] 北畠亲房，1934，《元元集》，正宗敦夫编《神皇正统记元元集》，东京：日本古典全集刊行会。

[16] 北畠亲房，1965，《日本古典文学大系87·神皇正统记》，东京：岩波书店。

[17] 北条猛次郎，1943，《〈大日本史〉大观》，水户：茨城出版社。

[18] 本居宣长，1926—1927，《古事记传》，《本居宣长全集》，东京：吉川弘文馆。

[19] 本居宣长，1926，《玉匣》，本居清造再订，《增补本居宣长全集》第六卷，东京：吉川弘文。

[20] 本居宣长，1939，《直毗灵》，东京：雄山阁。

[21] 本居宣长，2010，《紫文要领》，子安宣邦校注，东京：岩波书店。

[22] 茨城县史编集会编，1970，《茨城县史料·近世政治篇》，水户：茨城县。

[23] 茨城县史编集会编，1989，《往复书案》，《茨城县史料·近世思想编》，水户：茨城县。

[24] 大桥长一郎，1909，《山崎暗斋》，东京：内外出版协会。

[25] 大日本思想全集刊行会编，1931，《荻生徂徕集、太宰春台集》，东京：大日本思想全集刊行会。

[26] 大日本思想全集刊行会编，1933，《德川光圀集》，东京：大日本思想全集刊行会。

[27] 大森志郎，1972，《百王思想》，日本文学协会编《日本文学》21（7）通号第229期。

[28] 德川圀顺编，1970，《水户义公全集》，东京：角川书店。

[29] 法贵庆次郎编，1902，《山崎暗斋派之学说》，佐藤政二郎出版。

[30] 饭田瑞穗，2000，《古代史籍的研究》，东京：吉川弘文馆。

[31] 冈本坚次，1959，《神功皇后》，日本历史学会编《人物丛书》27，东京：吉川弘文馆。

[32] 高山大毅，2016，《近世日本的礼乐和修辞：荻生徂徕之后的"接人"制度构想》，东京：东京大学出版会。

[33] 高须芳次郎，1933，《水户学全集4·水户义公烈公集》，东京：日东书院。

[34] 高须芳次郎编，1933，《水户学全集6·山延光·青山延集》，东京：日东书院。

[35] 高须芳次郎编，1934，《水户学全集5·栗山潜锋·三宅观澜集》，东京：日东书院。

[36] 高须芳次郎编，1936，《水户学派的尊皇及经纶》，东京：雄山阁。

[37] 高须芳次郎，1940，《水户学大系6·安积澹泊集》，东京：水户学大系刊行会。

[38] 高须芳次郎编，1941，《水户学大系4·立原翠轩、丰田天功集》，东京：水户学大系刊行会。

[39] 高须芳次郎编，1941，《水户学大系5·水户义公、烈公集》，东京：水户学大系刊行会。

[40] 宫田正彦，2004，《水户光圀的"梅里先生碑"》，东京：锦正社。

[41] 关山延，1941，《水户学精髓》，东京：诚文堂新光社。

[42] 关仪一郎编，1943，《近世儒家史料》中，东京：井田书店。

[43] 贺茂真渊，1944，《国意考》，沟口驹造校注，东京：改造社。

[44] 黑板胜美，1912，《朱舜水和凑川碑》，《日本和日本人》4月刊。

[45] 会泽正志斋，1857，《岂好辩》，东京：玉严书堂。

[46] 吉田家藏书《历志稿》，茨城县历史博物馆藏。

[47] 吉田兼俱，1911，《神道大意》，图书刊行会编《神道丛说》，东京：图书刊行会。

[48] 吉田俊纯，1986，《后期水户学研究序说》，东京：本邦书籍株式会社。

[49] 吉田俊纯，1998，《德川光圀编纂〈大日本史〉的学问目的——论北朝正统论》，《东京家政学院筑波女子大纪要》第 2 集。

[50] 吉田俊纯，2000，《水户光圀的时代：水户学的源流》，东京：校仓书房。

[51] 吉田俊纯，2011，《宽政期水户学研究：从翠轩到幽谷》，东京：吉川弘文馆。

[52] 吉田俊纯，2016，《水户学研究——明治维新史的再思考》，东京：明石书店。

[53] 吉田一德，1965，《大日本史纪传志表撰者考》，东京：风间书房。

[54] 加藤繁，1939，《〈大日本史〉与支那史学》，《本邦史学史论丛》，东京：富山房。

[55] 蒋建伟，2015，《会泽正志斋国体思想中的"民命"》，《日本中国学会报》第 67 集。

[56] 今井尧，1982，《古坟前期的女性地位》，《历史评论》03 期 383 号。

[57] 津田左右吉，1984，《日本古典的研究》，东京：岩波书店。

[58] 京都史迹会编，1918，《林罗山文集》下卷六十六，京都：平安考古学会。

[59] 井坂清信，2013，《江户后期的水户藩儒：对其活动的点描》，东京：汲古书院。

[60] 井川巴水，1916，《〈大日本史〉改造论》，东京：远藤春吉。

[61] 井野口孝，1996，《契冲学的形成》，东京：和泉书院。

[62] 菊池谦二郎，1997，《水户学论薮》，东京：国书刊行会（根据 1943 年原版复刻版）。

[63] 菊池谦二郎编，1935，《幽谷全集》，吉田弥平发行。

[64] 堀井纯二，2009，《〈大日本史〉仲哀·应神天皇本纪的基础研究》，《柏树论丛》第 7 期。

[65] 堀井纯二，2013，《〈大日本史〉天智天皇本纪的基础研究》，《柏树论丛》第 11 期。

[66] 堀井纯二，2014，《〈大日本史〉天武天皇本纪的基础研究》，《柏树论丛》第 12 期。

[67] 堀井纯二，2015，《〈大日本史〉持统天皇本纪的基础研究》，《柏树论丛》第 13 期。

[68] 濑谷义彦，1940，《水户学的历史性考察》，东京：中文馆书店。

[69] 立原翠轩，《此君堂文集》（稿本）卷四，茨城县历史博物馆藏朱批本。

[70] 栗田宽，《神祇志料》，上野理旧藏、竹邨氏记印，早稻田大学图书馆藏。

[71] 栗田勤，1928，《弘道馆记及述义详解》，东京：大冈山书店。

[72] 栗田勤，1928，《水藩修史事略》，东京：大冈山书店。

[73] 林董一，1960，《"御三家"格式及其形成》，《史学杂志》第 69 卷 12 号。

[74] 铃木暎一，1987，《论〈大日本史〉的续修计划》，《茨城县史研究》第 53 号。

[75] 铃木暎一，1987，《水户藩学问和教育史研究》，东京：吉川弘文馆。

[76] 刘晨，2015，《宽文期"御三家"家格认识相关考察：以纪伊德川为中心》，《日本史研究》8 月刊（636 号）。

[77] 鸟巢通明，1957，《〈大日本史〉与崎门史学的关系》，日本写协会编《〈大日本史〉研究》，东京：国书刊行会。

[78] 平田俊春，1976，《〈神皇正统记〉与〈大日本史〉》，《军事史学》第 12 卷第 1 号（通卷 45 号）。

[79] 桥本政宣，2002，《近世公家社会研究》，东京：吉川弘文馆。

[80] 清水伸，1940，《帝国宪法制定会议》，东京：岩波书店。

[81] 清原贞雄，1928，《日本史学史》，东京：中文馆书店。

[82] 秋元信英，1989，《〈大日本史〉神祇志的思想》，《神道宗教》第 135 号。

[83] 日本史籍协会编，1935，《藤田幽谷关系史料》一～二，东京：东京大学出版会。

[84] 日本文化会编，1935，《日本国体论》，东京：东洋书院。

[85] 日本学协会编，1957，《〈大日本史〉研究》，东京：国书刊行会。

[86] 日莲宗全书出版会编，1908，《日莲宗全书》2，东京：须原屋书店。

[87] 三浦周行，1930，《日本史研究》第二辑，东京：岩波书店。

[88] 三宅观澜：《观澜之论赞驳语》，庆应大学图书馆藏写本。

[89] 山鹿素行，1943，《山鹿素行全集》第一卷，东京：目黑书店。

[90] 上田正昭等编，1980，《喜田贞吉著作集》第九卷，东京：平凡社。

[91] 神道大系编纂会编，1986，《神道大系·水户学》，东京：神道大系编纂会。

[92] 石原道博，1945，《明末清初乞师日本研究》，东京：富山房。

[93] 石原道博，1961，《朱舜水》，东京：吉川弘文馆。

[94] 市川其三郎，1939，《论〈大日本史〉之特色》，《本邦史学史论丛》，东京：富山房。

[95] 水户史学会编，1984，《水户学史学先贤传》，东京：锦正社。

[96] 水户市史编纂委员会编，1969，《水户市史》，水户：水户市史编纂委员会。

[97] 松本纯郎，1997，《水户学的源流》，东京：国书刊行会（根据 1945 年原版复刻版）。

[98] 松冈静雄著，1928，《常陆风土记物语》，东京：刀江书院。

[99] 田尻祐一郎，2012，《江户思想史》，东京：中央公论社。

[100] 田口卯吉，1927—1929，《答仓持治休氏》，《鼎轩田口卯吉全集》第一卷，东京：大岛秀雄。

[101] 田崎哲郎，1999，《〈大日本史〉的波纹》，日本历史协会编《日本历史》6月号。

[102] 土田健次郎，1999，《〈神皇正统记〉与宋学》，《大仓山论集》第42辑。

[103] 丸山真男，1998，《丸山真男讲义录》第7册，东京：东京大学出版会。

[104] 丸山真男、阿部隆一等编，1980，《日本思想大系31·山崎暗斋学派》，东京：岩波书店。

[105] 尾藤正英、今井宇三郎等编，1973，《日本思想大系53·水户学》，东京：岩波书店。

[106] 尾藤正英，2014，《日本的国家主义——"国体"思想的形成》，东京：岩波书店。

[107] 梶山孝夫，2013，《〈大日本史〉的史眼——其构成与叙述》，东京：锦正社。

[108] 小仓芳彦等编，1974，《日本思想大系48·近世史论集》，东京：岩波书店。

[109] 小峰和明，2003，《〈野马台诗〉之谜：作为历史叙述的未来记》，东京：岩波书店。

[110] 新井白石，1936，《读史余论》，村冈典嗣注，东京：岩波书店。

[111] 新井君美，安积澹泊，《新安手简》，早稻田大学图书馆藏。

[112] 星山京子，2003，《德川后期的攘夷思想与"西洋"》，东京：风间书房。

[113] 雨谷毅，1921，《尊王民本主义：水户学的神髓》，水户：二鹤堂小仓出版部。

[114] 野口武彦，1976，《光圀传说的形成》，《德川光圀》，东京：朝日新闻社。

[115] 伊东多三郎，1984，《水户藩的建立》，《近世史研究4：幕府与诸藩》，东京：吉川弘文馆。

[116] 依田熹家，1976，《战前的日本与中国》，东京：三省堂。

[117] 有马祐政编，1919，《勤王文库》第一辑，东京：大日本明道会。

[118] 玉悬博之，2007，《近世日本的历史思想》，东京：ぺりかん社。

[119] 早川纯三郎等编，1911，《神道丛说》，东京：国书刊行会。

[120] 早稻田大学图书馆藏《野马台诗经典余师》图。

[121] 彰考馆，1977，《彰考馆图书目录》，东京：八潮书店。

后 记

本书是在博士论文的基础上修改而成的。2014年到2015年，为确定选题进行阅读时，除阅读与日本近世相关的研究之外，还接触到一些与全球史、区域史相关的论文与专著。这些研究成果让我注意到从日本史之外去讨论日本史的必要性，并提示了如何从区域史的角度来考察日本史和中日之间的文化交流等问题的途径。在20世纪后半段，日本学者西岛定生提出的"东亚"概念，包含了汉字、儒学、佛教和律令制等要素，也被称为"汉字文化圈"，主要包括中国、朝鲜、日本、越南等国家和地区。这一概念提出之后受到了较广泛的关注，为东亚区域的历史和文化特点讨论提供了非常重要的理论基础。这一视角也是本书选题确定的重要依据之一。在修改博士论文的过程中，对于"东亚"世界的理论研究有了更多的阅读和理解，本书作为阶段研究成果还有很大的发展空间，也越发体会到东亚研究的复杂性和丰富性。

在整理《日本史记》的先行研究成果时，能够发现该书在很长一段时间都被视为"日本中心主义"或"日本民主主义"的代表作品而受到批判，而更为专门化和学术性的研究相对不多。《日本史记》的相关讨论，又常常是从作为水户学问的一部分来切入和进行的，《日本史记》作为一门学问是否成立？又有怎么样的特点和价值？这些问题的讨论也不太充分。作为一部用较为标准的汉文编纂的大部头纪传体史书，《日本史记》的编纂不仅仅是日本史学发展过程中的一件重要事件，从明清时代出现在地理空间的东亚之外、包括东南亚部分地区在内的修史风潮来看，《日本史记》也是一部不应被忽视的具有特点的代表成果。

在攻读博士期间，以及本书的撰写和修改期间，一直得到师友的引导和陪伴，在此表示衷心感谢。首先感谢我的导师刘晓峰教授，在求学过程中给予持续的教导和指引，耐心倾听各种不太成熟的问题和想法，尽可能地答疑解惑。也感谢在这个过程中，秦岚老师引导我们体会生活、在生活中思考。其次，感谢李卓老师、徐建新老师、张绪山老师、彭刚老师、仲伟民老师、王奇老师、王中忱老师、隽雪艳老师、王成老师和高阳老师解答我在课程或论文写作过程中的疑问。读博访学期间，本书中的部分章节还得到了早稻田大学文学院原学长土田健次郎先生和东京大学高山大毅先生的指点和启发。同时，还要感谢一起参加《日本书纪》读书会的老师同学们，他们总是能从独特的视角推进讨论，引人思考。

最后感谢北京联合大学教育基金会和清华大学出版社的支持，让本书有机会被更多读者看到。感谢梁斐女士、李以清女士认真细致的工作，以及在美术、校审等相关工作上付出心血的同仁。在此一并致以深切谢意。

龚卉

2023 年 11 月